오늘날 반도체 관련 기술의 눈부신 발전으로 지식기반 정보화사회에 진입할 수 있었으며, 반도체 관련기술의 핵심은 집적회로 설계기술이다. 현재 대부분의 정보단말 제품은 소형?경량화가 요구되고 있으며 유비쿼터스 모바일 기능이 주요 설계요구사항이 되어감에 따라 부품의 고집적 설계기술은 가장 중요한 기술이 되었다. 본 교재는 학부 4학년이나 대학원 1학년 학생을 대상으로 집필되었으며, 컴퓨터 기반의 SoC 설계도구의 사용방법을 습득하여 산업현장이나 연구에 바로 투입할 수 있도록 실습위주로 구성되었다.

SoC (system-on-chip) 설계 응용및실습

김진상 홍상훈 공저

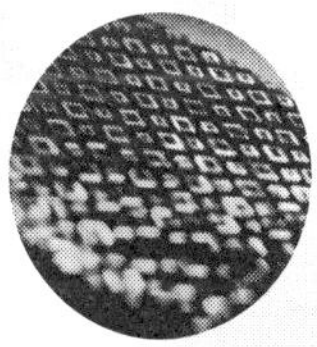

본 교재는 2006년부터 2009년까지 수행된 NEXT 사업(경희대학교 전자공학 자유트랙)의 지원으로 집필되었습니다.

도서출판 GS인터비전

머 리 말

오늘날 반도체 관련 기술의 눈부신 발전으로 지식기반 정보화사회에 진입할 수 있었으며, 반도체 관련기술의 핵심은 집적회로 설계기술이다. 우리나라의 경제를 견인하고 있는 최대 수출품은 반도체 관련기술이며 앞으로도 계속 국가의 발전을 위해서는 반도체 설계관련 인력의 수요가 증가할 것으로 예상된다.

현재 대부분의 정보단말 제품은 소형·경량화가 요구되고 있으며 유비쿼터스 모바일 기능이 주요 설계요구사항이 되어감에 따라 부품의 고집적 설계기술은 가장 중요한 기술이 되었다. 현재 생산되고 있는 인텔의 CPU는 45nm 공정을 사용하는 3 GHz이상의 동작속도를 제공하며 하나의 CPU에 약 8억2천만개의 트랜지스터가 집적되었다. 고집적도를 달성할 수 있는 가장 핵심적인 기술은 반도체 재료기술, 반도체 공정기술 및 반도체 설계기술이다. 2000년도 이전에는 여러 개의 부품을 이용하여 보드 형태로 제작된 제품이 현재는 하나의 집적회로에 통합하여 구현할 수 있다. 이와 같이 시스템의 기능을 하나의 칩에 집적할 수 있도록 설계하는 기술을 SoC (system-on-chip)이라고 한다. 우리가 매일 사용하고 있는 무선전화기에도 무선신호를 송수신하는 기능을 담당하는 모뎀용 단일 SoC 칩이 내장되어 있다. SoC는 특정한 시스템의 기능을 하나의 칩에 집적한 반도체 부품으로써 전통적인 용어인 ASIC (application-specific integrated circuit)이라고도 불린다.

이러한 SoC 설계기술을 습득하기 위해서는 전자공학 전공의 학부생은 컴퓨터 구조, 신호처리, 통신 및 영상처리와 같은 시스템에 대한 이해는 물론, 논리회로, 전자회로 등과 같은 회로구현 기술에 대한 사전지식이 필요하다. 또한 대부분의 SoC는 하나의 칩에 많은 트랜지스터가 집적되므로 효율적인 설계를 위해서는 컴퓨터를 이용하는 설계도구의 사용방법의 습득이 필수적이다.

본 교재는 학부 4학년이나 대학원 1학년 학생을 대상으로 집필되었으며, 컴퓨터

기반의 SoC 설계도구의 사용방법을 습득하여 산업현장이나 연구에 바로 투입할 수 있도록 실습위주로 구성되었다. 본 교재는 11장으로 구성되었다. 1장에서는 ASIC(SoC)의 종류 및 발전과정 등을 소개하고, 2장에서는 SoC의 하드웨어와 소프트웨어 동시 설계 환경에 대하여 배운다. 3장에서는 하드웨어와 소프트웨어의 동시설계 과정과 개괄적인 동시설계 기술을 습득하기 위하여 DE II 보드를 이용한 마이크로프로세서 활용방법을 알아본다. 5장에서는 상위수준의 하드웨어 설계언어인 SystemC와 RTL(registor transfer level)언어인 verilog언어를 이용한 하드웨어 모델링 기술을 습득한다. 6장에서는 상용 설계도구인 Mentor graphic 사의 Modelsim을 이용하여 게이트 수준의 verilog 언어의 모델링 방법을 소개한다. 7장에서는 DE II 보드를 이용하여 verilog 모델링 결과를 FPGA를 이용하여 합성하고 작동시키는 기술을 습득한다. 8장에서는 Cadence사의 composer 설계도구를 이용하여 트랜지터 수준의 회로를 설계하는 방법을 습득하고 9장에서는 HSPICE를 이용하여 회로의 동작을 시뮬레이션하는 방법을 배운다. 10장은 Synopsys사의 설계도구를 이용하여 back-end 과정의 핵심단계인 P&R(placement & routing) 방법을 소개한다. 11장에서는 Cadence사의 설계도구를 이용하여 디지털 회로의 library cell을 설계하거나 아날로그 회로의 집적회로 설계에 필수적인 full-custom 설계기술을 습득한다.

본 교재는 수강하는 학생들의 수준과 교육목적에 따라 필요한 chapter만 발췌하여 교육할 수도 있다. 본 교재의 출판을 위하여 매우 바쁜 연구 과정 중에도 수고해 준 경희대학교의 VLSI 연구실의 임웅철, 공현섭, 이경호, 이상훈, 금민하, 김동혁, 오세문, 조종민, 이준우, 조영민, 이길두, 최민수, 유영광 군에게 감사드린다. 또한 본 교재를 집필할 수 있도록 지원해 준 NEXT사업 담당자와 GS인터비전의 송기수 사장님께 감사드린다.

2009년 11월
저자 일동

차 례

제 1 장
✓SoC에 대한 이해

1.1 개요

현대의 디지털 기기를 논할 때 ASIC이 심장부 이며 이것을 빼면 디지털 기기의 껍데기를 논하는 것과 같다. 따라서 현대사회에서 ASIC은 없으면 편하게 살 수 없는 세상이 되었다. 물론 아직도 일부 기기들은 CPU와 주변 부품으로도 디지털 기기 구현이 가능하지만 모든 기기들이 소형화 경량화되고 대다수의 제품이 모바일 제품으로 생산되는 상황에서 ASIC의 역할이 커지게 되었다. 따라서 디지털 회로 설계를 공부하려면 자연스럽게 ASIC도 공부해야 한다. ASIC은 (Application Specific Integrated Circuit)의 약자로서 특정 응용 분야에 필요한 IC를 의미한다. 모든 기기들이 디지털화 되면서 응용분야가 늘어나게 되고 ASIC의 분야도 많이 넓어지게 되었다. 따라서 ASIC에 결국 CPU가 들어가게 되고 각종 analog 회로 (ADC, DAC) 가 들어감으로써 현재에는 ASIC 칩 자체에 시스템이 들어있는 형태로 변하여 SOC라고도 일컫는다.

ASIC에도 여러 가지 부류가 있다. 따라서 본 장은 ASIC의 종류에 대해서 살펴본

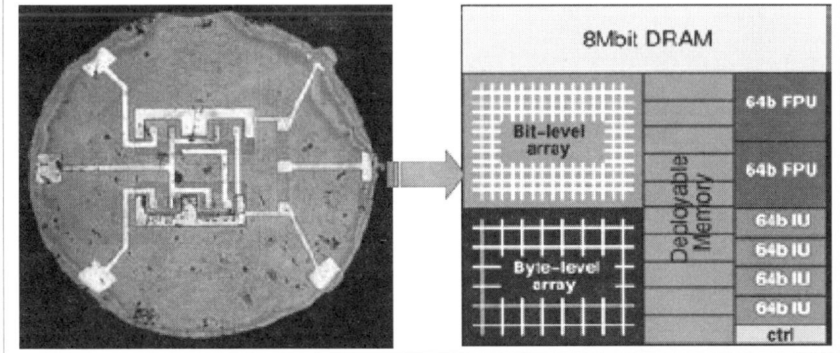

▶그림 1.1 디지털 IC의 시작과 현재

후 ASIC이 발전해온 과정을 설명하겠다. 우선 왜 ASIC이 계속 발전해 왔는지에 대해서 생각해 보자. ASIC은 어떤 응용분야를 더욱 신속하고 효율적으로 구현할 수 있도록 도와주는 장치이다. CMOS 소자가 개발 되면서 디지털 혁명이 일어나기 시작하였다. 이 소자는 점점 작아지고 더욱 빨라지고 있다. 뿐만 아니라 트랜지스터당 전력 소모도 줄어들고 있기 때문에 더욱 많은 트랜지스터를 집적하게 되고 현재의 VLSI로 발전해 왔다. 지금도 지속적으로 더욱 빠르고 더욱 작고 파워소모가 효율적인 ASIC 기술이 개발되고 있다. 그림 1.1은 초기의 IC와 현재의 ASIC의 차이를 보여준다. 그림 1.1과 같이 디지털 IC가 발전해 오는 과정에서 ASIC도 여러 종류로 발전하게 되었다.

1.2 ASIC의 종류

ASIC은 크게 3가지 종류로 분류할 수 있다. 첫째는 full-custom ASIC, 둘째는 semicustom ASIC, 마지막으로 셋째는 programmable ASIC으로 나눌 수 있다. 이 3가지모두 장단점을 가지고 있다. 이들에 대하여 살펴보자.

1.2.1 Full-custom ASIC

Full-custom ASIC이란 설계를 단 한가지 ASIC을 위해 각각의 부속 회로를 설계한다는 것이다. 이렇게 설계하는 경우는 기존에 설계해 놓은 로직 블록이 없거나 너무 느려서 사용할 수 없을 때이다. 물론 기존의 블록이 너무 클 수도 있고 파워 소모가 너무 많거나 적용할 공정이 새로울 때도 이러한 설계가 필요하게 된다. 비록 full-custom ASIC이 가장 작고 효율적인 설계가 될 순 있으나 설계기간이 많이 길어지게 된다. ASIC의 성공적인 발전이 빠른 시장진입이라는 점을 상기하면 특별한 종류의 응용분야가 아닌 이상 full-custom ASIC 설계방식은 거의 상용되지 않는다는 것을 알 수 있다.

그렇다고 full-custom ASIC이 사라진다는 것은 아니다. 현재에도 많은 SOC에 full-custom block이 많이 들어가고 있는 상태이다. 예를 들어 SOC에 들어가는 ADC, DAC, 또는 메모리 블록은 full-custom 설계에 의존하고 있다.

1.2.2 Semicustom ASIC

이것을 cell based ASIC이라고 하며 기존에 설계된 로직 cell을 사용하여 설계를 하게 된다. 기존에 설계된 로직블록을 모아서 하나의 라이브러리로 만들게 되는데 이것을 standard cell이라고 한다.

Standard cell 영역은 standard cell을 서로 이은 형태로 제작되게 된다. 이런 standard cell 영역은 마이크로프로세서나 마이크로컨트롤러 같은 더욱 큰 IP와 혼합되어 설계된다. 큰 IP를 megacell, megafunction, full-custom block, system-level macro, fixed block, core, 또는 functional standard block이라고도 한다. ASIC 설계자는 standard cell의 배치와 다른 IP와의 연결만을 고려하게 된다. 이런 설계 형태의 장점은 이미 검증된 회로를 서로 연결하여 제작하였기 때문에 설계 자체가 빠르고 신뢰성이 높다는 점이다.

단점으로는 standard-cell library를 설계하거나 구입하는 비용과 새로운 디자인을 제작하는데 걸리는 시간이다. Semicustom ASIC은 약 3개월 정도, full custom design은 약 1년 정도를 생각해야 한다.

그림 1.2는 semi-custom design의 전형적인 형태를 보여준다. 이 그림에서 내부의 fixed block은 full-custom 설계일 수도 있고 ARM cpu와 같이 standard cell로 만들어진 IP일 수도 있다.

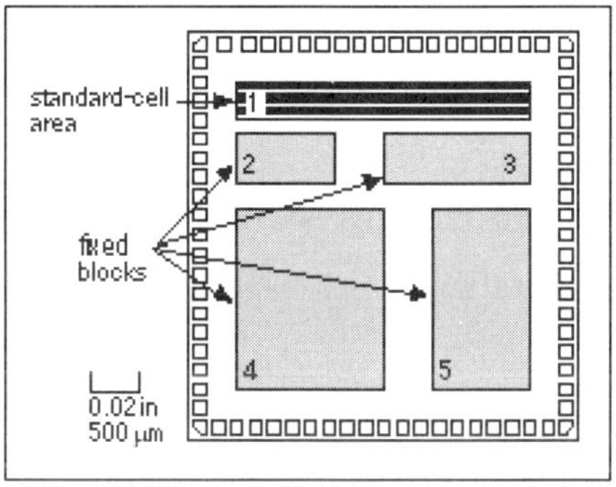

▶그림 1.2 semicustom ASIC의 형태

Standard cell 라이브러리의 각 단위 cell은 full-custom design으로 설계된다. 하지만 semicustom 설계자는 이미 만들어진 라이브러리를 활용하여 설계를 한다. Standard cell library는 주로 foundry에서 만들고 이 라이브러리의 신뢰성을 보장한다. Standard cell은 서로 벽돌을 끼워 맞추듯이 붙여 나아갈 수 있게 설계되어 있다. 그림 1.3은 standard cell의 한 예를 보여준다. 그림에서 나타나 있듯이 power line은 cell의 아래 위로 평행하게 연결되어 있다. 다른 standard cell들로 같은 높이의 power line으로 설계 되기 때문에 서로 붙일 수 있게 된다. 이렇게 서로 이어서 붙이고 이것을 그림 1.2와 같이 배치하는 것을 placement 라고 한다. 그림 1.4는 전체 ASIC chip에서 placement 된 standard cell 영역 내부의 routing을 보여준다. Routing이란 placement 된 standard cell 간의 연결뿐만 아니라 standard cell 영역의 포트와 다른 블록들간의 연결까지 의미한다. Semicustom 설계에서는 이러한 작업이 자동적으로 툴에 의에 이루어지게 된다. 하지만 routing의 효율성은 얼마나 잘 placement 했느냐에 좌우한다.

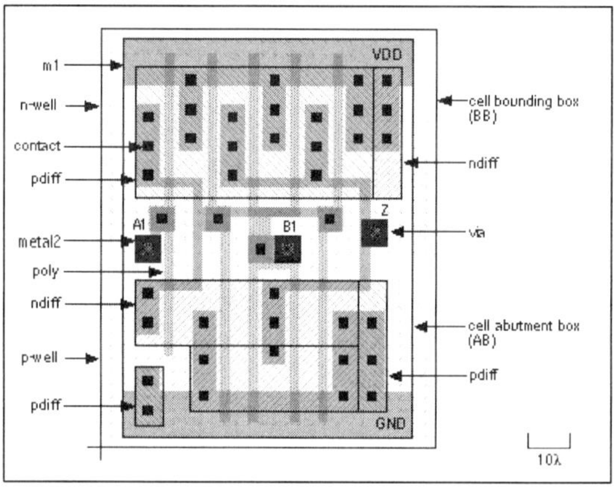

▶그림 1.3 standard cell의 예
Power line (VDD, GND)의 높이 안에서 Standard cell들이 제작되게 된다.

그림 1.4에서 routing이 signal routing 뿐만 아니라 power line routing도 포함된 것을 알 수 있다. Power은 standard cell를 이은 형태로서 metal 1로 수평하게 이어

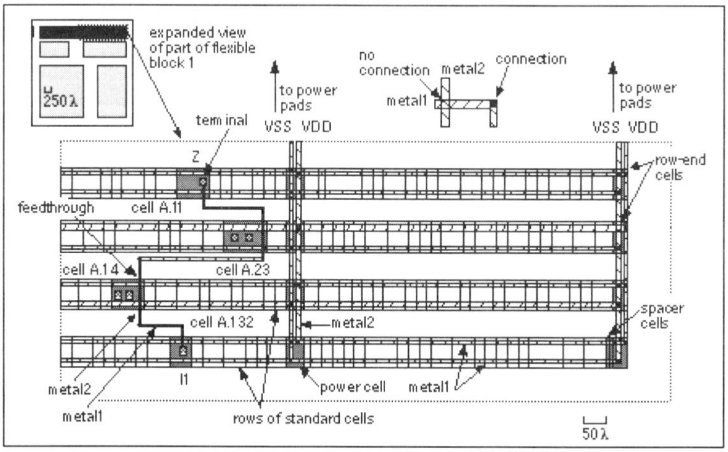

▶그림 1.4 Standard Cell영역의 routing

짐을 볼 수 있다.

이들 power line을 metal 2 또는 더욱 높은 level의 metal로 수직하게 VDD는 VDD끼리 GND는 GND끼리 일정 간격으로 연결해 줌을 볼 수 있다. 이것은 파워가 균일하게 공급할 수 있도록 mesh (바둑판)를 이루는 형식이다. 실제로 simulation을 통하여 hot spot (파워 소모가 큰 부분)이 포착되면 그 부분의 mesh를 더욱 촘촘하게 하거나 파워 line의 두께를 보강하게 된다.

1.2.3 Programmable ASIC

여기서는 gate-array ASIC과 programmable logic device (PLD), 그리고 field programmable gate array (FPGA)를 소개한다. 엄밀하게 말해서 PLD와 FPGA를 ASIC으로 분류하지는 않지만 큰 의미에서 보면 PLD와 FPGA도 응용분야를 더욱 효율적으로 해주기 위한 역할은 같음으로 포함시켰다.

▣ Gate-Array ASIC

이러한 ASIC은 트랜지스터들이 이미 chip에 적용이 된 상태에서 연결을 어떻게 해야 할지를 설계해야 하는 형태이다. Gate array의 트랜지스터 pattern을 base array라고 하고 단위 블록을 base cell이라고 한다. 설계자가 제어할 수 있는 것은 interconnect를 담당하는 소수의 윗 level metal line이다. (power line도 이미 연결되어 있다.) 이런 종류의 gate-array를 masked gate array (MGA)라고도 한다. 그 이유는 metal layer mask만 설계상으로 바뀌기 때문이다. 따라서 설계 기간은 이미 metal level 전까지 만들어진 wafer를 가지고 metal layer를 제작하여 올리면 되기 때문에 제작기간은 며칠 걸리지 않는다. 또한 표준화된 array를 이용하기 때문에 foundry를 사용하는 여러 설계 주문 기관과 비용을 공유하게 됨으로서 full-custom ASIC이나 semicustom ASIC에 비해 저렴하게 된다.

Gate-array ASIC은 크게 3가지로 분류된다. 첫째는 channeled gate array, 둘째는 channelless gate array, 셋째는 structured gate array 이다. Channeled gate array는 그림 1.5와 같이 트랜지스터 이 평행하게 연결된 행과 다른 트랜지스터 행과 일정 간격을 두어 서로 연결할 수 있는 routing 영역을 할당하는 방식이다.

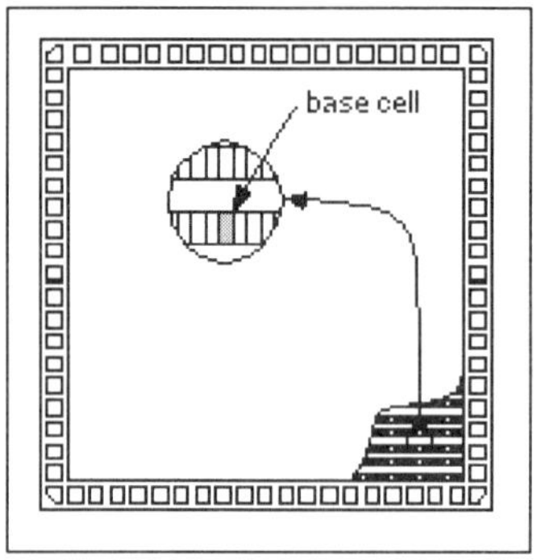

▶그림 1.5 Channeled gate array

Channelless gate array는 그림 1.5와 같은 routing 영역이 따로 없이 모든 cell이 붙어 있다 (그림 1.6 참조). 이러한 구조에서 routing은 base cell 위를 지나며 연결된다. 이렇게 하면 쓰이지 않은 cell 위를 사용하여 routing 할 수 있을 뿐만 아니라 cell의 집적도가 높기 때문에 성능의 개선과 비용의 절감을 동시에 충족시킬수 있다. 이러한 구조를 sea-of-gates (SOG) array 라고도 한다.

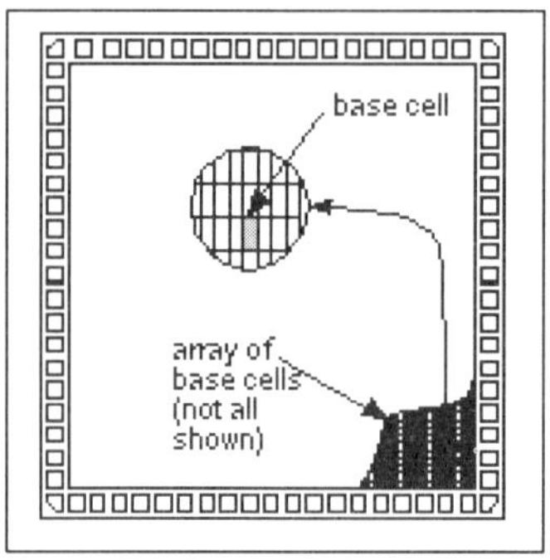

▶그림 1.6 Channelless gate array

Structured gate array는 embedded gate array라고도 하며 이것은 동일한 base cell로만 구성된 것이 아니라 메모리와 같은 더욱 효율적인 구조가 필요한 구성물에 대해서 칩의 일부를 할당하여 custom block을 만들어 놓는 것이다. 이것도 물론 설계자는 윗 level의 metal layer로 interconnect만 가능하게 되어있다.

만약 응용분야가 확실하고 미리 제공되는 full custom block의 활용도가 높다면 성능과 효율면에서 좋은 결과를 가져다준다. 하지만 그 활용도가 낮다면 channelless gate array를 사용하는 것보다 효율이 낮을 수 있기 때문에 설계자가 응용을 고려한 선택을 하여야 한다.

▣ Programmable Logic Devices (PLDs)

PLD는 표준화 된 칩으로서 내부 cell array의 연결을 프로그램 할 수 있게 해준다. 이것은 gate-array ASIC과 달리 custom metal mask를 제작하여 interconnect를 만드는 것이 아니라 이미 완전히 제작된 마스크에 fuse cutting 또는 전기적인 프로그램을 입력시켜서 interconnect의 형태를 조절하는 방식이다. 물론 design 하는 시간은 많이 줄일 수 있으나 면적의 효율성이 낮은 편이다. 그림 1.7은 PLD의 구조를 나타낸다. 보편적으로 프로그래밍할 수 있는 interconnect와 logic macro cell들이 여러 개 연결되어 있다. Logic macro cell은 보편적으로 programmable array logic과 flip-flop 들로 이루어져 있다.

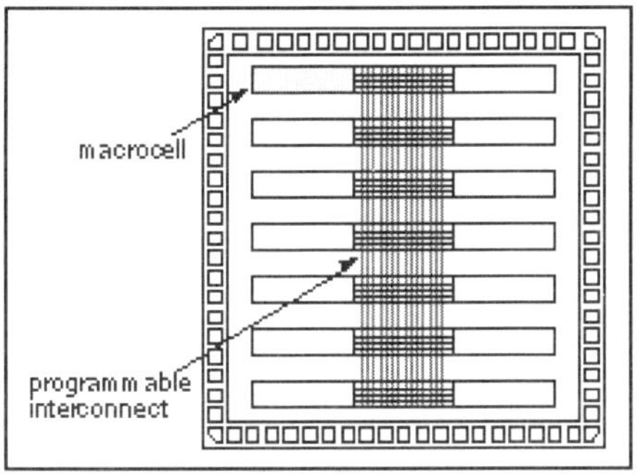

▶그림 1.7 Programmable Logic Devices

▣ Field-Programmable Gate Arrays (FPGAs)

FPGA는 복잡도가 PLD보다 높다는 차이가 있다. FPGA의 중요성은 칩의 집적도가 향상되면서 점점 높아지고 있다. 그 이유는 현재 재구성 가능한 연산기와 같은 구조는 프로그래밍이 가능한 하드웨어에서만 가능하고 이것이 가장 자유자재로 구현되는 것이 FGPA이기 때문이다. 이것도 PLD와 마찬가지로 custom 설계되는 mask layer가 없고 interconnection을 전기적인 프로그래밍으로 한다. 완성된 디자인을 칩으로 제작하는 시간은 프로그래밍하는 컴퓨터의 성능에 비례하게 되는데 보통 수 시간 내로 완성된다.

하지만 reconfigurable computing 또는 이와 비슷한 특수한 경우를 제외하고는 ASIC 설계가 더욱 효율적이고 성능이 좋다. 따라서 FPGA는 주로 디자인을 verify하기 위하여 미리 시스템에 올려 테스트 할 수 있도록 테스트하는데 쓰인다. 그림 1.8

은 FPGA의 전형적인 구조를 나타낸다.

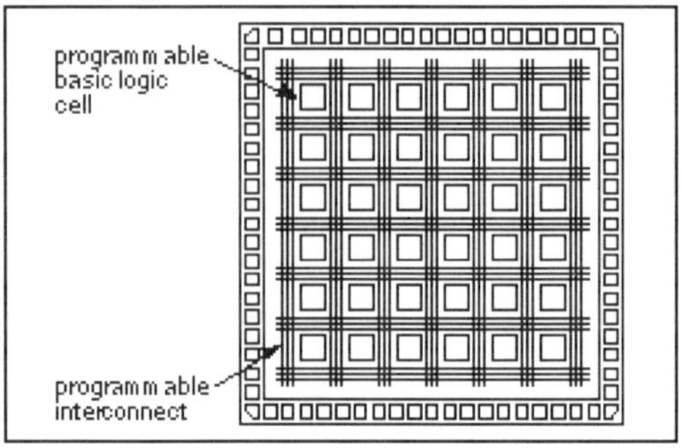

▶그림 1.8 FPGA의 구조

1.3 ASIC의 발전과정과 미래의 ASIC

ASIC은 1960년대의 SSI (small scale integration)과 MSI (medium scale integration), 1970년대의 LSI (large scale integration) 과 VLSI (very large scale integration) 을 통하여 그 분야가 확대되게 되었다.

그림 1.9는 1960년대의 SSI 칩의 한 예를 보여준다. 그림을 보면 flip-flop 하나의 동전 대비 크기를 보여준다.

이것을 계기로 제조공정이 더욱 발달하게 되고 집적도가 급격히 향상되게 된다. 표 1.1은 집적도가 어떤 속도로 향상되었는지 실감할 수 있게 해 준다.

▶그림 1.9 Single flip-flop (SSI)

▶표 1.1 IC의 발전 경향.
Lithographic detail은 gate length (um)를 나타낸다.

Level of integration	SSI	MSI	LSI	VLSI	today
Introduced	1964	1968	1972	1976	2000
Gates/chip	2-20	20-200	200-2000	2000-20,000	20,000,000
Lithographic detail	20-100	10-20	5-10	2-5	0.13
Function	Gate; Flip-Flop	Adder	μ Processor	Signal Processor	System
User Issue	Critical Mass	Breadth	Programming	System Glue	Intellectual Property

표1.1을 보면 1970년도 경에 마이크로프로세서가 탄생했다고 하는데 이 마이크로프로세서는 LSI로 구성되었기 때문에 그 기능이 매우 제한적이었다. 1975년에 그림 1.10과 같이 컴퓨터 보드를 마이크로프로세서를 중심으로 제작되었다.

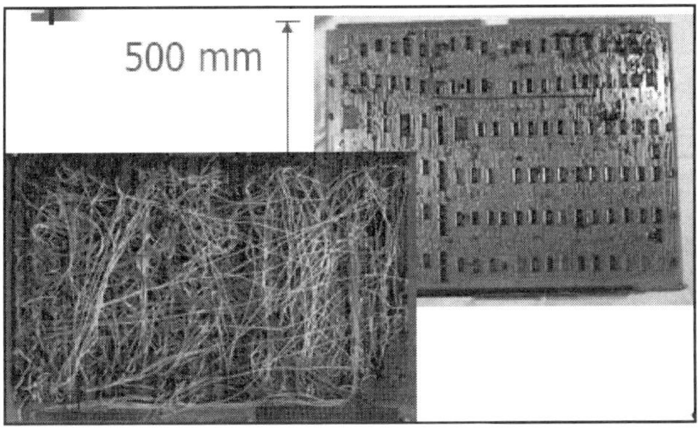

▶그림 1.10 1975년의 컴퓨터 메인보드

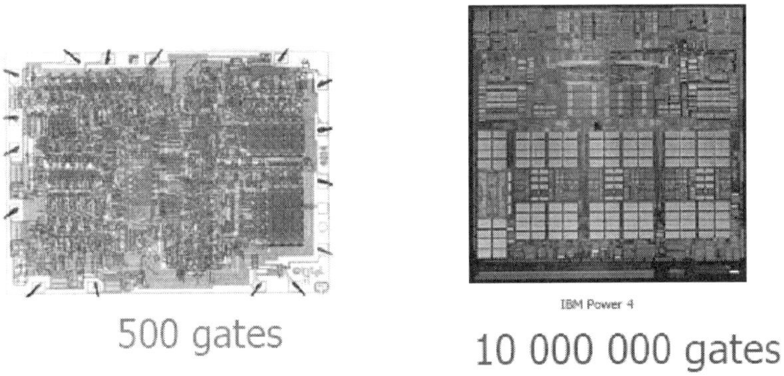

▶그림 1.11 과거와 현재의 마이크로프로세서

마이크로프로세서의 집적도 차이를 비교해 보면 그림 1.11와 같다. 세계 최초의 마이크로프로세서는 1971년 500 gate로 이루어진 LSI로 구현이 되었다. 하지만 2002년도에 와서는 같은 크기의 칩에 1000만 gate를 집적할 수 있게 되었다.

이와 같이 현재의 고집적도에서는 한 칩에 여러 가지 function을 구현할 수 있을 뿐만 아니라 프로그래밍도 가능케 한다. 그래서 현재의 ASIC은 SOC 형태로 발전하여 칩내에 custom block으로 메모리, CPU 및 ADC/DAC를 기본으로 탑재하는 경향이 늘어나고 있다. 현재에는 분야별로 특화된 ASIC 칩이 존재하기 때문에 진정한 의미의 ASIC의 개념이 사라지고 있다. 예를 들어 graphic을 하려면 ASIC을 통하여 하는 것보다 이미 뛰어난 성능을 가진 NVIDIA나 ATI chip을 채용하면 되고 이동통신은 Qualcomm의 칩을 사용하면 one chip으로 핸드폰에 필요한 모든 기능을 구현할 수 있게 특화 되어있다. 물론 ASIC은 지속적으로 존재하지만 그 의미가 퇴색되는 것일까? 그렇지 않다. 현재에 대두되고 있는 reconfigurable hardware이 SOC를 이어나갈 ASIC의 변신이 될것이다. Reconfigurable hardware 이란 응용프로그램의 조건에 따라 그 응용 프로그램을 더욱 효율적으로 처리할 수 있는 하드웨어 구조로 변신한다는 뜻이다. 이것을 가능하게 하는 것이 FPGA의 집적도 향상인데 이런 FPGA에 CPU를 custom block으로 넣을 수 있다면 reconfigurable hardware가 가능케 된다. 이것의 한 형태가 그림 1.12에 나타나 있다.

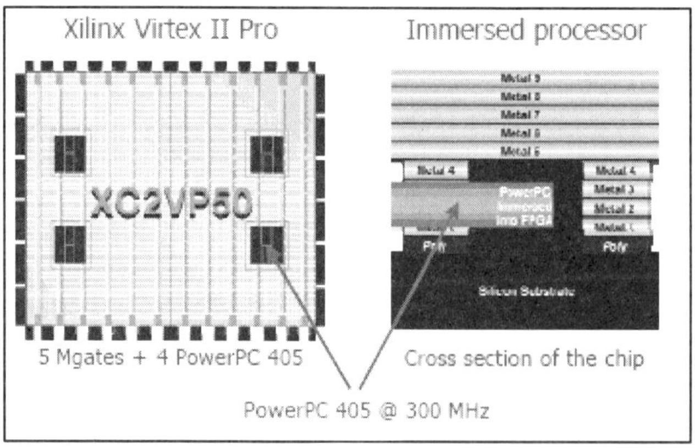

▶그림 1.12 마이크로프로세서가 임베디드된 FPGA

본 장에서는 ASIC의 종류와 ASIC의 발전 방향까지 살펴보았다. 이것을 다시한번 정리해 보면 그림 1.13과 같다.

그림 1.13에 나타나 있듯이 기존에 ASIC에서 구현되던 여러 종류의 ASIC형태가 모두 FPGA의 프로그래밍을 이용하여 구현될 수 있다.

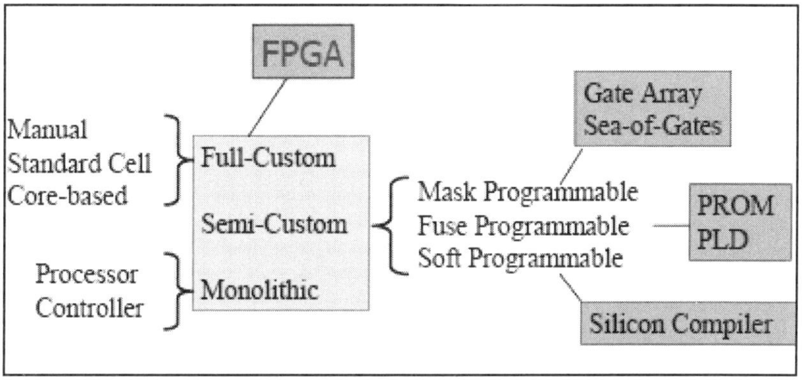

▶그림 1.13 ASIC의 종류와 설계 방식. Monolithic 이란 독립적인 칩을 말한다.

제 2 장

✓H/W & S/W co-simulation 환경

2.1 개요

지난 10년 동안 VLSI 회로들에 대한 명확한 설계 방법론이 확립되었다. 그 결과 설계 단계의 많은 부분의 자동화가 가능해졌으며 실리콘 컴파일레이션(silicon compilation)과 다양한 EDA 설계 합성 툴들이 많은 연구자들과 회사들에 의해 구현되었으며 이를 통해 상당히 복잡한 칩의 제작이 가능해졌다. 주문형 집적회로(application-specific IC)을 이용한 칩의 제작으로 인해 크기 및 동작 속도가 크게 줄어 들었으며 다양한 분야에서 사용되고 있다.

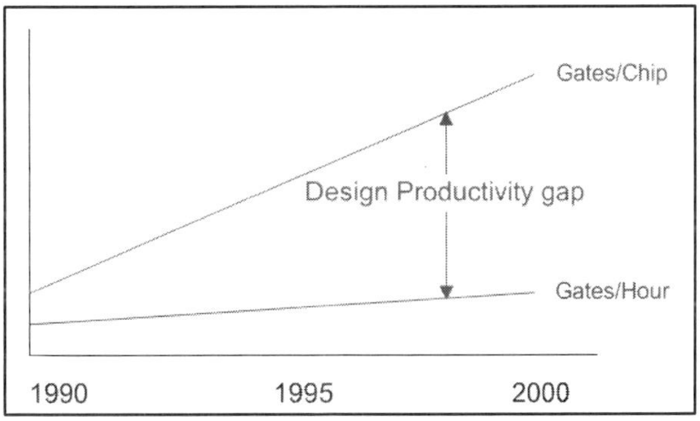

▶그림 2.1 Design Productivity Gap

그러나 삽입되어야 할 시스템은 deep sub-micron(DSM)로 불리는 공정기술로 인해 더욱 복잡해졌으며 이러한 복잡도의 증가에 비해 신제품의 출시 기간은 늘어나지 않고 오히려 단축되고 있는 상황이지만 위의 그림에서 알 수 있듯이 현재의 설계능력(design productivity) 향상속도는 시스템 복잡도 증가속도에 비해 현저히 낮다. 즉 공정기술의 발달은 반도체를 더 작고 다양한 기능을 집적할 수 있는 기술을 제공하지만 설계자에게 time-to-market의 압력을 더욱 크게 주고 있는 것이다. 이를 극복하기 위해 제안된 것이 SoC(System-on-Chip)의 개념이다. SoC는 단일 칩을 사용해 여러 가지 관련된 기능을 포함하거나, 여러 기능을 가진 시스템(회로)를 하나의 칩에 집적하는 기술집약적 반도체기술로써 주어진 시스템 기능을 하나의 칩으로 만들기 위해서 신호 도메인, 제조 공정이 다른 여러 가지 기능의 블록들을 집적해놓은 IC이며 SoC 설계의 궁극적 목표는 개발 기간 및 비용의 관점에서 성능 및 기능 제약 조건(constraints)과 생산 비용을 효율적으로 절충(trade-off) 하는 것으로 정의될 수 있다. 생산 비용의 심각성을 잘 나타내주는 한 예로 마스크(mask) 제작비용을 들 수 있다. 130nm 공정에서 한 세트의 마스크 제작비용이 60만 달러 이상이 소요되며 130nm 또는 100nm 공정을 사용하여 300mm 웨이퍼를 생산하는 공장을 짓기 위해서는 약 35억 달러의 예산이 소요될 것으로 추정되고 있다[1]. 반면에 개발 기간 단축의 심각성은 갈수록 짧아지는 제품 수명에서 그 예를 찾아볼 수 있다. 실리콘 구현 기술의 발전은 소형화 및 복합화를 추구할 수 있는 기반 기술을 제공하지만, 결국 이를 바탕으로 기능을 구현하는 설계자에게는 time-to-market의 압력이 갈수록 증가하고 있는 추세이다[2]. 이러한 문제를 해결하기 위한 여러 가지 설계 기법들이 연구, 적용되고 있으며 최근에는 co-design, co-simulation 기법들이 이러한 문제를 위한 효율적인 방안으로 제시되고 있다.

2.2 Co-design

시스템 디자인은 물리적인 혹은 통합된 소프트웨어 요소들의 사용을 요구하는 기능함수를 처리하는 과정이다. 시스템이라는 단어는 하드웨어나 소프트웨어 혹은 둘 다에서 실행되는 함수적인 장치를 나타내며 시스템이 하드웨어와 소프트웨어로 구성될 때, 우리는 보통 하드웨어-소프트웨어 통합디자인(Hardware-software co-design)이라도 부른다.

SoC 디자인 과정은 주로 하드웨어-소프트웨어 통합디자인(co-design) 이며 이 디자인의 생산성은 디자인 재사용에 의해 달성된다. 시스템 디자인은 요구되는 기능함수를 지정함(서술함)으로써 시작한다. 정확한 특성(특성화)을 위한 가장 일반적인 방법은 필요한 기능함수를 만들기 위해 기능함수의 단일 하부조직들(객체)과 방법들을 통합하여 시스템을 고려하는 것이다. 그런 방법은 하드웨어_소프트웨어 통합디자인 과정에서 '모델'이라 부른다.

이런 모델은 형식이 있다: 그 모델은 명백하고 완벽해서 전체 시스템을 묘사 할 수 있다. 따라서 모델은 객체와 구성의 법칙으로 이루어진 형식적인 묘사이다. 보편적으로 모델은 다각적인 객체들 안에서 시스템을 분해하는데 사용되고 선택된 언어들에서의 그 객체들을 묘사함으로써 특성화(사양)를 만든다.

시스템 디자인에서의 다음 단계는 숫자와 요소들의 종류들 그리고 그들 사이의 연결을 지정함으로써 시스템 실행을 규정하는 설계에서 시스템 기능함수를 바꾸는 것이다. 이러한 디자인 처리과정 이나 방법론은 설계상의 모델에서 이론적으로 특성화된 모델을 바꾸는 디자인 작업들의 묶음이다.

2.2.1 코드디자인 흐름

시스템 디자인의 전체적인 처리 과정은 시스템 요구사항을 알아냄으로써 시작한다. 시스템 요구사항으로 함수들, 실행, 파워, 가격, 확실함 그리고 시스템을 위한 진행시간이 있다. 이러한 요구 사항은 자주 개발팀과 마케팅 전문가들에 의해 만들어진 예비 명세서(specification)로 이루어진다. 시스템 명세화(specification) 작업은 design이 성공하기 위해서 가장 중요하고, 기간이 오래 걸리는 작업이다. 하지만 설계 팀이

▶표 2.1 시스템 명세화 언어 요약

Language	Concurrency	Communication	Timing	Interface	Note
VHDL	OK	Inadequate	Excellent	Text	IEEE standard
SDL	OK	OK	Inadequate	Text/graphics	ITU standard
Java	Excellent	Excellent	Inadequate	—	—
C, C++	N/A	N/A	N/A	Text	—
SpecChart	Excellent	OK	Excellent	—	—
StateChart	Excellent	Inadequate	OK	Graphics	—
PetriNet	Excellent	Inadequate	Excellent	Graphics	—
Esterel	Inadequate	Inadequate	Excellent	Text	—

자신이 무엇을 구현해야 하는지 정확하게 알고 있다면, 구현 과정에서의 실수는 빠르고 쉽게 발견되고 수정될 수 있다. 따라서 시스템의 명세화(specification)는 명확하고, 완전하며, 모든 내용이 일관적이어야 한다.

표 2.1은 시스템 디자인의 다른 요구사항들을 고려하며 시스템 레벨의 서술(특성화) 과 성분 기능함수를 위해 사용되는 특성화 언어들을 간략하게 소개한다. 표에서 보는 것처럼 어떤 언어도 시스템 특성화(서술)의 모든 부분을 충족시키지 못한다.

VHDL, SDL 그리고 JAVA 등이 가장 나은 선택일 것이다.

디자인 단계의 조항에서, 그림 2.1은 높은 레벨에서의 일반적인 코드디자인 방법론의 흐름 을 보여준다. 이러한 단계는 정해진 것이 아니라 특별한 디자인을 위해서는 이러한 단계들이 사용되지 않을지도 모르며 그 흐름이 어느 정도 변화되어 있을 것이다.

그러나 그림 2.2에서 시뮬레이션 모델들이 각각 단계에서 만들어지고 분석되고 확인되는 것을 보여준다. 실제 설계를 진행하면서 매 단계마다 에러를 줄이기 위한 확인하고 분석하는 형식이 필요하다.

통합적인 방법론의 흐름을 이루는 디자인 단계는 분할, 계획 그리고 상호 통합을 포함한다.

이 단계에서는 시스템 요구사항(기능, timing, performance 등)이 정의 되어야 한다. 이런 단계들 뒤에, 전체시스템을 위해 또한 기능의 알고리즘이 high-level model로 구현되며 시뮬레이션 모델이 C 또는 C++로 만들어진다. 이러한 처리단계에서 COSSAP와 같은 EDA 툴이 유용하다. 여기서 작성된 model은 이후의 design 단계에서 기준이 될 수 있어야 한다.

통합 시뮬레이션(co-simulation)에 의해 요구되는 이런 실행 가능한 명세서는 높은 레벨의 알고리즘 모델과 함께 얻어진다. 이러한 명세서들이 초기 디자인 단계에서 계발되기 때문에, 그 명세서(특성목록)들은 디자인 처리과정에서 정밀함을 유지하는 것이 요구된다.

높은 수준의 추상화 레벨 모델을 마무리 짓기 위해서는, 시스템 설계자가 하드웨어적으로 어떤 함수들을 사용할 것인지, 소프트웨어 응용을 이용하여 무엇이 달성되어질 것인지를 결정하기 위해서 소프트웨어와 하드웨어 구분을 결정해야 하며 이러한 작업을 HW/SW partitioning이라 한다. 일반적으로 소프트웨어와 하드웨어 하부조직의 구분은 가격과 성능의 균형과 많은 경험을 필요로 하는 매뉴얼화된 처리과정이다.

분할을 위한 마지막 단계는 하드웨어와 소프트웨어의 각각의 분할들에서의 자세한 명세서에 의해 이 둘 사이의 인터페이스와 프로토콜을 규정한다. Software는 micro processor나 DSP core에서 수행되는 task를 말하고, Hardware는 ASIC이나 FPGA에서 수행되는 task를 말한다. 따라서, 소프트웨어는 C/C++ 또는 어셈블러로 설계를 하며, 하드웨어는 VHDL/Verilog 같은 언어로 설계된다. 실제 시스템 명세화(specification)에서 설계된 high-level model을 기반으로 모든 서브 블록을 소프트웨어로 생성한다. 그 후 시스템의 수행 능력을 예측하여 타이밍 요구 조건을 만족할 때까지 critical한 서브 블록을 하드웨어로 지정하게 된다[3].

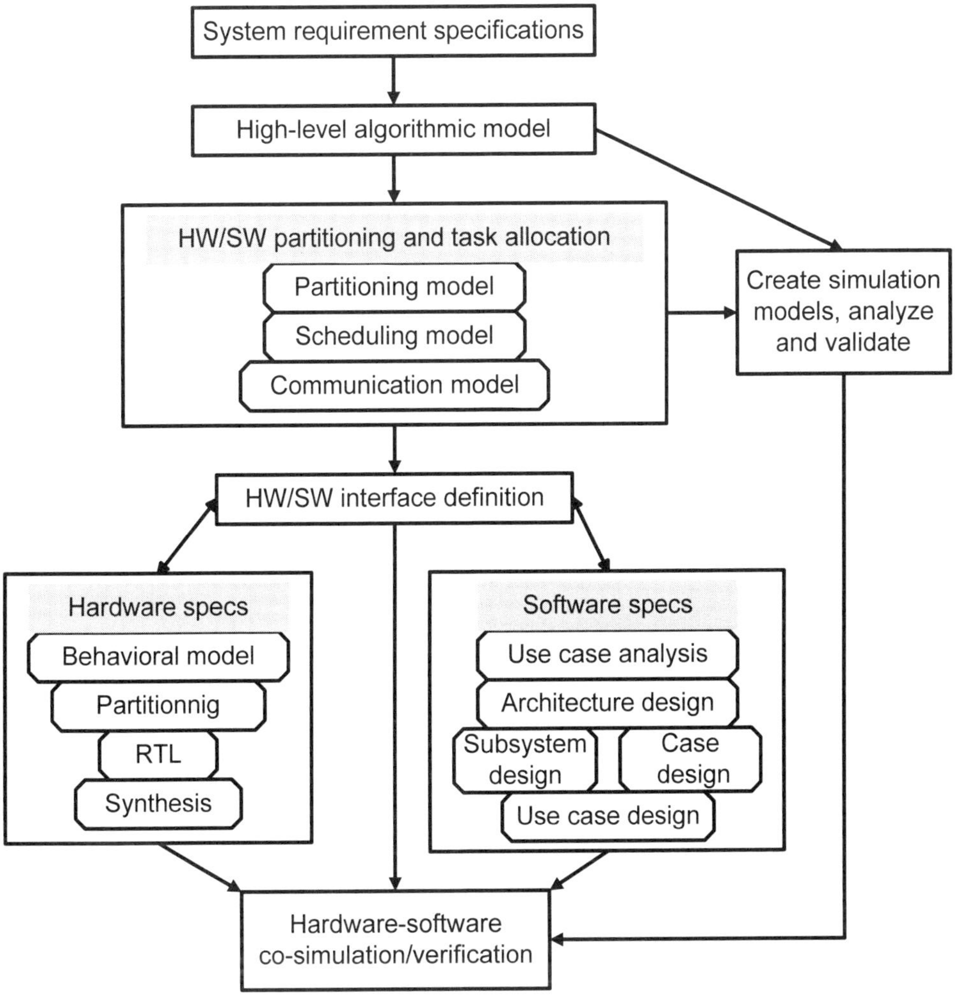

▶그림 2.2 일반적인 하드웨어-소프트웨어 통합디자인 방법론

일단 하드웨어와 소프트웨어의 분할이 결정되면 하드웨어 동작 모델이 소프트웨어의 작업 프로토 타입과 함께 생성된다. 하드웨어와 소프트웨어의 통합 시뮬레이션(Co-simulation)은 정교화 되고 전체 기능의 명세서(특성목록) 와 함께 실행할 수 있는 모델을 계발하기 위해서 그들의 구성요소들을 허용한다. 이러한 정교화는 디자인 단계를 통해 계속된다. 이러한 처리단계에서의 몇몇 중요한 하드웨어 디자인 고려사항들은 클럭 트리, 클럭 도메인, 레이아웃, 기초 계획, 버스, 검증, 통합 그리고 정보처리상호운용 결과이다. 게다가 모든 프로젝트는 실리콘 디버깅과 생산 테스트를 촉진하기 위한 추가적인 구조(설비)들 과 함께 명확히 정의되고 문서화된 안정된 룰과 지침들을 가져야 한다.

여러 가지 행동들(작업들)과 제한된 작업들이 주어지고, 프로세싱 요소(CPU 같은)를 작동시켜야 하는 환경에서의 주문을 정하기 위해 계획이 수립된다. 이러한 계획하에 주 고려요소들은 (1) 특정 기능성에서의 의존 하에 부과된 부분적인 주문 (2)프로세싱 요소들 사이 위에서의 동기화 최소화 (3)프로세싱 요소들 안에서의 전후 관계 바뀜 이다.

컴파일 시간 동안에 행동(작동)의 부분적인 주문에 대한 얼마나 많은 정보가 가능하냐에 달려있냐에 따라서 다른 계획 전략들이 사용될 수 있다. 만약 어떤 계획된 행동(작업)에 대한 주문이 알려지지 않는다면, 실행시간 소프트웨어 스케줄러가 사용될 것이다. 이러한 경우에, 계획단계후의 시스템 모델은 계획된 기능성을 위해서 추가된 새로운 실행시간 소프트웨어 어플리케이션을 사용한 모델을 제외하고 분할 단계후의 모델과 크게 다르지 않다.

심한 경우에, 만약 분할 주문이 컴파일 시간에서 확실히 알려진다면 정적인 계획된 설계가 사용될 수 있다. 그러나 이런 경우에 특히 부정확한 작업 계산에서 인터프로세싱 요소 동기화를 겪게 될 것이다.

통신 통합 단계에서 동시발생의 행동들 사이에 통신과 동기화는 분배된 변수들을 통해서 완성화 된다. SOC 작업 레벨에서 통신 통합단계의 작업은 적합한 인터프로세싱 요소 통신 안에 접근하는 분배된 변수를 해결한다. 만약 분배된 변수들이 메모리이면, 합성기는 대응된 주소를 읽고 쓰는 명령문에서 모델 안의 분배된 변수들을 향한 모든 접근의 변수들 과 변화의 위치를 결정할 것이다. 만약 변수가 하나의 프로세싱 요소의 지역 메모리에 있다면, 다른 프로세싱 요소들의 모델에 있는 이 분배된 변수들을 향한 모든 접근들은 보내고 받는 것과 같은 메시지 전달 primitives 를 위해 함수 콜 안에서 바뀌어져야만 한다.

우리는 시스템의 다른 요소들과 함께 구성된 프로세싱 요소들이 연결된 ASIC의 특별한 경우에 인터페이스를 규정할 수 있다. 이 같은 인터페이스는 통신 채널의 행동을 수행한다.

예를 들어, 인터페이스는 한 프로세서 버스에서의 읽기 주기를 시스템 버스에서의 읽기 주기로 바꾼다. 하드웨어에서 작동되는 인터페이스 회로와 소프트웨어에서 수행되는 드라이버 루틴과 인터럽트 서비스 루틴에 의해서 다른 프로세싱 요소들 간의 통신 작업은 함께 수행된다. 하드웨어와 소프트웨어에서 통신 분할이 작업되는 동안에, 그 부분을 위한 모델 제너레이션이 “통신 통합”의 작업이다. 인터페이스 모델에서의 RTL디자인을 생성하는 작업은 인터페이스 통합작업이다.

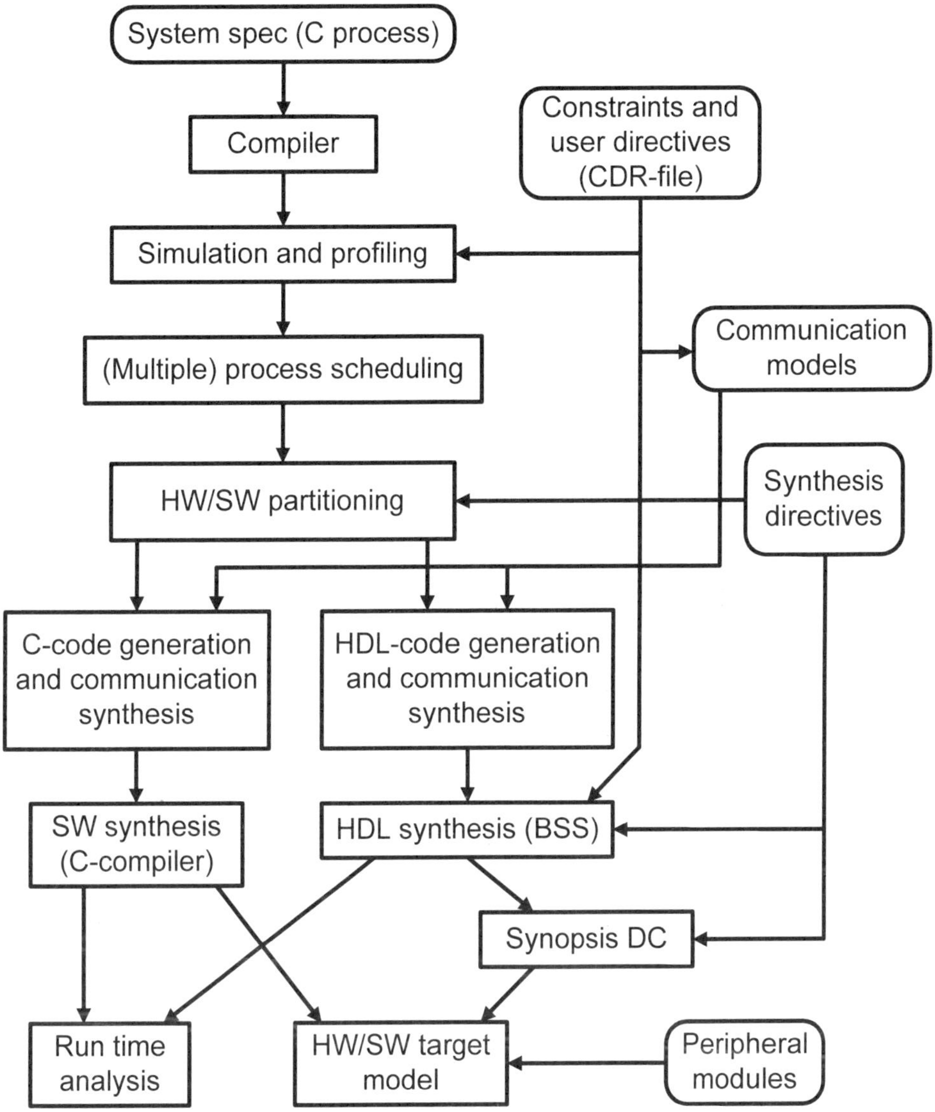

▶그림 2.3 통합 디자인 플로우

요약하면, 코드디자인은 명세서(특성 목록)와 하드웨어와 소프트웨어의 요소를 포함하는 시스템 디자인을 위한 방법론을 제시한다.

하드웨어_소프트웨어 코드디자인은 매우 활발한 연구분야이다. 최근 가장 상업적인 코드디자인 툴들이 주로 시뮬레이션 과 검증, 시스템 레벨 시간을 제공하지 않는 co-simulation엔진들이므로 하나의 툴들의 셋이 요구되어진다. 상업적인 툴들에서 이러한 기능성의 부족 때문에 코드디사인은 디양한 종류의 연구들이 나타나면서 큰 경쟁에 있다. 미래에는 우리는 설계 탐구적인 툴과 분할을 위한 알고리즘, 흐름에서의 다양한 통합단계에서의 계획, 맞춤 하드웨어와 소프트웨어의 통합을 위한 back-end 툴, specification 언어들의 상업적인 응용 을 볼 수 있을 것이다.

2.3 Co-simulation

그림 2.4는 co-simulation 흐름을 위한 system specs를 보여주고 있다. Co-simulation에서 하드웨어는 C/C++의 모델이 될 수도 있고, 전체 시스템은 단일 C/C++ 프로그램과 같이 실행될 수도 있다. 하지만 구현 레벨에서의 시스템 검증단계를 뜻하지는 않는다. 오히려 behavioral 검증단계에 더 가깝다. HDL/RTL 기술구문은 하드웨어의 구현을 표현하기 때문에 검증단계에서 필요하다.

Co-simulation은 하나 또는 그 이상의 HDL 시뮬레이터와 C/C++ 플랫폼이 필요하다 (컴퓨터 OS상에서의 컴파일러, 로더, 링커등). co-simulation에서는 소프트웨어 시뮬레이터와 HDL 시뮬레이터를 포함하는 둘 또는 그 이상의 시뮬레이터가 링크되어 있다. 그렇기 때문에 서로 다른 시뮬레이터들의 통신방법이 매우 중요하다.

멀티시뮬레이터 환경에서의 가장 간단한 통신 구조는 마스터/슬레이브 구조이다. 마스터/슬레이브 구조에서 HDL 시뮬레이터가 마스터가 되고, 소프트웨어 시뮬레이터가 슬레이브가 된다. 슬레이브 시뮬레이터는 프로시져 콜과 같은 기술을 사용해서 연결된다. 그리고 마스터 시뮬레이터로부터의 외부 프로시져 호출, 또는 프로시져 호출로 인한 슬레이브 시뮬레이터의 캡슐화 둘 중 한가지로 구현될 수 있다. 대부분의 HDL 시뮬레이터는 C 함수와 연동하여 다양한 외부 프로시져 호출을 제공하고 있다. 예를 들어, Verilog는 C 코드와 연동하기 위해 사용할 수 있는 PLI/VPI 함수들을 제공한다. VHDL은 조합 구조 블록 내에서 외부 attributes를 지원해 주는데, 이 특징이 C로 작성된 VHDL 코드의 어떤 한 부분을 사용할 수 있게 해주는 것이다.

이런 프로시져 호출은 슬레이브 시뮬레이터 함수들이 단일 invocation내에서 실행되어지는 것과 같이 슬레이브 시뮬레이터의 실행에 약간의 제한을 두게 된다. 이것은 겉으로 보기에 C 프로그램이 서로 독립적인 C 함수 호출의 형태로 만들어져야만 한다는 것을 의미하고 있는 것이다. 하드웨어 모델의 어느 한구석에 다중의 상호 작용 부분이 있을 때 이런 방법은 사용하기가 매우 복잡하다. 또한, 마스터/슬레이브 구조는 아직까지 단일 실행 처리만을 지원하기 때문에 각각의 C 함수 호출을 사용해서 병렬적으로 동작하기는 거의 불가능하다.

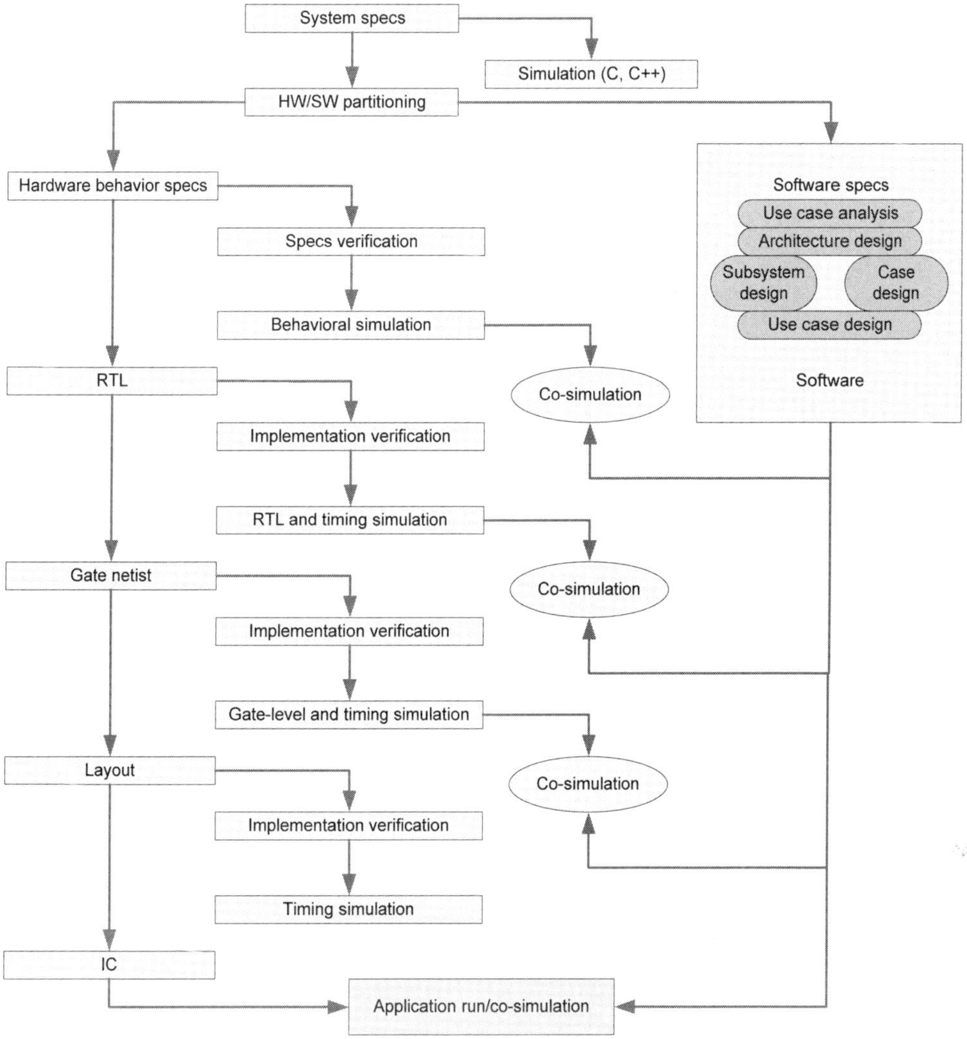

▶그림 2.4 Co-simulation 흐름

분산된 co-simulation 모델은 이런 제한을 넘어섰다. 분산된 co-simulation은 소프트웨어버스로 사용되는 통신 네트워크 프로토콜에 기초를 둔다. 그림 2.5는 마스터/슬레이브 모델과 분산된 co-simulation 모델을 함께 보여준다.

분산된 co-simulation에서 각각의 시뮬레이터는 프로시져 호출에 의해 co-simulation 버스를 이용하여 서로간에 통신을 하게 된다. Co-simulation 버스의 구현은 Unix IPC(inter process communications)나 소켓과 같이 표준 시스템 설계에 기초를 두고 설계되었다. 이 구조에서 HDL 시뮬레이터와 C 프로그램은 독립적인 소프트웨어 프로그램으로서 병렬적으로 동작하게 된다(HDL 시뮬레이터노 C 프로그램

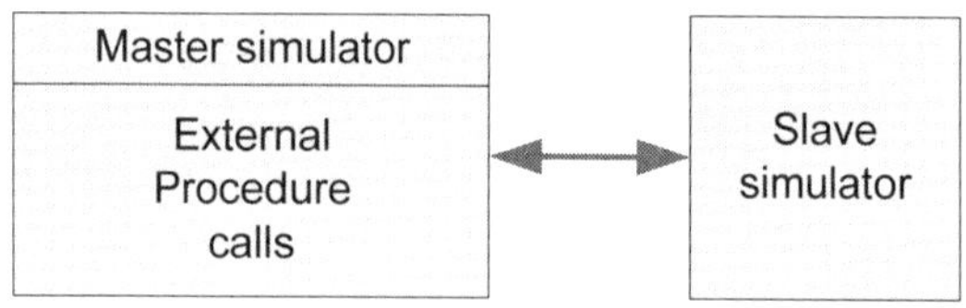

(a)

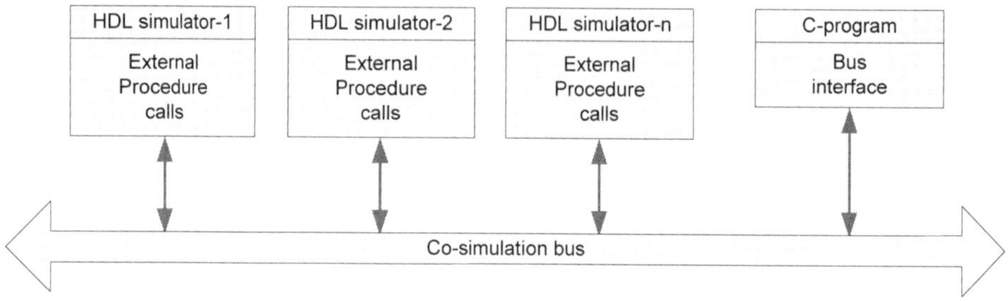

(b)

▶그림 2.5 Co-simulation 모델: (a) 마스터/슬레이브 모델 (b) 분산된 co-simulation 모델

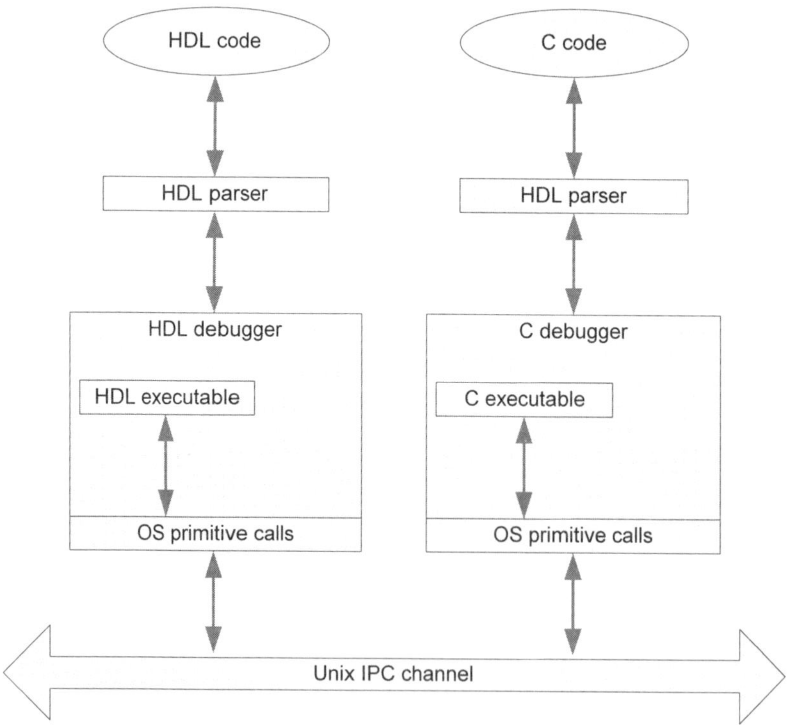

▶그림 2.6 Co-simulation 디버깅 모델

이다). Co-simulation 모델은 통신 메커니즘의 사용에 독립성을 가져야 한다. 이 방법에는 크게 두 가지의 이점이 있다.

1. 모듈성 : 다양한 모듈들이 다른 HDL 언어를 사용해서 설계될 수 있다.
2. 유연성 : HDL 모델은 속도 향상을 위한 상위 레벨의 모델이나, 설계 진행상 보다 자세함을 위한 하위 레벨의 모델로서 대체될 수 있다.

그림 2.6은 co-simulation 환경에서 어떻게 디버깅을 할 수 있는가를 나타낸다. 또한 실행 가능한 코드의 생성을 위한 흐름이기도 하다. 소프트웨어 모듈에서 초기 함수의 OS 호출을 나타내고, 그림 5를 보다 자세하게 나타낸 것이다. 이 호출들은 Unix/IPC 채널로부터 데이터의 송신, 수신, 제어 등이 가능하며, 라이브러리에서 사용할 수 있는 C 함수들이다. 이런 함수들의 호출에 의해 C 프로그램(소프트웨어 응용)은 IPC 채널과 통신을 할 수 있다. 소프트웨어 부분은 실행 가능한 코드가 C 디버거 안에서 처리되는 동안은 호스트 컴퓨터 OS상에서 분리된 형태로 실행이 된다.

비슷하게 C 프로그램이 (VHDL/Verilog entity의 I/O 포트의 접근에 의해)하드웨어 모듈과 상호 작용하고 있을 때, Unix/IPC 채널과 상호 작용하기 위해 OS 초기화 호출을 실행하게 된다.

한편 하드웨어 쪽에서는 HDL executable 블록이 HDL 디버깅 툴에 의해 실행되고 있게 된다(HDL 시뮬레이터는 디버거 없이 실행될 수 있지만, 디버깅 툴을 이용한 실행이 co-simulation 에서 매우 유용하다).

제 3 장

✓마이크로프로세서의 사용 및 소프트웨어 이해

3.1 S/W에서 활용하는 마이크로프로세서

3.1.1 마이크로프로세서

마이크로프로세서는 ALU, 레지스터, 디코더, 멀티플랙서등을 이용하여 산술 연산, 논리 연산, 명령어 처리등을 수행하는 단일 IC칩이다. 덧셈, 뺄셈, 두 수의 비교, 데이터의 이동등 기초적인 연산들은 명령어 셋의 수행에 따른 처리 결과이다. 일반적으로 컴퓨터의 CPU를 마이크로프로세서라고 하며, 마이크로프로세서 역시 ASIC 설계에 의해 만들어진 칩이다. Intel의 Pentium, AMD의 Athlon, Sun Microsystems의 SPARC등이 유명하고 최근에는 ARM코어를 이용해서 삼성, Intel등에서 다양한 마이크로프로세서들이 출시 되고 있다.

마이크로프로세서의 간략한 역사에 대해서 알아보겠다.

마이크로프로세서는 단순히 개발된 것이 아니라 1970년대 초반에 함께 나타난 고체(solid-state)기술의 발전이 컴퓨터 기술의 진보와 결합해서 나타났다. 즉, 이 기술들이 준비된 후에야 발전된 것이다. 고체 장치의 낮은 가격과 컴퓨터의 유연성을 보유한 마이크로프로세서는 수치 계산과 처리 기능을 수행하는 전자회로 장치이다.

마이크로프로세서의 출현 배경을 이해하려면, 두 가지 중요한 기술인 디지털 컴퓨터와 고체 회로기술의 성장을 알아야 한다. 이 두 가지 기술은 1970년대 초반에 나타난 엔지니어들로 하여금 마이크로프로세서를 생산할 수 있게 해주었다.

디지털 컴퓨터는 사용자가 원하는 작업을 할 수 있게 해주는 프로그램을 통제하는 일련의 디지털 회로이다. 프로그램은 디지털 회로에게 데이터의 이동과 처리를 명령한다. 이것은 디지털 컴퓨터의 논리적 연산, 메모리 회로와 입출력 장치를 사용함으로써 가능하다. 디지털 컴퓨터에서 논리 회로를 사용하여 논리 연산, 메모리 회로, 입출력 장치 등을 구성하는 방식을 구조(architecture)라고 한다.

마이크로프로세서는 디지털 컴퓨터와 유사한 구조를 갖는다. 다시 말하면, 마이크로프로세서는 프로그램의 제어 하에 계산한다는 면에서 디지털 컴퓨터와 동일하다. 따라서 디지털 컴퓨터의 역사는 마이크프로세서를 이해하도록 해준다. 고체 회로의 역사 역시 마이크로프로세서가 고체 회로-고밀도 또는 초고밀도 집적(VLSI)미소회로라는 점에 있어서 중요하다.

제2차 세계대전 동안, 과학자들은 군사용으로 컴퓨터를 개발하였다. 1940년대 후반에는 디지털 컴퓨터가 과학적, 상업적 업무를 위해 개발되었다. 전자회로 기술은 제2차 세계대전 동안 진보되었다. 레이더 기술은 펄스 회로라 불리는 빠른 디지털 회로 기술을 발전시켰다. 전쟁 후에 과학자들은 고체 물리학에 커다란 진보를 가져왔다. 특히, 벨 연구소의 과학자들은 1948년에 고체 소자인 트랜지스터를 발명했다.

1950년대 초에 처음으로 진공관이라는 전자회로를 사용한 범용 디지털 컴퓨터가 나타났다. 게이트와 플립플롭 같은 기본 논리 회로를 만들기 위해 진공관을 사용하였던 것이다. 게이트와 플립플롭들의 조합에 의해 과학자들은 컴퓨터의 계산 논리 회로와 메모리 회로를 만들었다. 또한 진공관은 컴퓨터와 입출력장치간에 통신을 수행하는 회로에도 사용되었다.

디지털 회로의 연구로부터 단순한 가산기 회로에도 많은 게이트가 필요한 것을 알게 되었다. 대부분의 디지털 컴퓨터는 많은 가산기를 가지므로, 많은 회로들이 필요하였다. 그런데 모든 컴퓨터의 회로는 부피가 큰 진공관으로 구성하였기 때문에, 초기 디지털 컴퓨터는 부피가 매우 컸다. 그리고 진공관은 많은 열을 발생하므로 초기 컴퓨터에서는 에어컨이 필요했다. 진공관은 또한 오늘날의 표준에서 보면 불안정했다. 진공관 때문에 초기의 컴퓨터를 운영, 유지하기 위해서는 많은 비용이 들었다. 이러한 진공관의 결점은 디지털 컴퓨터 발전에 방해 요소가 되었다.

초기 컴퓨터 설계에서는 프로그램 저장장치를 도입했다. 즉, 컴퓨터가 데이터를 가지고 해야 할 일을 지시하는 단계를 컴퓨터 메모리에 디지털 언어로서 저장하였다. 몇몇 워드들이 데이터가 아니라 프로그램 단계라는 것을 알기 위한 유일한 방법은 메모리 장소를 확인하는 것이다. 프로그램 저장의 생각은 컴퓨터 구조에서 중요하고도 기본적인 것이다.

고체 상태(solid-state) 회로 기술 또한 1950년대에 매우 큰 진보를 이룩하였다. 초기 반도체를 만드는 주재료도 게르마늄에서 규소(실리콘)로 바뀌면서 반도체 생산 가격이 저렴하게 되었다. 여기에 대량 생산 기술의 발전으로 싸고 보편적인 트랜지스터를 만들 수 있게 되었다.

자연스럽게 디지털 컴퓨터 설계자들이 진공관을 트랜지스터로 대체시킬 기반이 마련되었고, 1950년대 후반부터 본격적인 연구가 시작되었다. 초기에는 트랜지스터를 개별 부품으로 사용하여 논리 회로를 구성하였다. 즉, 각 논리 회로를 많은 수의 트랜지스터를 사용하여 만들었다. 그래도 초기의 고체 상태 컴퓨터들은 진공관 컴퓨터보다 훨씬 더 작아지고, 열 발생이 줄고, 신뢰성이 증가되었다.

1960년대 초에 고체 상태 컴퓨터 생산 기술은 두 가지 방향으로 진보했다. 한 가지 방향은 IBM, Burroughs, Honeywell과 같은 거대한 회사들이 주도하였다. 이들은 에어컨이 설치된 큰 방을 필요로 하는 대형 고체 컴퓨터를 만들었는데, 이들 컴퓨터는 대규모 데이터 처리 시스템으로 상업적 목적이나 과학기술 분야에 많이 사용되었다.

새로운 방향은 작은 회사들에서 연구되었는데, 책상 위에 올려놓을 수 있을 정도 크기의 작은 미니컴퓨터를 만들기 시작했다. 미니컴퓨터는 대형 컴퓨터와 비교할 만큼 강력하지는 않았지만, 대형 컴퓨터처럼 비싸지도 않았다. 그러면서도 미니컴퓨터들은 매우 유용한 기능들을 가지고 있었다.

미니컴퓨터는 실험실에서 유용함이 빠르게 증명되었다. 과학자들은 전용컴퓨터-한 종류의 작업만을 하기 위한 컴퓨터-가 가치를 갖고 있다는 것을 알게 되었다. 대형 컴퓨터 하나가 여러 종류의 다른 작업을 수행하는 대신, 과학자들은 각각의 작업을 각각의 미니컴퓨터에서 수행시킨 것이다.

하나의 작업만을 수행하는 소규모 컴퓨터 구조라는 생각은 큰 변화를 가져왔다. 저가격의 미니 컴퓨터가 출현하기 전에는 한 가지 작업만을 하는 컴퓨터를 생각했던 사람은 아무도 없었다. 미니컴퓨터는 짧은 작업을 하고, 새로운 작업이 다시 시작될 때까지 동작을 정지하곤 하였다.

고체 상태의 회로소자 기술도 디지털 컴퓨터와 함께 꾸준히 발전하여 두 가지 기술을 결합한 새로운 컴퓨터의 개발이 가능하게 되었다. 컴퓨터는 몇 가지 종류의 논리 회로를 대규모로 사용한다. 이러한 대규모 논리회로의 필요성에 따라서 반도체 산업이 발전하기 시작했다.

1960년대 초반에 반도체 산업은 하나의 규소 웨이퍼위에 여러 개의 트랜지스터를 형성시키는 방법을 개발하였는데, 트랜지스터들은 작은 금속 선들을 이용하여 연결하였다. 규소 웨이퍼 위에 트랜지스터를 만들고, 연결하여서 게이트, 플립플롭, 레지스터, 가산기와 같은 기능을 수행하는 논리회로를 만들었다. 나아가서 기본적인 논리회로로 구성된 블록을 구성하였다. 블록과 논리 회로를 조합한 회로 모듈을 규소 웨이퍼 위에 만든 것을 집적회로(IC)라고 부른다.

1960년대 중반에 여러 계열의 작거나 중간 규모의 집적회로(SSI and MSI)디지털 논리회로가 생산되기 시작하였다. 이러한 SSI와 MSI를 사용하여 대규모 논리회로 설계가 가능하게 되었다. 집적회로 기술은 두 가지 방면에서 발전을 거듭하였다. 저가 생산 기술과 많은 트랜지스터를 하나의 집적회로에 집어넣는 기술이다.

집적회로의 사용으로 미니컴퓨터는 더욱 작아지면서 더욱 강력한 성능을 가지게 되었다. 1960년대 책상 크기의 미니컴퓨터는 1950년대 후반 방 크기만한 대형 컴퓨터만큼 강력해졌다. 서랍 크기의 $10,000짜리 미니컴퓨터는 더 오래 전 $100,000짜리 책상 크기의 미니컴퓨터만큼 강력해졌다. 몇몇의 컴퓨터들은 회로 기판의 형식으로 나타나기 시작했다. 즉, 컴퓨터를 구성하는 모든 논리 회로를 하나의 인쇄된 회로 기판에 장착하게 된 것이다. 이러한 회로 기판과 전원공급장치 및 입출력 장치만으로 컴퓨터를 구성할 수 있게 되었다.

집적회로 기술은 1960년대 중반 이래로 더욱 빨리 발전하고 있다. 1960년대 후반부터 1970년대 초반에 LSI(large scale IC)가 널리 보급되었다. LSI는 하나의 IC 안에 대단히 많은 디지털 회로를 집적할 수 있었으며, 1980년대에는 100,000개가 넘는 트랜지스터를 하나의 IC에 집적하는 VLSI(very large scale IC)가 생산되기 시작하였다.

대부분 초창기의 대규모 IC는 특별한 기능들을 수행했다. 그러나 소수의 LSI회로들은 보편적인 기능을 수행하기 위해 생산되었다. 반도체 메모리가 좋은 예이다.

전자계산기의 발전은 LSI의 극적인 진보를 보여준다. 처음 전자계산기는 75개에서 100개의 개별 IC패키지가 필요하였다. 특별한 LSI는 이를 5내지 6개로 바꾸었고, 1970년대 중반에 LSI는 전자계산기를 단일 IS로 축소시켰다. 전자계산기를 축소시킨 이후 그 다음 단계는 컴퓨터의 구조를 단일 IC로 축소하는 것이었다. 설계자들은 곧 이 단계를 달성했고, 그 결과물인 회로는 마이크로프로세서라고 불려졌다.

마이크로프로세서는 강력한 계산기를 포함하여 많은 다른 제품에 사용되었다. 초창기의 전용 미니컴퓨터처럼 마이크로프로세서도 단일 작업을 수행하기 위한 프로그램을 수행하였다. 마이크로웨이브 오븐, 전화 다이얼러, 자동 온도 제어 시스템 같은 제품은 대중화가 되었다. 이들 제품들처럼 IC의 형태로 이용할 수 있는 값싼 컴퓨터가 마이크로프로세서의 주 사용분야였다.

1970년대 초부터 마이크로프로세서의 속도와 계산 능력을 증대시키는 연구가 시작되었다. 초기의 마이크로프로세서는 한 번에 4비트의 디지털 데이터를 처리했다. 즉, 그들은 4비트 워드를 사용했다. 이러한 마이크로프로세서는 동작 속도 또한 느려서 미니컴퓨터와는 비교할 수 없었다. 그러나 마이크로프로세서의 새로운 세대는 빨리 왔다. 4비트 마이크로프로세서는 8비트로 발전하였고, 다시 16비트로, 다시 32비트 마이크로프로세서로 발전하였다. 마이크로프로세서의 명령어 집합이 복잡해지면서 마이크로프로세서 또한 크고 복잡한 구조로 되었다. 어떤 마이크로프로세서들은 곧 현대 미니컴퓨터의 성능과 대등해지거나 앞질렀다. 1980년대 초반에는 하나의 IC에 완전한 8비트 마이크로프로세서 시스템(메모리와 입출력 기능을 지닌 마이크로프로세서)을 집적하게 되었다. 이 마이크로컨트롤러 또는 단일 칩 마이크로프로세서는 키보다, VCR, TV, 마이크로웨이브 오븐, 첨단 전화, 다른 산업적 그리고 소비성 전기적 장치의 제어기로서 대중화되었다. 오늘날 하나의 소비 제품에서 두 개, 세 개의 마이크로컨트롤러를 찾는 것은 그리 어렵지 않다.

3.1.2 S/W에서 마이크로프로세서 활용

마이크로프로세서란 단어로부터 마이크로프로세서가 어떠한 것인지를 알 수 있다. 즉, 프로세서라는 것은 처리 장치라는 의미로 디지털 컴퓨터의 중앙 처리 장지(CPU)를 의미하고, 마이크로라는 것은 마이크로 회로기술을 사용하였다는 것이다. 즉, 마이크로 회로기술로 만든 컴퓨터의 중앙 처리 장치가 바로 마이크로프로세서이다. 따라서 CPU처럼 마이크로프로세서도 데이터 처리와 프로그램 제어 하에서 계산을 수행하는 디지털 회로이다.

다시 말하면, 마이크로프로세서는 하나의 중앙 처리 장치(CPU)이다.

일반적인 통념과는 달리 CPU의 모든 기능을 가지는 마이크로프로세서는 하나의 대규모 IC(LSI 또는 VLSI)로 구성된 디지털 논리 회로이다. LSI와 VLSI를 마이크로 회로라고도 부르기 때문에, 마이크로라는 단어와 프로세서라는 단어를 연결하여 마이크로프로세서라는 이름을 만든 것이다.

마이크로프로세서의 주요 기능인 데이터 처리는 계산과 데이터 취급 두 개를 포함한다. 계산은 보통 산술 논리 장치(ALU)라는 논리 회로에서 수행된다. 논리 회로들은 더하기, 빼기, AND, OR, 비교, 증가, 감소 등의 기능을 가지고 데이터 처리를 수행한다.

ALU는 데이터 처리를 수행하는 장치이다. 만약 ALU가 두 숫자들을 더하려면 각 숫자들을 정해진 공간에 저장해 놓아야 한다. ALU는 그 자체가 한 장소에서 다른 장소로 데이터를 이동시킬 수 없지만 정해진 장소에 있는 어떤 데이터든지 연산을 수행해서 그 결과를 정해진 장소에 저장한다.

ALU는 눈을 가린 마술사와 같다고 생각할 수 있다. 다른 사람이 물체를 건네준 후에야 마술사는 놀라운 재주를 부릴 수 있다. 눈을 가렸기 때문에 마술사는 남의 도움이 없이 물체를 찾을 수 없다. 눈을 가린 마술사가 물체를 받기를 기다리는 것과 같이 ALU 또한 정해진 장소에 데이터가 놓여지는 것을 기다려야 한다.

그러면 데이터를 얻은 ALU는 어떻게 하는가? 마이크로프로세서는 ALU와 함께 데이터를 다루는 다른 논리 회로들을 가지고 있다. 이 데이터 취급 논리 회로가 ALU에 필요한 데이터를 공급해 주고, 연산 후에 연산 결과를 다른 곳으로 이동시킨다.

마술사는 마술을 부린 물체를 변화시키지는 못하지만, ALU는 실제로 데이터를 변환시키고, 마이크로프로세서의 데이터 취급 논리회로는 데이터를 필요하다면 한 장소에서 다른 장소로 이동시킨다. 그러면 무엇이 ALU에게 데이터를 어떻게 처리하라고 말해 주는가? 무엇이 ALU가 수행해야 할 기능이 어떤 것인가를 말해 주는가?

데이터 처리를 위해서 마이크로프로세서 내부의 각각 논리회로들에게 어떻게 프로그램-데이터를 처리하기 위한 명령어 집합-을 해석하고 실행하는가를 알려주는 제어 논리가 반드시 필요하다. 제어 논리는 메모리 안의 저장된 프로그램(명령어들)을 해석해서 마이크로프로세서가 필요한 동작을 수행하도록 한다. 즉, 마이크로프로세서는 한 번에 하나씩 차례로 명령어들을 메모리로부터 읽어 온다. 마이크로프로세서의 제어 논리는 읽어 온 명령어를 해석하고, 해석된 명령어를 이행한다.

명령어들은 메모리 안에 저장되어 있으며, 필요하면 명령어들을 변화시킬 수 있다. 마이크로프로세서의 명령어들이 변화되면, 데이터 처리 동작도 바뀐다. 즉, 메모리에 저장된 명령어들에 의해 마이크로프로세서가 무엇을 수행할지 결정된다. 마이크로프로세서를 이해하는데 매우 중요한 요점이다.

마이크로프로세서는 스스로 동작 하지 않는다. 데이터를 저장할 수 있는 메모리, 데이터를 받아들일 수 있는 입력장치, 처리된 데이터를 내보낼 수 있는 출력장치등 주변장치들이 마이크로프로세서와 연결되어 있어야 하고, 그 하드웨어가 동작할 수 있게 하는 소프트웨어(프로그램)가 필요하다. 즉, 마이크로프로세서라는 하드웨어를 사용자가 원하는 대로 동작 시키기 위해서는 하드웨어를 제어할 수 있는 소프트웨어가 필요한 것이다.

3.2 Quartus II SOPC Builder및 NIOS II IDE의 이해

3.2.1 Quartus II SOPC Builder의 이해

Quartus II 프로그램 안에 포함되어 있는SOPC Builder는 프로세서, 주변장치, 메모리 등을 기반으로 한 시스템을 설계하기 위한 시스템 개발 툴이다. 일반적인 방법보다는 훨씬 빠르게 System-On-a-Programmable-Chip (SOPC)을 생성할 수 있게 해준다. GUI 기반의 컴포넌트들을 제공하며, 각각의 컴포넌트들을 자동적으로 연결해 준다. 또한 컴포넌트들을 연결하여 생성된 전체 시스템을 HDL 코드로의 변환도 가능하다.

NIOS II 프로세서 시스템을 설계하기 위해서 필요한 프로세서, 메모리, 타이머, I/O등 여러 컴포넌트들을 불러오고, 이들을 서로 연결하여 시스템을 설계할 수 있는 것이다.

3.2.2 NIOS II IDE의 이해

NIOS II Integrated Development Environment (IDE)는 소프트웨어의 개발에 필요한 editing, building, debugging등을 모두 포함하고 있는 NIOS II 프로세서를 위한 소프트웨어 개발 툴이다. 또한 GNU Tool Chain, ISS, RTOS등 다양한 환경을 제공한다.

SOPC Builder에 의해 설계된 NIOS II 프로세서 시스템을 동작시키기 위해서 필요한 소프트웨어를 개발할 수 있는 환경을 제공 하는 것이다.

3.3 S/W환경에서 마이크로프로세서 설계

위에서 설명한 Quartus II SOPC Builder를 이용하여 NIOS II 프로세서 하드웨어를 설계하고 NIOS II IDE를 이용하여 소프트웨어를 개발하여 NIOS II 시스템을 설계해 본다. Altera에서 제공하는 간단한 NIOS II 시스템 예제 파일을 이용해서 DE2 보드에 다운로드까지 실습하여 NIOS II 시스템의 실제 동작 여부를 직접 눈으로 확인해 보자. 여기서 설계할 NIOS II 시스템의 제원은 다음과 같다

NIOS II/s processor core
◎ On-chip memory
◎ Timer
◎ JTAG UART
◎ 8-bit parallel I/O (PIO) pins to control LEDs
◎ System identification peripheral

그림 3.1을 보면 클럭의 입력에 받아서 8개의 LED를 제어할 수 있는 기본적인 시스템인 것을 알 수 있다. Other Logic 부분에는 NIOS II 시스템에서 지원 가능한 다른 로직들을 추가할 수 있다.

필요한 소프트웨어와 하드웨어는 다음과 같다.

◎ Quartus II 5.0 이상
◎ NIOS II IDE 5.0 이상
◎ 설계 파일 - www.altera.com/literature/lit-nio.jsp에서 Cyclone II 버전 파일
◎ DE2 보드

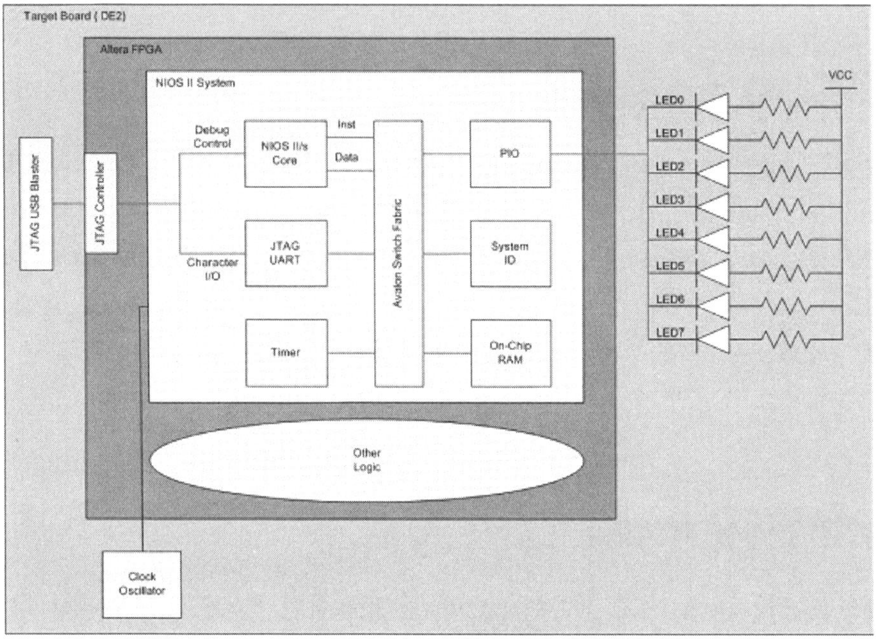

▶그림 3.1 전체 구조 블록 다이어그램

Altera 홈페이지에서 다운 받은 설계 파일의 압축을 풀고, Quartus II를 시작한다. File 메뉴에서Open Project를 클릭하고, 설계 파일이 들어 있는 폴더의 nios2_quartus2_project.pdf 파일을 연다. 그림 3.2와 같은 블록 다이어그램 화면이 보일 것이다.

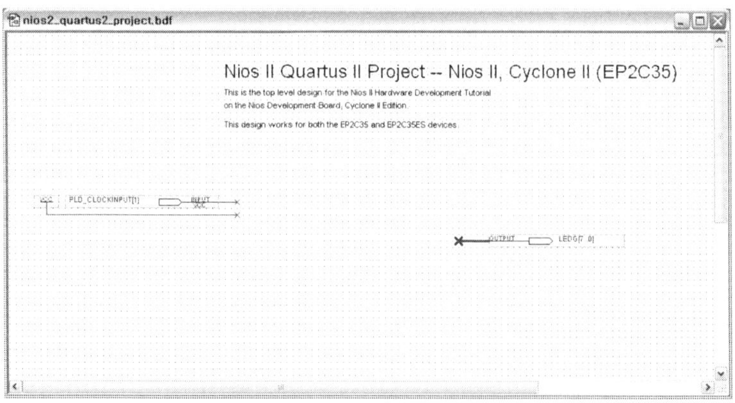

▶그림 3.2 블록 다이어그램 파일

Input, reset, output이 이미 설정이 되어 있는 상태의 블록 다이어그램을 볼 수 있을 것이다.

Tools 메뉴에서 SOPC Builder를 클릭한다. 가장 처음에 나타나는 화면에서 그림 3.3과 같이 nios2_system으로 시스템 이름을 정하고 본인이 원하는 Target HDL을 선택한다. 여기서는 VHDL을 선택하겠다.

▶그림 3.3 시스템 생성

OK를 누르면 그림 3.4와 같은 SOPC Builder의 초기화면을 볼 수 있을 것이다. 여기서 화면 중앙 상단부의 Target을 선택해줘야 하는데, 우리의 타겟은 DE2 보드이기 때문에 Board 리스트는 Unspecified Board를 선택하고 Device Family를 Cyclone II를 선택해야 한다. 만약, NIOS 개발 보드를 사용하고 있다면 Board 리스트에서 그

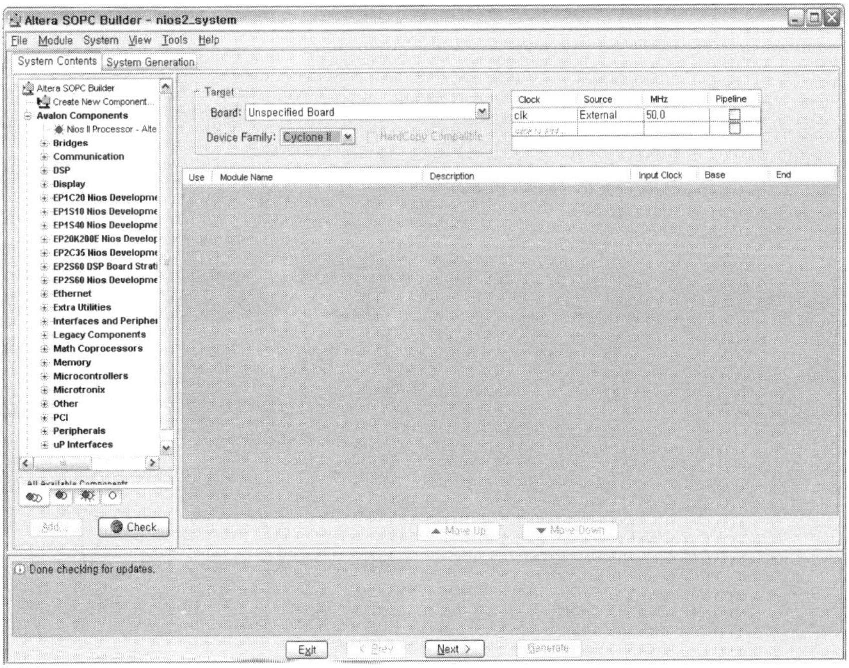

▶그림 3.4 SOPC Builder

에 맞는 보드를 선택하면 될 것이다. 그리고 화면 오른쪽의 Clock이 50MHz인가를 확인해 본다.

지금부터 SOPC Builder시스템에서 제공하는 하드웨어 컴포넌트를 하나씩 추가하여 위에서 제시한 제원에 맞게 시스템을 구성할 것이다. 맨 먼저 NIOS II 프로세서를 추가할 것이다. 화면 왼쪽의 System Contents창을 보자. Avalon Components 카테고리 바로 아래에 있는 Nios II Processor를 선택하고 화면 아래의 Add를 클릭한다. 그러면 그림 3.5와 같은 화면이 보일 것이다. 여기서 다음과 같이 선택하고 Next를 클릭한다.

◎ Nios II Core : Nios II/s
◎ Hardware Multiply : None
◎ Hardware Divide : Off

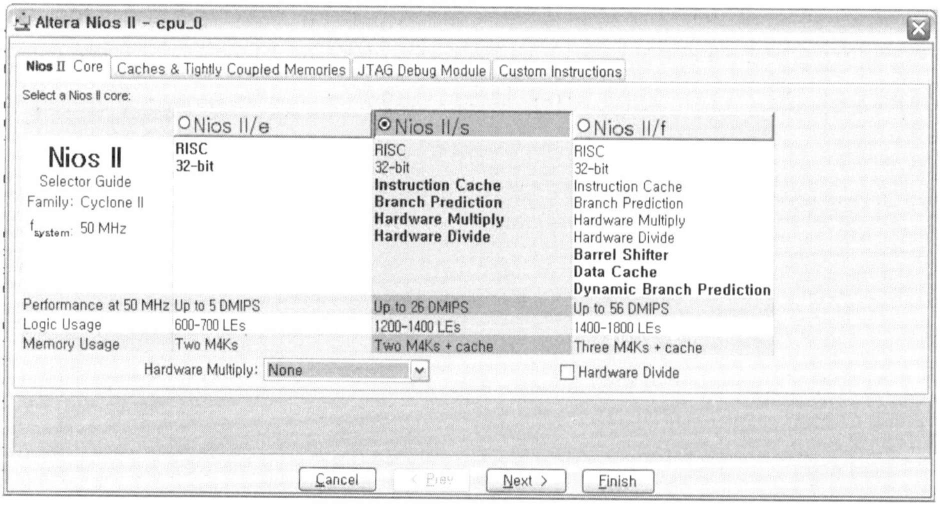

▶그림 3.5 Nios II Core

그림 3.6과 같은 화면에서 다음과 같이 선택하고 Next를 클릭한다.

◎ Instruction Cache : 2Kbytes
◎ Include Tightly Coupled Instruction Master Port(s) : Off

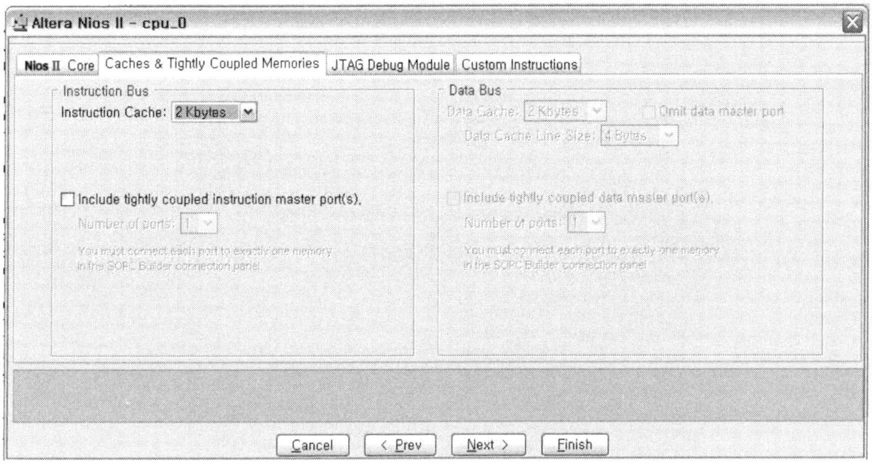

▶그림 3.6 Caches & Tightly Coupled Memories

그림 3.7과 같이 level 1을 선택하고 Finish를 클릭한다. Custom Instructions 탭은 설정을 바꿀 필요가 없다.

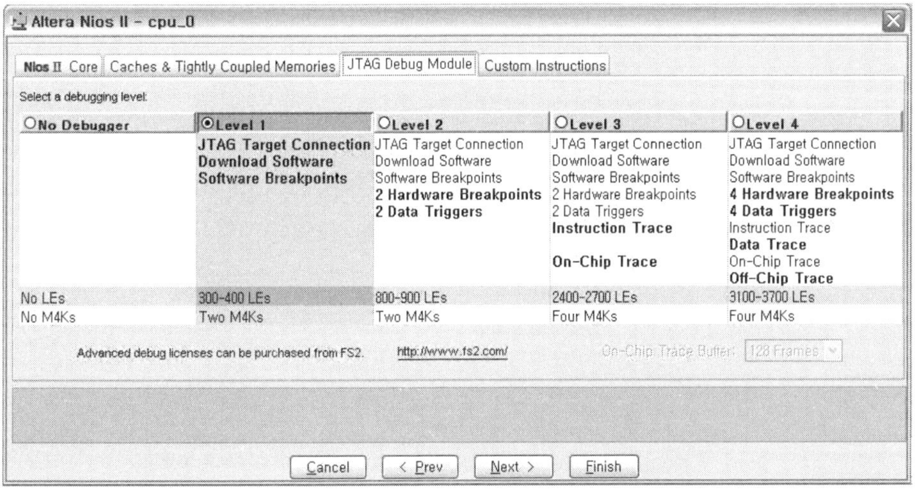

▶그림 3.7 JTAG Debug Module

이것으로 NIOS II 프로세서의 설정은 끝났고 이제 memory를 추가할 것이다. 프로세서는 명령어와 데이터를 위해서 적어도 하나의 메모리를 필요로 한다. 화면 왼쪽의 Memory 카테고리를 클릭하고 On-Chip Memory (RAM or ROM)를 선택하고 Add를 클릭한다. 그림 3.8과 같이 Total Memory Size를 20Kbytes로 바꾼 후 Finish를 클릭한다.

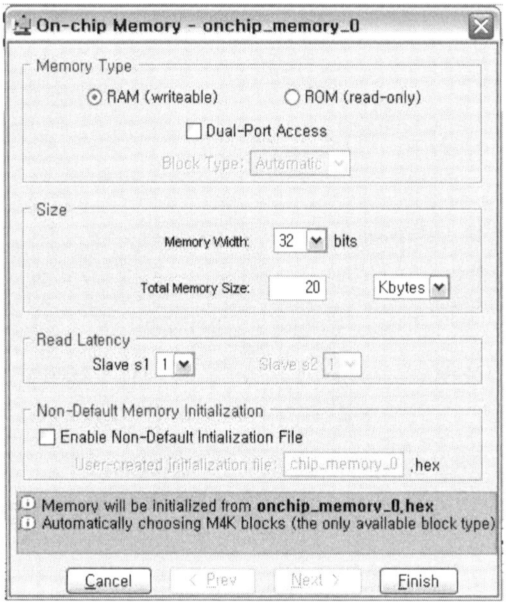

▶그림 3.8 On-chip Memory

JTAG UART를 추가할 것이다. JTAG UART는 다운로드 케이블을 통해서 프로세서와 데이터를 주고받기 위한 통신 방식이다. 화면 왼쪽의 Communication 카테고리를 클릭하고 JTAG UART를 선택하고 Add를 클릭한다. 그림 3.9와 같이 설정을 바꿀 필요 없이 바로 Finish를 클릭한다.

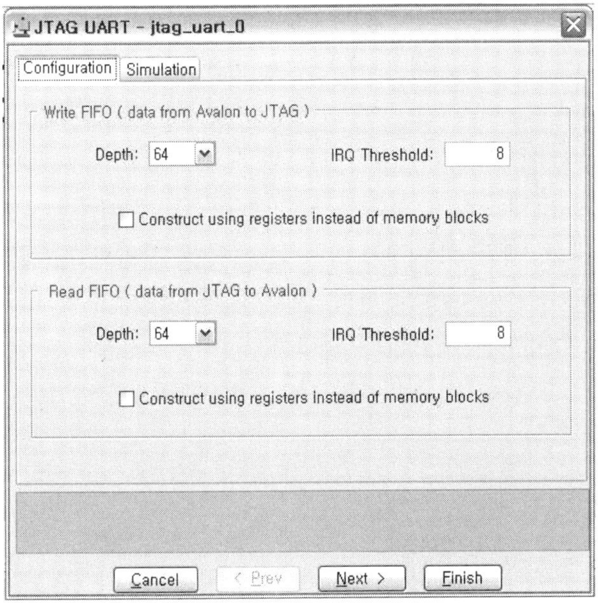

▶그림 3.9 JTAG UART

Timer를 추가할 것이다. 대부분의 시스템에서는 시간의 정확한 계산을 위해서 타이머를 사용한다. 화면 왼쪽의 Other 카테고리를 클릭하고 Inteval timer를 선택하고 Add를 클릭한다. 그림 3.10과 같이 설정을 바꿀 필요없이 바로 Finish를 클릭한다.

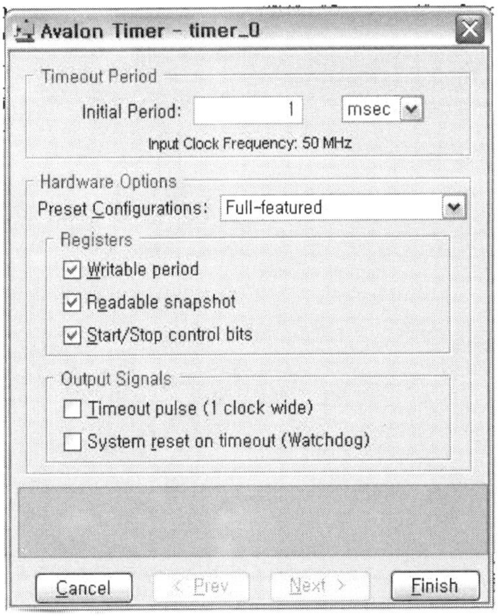

▶그림 3.10 Timer

여기서 사용자가 보다 쉽게 인식할 수 있도록 timer의 이름을 바꿀 것을 권장한다. 메인 화면에서 timer_0를 우클릭한 후 Rename을 선택하여 sys_clk_timer로 이름을 바꾼다.

System ID Peripheral을 추가할 것이다. 다른 시스템과의 호환을 위해서 필요하다. 화면 왼쪽의 Other 카테고리를 클릭하고 System ID Peripheral을 선택하고 Add를 클릭한다. 그러면 바로 메인 화면에서 추가되는 것을 확인할 수 있을 것이다.

PIO를 추가할 것이다. 시스템의 동작 여부를 확인하기 위해서 output신호가 필요하다. 화면 왼쪽의 Other 카테고리를 클릭하고 PIO(Parallel I/O)를 클릭하고 Add를 클릭한다. 그림 3.11과 같이 설정을 바꿀 필요 없이 바로 Finish를 클릭한다.

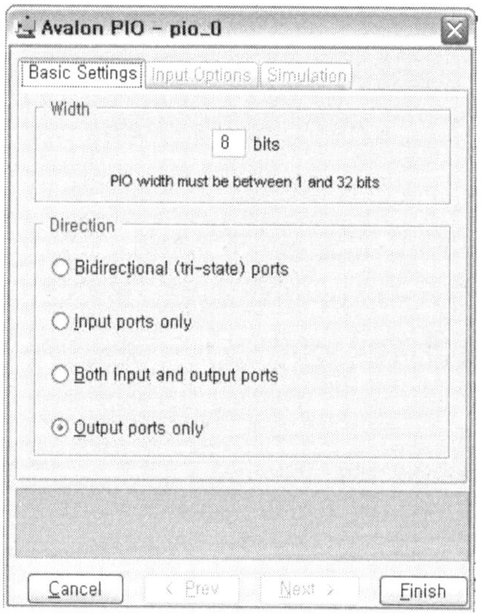

▶그림 3.11 PIO

여기서도 역시 사용자가 쉽게 인식할 수 있도록 led_pio로 이름을 바꾼다.

모든 하드웨어 추가는 끝났고 전체 시스템을 생성할 차례이다. 그전에 시스템을 형성하기 위해 지금까지 추가한 컴포넌트들을 어떻게 연결할 것인가를 결정해야 한다. 간단히 말해서 시스템 전체를 형성하기 위해서 주변장치들의 Address와 JTAG, timer의 IRQ를 설정해줘야 한다. 메인 화면의 상단에 System 메뉴를 클릭해서 Auto-Assign Base Addresses와 Auto-Assign IRQs를 실행하여 시스템 전체의 address와 IRQ를 자동으로 잡아주면 된다.

메인 화면의 System Generation 탭을 클릭한다. 이때 Nios II More "cpu_0" Settings 탭은 설정을 바꿀 필요가 없다. 여기서 Simuation. Create simulator project files를 체크해제하고 화면 하단의 Generate를 클릭하여 전체 시스템을 생성한다. 약간의 시간이 지나면 그림 3.12와 같이 화면 하단에 SUCCESS: SYSTEM GENERATION COMPLETED라는 문구가 나오면서 시스템이 성공적으로 생성되었음을 알 수 있다. Exit를 클릭해서 Quartus II 화면으로 돌아간다.

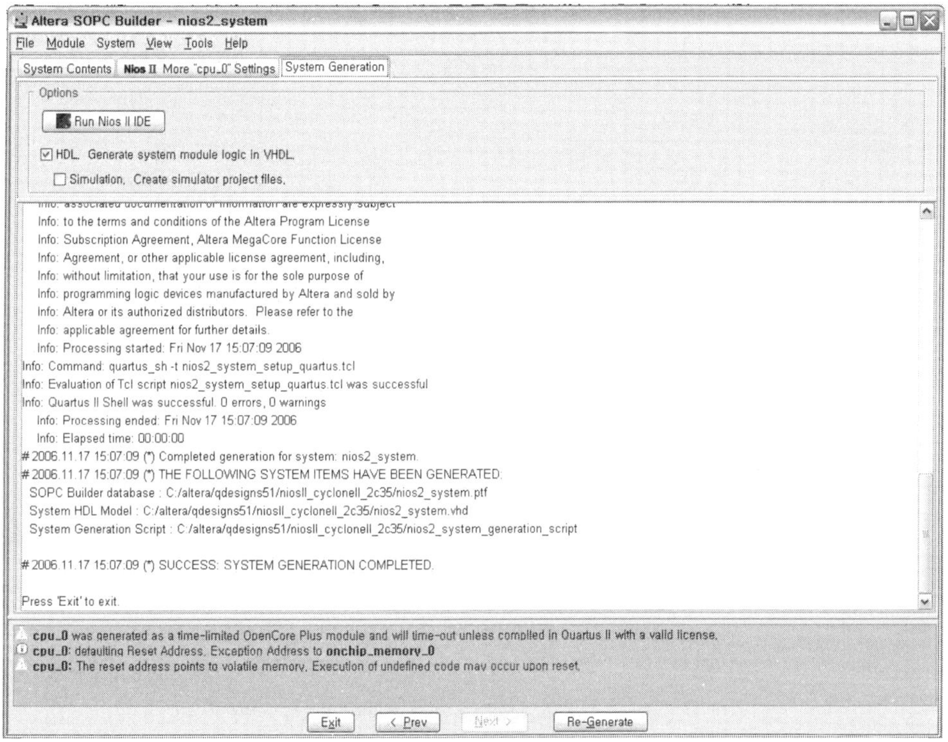

▶그림 3.12 System Generation

Quartus II Project에 NIOS II 시스템을 통합해보자. Symbol 박스를 클릭하고 그림 3.13과 같이 Project 카테고리를 클릭하고 nios2_system을 선택하면 생성한 NIOS II 시스템을 선택할 수 있다.

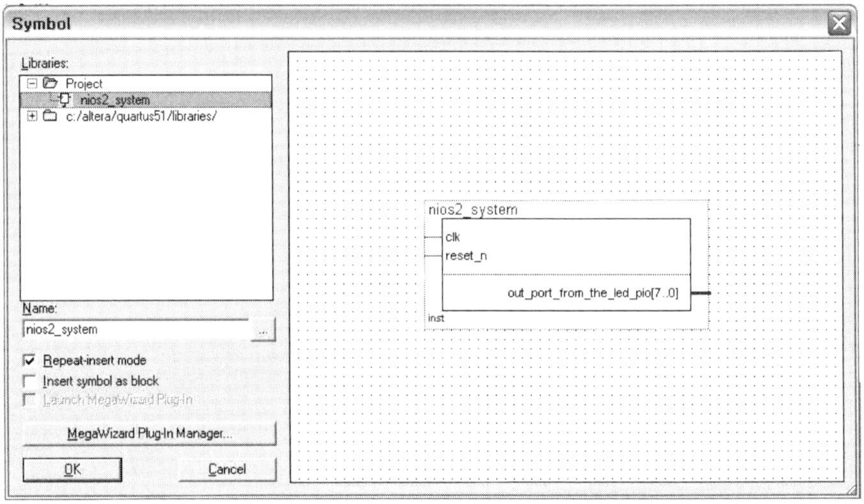

▶그림 3.13 NIOS II Symbol

(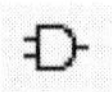 : symbolbox)

OK를 클릭하여 그림 3.14와 같이 블록 다이어그램 화면 위에 위치시키고, 와이어를 연결한 후 저장한다.

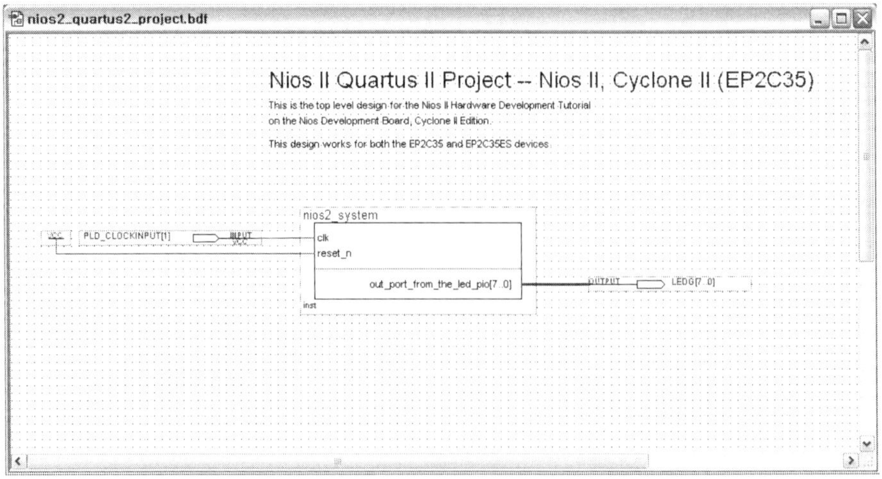

▶그림 3.14 블록 다이어그램 연결

(┓ : node, ┓ : bus)

보드에 다운로드하기 위해서는 Quartus II에서 보드에 포함된 FPGA와 일치하는 디바이스를 설정해줘야 한다. 화면 상단의 Assignments 메뉴에서 Device를 클릭하여 그림 3.15와 같이 실제로 다운로드할 FPGA와 일치하는 디바이스를 선택해 주고 OK를 클릭한다. 여기서는 DE2보드를 사용하기 때문에 Cyclone II 의 EP2C35F672C6 디바이스를 선택한다. 이때 화면 오른쪽의 show in'Available devices'list에서 다음과 같이 선택하면 보다 빠르게 디바이스를 찾을 수 있다.

◎ Package : FBGA
◎ Pin count : 672
◎ Speed grade : 6

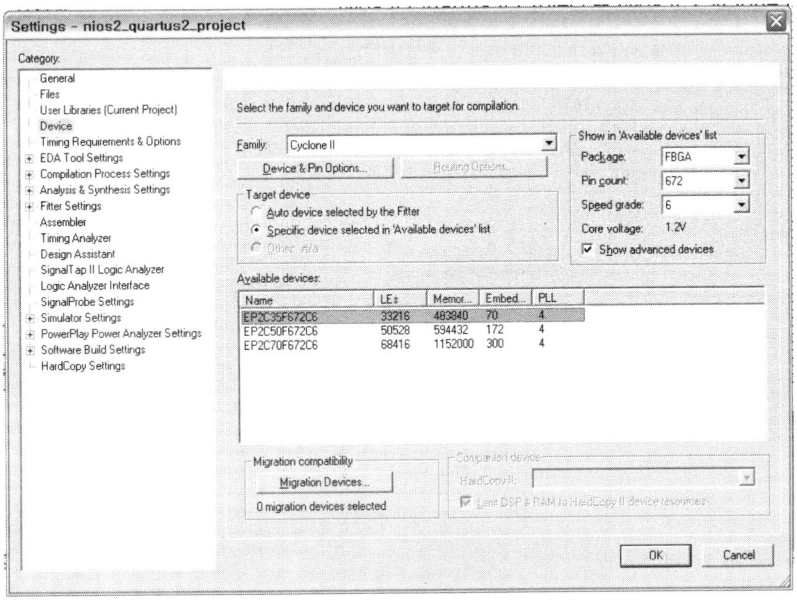

▶그림 3.15 Device Settings

FPGA의 핀들을 할당할 것이다. DE2보드의 핀들과 FPGA의 핀을 연결시켜 주어야 LED의 동작을 확인할 수 있기 때문이다. 역시 화면 상단의 Assignments 메뉴를 클릭하고 Pins를 선택한다. 다음과 같이 PLD_CLOCKINPUT[1] 핀은 클럭 핀과 연결하고 LEDG[0], LEDG[1] ~ LEDG[7] 핀은 LED핀과 연결한다. 그림 3.16과 같이 모든 핀들을 할당한 후에 저장한다.

◎ PLD_CLOCKINPUT[1] : PIN_N2
◎ LEDG[0] : PIN_AE22
◎ LEDG[1] : PIN_AF22
◎ LEDG[2] : PIN_W19
◎ LEDG[3] : PIN_V18
◎ LEDG[4] : PIN_U18
◎ LEDG[5] : PIN_U17
◎ LEDG[6] : PIN_AA20
◎ LEDG[7] : PIN_Y18

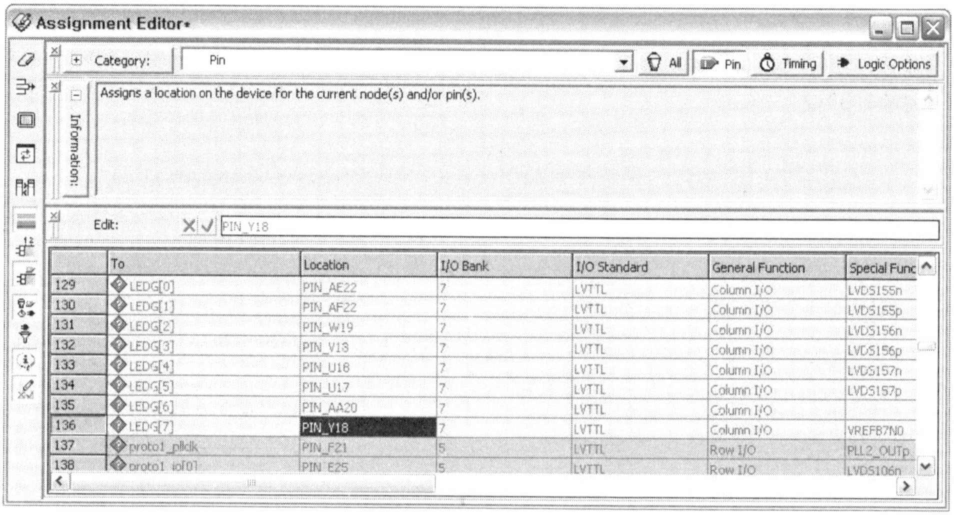

▶그림 3.16 Pins Assignments

컴파일을 하고 타이밍을 분석할 것이다. FPGA에 다운로드 할 설정 파일을 만들기 위해서 컴파일을 하고, 보드에서의 실제 동작 여부를 검증하기 위해서 타이밍을 분석할 필요가 있다. 화면 상단의 Processing 메뉴를 클릭하고 Start Compilation을 선택하여 컴파일을 시작한다. 컴파일이 끝나면 화면 왼쪽의 Timing Analyzer 카테고리를 클릭하고 Summary를 선택한다. 설계한 NIOS II 시스템이 실행될 수 있는 최대 주파수가 바로 PLD_CLOCK[1]의 Actual Time이다. 이 주파수가 사용할 보드의 오실레이터 주파수보다 작다면 그 보드에서는 동작을 할 수가 없다. DE2보드에서 사용되는 50MHz보다 작은지 체크해 보자.

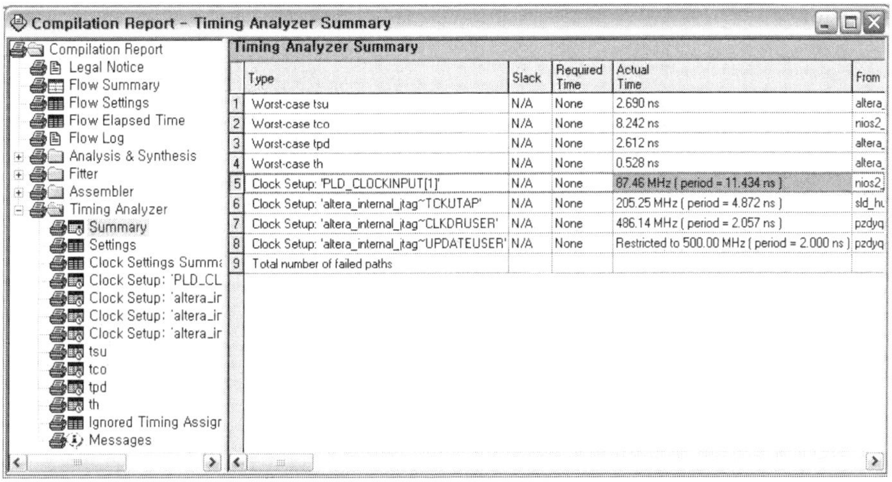

▶그림 3.17 Timing Analyzer Summary

설정 파일을 FPGA에 다운로드 할 것이다. 화면 상단의 Tools 메뉴를 클릭하고 Programmer를 선택한다. 새로운 창이 뜨면서 자동적으로 설정 파일이 나타날 것이다. 이때 화면 상단의 Hardware Setup 을 클릭하여 그림 3.18과 같이 Currently selected hardware를 USB-Blaster로 설정해준다. 만약 USB-Blaster가 보이지 않는다면 드라이버를 잡아줘야 한다. 드라이버는 Quartus II 폴더 안에 포함되어 있다. 위치는 다음과 같다. (C:\altera\quartus51\drivers\usb-blaster)

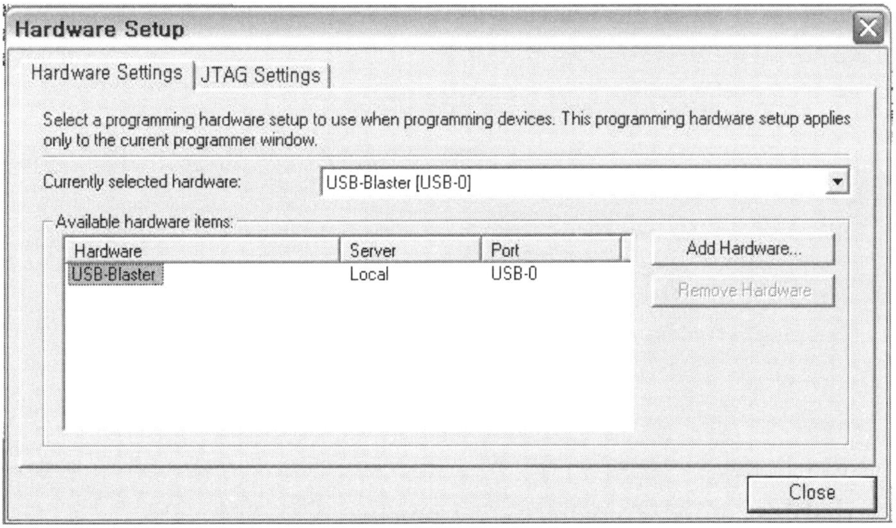

▶그림 3.18 Hardware Setup

Close를 클릭하고 전 화면으로 돌아온다. 그림 3.19와 같이 설정 파일 옆에 있는 Program/Configure 상자를 체크하고, 화면 왼쪽에 있는 Start를 클릭하면 다운로드가 시작된다.

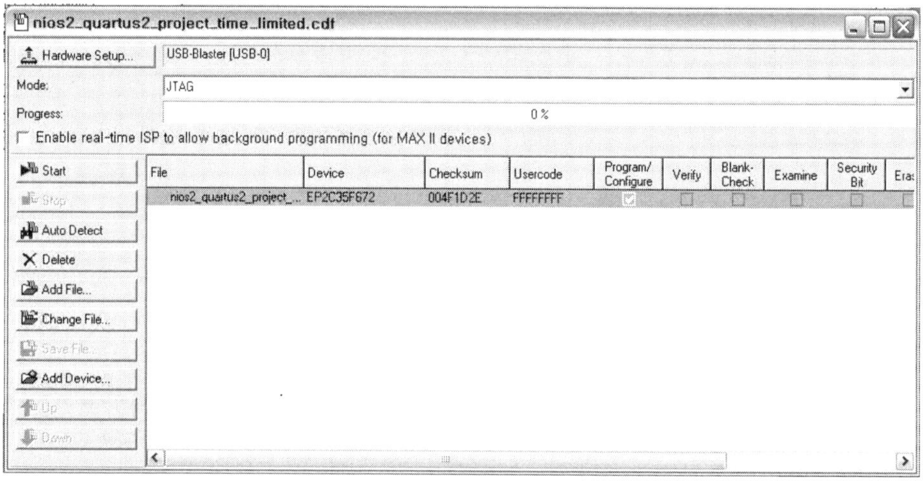

▶그림 3.19 Programmer

Progress가 100% 되면 다운로드가 완료가 된 것이다. 하지만 보드의 LED는 깜박거리지 않을 것이다. 시스템이 동작하기 위해서 필요한 프로그램이 메모리에 저장되어 있지 않은 상태이기 때문이다. 그리고 이때 그림 3.20과 같이 OpenCore Plus Status창이 뜰 것인데, 절대로 Cancel을 클릭하지 말고 다음 단계로 넘어 가자.

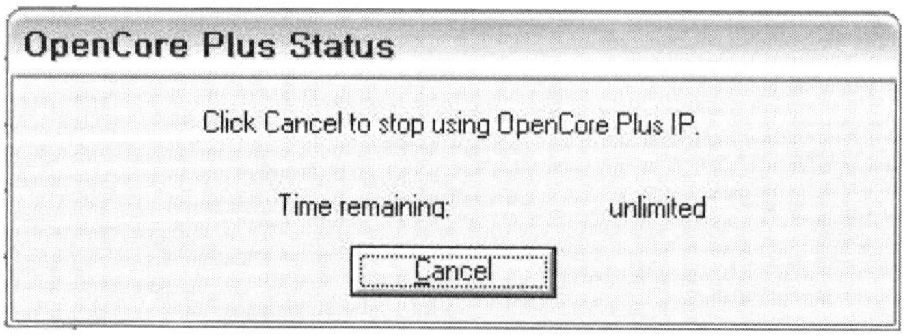

▶그림 3.20 OpenCore Plus Status

이제 NIOS II IDE를 이용하여 간단한 소프트웨어 개발 단계를 실습해 보자.

NIOS II IDE를 시작한다. Workspace Launcher 창이 뜨면 그냥 OK를 클릭하여 디폴트로 설정된 워크 스페이스 디렉토리를 선택한다. 화면 상단 왼쪽의 File 메뉴를 클릭하고 New 에서 C/C++ Application을 선택하면 그림 3.21과 같이 New Project 창이 나타날 것이다. 여기서 화면 중앙에 있는 Select Target Hardware 의 Browse를 클릭하여 SOPC Builder 시스템 파일 (nios2_system.ptf) 을 선택한다. 그리고 화면 왼쪽 하단에 있는 Select Project Template 에서 Count Binary를 선택하고 Finish를 클릭한다.

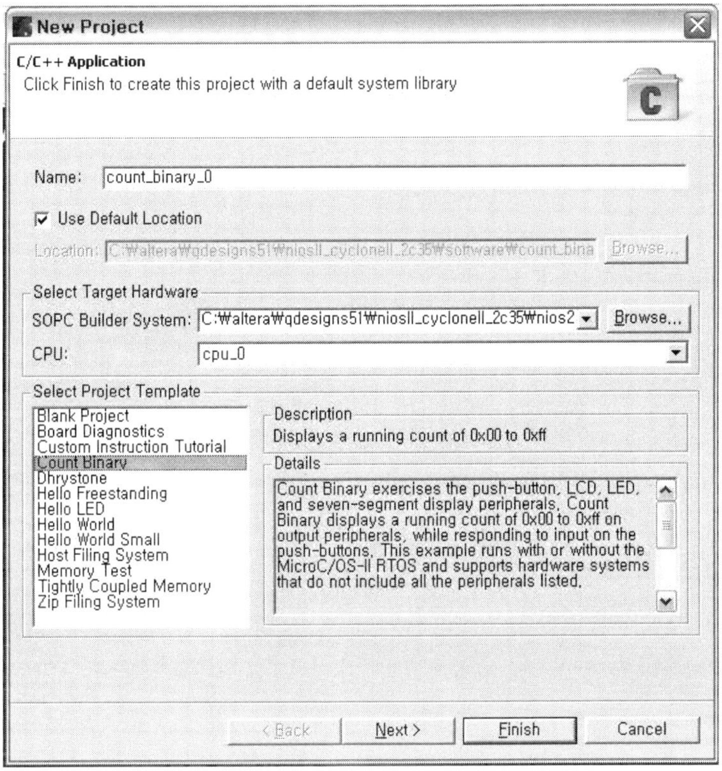

▶그림 3.21 New Project

화면 왼쪽 C/C++ Project 창에 두 개의 프로젝트가 생성된 것을 볼 수 있을 것이다. (count_binary_0, count_binary_0_syslib) count_binary_0는 우리가 만든 C/C++ application 프로젝트이고, count_binary_0_syslib은 NIOS II 시스템의 하드웨어 정보가 들어있는 시스템 라이브러리이다. 이제 count_binary_0을 우클릭 하고 System Library Properties를 선택한다. 그림 3.22와 같이 System Library Contents에서 Clean exit (flush buffers)를 체크해제하고, Small C library를 체크하고 OK를 클릭한다.

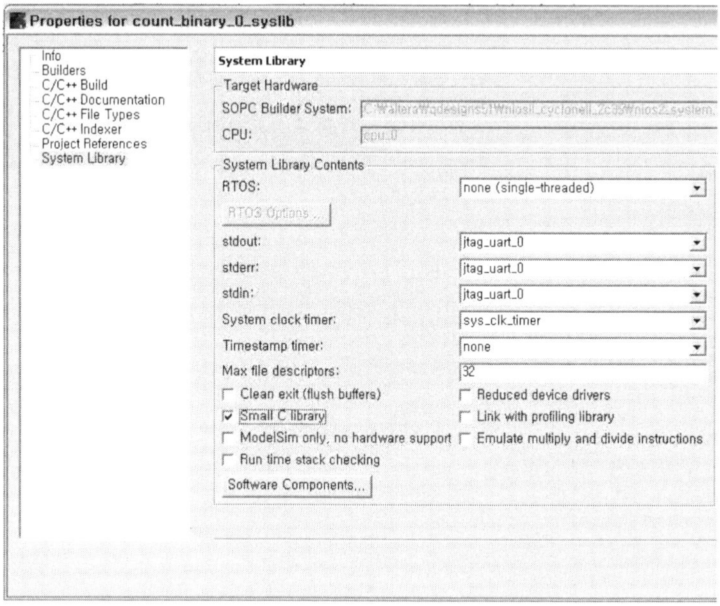

▶그림 3.22 System Library Properties

다시 count_binary_0을 우클릭 하고 Build Project를 선택하면 컴파일이 실행된다. 화면 하단의 Console창에 Build completed 문구가 나타나면 성공적으로 컴파일이 끝난 것이다.

이제 컴파일된 실행 코드를 타겟 FPGA에 다운로드 시켜서 실행 시켜 볼 것이다. Count_binary_0를 우클릭하고 Run As에서 Nios II Hardware를 선택한다. 다운로드가 성공적으로 끝나고 코드가 실행되고 있다면 그림 3.23과 같이 DE2보드의 LED가 카운팅 되면서 깜박거리는 것을 확인할 수 있을 것이다. 그리고 그림 3.24와 같이 화면 하단의 Console 창에서 I/O의 output값을 확인할 수 있을 것이다.

▶그림 3.23 LED 동작

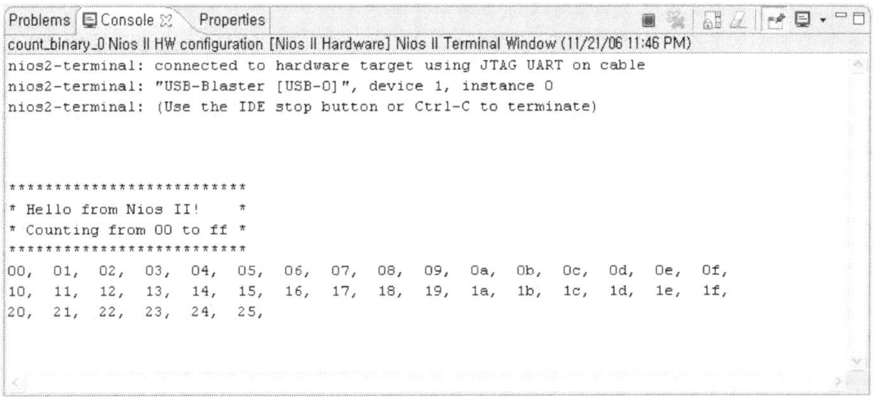

▶그림 3.24 Console (Target Hardware)

마지막으로 NIOS II ISS (Instruction Set Simulator)를 이용해서 실행해 보자. Count_binary_0을 클릭하고 Rus As에서 Nios II Instruction Set Simulator를 선택한다. 그림 3.25와 같이 Console창에서 I/O 의 output값을 확인할 수 있을 것이다. 이때 전에 비해서 카운팅 속도가 느린 것을 볼 수 있는데, 이것은 코드 안에 딜레이 루프가 포함되어있기 때문이다.

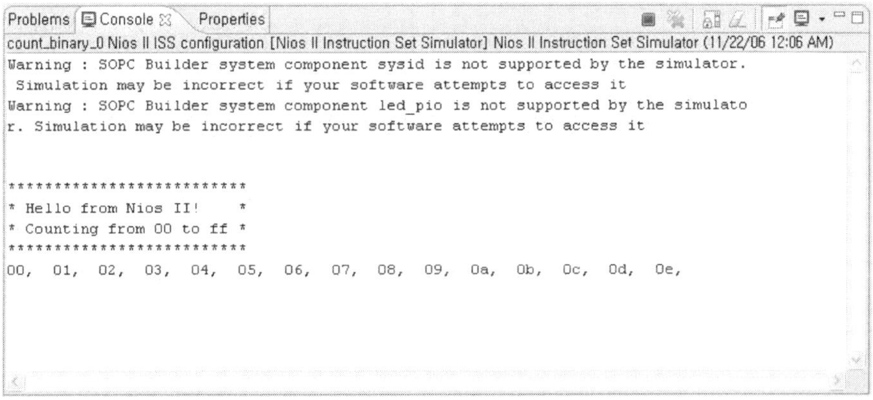

▶그림 3.25 Console (Instruction Set Simulator)

제 4 장

✓C/C++와 내장 마이크로프로세서를 이용한 High Level 설계

Hardware / Software Co-design이란 무엇인가?

최근 컴퓨터와 제어 및 통신 기기를 포함하는 대부분의 전자 시스템은 주문형 반도체(ASIC)나 표준부품(off-the-shelf component)과 같은 하드웨어 부분과 운영체계나 응용 프로그램과 같은 마이크로프로세서(microprocessor)에서 수행되는 소프트웨어 부분이 통합되어 복합적으로 구성된다. 기존의 설계에서는 하드웨어와 소프트웨어 부분을 설계 초기부터 분리하여 각각을 독립적으로 설계하였으나, 고밀도 고성능의 복잡한 시스템을 효과적으로 설계하기 위해서는 하드웨어와 소프트웨어가 혼합된 시스템을 체계적으로 설계하는 기술의 개발이 필요하다. 체계적인 하드웨어와 소프트웨어의 통합 설계(hardware-software codesign) 시스템은 각 설계 계층에서의 시스템 사양의 표현, 시뮬레이션, 하드웨어와 소프트웨어 부분으로의 분할, 목적에 적합한 회로의 합성, 이들의 적절한 접속(interface) 등으로 구성된다. 따라서 하드웨어와 소프트웨어가 혼합된 고밀도 시스템을 단기간 내에 경제적으로 신뢰도 높게 설계하는 것은 파급효과가 큰 중요한 문제이다.

근래에 마이크로프로세서의 성능은 상당히 빠른 속도로 발전하여 단위 시간에 수행할 수 있는 연산의 수가 크게 증가하였다. 이와 같은 마이크로프로세서의 성능 향상에도 불구하고 시스템의 고성능화로 인하여 정보처리 기기, 통신 기기, 실시간 시스템 등 많은 전자 시스템은 특정한 연산을 보다 빠르게 수행할 수 있는 하드웨어를 마이크로프로세서와 함께 사용하고 있다. 가능하다면 주어진 기능을 소프트웨어로 마이크로프로세서에서 수행하는 것이 경제적이다. 일반적으로 가격에 대한 성능을 비교한다면, 마이크로프로세서가 ASIC에 비하여 저가이기 때문이다. 따라서 통합 설계는 하드웨어가 소프트웨어에 비하여 고가이며 고성능이라는 가정 하에서 이루어진다.

4.1 개발 기간을 단축시키는 설계 방법

기구 설계의 경우 우선 어떤 사양과 성능의 제품을 제작할 것인가(사용 결정), 어떤 것이 요구되는가(요구분석)를 명확히 하여야 한다. 위의 사항들이 불분명하면, 후속적인 하드웨어 설계 및 소프트웨어 설계를 진행할 수 없다. 특히 설계 기간을 단축하고 설계 품질을 향상시키기 위해서는 가능한 조속한 단계에서 검증을 하여 동일한 작업의 반복을 피하여야 한다.

일반적으로 사양서를 만드는 사람과 하드웨어/소프트웨어를 설계하는 사람은 다른 분야, 다른 회사의 사람인 경우가 많다. 따라서 서로의 생각을 정확히 이해할 수 있도록 원활한 커뮤니케이션을 확보하는 것이 최우선 단계이다.

시스템 및 요구 분석에 대한 기술을 한 후 하드웨어와 소프트웨어의 기능 분할에 들어간다. 어떤 기능을 얼마만큼 하드웨어 회로로 실현할 것인가, 소프트웨어로 실현할 것인가를 구분하는 것이다. 이것이 불충분하면 이후 재설계하여야 하는 부분이 많아져서 개발 기간이 길어진다. 하드웨어 / 소프트웨어의 구분을 마친 후에는 하드웨어 설계와 소프트웨어 설계를 각각 병행하여 실시한다.

지금까지는 하드웨어가 동작하고 난 후, 소프트웨어를 넣어 동작 여부를 확인하였다. 그러나 하드웨어 완성까지 기다리고만 있으면, 설계 및 개발 기간이 길어지게 되므로, 적절한 시뮬레이션을 통해 평가한다. 해당하드웨어와 소프트웨어를 연동시켜 시뮬레이션 하는 것이 소프트웨어 / 하드웨어 협조 설계 시스템(협조 검증, 협조 시뮬레이션)이다. 이 협조 검증을 보다 쉽게 할 수 있는 방법들 중 하나가 설계 언어로 C 언어(C++,System C, SpecC 등의 확장 C 언어)를 사용하는 것이다.

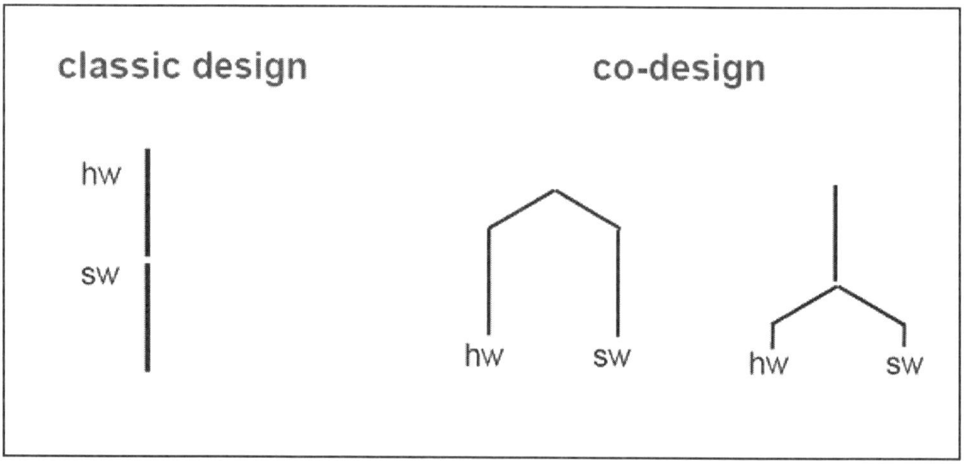

▶그림 4.1 Design Process

4.2 Co-design의 필요성 및 기본 구조

최근 들어 가전 제품, 통신 시스템, 차량제어 시스템 등과 같은 내장형 시스템의 응용분야가 다양해지고, 복잡도도 증가하고 있다. 또한 현재의 마이크로프로세서의 계산 성능은 설계자가 쉽게 이들을 효과적으로 이용하여 최적 설계할 수 있는 한계를 넘어섰다. 전통적인 시스템 설계방법으로는 8비트의 간단한 마이크로프로세서 정도의 이용만이효과적이며, 32비트 또는 64비트 마이크로프로세서가 제공할 수 있는 성능을 충분히 사용하기 어렵다. 또한, 경쟁력 확보를 위하여 내장형 시스템을 개발하는데 소요되는 비용과 시간을 최소화해야 하기 때문에 통합설계에 대한 관심이 점점 늘어나고 있다.

그림 4.1은 통합설계 공간(codesign space)을 보여준다. 즉, 시스템의 모든 기능을 소프트웨어로 구현할 경우 대량 생산되는 고성능의 마이크로프로세서에서 프로그램을 수행할 수 있으므로 비용이 적게 들지만, 오퍼레이션들을 순차적으로 실행해야 하기 때문에 성능이 떨어지게 된다. 반면에, 하드웨어로 모든 기능을 구현할 경우에는 병렬처리가 가능하여 수행 시간을 바르게 할 수 있어서 성능 요구조건을 만족시키기 쉬우나, 하나 혹은 그 이상의 ASIC 또는 FPGA 등이 필요하게 되어 비용이 많이 드는 단점이 있다. 따라서 통합 설계를 이용하여 시스템을 하드웨어와 소프트웨어의 복합적인 요소들로 구현할 경우 하드웨어의 성능상의 장점과 소프트웨어의 비용면에서의 장점이 고려된, 적절한 성능과 비용 제약 조건을 만족하는 효율적인 시스템을 구현할 수 있다.

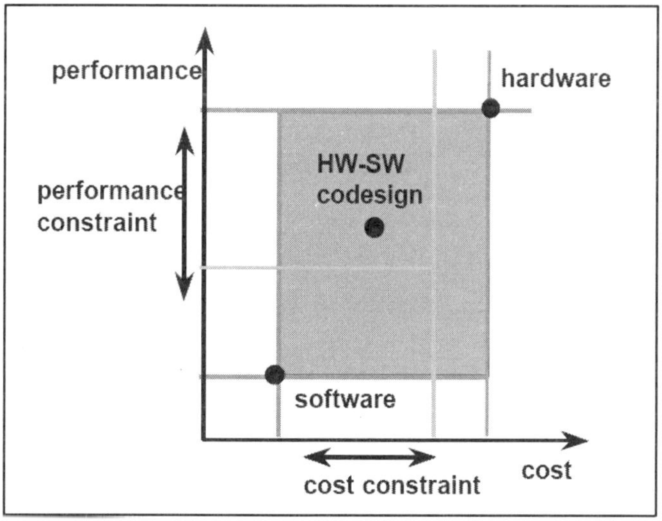

▶그림 4.2 Co-design space

통합설계는 이미 오래 전부터 embedded system과 같이 하드웨어와 소프트웨어로 구성된 복합적인 디지털 시스템 설계에 응용되어 왔다. 그러나 이런 전통적인 설계 방식에서는 시스템 설계의 시작 단계에서부터 하드웨어와 소프트웨어를 완전히 분리하여 개별적으로 설계 및 구현을 했기 때문에, 최종적인 시스템 통합 전까지는 이들 설계 작업간의 상호작용이 거의 없다. 그러므로 그림 4,1과 같은 하드웨어와 소프트웨어간의 trade-off가 전혀 이루어지지 않으며, 시스템 통합 결과 성능과 비용에 대한 요구조건을 만족하지 못할 경우 재설계 및 재구현을 해야하므로, 추가적인 설계비용과 시간이 소요되는 경우가 많다.

이에 반해 통합설계를 이용하여 디지털 시스템을 설계할 경우, 주문형 하드웨어의 성능과 소프트웨어의 저렴성 사이의 균형을 맞추어 최적의 가격대 성능을 이끌어 낼 수 있으며, 시스템 합성 과정을 자동화함으로써 설계 기간(design time)이 줄고 변경이 잦은 부분이나 개선의 여지가 많은 부분을 소프트웨어로 구현하면 시스템의 개량이나 유지보수가 용이해지는 장점이 있다.

그림 4.2에서는 특정한 목적을 위한 마이크로프로세서와 ASIC등의 하드웨어, 그리고 이들의 인터페이스 회로 등으로 구성된 혼합시스템(mixed hardware-software system)의 간단한 예를 보여준다.

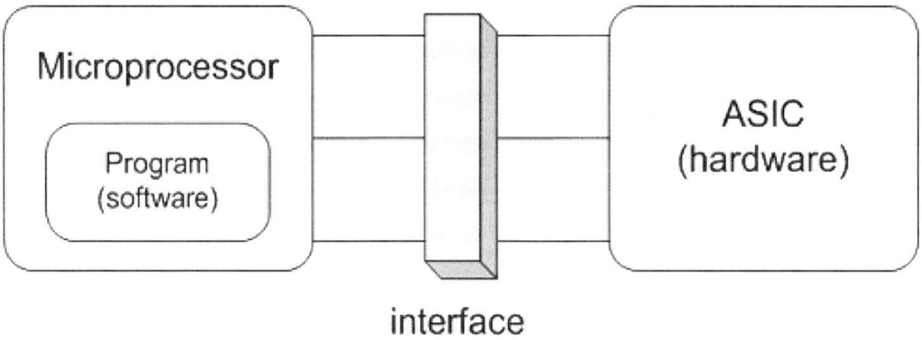

▶그림 4,3 혼합 시스템의 예

하드웨어 소프트웨어 분할에서 고려하여야 할 문제에는 다음과 같이 여러 가지 것들이 있다. 즉, 성능을 떨어뜨리지 않고 하드웨어 비용을 줄이는 문제, 소프트웨어 중 성능을 가장 많이 증가시킬 수 있는 부분을 하드웨어로 옮기는 문제, 하드웨어-소프트웨어 구성요소 사이의 통신을 줄이는 문제, 병렬성을 최대한으로 증가시키는 문제, 성능과 비용간의 trade-off를 이용하는 문제 등 여러 가지 해결하여야 할 과제들이 있다.

전부터 많은 공학자들이 통합설계에 관한 관심을 가졌지만 실용화할 정도로 구체화되지 못했던 것은 통합설계 방법론을 뒷받침할 수 있을 정도로 CAD 기술이 발전되지 못했기 때문이었다. 그러나, CAD 기술이 감당할 수 있는 추상화 수준(abstraction level)이 도면 수준, 논리 수준, 사위 수준을 거쳐 거의 시스템 수준까지도 감당할 수 있는 정도로 발전함에 따라, 마이크로프로세서 설계, 디지털 신호처리용 IC설계, 그리고 embedded system 설계 등 여러 응용 분야에서 통합설계를 이용한 설계 방법들이 개발되고 있다.

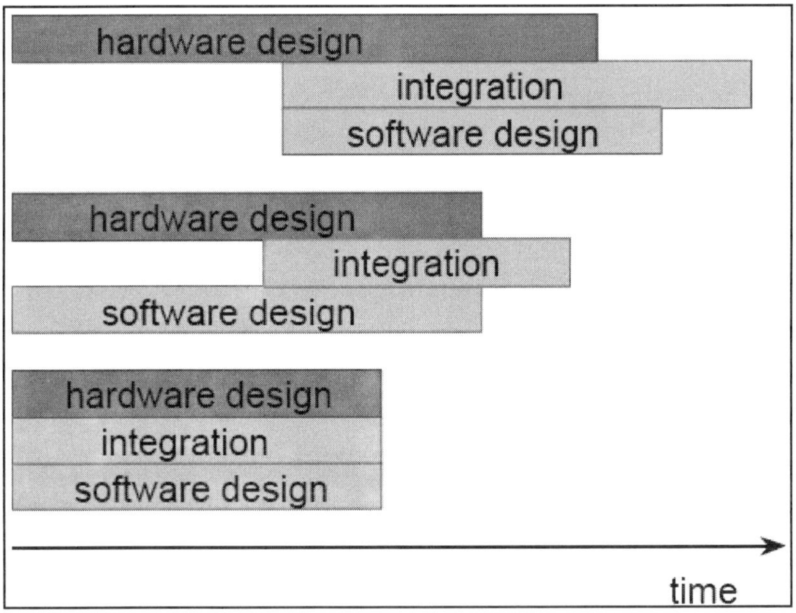

▶그림 4.4 Reduction of design time

4.3 Co-design의 전체 흐름

전체적인 하드웨어-소프트웨어 통합설계의 흐름은 그림 4.4와 같다. 시스템 사양은 C나 C++, SystemC, VHDL, Verilog, SpecChart 등의 기술언어로 기술될 수 있다. 시스템 사양은 그 시스템의 특성 및 사양이 적절히 기술된 Control Data Flow Graph(CDFG)나 Finite State Machine(FSM)으로 변환된 후, 각 오퍼레이션은 수행시간, 면적, 소모전력, 메모리 등의 목적함수에 따라 하드웨어 또는 소프트웨어로 분할된다. 하드웨어 부분은 ASIC이나 FPGA등으로 합성되며, 소프트웨어 부분은 주어진 마이크로프로세서에서 실행된다. Co-simulation은 혼합된 하드웨어-소프트웨어 시스템의 동작의 모형을 이용하여 설계 과정의 여러 단계에서 각각의 기능들을 검증한다.

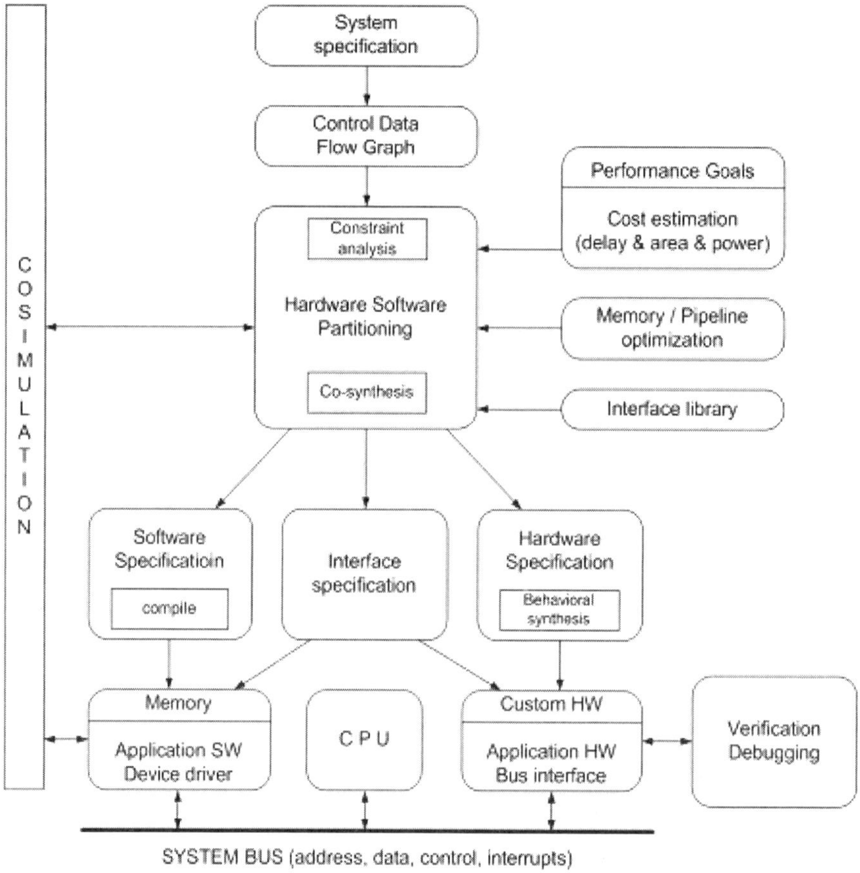

▶그림 4.5 하드웨어-소프트웨어 통합 설계의 전체 흐름도

4.4 Hardware / Software Communication

통합설계에서 하나의 중요한 결정 사항은 하드웨어와 소프트웨어 간의 통신 방식을 결정하는 것이다. 하드웨어-소프트웨어 간의 통신 방식은 전체 시스템의 성능, 비용 등에 큰 영향을 미치기 때문이다. 그러므로, 상위 단계에서 시스템의 특성에 적합한 통신 방식을 선택사여야 한다. 현재에 가장 많이 사용되는 통신 방식은 메모리를 공유하는 방식(shared memory method)과 메시지 전달 방식(message passing method)이 있다. 메모리를 공유하는 방식은 메모리를 여러 모듈에서 접근 가능하도록 설계하여, 하나의 모듈에서 전달할 데이터를 메모리의 일정한 위치에 저장하면 다른 모듈에서 데이터를 읽어가는 방식이다. 그러므로, 메모리를 공유하는 방식은 메모리에 데이터를 쓰고 읽는 것으로 데이터를 전송할 수 있으므로, 비교적 구현하기 간단한 방법이다. 그러나, 한정되어 있는 버스 수, 메모리의 포트 수 등으로 인하여 여러 개의

데이터가 전달되는 경우에는 성능이 떨어질 수 있다.

메시지 전달 방식은 더욱 일반적인 방식으로, 알맞은 프로토콜을 미리 정해 놓고 프로토콜에 맞게 데이터를 전달하는 방식이다. 그러므로, 이 방식을 사용하면 프로토콜에 따라서 데이터를 전송하기 위한 인터페이스 모듈들이 필요하다.

4.5 통합 설계의 세부 과제

4.5.1 시스템 사양 및 설계 환경

시스템의 동작이나 기능, 제한 조건들이 기술되는 시스템 사양은 하드웨어는 SystemC, VHDL, Verilog, SpecChart 등으로, 소프트웨어는 C 또는 C ++등으로 표현하고 있다. 하드웨어와 소프트웨어 간에 존재하는 특성의 차이로 인해 하나의 언어로 하드웨어와 소프트웨어가 공존하는 복합 시스템을 일관성 있게 표현하는 데는 여전히 많은 어려움이 있다.

하나의 시스템을 하드웨어-소프트웨어 통합 설계 기술로 설계하기 위해서는 특정 언어로 기술된 시스템 사양을 통합설계 과정에 적합한 표현으로 기술할 필요가 있다. 기술 방식이 너무 추상적(abstract)일 경우에는 최종적으로 합성하기 위해 필요한 여러 가지 자세한 정보가 부족하기 때문에 합성에 어려움이 따르고, 기술 방식이 너무 상세할 경우 최종 구현의 의존도가 커지기 때문에 여러 가지 설계 대안을 고려하기 어렵다. 디지털 시스템을 표현하는 대표적인 추상화 방법으로는 Control Data Flow Graph(CDFG)나 Finite State Machine(FSM)등이 있다. CDFG는 디지털 시스템의 동작을 task(또는 operation)와 이들간의 data control dependency로 표현하는 방식으로, 하드웨어나 소프트웨어 기술언어로부터 곧바로 얻어낼 수 있어, 지금까지 하드웨어 합성이나 소프트웨어 컴파일러에 많이 사용되어 왔다. FSM 모델은 시스템의 동작을 상태(state)와 상태간의 천이(transition)로 표현하는데, SpecChart와 같이 동시적(concurrent)이며 계층적인 FSM을 직접적으로 표현할 수 있는 언어로 시스템이 기술된 경우에는 FSM 내부표현을 얻기 쉬우나, 다른 언어로 표현된 경우에는 간접적인 과정을 거쳐 FSM 내부표현으로 유도해야 한다. FSM 모델은 초기 시스템 사양이 시스템 분할에 제약을 가한다는 단점이 있어 현재로는 CDFG 모델을 많이 사용하고 있다.

4.5.2 시뮬레이션과 설계 검증

설계되는 시스템의 기능과 동작, 성능 등의 검증은 어려운 문제이다. 검증하기 위한 방법으로는 시뮬레이션과 formal verification이 있는데, 증명 방법을 이용한 formal verification은 완벽한 검증을 추구하는 이상적인 방법이다. 예를 들어 dead lock과 같은 상태를 체크하는데 유용하게 쓰인다. 그러나, 복잡도가 커서 아주 간단한 회로가 아니면 실제로 검증이 어렵다는 단점이 있다. 시뮬레이션은 주어진 입력 벡터에 의존하므로 완벽한 검증을 할 수 없다는 제약이 있음에도 불구하고 현재 사용하고 있는 설계 검증 방법 중에서 가장 효과적이고 널리 사용되는 방법이다.

시뮬레이션은 시스템의 표현을 입력으로 받아 사용자로 하여금 주어진 기술이 정확하게 동작하는 것인지를 확인할 수 있도록 해준다. 아울러 주어진 표현의 문법적, 의미적 오류를 찾아내는 기능을 부가적으로 제공하게 된다. 통합설계의 관점에서 시뮬레이션은 좀 더 복잡한 의미를 지닌다. 하드웨어와 소프트웨어가 함께 설계되므로 인터페이스 등을 고려하여 여러 개의 혼합 모듈이 함께 시뮬레이션되어야 하기 때문에 일반적인 시뮬레이션보다 더 복잡하다.

기존의 설계 과정을 보면 소프트웨어와 하드웨어 부분이 따로 설계되고 합성되어 설계의 마지막 단계에 이르러서야 통합이 이루어지므로 여러 가지 비용•성능적으로 최적화가 어려웠다. 이러한 단점을 극복하려는 시도가 통합설계이므로 통합설계를 지원하는 시뮬레이션 또한 통합 시뮬레이션을 제공해야 한다. 이때, 통합시뮬레이터(cosimulator)는 하드웨어 모델과 소프트웨어 모델을 동시에 시뮬레이션하는 툴로 복합 시스템의 동작을 검증하는데 필수적인 시스템 설계 도구라고 할 수 있다.

기존의 하드웨어 시뮬레이터와 달리 통합시뮬레이터에서는 하드웨어와 소프트웨어가 서로 다른 기술언어로 표현될 경우, 이질적으로 표현된 이들 구성요소들의 모델에 관한 데이터와 시뮬레이션 수행 시에 발생하는 데이터 등을 일관성 있고 통일 된 형태로 관리하여야 한다. 그리고, 병렬로 실행되는 여러 개의 하드웨어 모듈과 순차적으로 실행되는 소프트웨어 모듈들이 공전하기 때문에 이들 사이의 상호작용을 고려하여 존재하는 복합 시스템을 정확하게 시뮬레이션하기 위해서는 복합 시스템이 실행될 때 발생하는 상호작용인 동기화와 프로세스 사이의 통신(inter-process communication) 등의 문제들도 잘 고려하여 해결해야 한다.

설계의 초기 단계에 통합 시뮬레이션이 가능하면 다양한 종류의 오류를 미리 발견, 보완 할 수 있다. 또한, 설계가 진행되어 구체화되면서 시스템의 동작 특성이 바뀌는지도 세밀히 분석해 볼 수 있으며, 주어진 시스템 사양을 시뮬레이션 함으로써 사양이 설계자의 의도대로 표현되었는가를 검증할 수 있다. 통합 설계된 시스템이 원래의 사양대로 동작하는지를 확인하고, 구현된 시스템이 주어진 사양의 기능을 수행하며 성능과 비용 등의 제약조건을 만족하는가를 확인할 수 있다. 또한, 시스템 분할 시

성능 추정을 위한 모델을 구하기 어려울 경우에는 시뮬레이션을 통해 성능을 추정해 볼 수 있다. 시스템이 복잡해질수록 분석적인 추정 모델을 구하기 어려워지므로, 시뮬레이션이 보다 더 적합한 성능 추정 방법이 될 수 있다. 그러나 상이한 구조와 방식으로 기술되고 병렬적으로 동작하는 하드웨어 부분과 소프트웨어 부분을 함께 시뮬레이션 하는 것은 동기화 문제를 포함한 복잡한 문제들을 내포하고 있다.

4.5.3 분할과 합성

하드웨어-소프트웨어 분할은 주어진 성능에 대한 제한 조건을 만족하는 범위 안에서 최소의 비용으로 디지털 시스템을 하드웨어 부분과 소프트웨어 부분으로 나누어주는 것이다. 분할은 상위 레벨(behavioral level)에서 수행되기 때문에 논리설계 등의 다른 설계 과정에 비하여 최종적으로 구현한 시스템의 성능에 크게 영향을 미치게 된다. 그러나, 상위 단계에서 하위 단계 설계를 추정하여 최적화 되도록 분할하기가 어렵기 때문에 이에 대한 연구는 많이 이루어지지 않았고, 많은 통합 설계 시스템들이 전문가에 의한 수동 분할에 의존하고 있다. 그러나, 최근에 활발한 연구가 이루어지고 있고, 일부 시스템에서 자동화되어 사용되어지는 추세이다.

쉽게 분할을 할 수 있는 경우도 있다. 예를 들면, OS call을 많이 사용하는 부분은 소프트웨어로 구현하고 시스템 사양의 변경이 잦은 부분은 소프트웨어나 프로그램 가능한 하드웨어(programmable hardware)로 구성하는 것이 유리하다. 또한 고속의 병렬처리 등을 요하는 ALU나 customized 메모리, 그리고 multiple threads of control 등은 하드웨어로 구현하는 것이 좋다.

하드웨어-소프트웨어 분할에서의 비용계산은 하드웨어의 면적, 지연시간, 소프트웨어의 크기 및 수행시간, 인터페이스 회로의 크기 및 지연시간 등 여러 가지 변수들에 가중치를 곱하여 합한 값으로 나타내어진다. 통합설계의 설계공간은 하드웨어나 소프트웨어만의 설계공간에 비해 훨씬 크고 불규칙적이므로, 이러한 설계공간을 탐색하기 위해서는 실제로 구현해보지 않고도 그 성능과 비용을 정확하게 추정하는 것이 필요하다. 일반적으로 추정의 정확도와 설계공간의 탐색 시간 사이에는 상반되는 관계가 있다. 즉, 추정이 정확할수록 탐색시간이 많이 소요되므로 추정의 정확도와 탐색 시간의 절충이 필요하다.

통합설계에서는 추상화 수준(abstraction level)이 시스템 수준으로 매우 상위 단계이기 때문에 추정을 행하는 수준과 추정의 대상이 되는 물리적 수준간의 간격이 매우 크므로 정확한 추정 모델을 구하기가 매우 어렵다. 현재로는 통합설계를 위한 추정 모델이 거의 없으며, 하드웨어의 상위 수준 합성을 위한 면적, 지연 시간, 전력 소모 등에 관한 추정 모델이 연구되었으나, 특정한 아키텍쳐나 설계방식에 국한되어 있다. 또한, 추정 모델의 정확도는 시스템 분할이 어느 단계에서 이루어지는가에 달려있다. 그러므로 시스템 분할 단계가 하위단계이며, 분할 단위(partitioning granularity)가 작을수록 보다 정확한 추정이 가능하다.

하드웨어-소프트웨어 분할 단위는 그 크기가 큰 순서대로 task, function, basic block, operation, statement로 나눌 수 있다. Task나 function, 그리고 기본 블록 등의 상위 단계(coarse-grain)에서 분할을 수행할 경우, 분할이 간단해지고 소프트웨어코드가 분산되는 것을 막을 수 있으나, 하드웨어 부분에서 resource sharing 등을 고려하기 힘든 단점이 있다. 반면 오퍼레이션 단위의 하위 단계(fine-grain)에서 분할을 수행할 경우, 리소스 쉐어링을 고려하기가 용이하여 하드웨어의 비용을 줄여 최적화에는 유리하지만, 소프트웨어 코드가 잘게 분할되어 분산되며, 통신 시간(communication time), 면적, 그리고 소프트웨어 컴파일 효과 등을 추정하는데 어려움이 있다.

하드웨어-소프트웨어 분할에서 여러 가능한 해에 대한 전체 시스템의 성능과 비용을 정확하게 추정하는 것은 매우 중요하다. 왜냐하면 그 추정 결과에 따라 분할 결과가 크게 달라지기 때문이다. 좋은 분할결과를 얻기 위해서는 시스템의 비용•성능•전력 소모 등을 정확히 추정해야 하지만 하드웨어-소프트웨어 분할이 아직 하드웨어가 설계되기 전에 수행되고, 소프트웨어 컴파일러와 캐쉬, 메모리 구조 등에 따라 최종 합성 결과가 많이 달라지기 때문에 정확한 추정을 하기가 어렵다. 그러나, 하드웨어의 경우는 scheduling 및 resource allocation등을 통해 성능과 비용을 분할 단계에서 추정할 수 있다.

Co-synthesis는 분할된 내부 표현으로부터 하드웨어와 소프트웨어를 합성하는 과정이다. 일단 분할된 후에는 기존의 하드웨어 합성과 소프트웨어 합성의 문제로 귀착되므로 기존의 합성 기법을 이용하면 된다. 하드웨어 합성을 위해서는 상위 수준 합성과 논리합성을 이용하며, 소프트웨어 합성은 내부표현으로부터 소프트웨어 프로그램을 생성하는 과정이다.

이때, 하드웨어-소프트웨어 간의 인터페이스의 문제는 복합 시스템의 설계에서 새로이 발생되는 문제이다. 하드웨어는 동시성(concurrency)을 지니며, 소프트웨어는 순차성(sequentiality)를 지닌다. 이러한 이질적인 두 요소간의 상호작용을 위한 데이터 전송이나 통신을 위해서는 인터페이스가 필요하다. 인터페이스 합성 단계에서는 시스템 전체의 성능에 최소한의 부담을 주면서 최소 비용(면적, 전력 등)으로 하드웨어, 소프트웨어, 또는 하드웨어와 소프트웨어가 공존하는 형태로 인터페이스 회로를 합성하는 것이 목표이다. 이를 위해서는 시스템 분할단계에서 두 요소간의 통신이나 동기화(synchronization)를 최소화하는 방향으로 분할이 수행되어야 한다. 시스템 분할이 잘못되면 하드웨어와 소프트웨어 사이의 과도한 통신과 동기화의 영향으로 오히려 소프트웨어만 사용하여 구현한 경우보다도 성능이 떨어질 수도 있기 때문이다.

인터페이스의 영향을 정확히 고려하기 위해서는 인터페이스에 대한 적절한 모델링이 필요하며 시스템의 구현을 위해서는 상호작용하는 하드에어와 소프트웨어의 요구에 따라 인터페이스의 기능을 자세하게 정의할 수 있어야 하며, 인터페이스의 기능대로 인터페이스를 device driver code와 register, flip-flop, gate의 구현 수준으로 합성할 수 있어야 한다.

인터페이스의 역할은 FIFO queue와 같은 소규모 버퍼 (buffer)를 이용한 데이터 완충이나 직병렬 변환 등의 간단한 데이터 조작기능도 있지만, 대부분은 입출력 신호의 종류, 신호간의 선후 관계 내지는 원인-결과 관계, 관련 신호 사이의 최소/최대 시간 간격 등 주로 상호작용하는 두 모듈간의 시간적, 인과관계적 요구조건을 만족시키는 기능을 갖는다. 따라서 하드웨어-소프트웨어 인터페이스의 경우에는 기존의 하드웨어 설계에 사용되는 모델링, 기능 정의 및 합성 방법을 그대로 적용할 수 없으므로, 인터페이스의 특성을 효율적으로 고려하는 합성 방법이 필요하다.

시스템 통합은 합성된 시스템 구성요소인 하드웨어, 소프트웨어, 인터페이스를 하나의 복합 시스템(mixed system)으로 통합하는 과정으로, 일반적으로 하드웨어는 상위 수준 합성, 논리 합성 및 기술 매핑 (technology mapping)을 거쳐 네트리스트 (netlist) 형태로 생성되며, 소프트웨어는 사용하는 프로세서의 구조에 적합하게 최적화되고 컴파일되어 object code로 생성된다. 인터페이스는 하드웨어 부분과 소프트웨어 부분으로 구성되며 동일한 형태로 합성된다.

4.6 DE Ⅱ 보드의 cyclone Ⅱ 내에 있는 마이크로프로세서 활용 방법

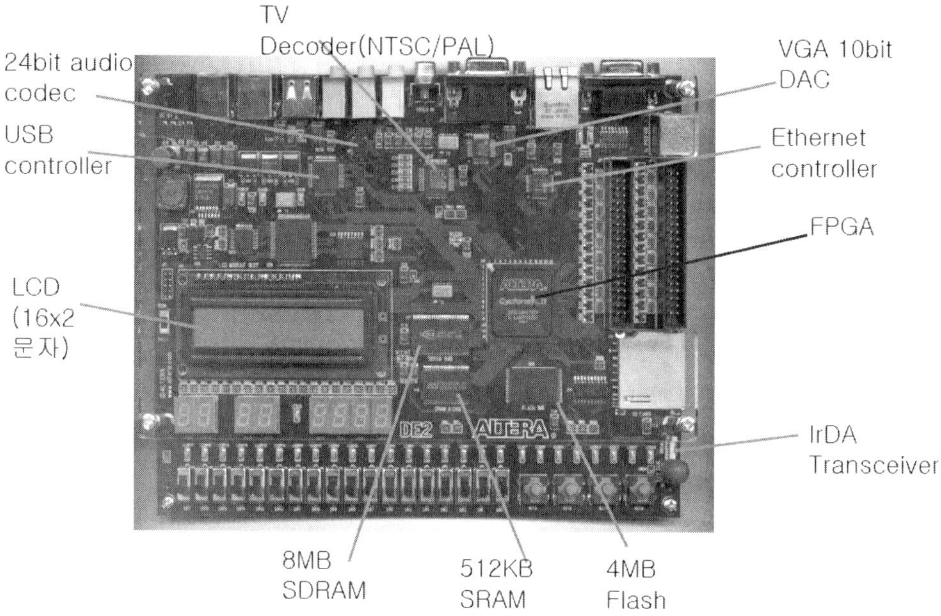

▶그림 4.6 보드 기능 설명

본 절에서는 마이크로프로세서를 이용하여 test신호를 발생시켜 DE II보드에 있는 LED와 LCD를 구동하여 본다. 앞으로의 과정을 잘 이해하면 다른 디바이스를 어떻게 구동할 수 있는지 이해할 수 있게 된다. 어떤 응용을 하느냐에 따라 top module의 조합이 달라진다. 예를 들어 하드웨어로 구현하기 복잡한 연산이 많으면 더욱 cpu의 성능이 높은 것을 골라 소프트웨어로 구현된다(이 경우 다른 하드웨어 resource가 줄어들게 됨). 다음의 참고 site에 DE II 보드의 사용에 대한 좋은 예들이 많이 나와 있다.

http://python.ecs.umass.edu/~ece354/index-2.html

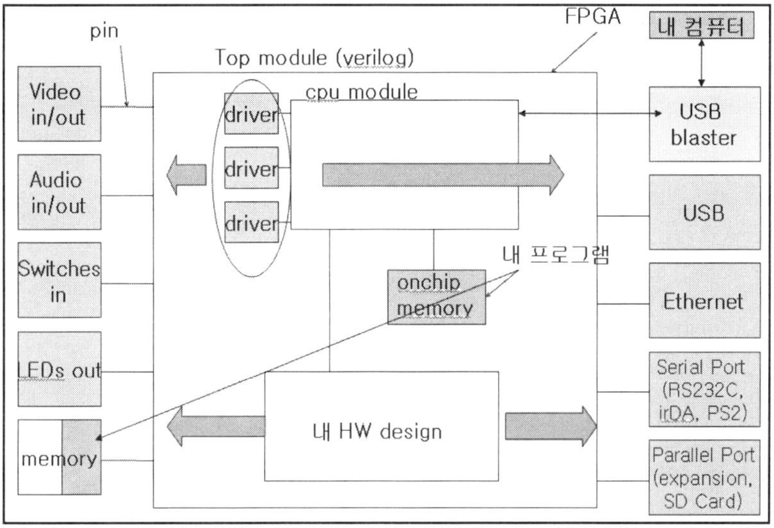

▶그림 4.7 DE II 에서의 SoC 설계 방법

3장에서 Nios II에 관한 전반적인 설명과 실험을 이미 마쳤으므로 본 절에서는 좀 더 구체적인 실험을 중심으로 전개하도록 하겠다.

먼저 Nios II processor의 구성을 살펴보자.

① Quartus II를 띄운 후 file → New Project Wizard

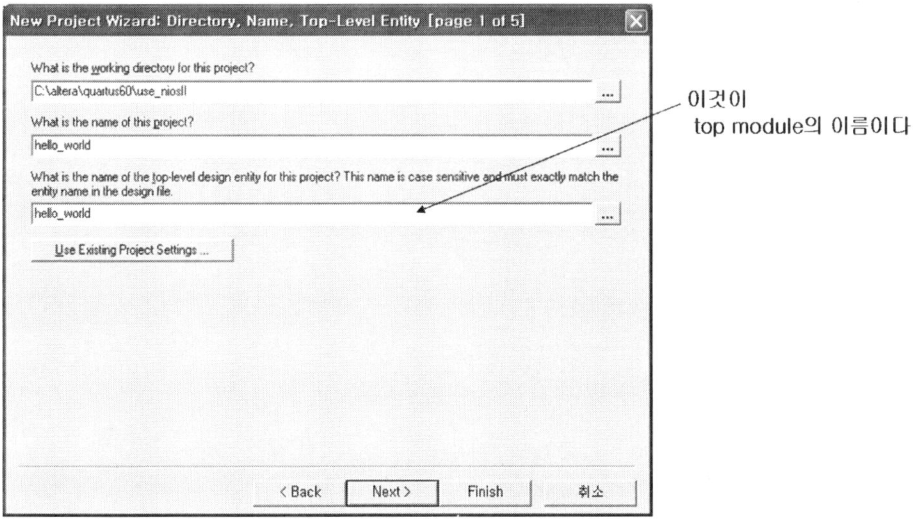

② Next를 눌러 다음 page로 온다.

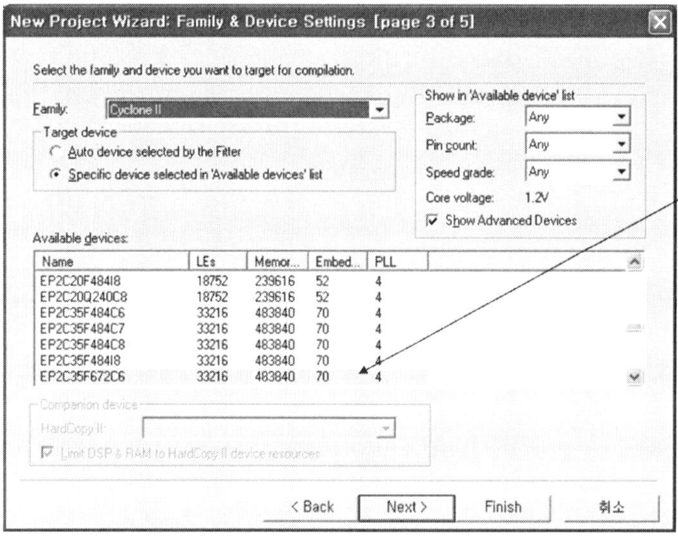

이것이
top module
디바이스 (FPGA)다.

③ Next를 눌러 다음 page로 온다.

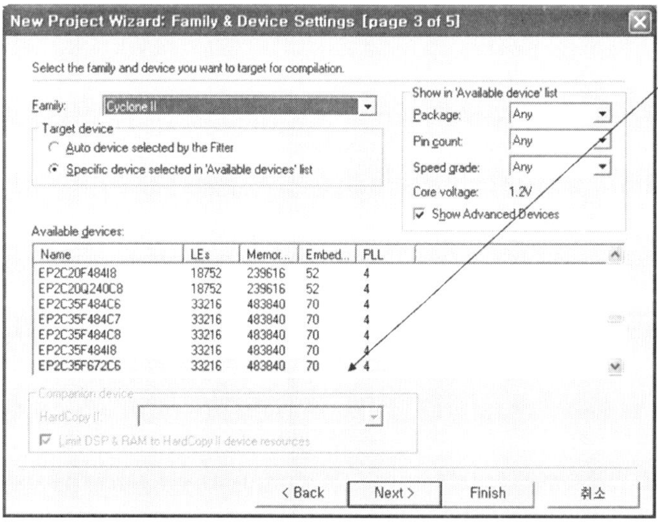

이것이
top module에 해당하는
DEII의 디바이스 (FPGA)다.

④ 이제 cpu를 구성하기 위해 Tools → SOPC Builder …

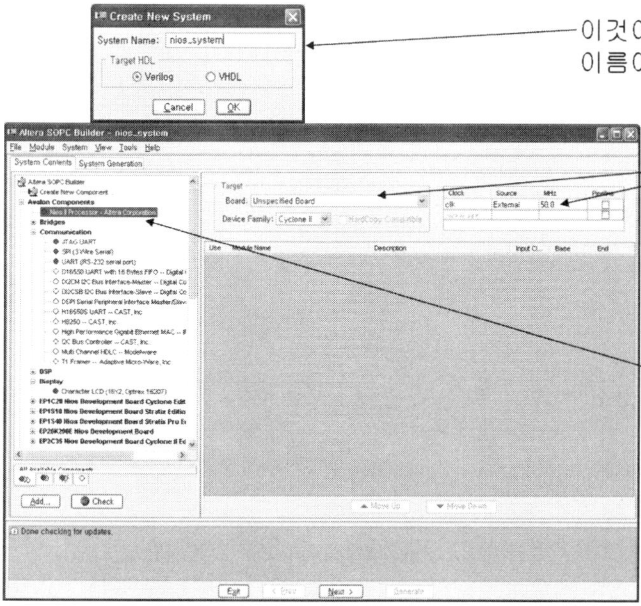

이것이 cpu module의 이름이다.

다음과 같이 선택되었는지 확인하고

Nios processor 더블 클릭

⑤ 마찬가지로 Board test를 위한 통신 protocol인 JTAG URT (communications의 하위 항목)를 더블 클릭하여 default로 setting된 상태에서 Finish한다.

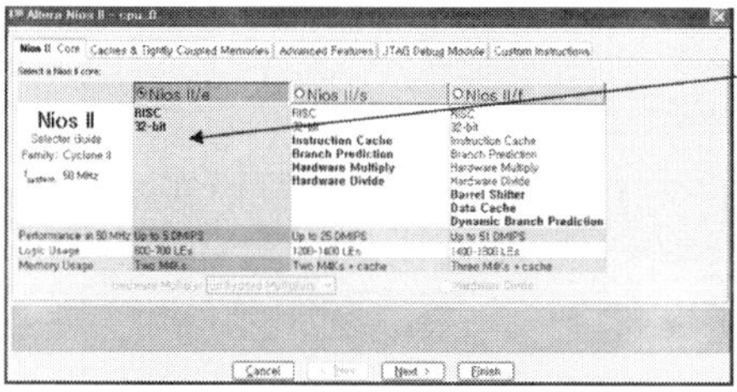

가장 단순한 형태의 processor 선택 후 Finish

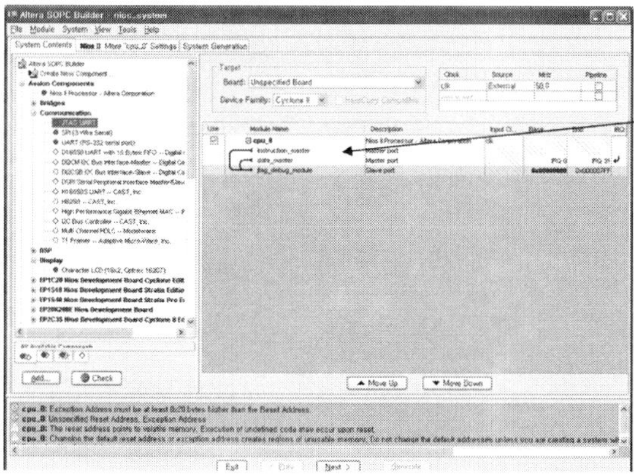

다음과 같이 cpu module에 추가 되었다

⑥ 그 다음 Memory 항목에 있는 on chip memory 를 선택하고 total memory를 20Kbyte로

수정한 후 finish한다. 이것은 간단한 응용 프로그램을 담을 수 있게 한다. 만일 더 많은 메모리가 필요할 경우에는 SDRAM controller를 사용하여야 한다. DE II tutorial(tut_DE2_sdram_verilog.pdf)을 참고하면 이에 관한 보다 자세한 내용을 확인할 수 있다.

⑦ other 항목에 있는 interval timer (interrupt와 bus arbitration handler)를 선택하고 default setting에서 finish.

⑧ other 항목에 있는 PIO를 선택하고 8 bit, output port only를 선택한 후 finish.
(이것은 LED 출력으로 사용할 I/O)

⑨ 마지막으로 LCD 출력을 위해 display 항목의 character LCD를 선택한다.

⑩ 임의로 설정되어 있는 pio_0를 오른쪽 마우스 버튼으로 클릭하여 설계자가 식별하기 쉽도록 하기 위하여 LEDs로 이름을 변경하여 준다.

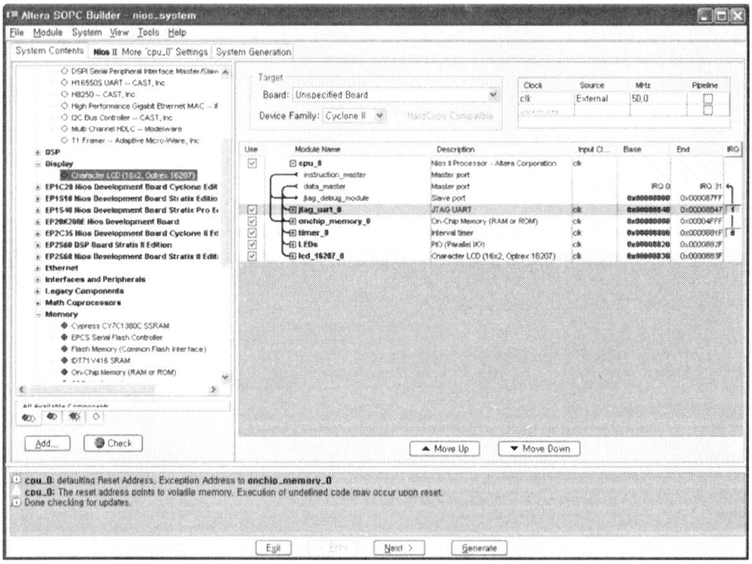

⑪ timer_0의 IRQ가 0이 되고 jtag_uart_0의 IRQ가 1이 되도록 변경해 준다.
⑫ System → Auto 에서 Assign Base Addresses를 설정해 준다.
⑬ system generation tap으로 이동하여 Simulation, create simulator project file 박스를 비워주고 맨 아래 generate를 클릭한다. 이로써 cpu module 이 완성된다.

다음은 top module의 구성에 대하여 살펴보도록 하겠다.

① File → open 하여 nios_system.v를 연다.

```
module nios_system (
                // 1) global signals:
                 clk,
                 reset_n,

                // the_LEDs
                 out_port_from_the_LEDs,

                // the_lcd_16207_0
                 LCD_E_from_the_lcd_16207_0,
                 LCD_RS_from_the_lcd_16207_0,
                 LCD_RW_from_the_lcd_16207_0,
                 LCD_data_to_and_from_the_lcd_16207_0
               )
;

  output         LCD_E_from_the_lcd_16207_0;
  output         LCD_RS_from_the_lcd_16207_0;
  output         LCD_RW_from_the_lcd_16207_0;
  inout  [ 7: 0] LCD_data_to_and_from_the_lcd_16207_0;
  output [ 7: 0] out_port_from_the_LEDs;
  input          clk;
  input          reset_n;
```

Top module은 이것을 instance 하면 된다. (← out_port_from_the_LEDs)

② File → new → verilog HDL file을 선택하여 다음과 같은 Top module hello_world.v를 만든다.

```
Module hello_world(
                // global signals:
                clk,
                reset_n,

                // the_LEDs
                out_port_from_the_LEDs,

                // the_lcd_16207_0
                LCD_E_from_the_lcd_16207_0,
                LCD_RS_from_the_lcd_16207_0,
                LCD_RW_from_the_lcd_16207_0,
                LCD_data_to_and_from_the_lcd_16207_0,
                LCD_ON_from_lcd_16207_0,
                LCD_BLON_from_lcd_16207_0
                );
```

```
        output LCD_E_from_the_lcd_16207_0;
        output LCD_RS_from_the_lcd_16207_0;
        output LCD_RW_from_the_lcd_16207_0;
        output LCD_ON_from_the_lcd_16207_0;
        output LCD_BLON_from_the_lcd_16207_0;
        inout [7:0] LCD_data_to_and_from_the_lcd_16207_0;
        output [7:0] out_port_from_the_LEDs;
        input clk;
        input reset_n;

        assign LCD_ON_from_the_lcd_16207_0 = 1'b1;
        assign LCD_BLON_from_the_lcd_16207_0 = 1'b1;

        // continued in the next page...
```

```
        // continued from previous page...

nios_system my_nios(
                // global signals:
                clk,
                reset_n,
                // the_LEDs
                out_port_from_the_LEDs,

                // the_lcd_16207_0
                LCD_E_from_the_lcd_16207_0,
                LCD_RS_from_the_lcd_16207_0,
                LCD_RW_from_the_lcd_16207_0,
                LCD_data_to_and_from_the_lcd_16207_0
                );
endmodule
```

③ Project → Add/Remove Files in project에서 모든 *.v를 선택한다.

④ Processing → start → start analysis & synthesis를 하여 pin assignment가 가능케 한다.

⑤ Assignments → Import assignments 하여 처음에 zip file이 하위 폴더의 DE2_tutorials₩design_files₩DE2_Pin_Assignments를 읽어 들인다.
⑥ Assignments → Assignment Editor로 가서 Pin 단추를 누른다.
⑦ DE II manual을 보고 해당 핀을 To 밑의 열을 더블 클릭하여 mapping해준다. 단, reset_n은 VDD로 묶어주기 위해 Key[0]에 assign한다. LED 출력은 LEDG를 사용한다.

	To	Location	I/O Bank	I/O Standard
185	LCD_RW_from_the_lcd_16207_0	PIN_K4	2	LVTTL
186	LCD_E_from_the_lcd_16207_0	PIN_K3	2	LVTTL
187	LCD_RS_from_the_lcd_16207_0	PIN_K1	2	LVTTL
188	LCD_data_to_and_from_the_lc...	PIN_J1	2	LVTTL
189	LCD_data_to_and_from_the_lc...	PIN_J2	2	LVTTL
190	LCD_data_to_and_from_the_lc...	PIN_H1	2	LVTTL
191	LCD_data_to_and_from_the_lc...	PIN_H2	2	LVTTL
192	LCD_data_to_and_from_the_lc...	PIN_J4	2	LVTTL
193	LCD_data_to_and_from_the_lc...	PIN_J3	2	LVTTL
194	LCD_data_to_and_from_the_lc...	PIN_H4	2	LVTTL
195	LCD_data_to_and_from_the_lc...	PIN_H3	2	LVTTL
196	LCD_ON_from_lcd_16207_0	PIN_L4	2	LVTTL
197	LCD_BLON_from_lcd_16207_0	PIN_K2	2	LVTTL

⑧ Processing → start compilation
⑨ Tools → Programmer 로 DE II에 Top module을 올린다. DE II는 on 된 상태에서 switch는 run으로 setting 되어 있어야 한다.

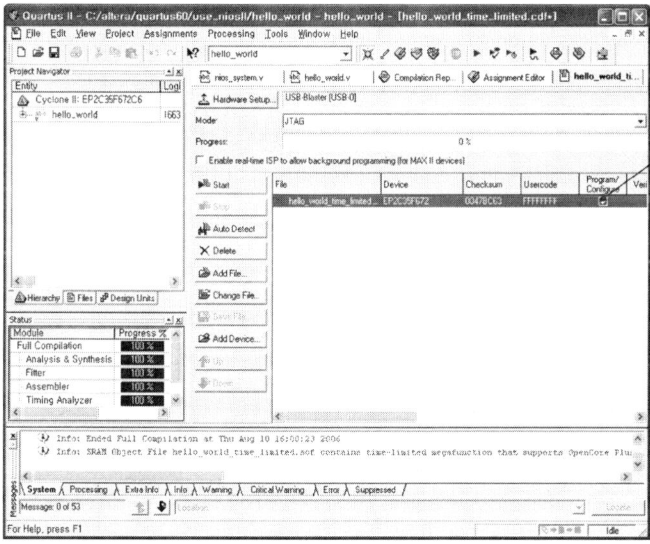

Click후
Start를 누른다

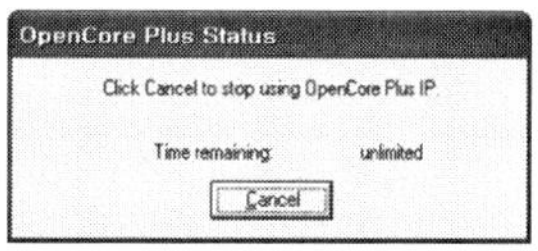

위와 같은 상태가
되게 한다.

⑩ Work 폴더를 임의의 장소에 생성한 뒤, Nios II IDE를 실행시킨다.

⑪ File → New → project에서 c/c++ application을 선택한다.

⑫ Quartus project directory에서 nios_system.ptl을 읽어들인다.

⑬ Hello_world_0를 오른쪽 마우스로 클릭하여 system library property에서 아래 그림과 같이 설정해 준다.

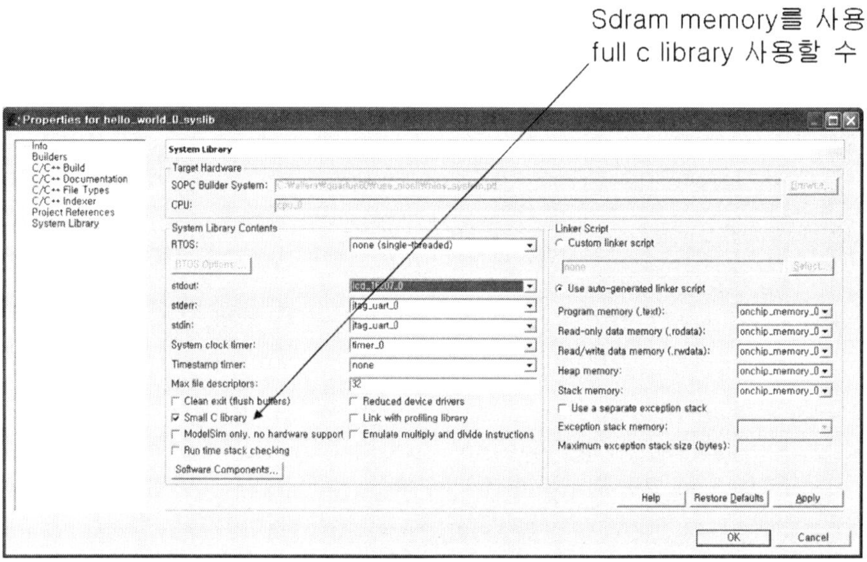

⑭ Hello_world.c를 아래의 그림과 같이 coding한 후에 Hello_world_0를 오른쪽 마우스 버튼으로 클릭하여 Run as → Nios II Hardware 클릭. 빨간 error가 나면 run → run의 target connection tab에서 JTAG cable을 USB-Blaster [USB-0]로 설정 후 run한다.

```
#include <stdio.h>
#define ledlight (char *) 0x00008820

int main()
{
        int i;
        while(1)
        {
                printf("Hello World!₩n");
                printf("It's Seven₩n");
                *ledlight=7;
                for(i=0;i<1000000;i++)
                {}
                printf("Hello World!₩n");
                printf("It's One₩n");
                *ledlight=1;
                for(i=0;i<1000000;i++)
                {}
        }
        return 0;
}
```

제 5 장

✓SYSTEM C 와 verilog HDL을 이용한 하드웨어 설계

5.1 Verilog 를 이용한 하드웨어 모델링

Verilog HDL
-C와 비슷한 syntax
-Gateway Design System 사에서 개발 Cadence로 흡수
-약70%이상의 기업체에서 사용

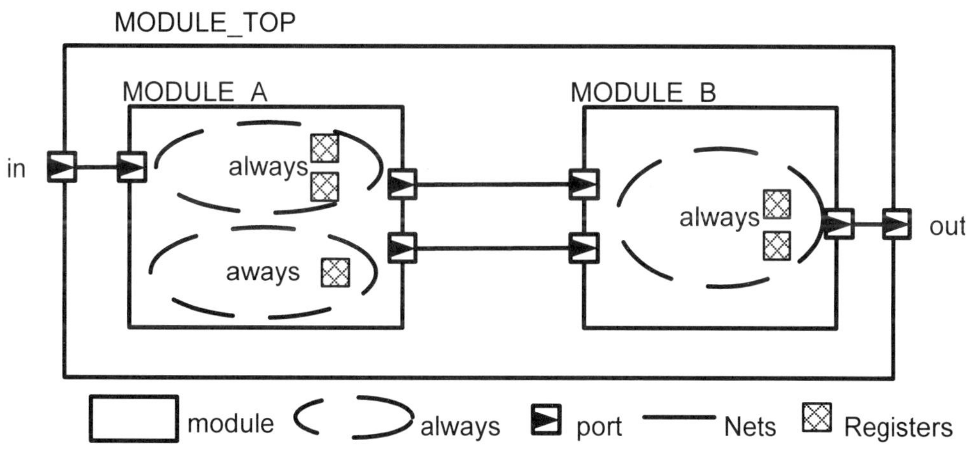

▶그림 5.1 하드웨어 구조를 module 로서 표현

모듈	verilog 기본 구조로서 하나의 블록 단위로 나타낼 수 있으며, 계층적 구조로서 하위 블록을 가질 수 있다.
Always	순차적 기능을 기술할 때 사용하며, 다른 always와는 병렬적으로 수행된다.
포트	포트는 외부 환경과 소통할수 있는 인터페이스이다.
Nets	하드웨어간의 연결을 나타낸다. wire, wand, wor, tri, triand, trior, trireg등이 있고, wire 가 가장 많이 쓰인다.
Register	데이터를 저장하는 element이다. 실제 하드웨어상에서 클럭에 따라 저장되는 flip-flop과는 다르며, 순차 구문상에서 데이터를 잠시 저장하는 기능을 갖고 있다.

Behavioral or algorithm level 모델링
- 설계 알고리즘을 기술,C 프로그래밍과 유사

Dataflow level 모델링
- 하드웨어 사이의 데이터 흐름 기술

Gate level 모델링
- 논리 게이트의 연결에 의해 모듈 구현

5.1.1 MODULE

module declarations	reference
module 모듈 이름(포트 목록) 포트선언; Register 선언; Wire 선언; Parameter 선언; 회로 기능 표현 Primitive operator Assign문 Function 문 Always 문 하위 모듈 호출 등 endmodule	○Module 이름 정의 ○입출력 신호 선언 (포트선언) ○Module 내부 구조 표현 - 이름 혹은 식별자는 소문자와 대문자를 구별 - 주석문(comment) "/*"로 시작, "*/" "//"로 시작하면 그 행 끝까지만 주석

계층적 모델

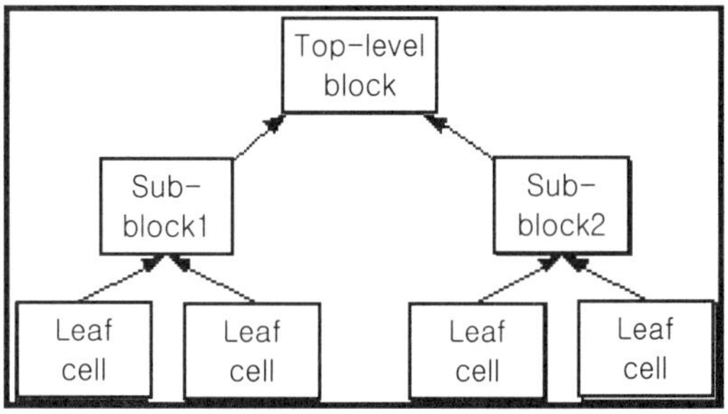

▶그림 5.2 top-down Design Methodology

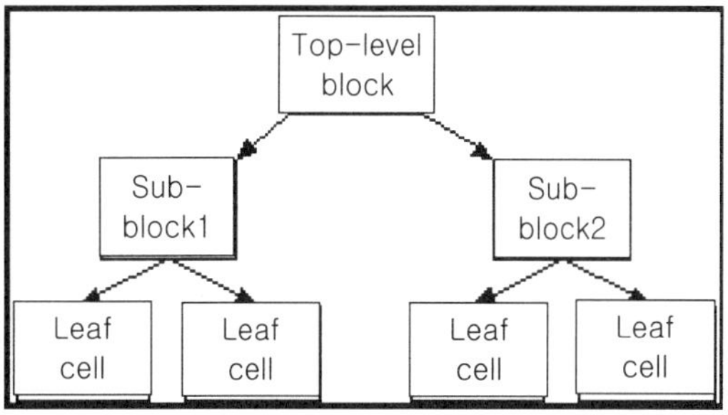

▶그림 5.3 Bottom-up Design Methodology

계층적 모델 예제 -ripple carry counter

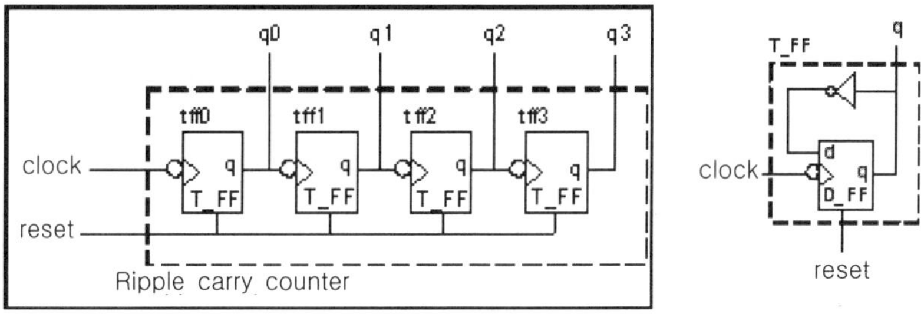

▶그림 5.4 ripple carry counter

Ripple_carry_counter 블록은 상위 블록으로서 T_FF를 그 하위 블록으로 가지고 있다. 이를 하드웨어 설계언어로 기술하면 다음과 같다.

Top-level module declarations	T_FF module declarations
Module ripple_carry_counter(q, clk, reset);	module T_FF(q, clk, reset);
output [3:0]q;	output q;
input clk, reset;	Input clk, reset;
T_FF tff0(q[0], clk, reset);	wire d;
T_FF tff1(q[1], q[0], reset);	
T_FF tff2(q[2], q[1], reset);	D_FF dff0(q,d,clk, reset);
T_FF tff3(q[3], q[2], reset);	not n1(d,q);
endmodule	endmodule;

5.1.2 PORT

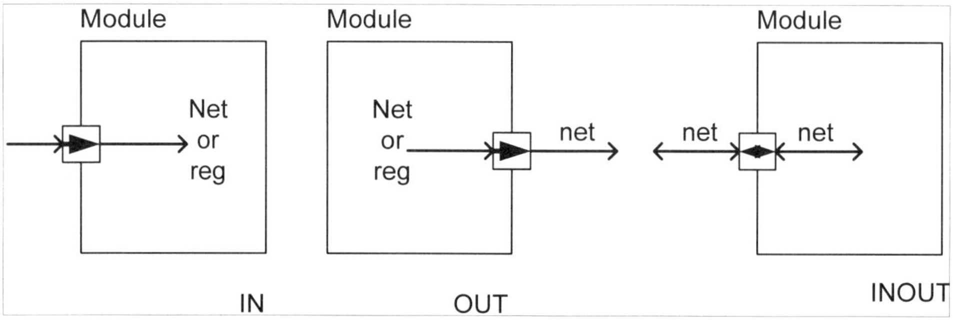

▶그림 5.5 IN, OUT, INOUT 포트를 갖는 모듈

포트 리스트	모듈에 사용되는 포트 이름 list	module mux_latch(y_out, data_a);
포트 선언	포트 리스트에 나열된 포트명의 타입을 결정하는 과정 <port type> <port_name>	input sel_a, sel_b, data_a, data_b; output y_out; input [3:0]a; output [3:0]a,b;

5.1.3 순차 처리

순차처리(Sequential) 문

- initial 문과 always 문을 사용하여 기술
- initial 문: 한번만 순차적으로 실행, simulation 시만 사용
- always 문: 계속해서 순차적으로 실행

▷ initial문과 Always문 비교

initial 문	Always문
initial begin "assign "문 조건 처리문 if, case문 등 . end	always @ (event signal or · · · event signal) begin 순차적인 "assign"문 if, case문 등 loop function task call 등 end
○순서대로 한 번만 실행 ○문장 블록이 없는 경우 한문장만 실행	○ @ (event signal)" 에 있는 값들 중 어느 하나라도 변화하면 문장 순서대로 처리 ○ 마지막 문장까지 실행이 끝나면 처음으로 돌아가서 다음 event signal이 변화될 때까지 기다림

▷ Always에 대한 예

반복 실행	반복 조건에 따라 실행

always
  begin
    B = A;
    C = #5 B;
    #10A = D;
end   delay
 	
    순서대로
    반복실행
	always @(A or B or D)
	  begin
	    B = A;
	    C = D; 반복조건:
	    #20 A = D; 괄호 안의 신호가 변할 때
	end
	
	반복 조건을 만족할 때마다
	순서대로 반복

always 내에서는 순차적으로 수행되며 무한 루프와 같이 계속적으로 반복 수행된다. always@(A or B)와 같이 반복조건이 있을 시에는 조건을 만족할 때마다 실행되어 위로부터 아래로 순차적으로 수행되고 다시 반복조건을 기다린다.

5.1.4 Data Types (데이터 형)

▷ 논리값

논리 값	설 명
0	논리 0
1	논리 1
x(혹은 X)	알 수 없는 논리값
z(혹은 Z)	High impendence, 플로팅 상태

▷ 값의 표현　　　[d :10진수,　b :2진수,　　h :16진수,　　o :8진수]

표현	비트폭	진수	2진수 표현	의미
10	32	10	00…..01010	비트폭을 생략하면 32비트로 취급
1'b1	1	2	1	1 비트폭 이진수 '0'
8'haa	8	16	10101010	8 비트폭 16진수 'aa'
4'bz	4	2	zzzz	4 비트폭 2진수 'zzzz' ← 생략시 연속된 것으로 가정
8'b000011xx	8	2	000011xx	8 비트폭 2진수 '000011xx'
4'd5	4	10	0101	4 비트폭 10진수 '5'
32e-4		실수	0.0032	실수
4.1 E3		실수	4100	실수

▷ 벡터(Vector) 형식

벡터 표현 예	설 명
input [3:0]A;	4비트 입력 A
assign MSB=B[7];	B의 비트 번호 7을 MSB 신호로 전달
wire [7:0]A,B,C; A[0] A[4:2] C={A[3:0],B[4:1]}	8비트의 wire 0번째의 벡터 선택 4번째부터 2번째까지의 벡터 선택 두개의 벡터를 concatenation

▷ 데이터형의 분류

Data types	References
Registers	- Register는 데이터 저장소 역할을 하며, Flip-flop에 의한 하드웨어 레지스터와는 다르다. - 새로운 값이 할당될 때 까지는 현재의 값을 그대로 유지 - 순차회로에서 주로 사용 - "always"문, "initial"문, "task"문, "function"문에서만 사용
Nets	하드웨어 요소사이의 연결을 나타냄
Parameters	상수 값을 표현

▷ 네트의 데이터형

데이터형	의미
Wire	논리적인 행동이나 기능 없이 단지 연결하는데 사용
Tri	wire와 같으며, high impedance 상태가 더 있음
Wor	여러 디바이스 출력을 선으로 연결(wire)하여 "or" 기능을 하는 네트
trior	wired-or와 같으나, high impedance 상태가 더 있음
wand	여러 디바이스 출력을 선으로 연결(wire)하여 "and" 기능을 하는 네트
triand	wired-and와 같으나, high impedance 상태가 더 있음
trireg	하이 임피던스 상태가 있는 저장형인 네트

Example
Wire [7:0]bus;   // 8-bits의 bus   [nets]
Reg [0:15]word;   // 16-bits의 word [resisters]
Parameter width = 32; // 폭을 정의한 상수 [parameter]
Parameter signed [15:0]width // 파라미터에 대한 부호와 범위 고정 [parameter]

5.1.5 ASSIGNMENT

Continuous assignment
- 값을 net에 assign
- 조합회로를 모델링

▷ 조합 회로 기술 예

조합 회로	기술
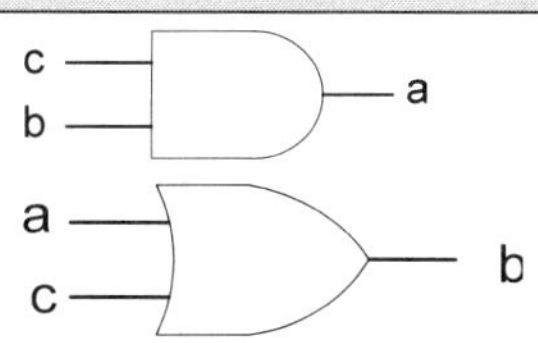	wire a,b; assign a = b & c; assign #10 b = a | c; … delay10

Procedural assignment
- 값을 registers에 assign
- Always, initial ,task, function 내에서 사용

▷ blocking assignments(=) non-blocking assignments(<=)

	기술	수행

blocking	○ 순서대로 실행
	○ 하나의 대입이 끝나고 나서, 다음 대입을 한다
	Initial begin … 초기값 a=1, b=2
	 b = a; … b=1
	 c = b; … c=1
	end
		Initial begin
		  b = #10 a;
		  c = #5 b;
		end

Non-blocking	○ 오른쪽 부분을 먼저 실행한 후 왼쪽으로 assign
	○ Assignment 수행이 마지막에 이루어짐
	Initial begin … 초기값 a=1,b=2
	   b <= a; … b에 1 저장
	   c <= b; … c에 2 저장
	end … b=1, c=2
		initial begin
		  b <= #10 a;
		  c <= #5 b;
		end

5.1.6 연산자

연산자의 종류

◎ 산술(arithmetic) 연산자
◎ 관계(relational) 연산자
◎ 논리(logical) 연산자
◎ 비트 처리 논리(bitwise) 연산자
◎ 비트 단항(reduction) 논리 연산자
◎ 시프트(shift) 연산자
◎ 조건(conditional) 연산자
◎ 연결(concatenation) 연산자
◎ 반복(replication) 연산자

▷ 관계 연산자

2개의 오퍼런드를 비교해서 "true"면 "1", false"면 "0"을 출력

연산자	사용 예
<	a < b // a 가 b보다 작은가?
>	a > b // a 가 b보다 큰가?
>=	a >= b // a가 b보다 크거나 같은가?
<=	a <= b // a가 b보다 크거나 같은가?
=	c = a ; // assign a to c
==	c == a ; // c 와 a의 값이 같으면 'true'
!=	c != a ; // c 와 a의 값이 다르면 'true'
===	c == a ; // c 와 a의 값이 같으면 'true' (x,z 값 포함)
!==	c != a ; // c 와 a의 값이 다르면 'true' (x,z 값 포함)

▷ 논리 연산자

Logical operand를 대상으로 하며 logical value 즉, 1(true) 또는 0(false)을 출력

연산자	사용예
&&	a && b ; // a and b 연산 결과
||	a || b ; // a or b 연산 결과

!	if (!a) ; // a 가 true값이 아니라면
	c = b ; // assign 수행

▷ 비트 처리 논리 연산자

연산자	논리 값	비트처리 연산자
|	a = 1 0 1 0 b = 0 0 1 1 c = 0 0 0 0	a | b = 1 0 1 1
&		a & b = 0 0 1 0

▷ 비트 단항 논리 연산자

연산자	사용예
&	&(0101)　　결과 “0”
|	|(0101)　　결과 “1”
^	a = ^ b ;　// 모든 b비트에 대한 xor 연산 결과를 a에 대입
~&, ~|,~^	모든 비트에 대한 NAND, NOR, EX-NOR 연산 결과
~,&, |, ^	모든 비트에 대한 NOT, AND, OR, EX-OR 연산 결과 ^(0101)　　결과 “0”
~&, ~|, ~^	모든 비트에 대한 NAND, NOR, EX-NOR 연산 결과

▷ 연결 연산자

작은 벡터를 모아서 큰 벡터를 만들거나, 하나 이상의 수식을 합칠 때 사용

연산자	사용 예	의미
{}	A = {1'b1, 1'b0, 1'b0}; B = {3'b011,1'b0}; Wire [5:0]C={A[2:0],B[3:1]}	A에 3'b1000 대입 B에 4'b0110 대입 C에 6'b000011 대입

▷ 반복 연산자

연결 연산자({ })를 사용하여 수식의 연결을 반복하고자 할 경우 사용

연산자	사용예	의미
<결과신호> = { 반복 회수 { <수식> } };	A = {1'b0, {2{1'b0}}}; B = {4{2'b01}}; C = {{8{BYTE[7]}},BYTE};	A = 3'b000 2'b01을 4번 반복 부호확장

▷ 시프트 연산자 '<<' ▷ 조건 연산자 '?:'

연산자	사용 예
<<	a << 1 ; // shift left a by 1-bit
>>	a >> 1 ; // shift right a by 1

?:	c = sel ? a : b ; // sel값이 true라면 c = a, 아니라면 c = b
	c = (sel == m) ? a + b : a - b; // 할당 문(assign)을 사용하며 조건이 맞으면 "참 수식", 맞지 않으면 "거짓 수식" 실행

▷ 산술 연산자

연산자	사용 예
+	sum = a + b ; // add a and b
-	diff = a - b ; // subtract b
*	c = a * b ; // multiply a with b
/	c = a / b ; // int divide a by b
%	amodb = a % b ; // a mod(b)

5.1.7 verilog 구문

block 문

"begin~end" 블록 문

◎ 여러 개의 문을 하나의 문(statement)으로 취급

◎ 순차 처리 블록을 명확히 나눔

◎ 기술한 것을 보기 쉬움

Statement 문

◎ "assign A = B;" 와 같이 세미콜론(;)으로 구분한 것을 의미

◎ "if"문, "case"문도 하나의 문으로 취급하므로 하나의 문 밖에 쓸 수 없으나 내부에 여러 개의 문을 쓰려면 블록문 사용

```
begin   : 블록 이름            // 블록 이름은 생략 가능
  reg    지역변수;             //  지역변수는 필요한 경우에만 선언
  integer  지역변수;
  parameter  지역변수;
     … 문장 …
end                            //begin, end에 세미콜론(;) 없는 것에 주의
```

<table>
<tr><th>if 문</th><th>Block 문이 있는"if~else" 문</th></tr>
<tr><td><pre>if (조건식)
    문장 1;   //<조건식>이 맞으면 실행
  else
    문장 2;   //<조건식>이 맞지 않으면 실행</pre></td><td><pre>if (조건식)
  begin
    문장; // 조건식이 참이면 블록을 실행
  end
 else
  begin
    문장; //조건식이 거짓이면 블록을 실행
  end</pre></td></tr>
<tr><th>Nested "if~else" 문</th><th>case문</th></tr>
<tr><td><pre> if (A>B)
      FUNC_COMP=3'b100;
  else if (A<B)
    FUNC_COMP=3'b001;
  else
 FUNC_COMP=3'b010; // A와 B가 같을 경우</pre></td><td><pre>case (판정식)
    항 1: 처리문 1 ;
    항 2: 처리문 2 ;
    항 N: 처리문 N ;
   // 판정식이 항 N과 같으면, 처리문N 실행
    default: 처리문 N+1;
endcase</pre></td></tr>
<tr><th>loop 문</th><th>function 문</th></tr>
<tr><td><pre>   for (초기값; 조건식; 오퍼레이션)
        처리문 혹은 블록 처리문</pre><hr><pre>   While (조건문)
        처리문 혹은 블록 처리문</pre></td><td><pre>function [범위] 펑션이름;
     펑션선언문
     처리문
 endfunction</pre></td></tr>
</table>

FUNCTION EXAMPLE

```
module EXOR (IN1, IN2, OUT)
   input  IN1, IN2;
  output   OUT;

  function  EXOR_FUNC;      // function 이름
      input  IN1, IN2;
      if (IN1 ^   IN2)
         EXOR_FUNC = 1;  // function 이름으로 리턴
     else
         EXOR_FUNC = 0;   // function 이름으로 리턴
  endfunction

  assign  OUT = EXOR_FUNC  (IN1, IN2); //  function 호출
 endmodule
```

◎ function 정의는 module 안에 있어야 하며 타이밍을 정의하는 문장 포함 불가

◎ function은 순차 처리문에서 사용하는 task를 사용할 수 없는 반면, task에서는 function 사용 가능

◎ "function"문 호출 방법

네트 = function 이름 (인수 이름, … ,인수 이름)

◎ 출력은 한 개(비트 or 벡터)만 가짐

◎ 연결 연산자({ })를 사용하면, 여러 개의 출력을 하나로 묶어서 리턴 가능

5.2 SystemC를 이용한 하드웨어 모델링

5.2.1 SystemC의 구성

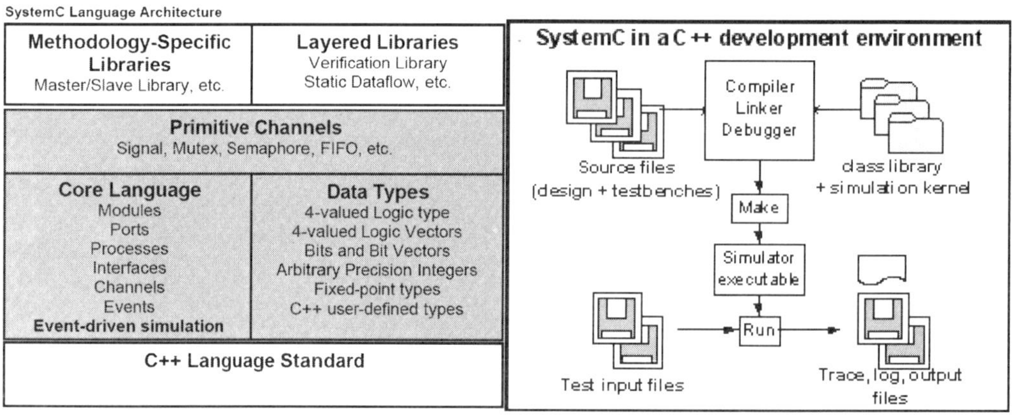

SystemC 는 hardware-software co-design을 지원하며, 기본적으로 C++ 언어로 만들어졌다. 클래스는 고 수준의 객체형 선언(type define) 방법이며, 매우 복합적인 형태의 데이터 저장공간(data structure)과 이 데이터를 취급할 수 있는 방법을 제공하는 소속 함수 들로 구성된다. 모듈, 포트, 채널, 인터페이스, events, times는 C++ 클래스로 기술 되었으며, SystemC의 모듈(SC_MODULE) 자체 또한 하나의 복합적인 클래스(class)일 뿐이다. SystemC 모듈의 구성자 SC_CTOR에 기술된 대로 소속함수(member function)인 process와 감응 신호(event sensitivity)를 연결 시키고 내부구조를 초기화 시킬 수 있다. 시그널(signal) 과 같은 경우 저장되는 값이 변화 할 때마다 사건(event)이 발생하였다는 것을 커널이 알 수 있어야 하며, 이것은 하나 이상의 데이터 저장소를 두어 이전값과 새로운 값을 저장하여야 한다. 클래스는 이러한 복합적인 객체의 표현에 매우 유용하다.

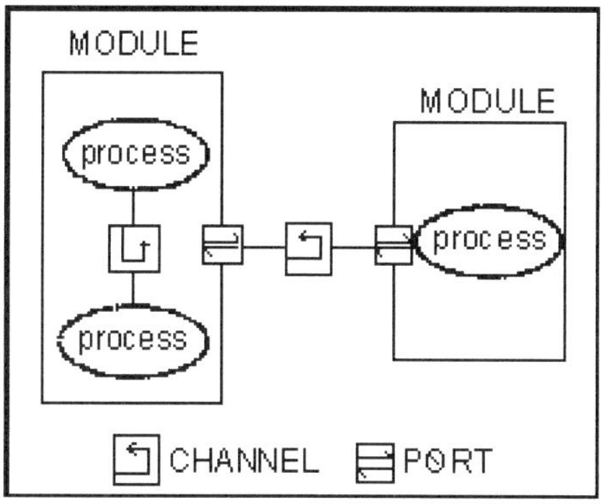

▶그림 5.6 모듈, 프로세스, 채널, 포트

▶Module : 하나의 컨테이너 클래스로서, 다른 모듈 또는 프로세스들을 포함하는 계층 구조를 가질 수 있다.
▶Process : 순차적으로 실행되는 각 단위를 하나의 프로세스로 표현.
▶Channel : 모듈과 모듈 또는 모듈내의 프로세스 사이의 통신 수단 제공
▶Port : 모듈을 외부와 연결 및 통신하기 위해 사용

5.2.2 Module

▷ 모듈 선언과 모듈내 요소들 선언 방법

Module declarations
SC_MODULE(module_name) {
Port declarations
Local channel declarations
Variable declarations
Process declarations
Other method declarations
Module instantiations
SC_CTOR(module_name){
Process registration
Static sensitivity list
Module variable initialization
Module instance / channel binding
}
};

references	
Port declarations:	Static sensitivity list:
sc_port<interface_name>[, number of channels]>;	Functional syntax:
Local channel declaration:	sensitive(event1 [, event2, …])
channel_type name [, name, name …];	sensitive_pos(event1 [, event2, …])
Variable declaration:	sensitive_neg(event1 [, event2, …])
Variable_type name [, name, name …];	Stream syntax:
Process declaration:	sensitive << event1 << event2 …;
void process_name();	sensitive_pos << event1 << event2 …;
Process registration:	sensitive_neg << event1 << event2 …;
SC_METHOD(process_name);	
SC_THREAD(process_name);	
SC_CTHREAD(process_name, clock_edge_	
SC_SLAVE(process_name, slave_port);	

systemC에서 모델링 할 때 그 기능은 프로세스로 모델링하고 그 구조는 모듈로 모델링한다. 모듈 내에는 프로세스들과 계층적 모듈과 같이 여러 가지의 내부 블록들을 가질 수 있다. 모듈은 블록도를 그대로 표현하는 것이라고 할 수 있으며, 블록안에 사용되는 포트, signal, 다른 모듈들과 프로세스들이 하나의 콘테이너 클래스로서 모듈 내에 기술 되어져 있다. 최상위 모듈을 시뮬레이션하기 위해 메인 함수에 테스트 벤치 모듈과 최상위 모듈을 연결하여 사용한다.

▷ 메인 함수와 모듈 및 계층적 모듈 선언 방법

Main routine structure	Custom constructor

#include "systemc.h"
include module declarations
int sc_main(int argc, char *agv[ ])
{
Channel declarations
Variable declarations
Module instance declarations
Module port binding
Time unit / resolution setup
Set up tracing
Start simulation
return 0;
}
	SC_MODULE(module_name)
	{
	...
	SC_HAS_PROCESS(module_name);
	module_name(sc_module_name
	name_string, arg1 [, arg2, …]
	)
	: sc_module(name_string)
	{
	Process registration
	Static sensitivity list
	Module variable initialization
	Module instance / channel binding
	}
	};

Hierarchical module

#include "submodule_name.h"
SC_MODULE(module_name) {
Module port declarations
...
module_name_A instance_name_A;
module_name_N instance_name_N;
...
Local channel declarations
SC_CTOR(module_name):
instance_name_A("name_A"),
instance_name_N("name_N")
{
instance_name_A.subport_name(modport_name);
instance_name_A.subport_name(local_channel_name);
or:
instance_name_N(modport_name,
local_channel_name,...);
...
} } ;

example
'high_block'
'high_block'이라는 이름을 갖는 블록인 3개의 내부 모듈을 가지고 있는 계층적 구조의 모듈이다. 4개의 input 포트와 1개의 output 포트를 가지고 있으며, 모듈간의 통신을 위해 wire1, wire2라는 채널(시그널)을 가지고 있다.

▷ 메인 함수와 계층적 모듈 예

<table>
<tr><th>Main 함수</th><th>계층적 모듈 (Hierachical Modules)</th></tr>
<tr><td>

-시뮬레이션을 위하여 최상위 설계 모델과 테스트 벤치 모듈을 연결

```
int sc_main ()
{
  sc_clock clock;      //클럭 생성
  sc_signal <int> a,b,c,d,e //채널 생성(signal)

  //testbench 블록
  stimulus stimulus1("stimulus_block");
  stimulus1(clock,a,b,c,d);

  //최상위 설계 블록
  high_block high_block1("high_block1");
  High_block1(a,b,c,d,e);

  //display 블록
  Display display1("display1");
  Display1(e);

  Sc_start(1000,SC_SEC)
  //1000초 동안 시뮬레이션 수행
}
```

</td><td>

-모듈 내에 하위 모듈들을 상호 연결

```
SC_MODULE(high_block){
sc_in<int> in1; //ports
sc_in<int> in2;
sc_in<int> in3;
sc_in<int> in4;
sc_out<int> out;
//signal
sc_signal<int> wire1;
sc_signal<int> wire2;

block* block1;
block* block2;
block* block3;

SC_CTOR(high_block){
block1 =new block("block1");
(*block1)(in1,in2,wire1);
block2 = new block("block2");
block2 -> a(in3);
block2 -> b(in4);
block2 -> c(wire2);
block3 = new block("block3");
(*block3)(wire1,wire2,out);
}};
```

</td></tr>
</table>

5.2.3 프로세스

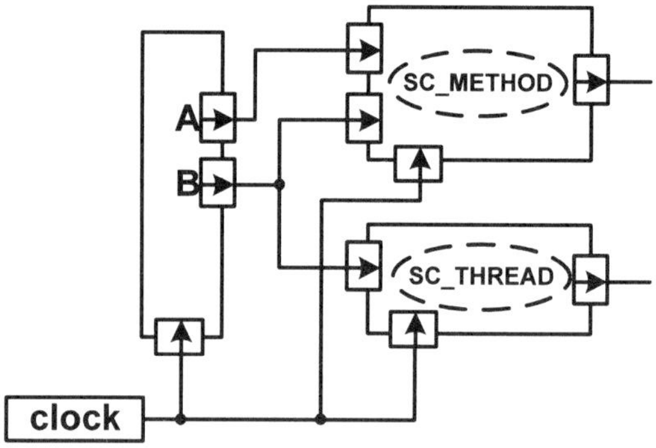

▶그림 5.7 모듈과 sc method , sc thread 프로세스

시스템에서 순차적으로 실행되는 각 단위 모듈을 함수로 표현하는 것은 매우 유용한 방법이다.그러나 병렬성을 지닌 전자회로 시스템의 경우 동시에 발생하는 작동을 표현 해야 한다. systemC에서는 프로세스를 이용하여 동시 실행되는 하드 웨어의 수행을 표현하게 되는 데, 각 프로세스들 간에는 병렬적 동작이 이루어지며 프로세스의 내부는 순차적 수행이 이루어진다. 따라서 하나의 프로세스의 단위는 순차적으로 수행되는 하나의 함수와 같다고 할 수 있다. 함수가 call execute return 동작으로 수행되는 것과 같이 프로세스가 호출 되어지면, 순차적 수행이 이루어진 다음 제자리로 다시 돌아온다. 어떤 프로세스는 한번 호출되어 무한 루프 내에서 수행과 조건에 따른 대기를 반복적으로 수행하며 동작이 이루어진다. 프로세스는 계층적 구조를 가지지 않기 때문에 프로세스 안에 다른 프로세스를 가지는 것은 불가능하고, sensitivity list를 가지고 있어 리스트에 있는 신호의 바뀜을 감지하여 프로세스가 동작한다.프로세스에는 주어진 감응에 의해 여러 번 호출되어 수행-리턴을 반복하는 Method와 한 번 호출로 무한 루프를 돌며 주어진 감응에 수행-대기를 반복하는 thread가 있다.

◎ Method는 sensitivity list를 가지고 있어서 그 조건에 맞는 변화가 감지되면, 호출되어 프로세스 내에 있는 구문을 다 수행한 뒤, 다시 리턴 된다. 프로세스 중간에 일시정지 및 재개와 같은 쓰레딩이 허용되지 않으며, 일단 호출되면 return 명령으로 되돌릴 때까지 프로세스 내용이 전부 실행된다. sensitivity list로 정적 또는 동적 사건 감응에 의하여 반복적으로 호출 할 수 있으며 감응된 사건을 생성하여 감응된 사건이 발생하면 언제든지 재 호출된다.

◎ Thread는 sensitivity list로 그 동작의 수행이 제어된다는 점에서 Method와 비슷하지만, 한번 호출로 수행과 조건에 따른 대기를 반복하게 되어 있는 무한 루프 구조라는 점에서 다르다. 루프내 대기 방법으로는 수행중에 인자가 없는 wait()를 만나 프로세스를 대기열

에 놓고 지정된 센스티비티를 기다리는 방법과 wait(event)형식으로 해당 이벤트가 발생할 때까지 프로세스의 수행을 멈추는 방법이 있다.

	SC_METHOD	SC_THREAD	SC_CTHREAD
기동트리거	Signal events	Signal events	Clock edge
무한루프	X	○	○
동적감응	Next_trigger(ev)	Wait(ev);	

5.2.4 채널

모듈과 모듈 또는 모듈내의 프로세스 사이의 통신 수단 제공해주는 것이 채널이다. 인터페이스와 포트는 통신 패키지에서 사용 가능한 기능을 기술하는 데 비해 채널에는 이 기능들이 실제 수행되는 방법이 구현돼 있다. 인터페이스를 통하여 연산을 개시하지만 실제 작동은 채널에서 이루어진다. 이 때 사용되는 가장 일반적인 채널은 'sc_signal'로서 sc_signal_inout_if〈T〉 인터페이스를 구현하고 evaluate and update를 지원하며, sc_in〈T〉, sc_out〈T〉, sc_inout〈T〉 포트에 연결될 수 있다.

▷ sc_signal 사용 방법과 채널 사용 예

sc_signal<T>	Example

Events:
default_event() value_changed_event()
 	
Methods:
delayed() read(port/signal) event()
operator=() get_data_ref() kind()
negedge() get_new_value() write(val)
read() get_old_value() posedge()
Custom ports:
sc_in<T>, sc_out<T>, sc_inout<T>
	SC_MODULE(test){
	sc_signal<int> channel_name;
	Int value;
	Void test_channel(){
	…
	While(true){
	value= channel_name.read();
	channel_name.write(value);
	…}

Example의 예와 같이 sc_signal은 기본적으로 read() , write() 함수를 이용해 채널에 읽고, 쓰기를 수행하며 이를 이용해 모듈간 또는 프로세스간에 통신을 수행한다. 그 밖에 여러 함수들을 통해 채널의 기능들을 구현 및 시뮬레이션 할 수 있다.

▷ 채널의 종류와 그에 대한 인터페이스 및 포트

	인터페이스		포트	
sc_signal<T>	sc_signal_inout_if<T>	read() write()	sc_in<T>	read()
			sc_out<T>	write()
sc_buffer<T>			sc_inout<T>	read() write()
sc_fifo<T>	sc_fifo_in_if<T>	read() nb_read()	sc_fifo_in<T>	read() nb_read()
	sc_fifo_out_if<T>	write() nb_write()	sc_fifo_out<T>	write() nb_write()
sc_clock	sc_signal_if<bool>			

sc_buffer는 sc_signal에 기초한 것이며, sc_signal과 동인한 포트와 인터페이스를 갖지만 그 인터페이스의 동작이 다르다. sc_buffer는 항상 사건을 발생시키지만, sc_signal은 이전값과 다를 경우에만 사건이 발생한다. 전송수준의 모델링에서 sc_signal대신 사용할 수 있으며 sc_signal과는 달리 쓰여졌다는 추가적인 신호가 필요하지 않다.

sc_fifo는 순서대로 정보가 전달되는 통신 방식을 지원하는 채널이며 전용 입력 과 출력 포트가 지원된다. 하지만 입출력포트는 지원되지 않는다. 정보전달을 용이하게 모델링할 수 있어서 시간개념이 없는 functional-level로 시스템을 모델링하는데 적합하다. 데이터흐름으로 표현하기 용이한 시스템을 모델링하는 데 적합.

5.2.5 포트

모듈이 외부와 통신하는 방법으로서 모듈을 주위와 연결하고, 통신하기 위하여 포트가 제공된다. Input, Output, InOut 포트의 3가지 모드를 가지고 있으며, 데이터가 모듈로 입력되거나 모듈에서 데이터를 출력할 때 또는 동시에 입출력이 되는 경우를 표현한다.

▷ 포트의 종류와 그에 대한 사용 예

port	example

sc_in<porttype>
// input port of type porttype
sc_out<porttype>
// output port of type porttype
sc_inout<porttype>
// inout port of type porttype
	SC_MODULE(Adder){
	sc_in<int> a; // input port of type porttype
	sc_in<int> b;
	sc_out<int> c; // output port of type porttype
	SC_CTOR(Adder) {
	SC_METHOD(entry);
	Initialize(); //initialize signals
	Sensitive(a);
	}};

▷ 채널에 대한 패키지 클래스

출력 포트 클래스 sc_in 과 sc_inout 의 채널 패키지
template<class T> class sc_in : public sc_port<sc_signal_in_if<T> …; template<class T> class sc_inout : public sc_port<sc_signal_inout_if<> …;

모듈에 선언된 포트 객체는 외부와 연결된 채널로의 접근 방법이 선언된 인터페이스만을 포함한 것일 뿐이며 클래스의 소속 변수처럼 데이터가 저장될 공간을 확보한 것이 아니다. 따라서 시그널과 포트의 매핑이 이루어진 이후에 포트를 통하여 값을 써 넣을 수 있으며 이는 채널에 저장되는 것이다. 이러한 포트의 인터페이스 방식은 채널의 구현을 바꾸면서도, 채널을 참조하는 인터페이스의 종류를 그대로 유지하기 위해 사용된다.

5.2.6 자료형

Sort		Data type	Reference
Single-bit type	Boolean	sc_bit	Single bit value: '0', '1'
	Logic	sc_logic	Single bit value: '0', '1', 'X', 'Z'
Multi-bit type	Boolean	sc_bv<n>	Vector of sc_bit values, N is number of bits
	Logic	sc_lv<n>	Vector of sc_logic values, N is number of bits
Integer type	Fixed/limited	sc_int<n>	n: number of bits, max=64
		sc_uint<n>	n: number of bits, max=64
	Arbitrary	sc_bigint<n>	n: number of bits, max=512
		sc_biguint<n>	n: number of bits, max=512
Fixed-point type	Static	sc_fixed<n>	sc_fixed<wl, iwl, q_mode, o_mode, n_bits>
		sc_ufixed<n>	sc_ufixed<wl, iwl, q_mode, o_mode, n_bits>
	Dynamic	sc_fix	sc_fix<wl, iwl, q_mode, o_mode, n_bits>
		sc_ufix	sc_ufix<wl, iwl, q_mode, o_mode, n_bits>

wl: 고정소수점 자료형의 전체 비트수　　iwl: 정수부분의 비트수
q_mode: 양자화 방법　　o_mode: overflow 처리 방법

Boolean type: C++의 'bool'과 비슷하며 두가지 값을 갖는다. Logic에 비해 시뮬레이션 속도를 높일 수 있다.

Logic type: '0'과 '1' 외에 'X'또는'Z' 값을 갖는다.

Vector type: 여러 개의 비트를 벡터형태로 사용(multi-bit)

Integer type: 64비트 이하(limited)와 이 보다 큰 비트 폭(arbitrary)을 갖는 것으로 구분되며, unsigned 또는 signed 형식의 정수 데이터 타입으로 구분 (n개의 비트 폭)

Fixed-point type: 고정 소수점을 포현하는 데 사용하며 unsigned 또는 signed 형식으로 구분된다. 정적인(static) 인자는 컴파일 시점에 모든 인자가 결정되어야 하는 반면에 동적인 인자(dynamic)인자는 해당 자료형이 생성될 때 결정되면 된다.

5.2.7 연산자

<table>
<tr><th>symbol</th><th>reference</th><th>symbol</th><th>reference</th><th>symbol</th><th>reference</th></tr>
<tr><td>&</td><td>Bitwise AND</td><td>*=</td><td>Compound *assignment</td><td><=</td><td>Less than or equal to</td></tr>
<tr><td>|</td><td>Bitwise OR</td><td>/=</td><td>Compound /assignment</td><td>++</td><td>Increment</td></tr>
<tr><td>^</td><td>Bitwise XOR</td><td>%=</td><td>Compound %assignment</td><td>--</td><td>Decrement</td></tr>
<tr><td>~</td><td>Bitwise NOT</td><td>&=</td><td>Compound AND assignment</td><td>[]</td><td>Bit selection</td></tr>
<tr><td>>></td><td>Arithmetic right shift</td><td>|=</td><td>Compound OR assignment</td><td>(,)</td><td>concatenation</td></tr>
<tr><td><<</td><td>Arithmetic left shift</td><td>^=</td><td>Compound XOR assignment</td><td>%</td><td>Modulus</td></tr>
<tr><td>+</td><td>Addition</td><td>==</td><td>Equality</td><td>=</td><td>Assignment</td></tr>
<tr><td>-</td><td>Minus</td><td>!=</td><td>Inequality</td><td>+=</td><td>Compound +assignment</td></tr>
<tr><td>*</td><td>Multiply</td><td><</td><td>Less than</td><td>-=</td><td>Compound -assignment</td></tr>
<tr><td>/</td><td>Divide</td><td></td><td></td><td></td><td></td></tr>
</table>

5.2.8 함수

Function & reference	
dont_initialize(); Prevent SC_METHOD or SC_THREAD process from automatically running at start of simulation. **gen_unique_name(basename);** Returns a unique string that can be used to satisfy object initializations that require a unique string. **name();** Returns a string with the current module instance name **next_trigger();** Temporary overrides the static sensitivity list. **next_trigger(event_expression);** **next_trigger(time);** **next_trigger(time, event_expression);** **sc_assert_fail(message_string, file_name, line_num);** prints out an error message **sc_copyright();** Returns string with SystemC copyright information **sc_cycle(duration);** Advanced simulation time by specified amount of time. Should be called after **sc_initialize()** **sc_cycle(value [, sc_time_unit]);** **sc_initialize();** Initialize the simulation	**sc_simulation_time();** Returns current simulation time as double **sc_start(run_time);** Initialize simulation and advances time **sc_start(value [, sc_time_unit]);** **sc_start(-1);** **sc_stop();** Stops simulation **sc_set_default_time_unit(value, sc_time_unit);** **sc_get_default_time_unit();** Set and get the default time unit **sc_set_default_time_resolution(value, sc_time_unit);** **sc_get_default_time_resolution();** Set and get minimum time resolution **sc_time_stamp();** Retuns current simulation time as sc_time **sc_version();** Returns string with SystemC library version **timed_out();** Returns bool, true if reactivation after last wait was due to timenout an not to event trigger **wait();** Wait for event as specified in static sensitivity list **wait(event_expression);** Temporary overrides the static sensitivitiy list **wait(time);** **wait(time, event_expression);**

5.2.9 시뮬레이션

클럭

```
sc_clock clock_name(name, period, period_time_unit, duty_cycle, time_to_firtst_edge, time_to_first_edge_time_unit, first_edge_positive);
```

period_time_unit:	period의 시간 단위
duty_cycle :	한 주기내에서 1이 차지하는 비율 (높은 전압값이 차지하는 비율 0~1)
time_to_first_edge_time_unit:	time_to_first_edge의 시간 단위
first_edge_positive:	첫 에지가 rising 인지 falling인지 결정

최상의 모듈에서 클럭 정의하는 예	모듈에서 클럭 정의 예

Int sc_main(int argc, char *argv[]){ //메인 함수
…..
sc_clock clk1("clock1",20,SC_NS,0.2.7.0.SC_NS,true);
….
	SC_MODULE(test){ //클럭을 출력값으로 갖는 모듈
	sc_out<bool> clk;
	sc_clock clock1
	void clock_gen(){
	clk.write(clock1.read());
	}
	SC_CTOR(test) : clock1("clock_one",10,SC_NS){
	SC_METHOD(clock_gen);
	sensitive(clock1.value_changed_event());
	}};

스케줄러

스케줄러(scheduler)는 프로세스의 타이밍과 실행 순서 제어, 사건의 인지 및 채널에서 요구되는 값의 갱신등 systemC의 핵심적인 역할을 한다. 스케줄러가 처리해야 할 가장 난해한 문제는 병렬성이 적은 컴퓨터 소프트웨어로 동시처리 개념의 하드웨어 시뮬레이션을 구현하는 일이다. systemC의 스케줄러는 VHDL이나 Verilog처럼 델타-사이클의 개념을 따르고 있다. 따라서 스케줄러가 델타-사이클을 처리하는 동안, 시뮬레이션 시간의 진행은 없다. 델타-사이클 동안 스케줄러가 처리하는 동작은 evaluate와 update두단계로 나누어 처리된다. Evaluate는 대기 중인 프로세스를 선택하고 그 실행을 재개하는 과정이며, 사건인지에 즉각 반응하여 실행될 프로세스들을 대기시킨다. Evaluate 단계 수행 후에 재기된 갱신 요구는 스케줄러의 update()를 통하여 갱신되며 아직 처리 안 된 프로세스들이 남았을 경우 Evaluate, update()를 반복하며 델타 사이클을 진행시킨다.

커널과 concurrency

하드웨어는 병렬적으로 동시 실행되는 반면에 시뮬레이터는 순차적으로 실행되기 때문에 병렬적인 하드웨어의 동작을 구현하기 위해서는 커널의 동작 원리를 이용해 동시 동작하는 것처럼 보이도록 해야 한다. 이 때 커널은 각 델타 시간에 대해 각 프로세스들을 준비열과 대기열에 놓으며 평가하여 시간을 진행하게 되는데, 각 평가 단위인 프로세스들은 병렬적인 동작을 하는 단위들이며 커널이 시간을 진행하게 될 때 동시에 동작하는 것으로 간주된다.

이벤트

Sc_event 클래스로 표현된 객체로서 프로세스를 실행시키거나 중단되었던 프로세스를 재개시킬 수 있다. 사건이 발생하면 이를 사건 객체에 알리게 되며 사건 객체는 사건에 감응하도록 지정된 프로세스의 목록을 가지고 있어서 스케줄러에게 어떤 프로세스가 작동돼야 하는지 알려줄 수 있게 된다.

반응성(reactivity) 감응(센스티비티, sensitivity)

프로세스의 센스티비티란 해당 프로세스를 기동 또는 수행하는 조건으로 정적인 것과 동적인 것이 있다. 정적 센스티비티는 프로세스를 등록할 때 지정하는 것으로 컴파일 시점에 정해지는 것이고, 동적 센스티비티는 프로세스가 수행되는 동안 변화시키는 것이다.

정적 감응 (예) RTL과 동기화된 프로세스의 대부분

동적 감응 (예) wait(200, SC_NS ,e); 200나노초 이내의 사건 e가 발생 때까지 대기 지정된 시간 이내에 사건이 발생하지 않으면 스레드 프로세스는 사건 e의 대기 프로세스 리스트에서 제거

5.3 32tap-FIR filter 모델링 예

5.3.1 필터 계수 구하기 및 테스트 벤치 파일 구하기

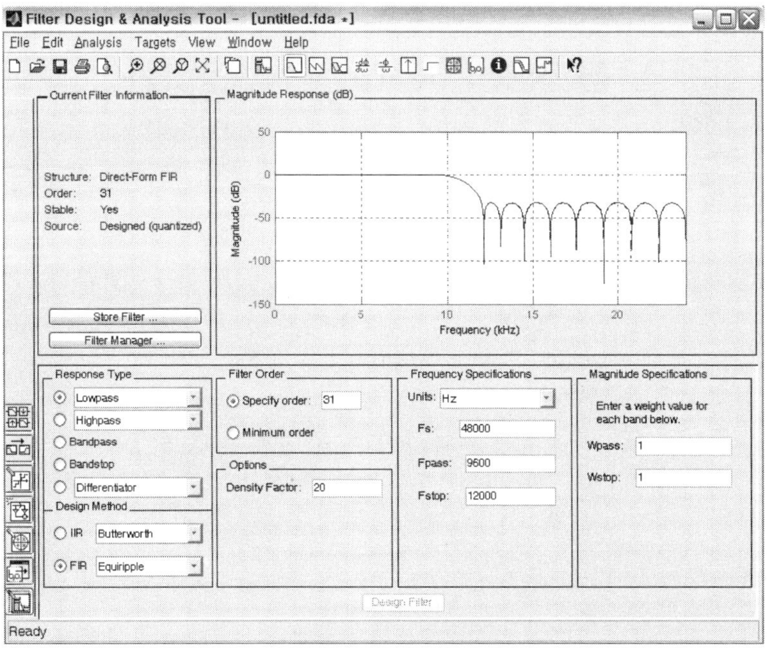

매틀랩에서 fdatool을 실행한 후 specify order를 31로 맞추어 계수를 생성하고, 툴에서 지원되는 테스트 벤치 generate기능을 이용해 테스트 벤치를 구한다.

5.3.2 하드웨어 구조 모델링

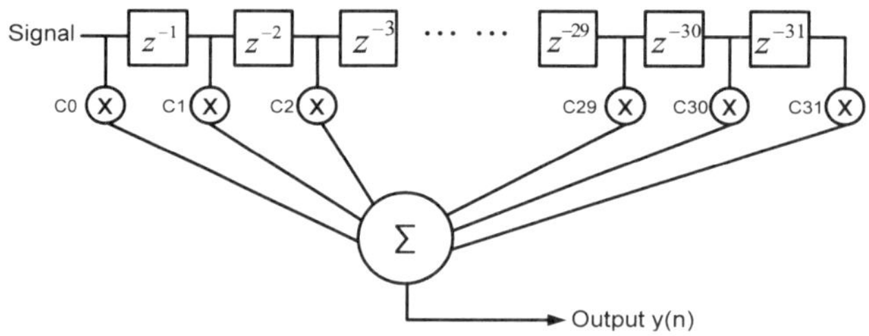

주어진 FIR 필터에서 계수값이 대칭성을 가지고 있으므로 덧셈기를 추가해 곱셈수를 줄일 수 있으며 4클럭을 주기로 연산결과가 출력되도록 하드웨어를 구성하였다.

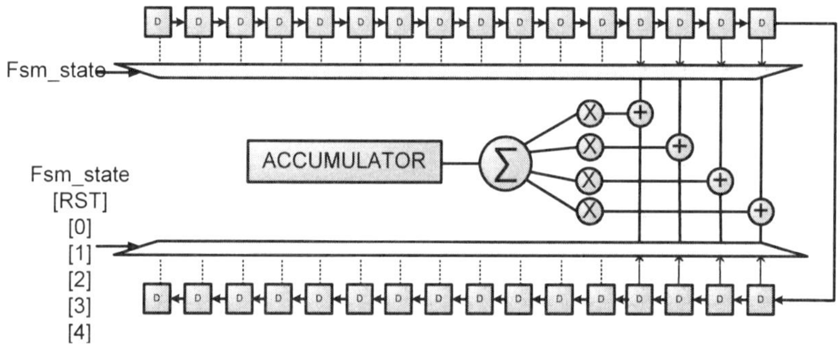

5.3.3 하드웨어 구조 모델링

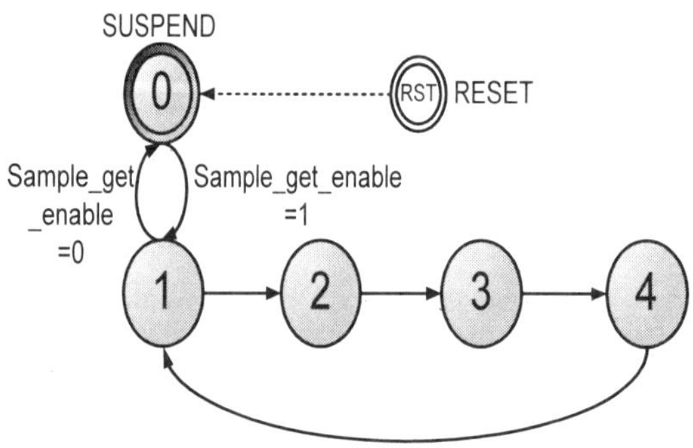

<table>
<tr><th>Verilog [fir_fsm]</th><th>systemC [fir_fsm]</th></tr>
<tr><td>

```
module fir_fsm (clock, reset, sample_load_enable,
fsm_state);
 input clock,reset,sample_load_enable;
 output [2:0]fsm_state;
 reg [2:0]fsm_state;
 reg [2:0]next_state;
 parameter ST_0  =3'b000,
 ST_1 =3'b001,ST_2 =3'b010,ST_3 =3'b011,
 ST_4 =3'b100;

always @(fsm_state or sample_load_enable)
  begin : FSM_COMB
  case(fsm_state)
  ST_0: begin
  if(sample_load_enable==1)
    next_state =  ST_1;
  else
    next_state= ST_0;
  end
  ST_1:begin
  if(sample_load_enable==1)
    next_state =  ST_2;
  else
    next_state= ST_0;
  end
  ST_2:next_state=ST_3;
  ST_3: next_state = ST_4;
  ST_4: next_state = ST_1;
  default: next_state = ST_0;
  endcase
end
always @( reset or posedge clock)
 begin :FSM_SEQ
 if (reset==1)
    fsm_state <= ST_0;
 else
    fsm_state   <= next_state;
end
endmodule
```

</td><td>

```
/****fir_fsm.h file****/
SC_MODULE(fir_fsm) {
  sc_in<bool>      clock;
  sc_in<bool>      reset;
  sc_in<bool>        sample_load_enable;
  sc_out   <sc_uint<3> > fsm_state;
  enum   {ST_0,ST_1,ST_2,ST_3,ST_4} next_state;

  SC_CTOR(fir_fsm)
    {
      SC_METHOD(entry);
      dont_initialize();
      sensitive_pos(clock);
      sensitive(reset);
      sensitive(sample_load_enable);
    };
  void entry();
};
/****fir_fsm.cpp file****/
#include <systemc.h>
#include "fir_fsm.h"

void fir_fsm::entry() {
  sc_uint<3> state_tmp;
  if(reset.read()==true) {
    next_state = ST_0;
    state_tmp = 0;fsm_state.write(state_tmp);
  } else {
    switch(next_state){
    caseST_0:
    if(sample_load_enable.read()==true)
      next_state = ST_1;
    else
      next_state = ST_0;
    state_tmp =0; fsm_state.write(state_tmp);
    break;
    caseST_1:
      if(sample_load_enable.read()==true)
        next_state = ST_2;
       else
        next_state = ST_0;
       state_tmp =1; fsm_state.write(state_tmp);
       break;
    caseST_2:
       next_state = ST_3;
      state_tmp = 2; fsm_state.write(state_tmp);
       break;
    caseST_3:
       next_state = ST_4;
```

</td></tr>
</table>

<table>
<tr><td></td><td>

```
      state_tmp = 3; fsm_state.write(state_tmp);
       break;
    case ST_4:
       next_state   = ST_1;
      state_tmp = 4; fsm_state.write(state_tmp);
       break;
    default:
       next_state   = ST_0;
      state_tmp =   0; fsm_state.write(state_tmp);
       break;
    }
  }
}
```

</td></tr>
<tr><td>Verilog [fir_calculate]</td><td>systsemC [fir_calculate]</td></tr>
<tr><td>

```
Module fir_calculate(reset, fsm_state, sample_in,
output_valid, result_out);

input reset;
input [2:0]fsm_state;
input signed [16:0]sample_in;
reg signed [16:0]sample;
output output_valid;
reg output_valid;
output signed [16:0]result_out;
reg signed [16:0]result_out;
reg signed [11:0]C[15:0];
reg signed [16:0]D[31:0];
reg signed [16:0]accumulate;
reg signed [6:0]i_31;
reg signed [6:0]i_30;
reg signed [16:0]tmp_cal;

function [16:0]calculate_8tap;
 input signed [11:0]coef1,coef2,coef3,coef4;
 input signed [16:0]IN1,IN2,IN3,IN4,IN5,IN6,IN7,IN8;
 reg signed [16:0]add1,add2,add3,add4;
 reg signed [27:0] multi1,multi2,multi3,multi4, add_all;
   begin
   add1=IN1+IN8;
   add2=IN2+IN7;
   add3=IN3+IN6;
   add4=IN4+IN5;
   multi1=add1*coef1;
   multi2=add2*coef2;
   multi3=add3*coef3;
   multi4=add4*coef4;
   add_all= multi1+multi2+multi3+multi4;
   calculate_8tap =add_all[27:11];
   end
```

</td><td>

```
/****coefs.h file****/
C[0]=-1; C[1]=36; C[2]=6; C[3]=-27; C[4]=-18;
C[5]=31; C[6]=38; C[7]=-31;C[8]=-66; C[9]=20;
C[10]=106;C[11]=11;C[12]=-174;C[13]=-98;
C[14]=368; C[15]=846;
/****fir_calculate.h file****/
SC_MODULE(fir_calculate) {
  sc_in<bool>    reset;
  sc_in <sc_uint<3> > fsm_state;
  sc_in <sc_int<17> > sample_in;
  sc_out<sc_int<17> > result_out;
  sc_out <bool>    output_valid;
  sc_int<17> accumulate; sc_int<17> sample;
  sc_int<17> D[31];     sc_int<12> C[16];
  SC_CTOR(fir_calculate)
    {
      SC_METHOD(entry);
      dont_initialize();
      sensitive(fsm_state);
      sensitive(reset);
      #include"coefs.h"
    };
  void entry();
};

/****fir_calculate.cpp file****/
#include <systemc.h>
#include "fir_calculate.h"

sc_int<17> calculate_8tap
    (const sc_int<12>& coef1,
     const sc_int<12>& coef2,
     const sc_int<12>& coef3,
     const sc_int<12>& coef4,
     const sc_int<17>& IN1,
```

</td></tr>
</table>

```
endfunction

always @( reset or fsm_state)
begin : entry
C[4'b0000] = 12'sb111111111111;
    C[4'b0001] = 12'sb000000100100;
    C[4'b0010] = 12'sb000000000110;
    C[4'b0011] = 12'sb111111100101;
    C[4'b0100] = 12'sb111111101110;
    C[4'b0101] = 12'sb000000011111;
    C[4'b0110] = 12'sb000000100110;
    C[4'b0111] = 12'sb111111100001;
    C[4'b1000] = 12'sb111110111110;
    C[4'b1001] = 12'sb000000010100;
    C[4'b1010] = 12'sb000001101010;
    C[4'b1011] = 12'sb000000001011;
    C[4'b1100] = 12'sb111101010010;
    C[4'b1101] = 12'sb111110011110;
    C[4'b1110] = 12'sb000101110000;
    C[4'b1111] = 12'sb001101001110;

if (reset ==1)
begin
    accumulate = 0;
for (i_31= 6'sb000000 ; i_31 <= 6'sb011110 ;
    i_31 = i_31 + 6'sb000001)
  D[$unsigned(i_31)] = 0;

  result_out <= 0;
  output_valid <= 0;
end
else
  begin
  case (fsm_state)
  3'b001: begin
  sample = sample_in;
  tmp_cal=calculate_8tap(C[0],C[1],C[2],C[3],
  sample,D[0],D[1],D[2],D[27],D[28],D[29],D[30]);
  accumulate = tmp_cal;
  output_valid <= 0;
  end
  3'b010: begin
  tmp_cal=calculate_8tap(C[4],C[5],C[6],C[7],
  D[3],D[4],D[5],D[6],D[23],D[24],D[25],D[26]);
  accumulate = accumulate + tmp_cal;
  output_valid <= 0;
  end
  3'b011: begin
  tmp_cal=calculate_8tap(C[8],C[9],C[10],C[11],
  D[7],D[8],D[9],D[10],D[19],D[20],D[21],D[22]);
```

```
      const sc_int<17>& IN2,
      const sc_int<17>& IN3,
      const sc_int<17>& IN4,
      const sc_int<17>& IN5,
      const sc_int<17>& IN6,
      const sc_int<17>& IN7,
      const sc_int<17>& IN8
    )
 {  sc_int<17> add1;     sc_int<17> add2;
    sc_int<17> add3;     sc_int<17>   add4;
    sc_int<28> multi1;   sc_int<28> multi2;
    sc_int<28>    multi3;   sc_int<28> multi4;
    sc_int<28>    add_all;
   add1 = IN1 + IN8; add2 = IN2 + IN7;
   add3 = IN3 + IN6; add4 = IN4 + IN5;
   multi1 = add1*coef1; multi2 = add2*coef2;
   multi3 = add3*coef3; multi4 = add4*coef4;
   add_all =multi1 + multi2 + multi3 + multi4;
   return add_all.range(27,11);
 }

void fir_calculate::entry()
{
  sc_uint<3> state;
  if(reset.read()==true){
    sample   = 0;     accumulate = 0;
    for (int i=0; i<=30; i++)
      D[i] = 0;
    result_out.write(0); output_valid.write(false);
  }
  else{
  state = fsm_state.read();
  switch (state) {
  case1:
  sample = sample_in.read();
accumulate=calculate_8tap(C[0],C[1],C[2],C[3],s
ample,D[0],D[1],D[2],D[27],D[28],D[29],D[30]);
  output_valid.write(false);     break;
  case2:
accumulate+=calculate_8tap(C[4],C[5],C[6],C[7],
D[3],D[4],D[5],D[6],D[23],D[24],D[25],D[26]);
  output_valid.write(false);     break;
  case3:
accumulate+=calculate_8tap(C[8],C[9],C[10],
C[11],D[7],D[8],D[9],D[10],D[19],D[20],D[21],D
[22]);
  output_valid.write(false);     break;
  case4:
accumulate+=calculate_8tap(C[12],C[13],C[14],C
[15],D[11],D[12],D[13],D[14],D[15],D[16],
```

<table>
<tr><td>

```
  accumulate = accumulate + tmp_cal;
  output_valid <= 0;
  end
  3'b100: begin
  tmp_cal=calculate_8tap(C[12],C[13],C[14],C[15],
D[11],D[12],D[13],D[14],D[15],D[16],D[17],D[18]);
  accumulate = accumulate + tmp_cal;
  output_valid <= 1;
  result_out <= accumulate;

  for (i_30 = 29 ; i_30 >=0 ; i_30 = i_30  - 1)
    D[i_30 +1]=D[i_30];

   D[6'sb000000] =  sample;
  end
  default: output_valid <= 0;
endcase
end
end
endmodule
```

</td><td>

```
    D[17],D[18]);
    for(int i=29; i>=0; i--) {
        D[i+1] = D[i];
      };
      D[0] = sample;
      result_out.write(accumulate);
      output_valid.write(true);
      break;
  default:
      output_valid.write(false);
  }
  }
}
```

</td></tr>
</table>

<table>
<tr><th>Verilog [fir_filter]</th><th>systemC [fir_filter]</th></tr>
<tr><td>

```
module fir_filter(clock, reset, load_enable, sample,
                 out_valid, result);
input clock,reset,load_enable;
wire clock,reset,load_enable;
input signed [16:0]sample;
wire signed [16:0]sample;
output out_valid;
wire out_valid;
output signed [16:0]result;
wire [16:0]result;
wire [2:0]state;

fir_fsm  fir_fsm1(clock, reset, load_enable, state);
fir_calculate fir_cal1(.reset(reset),
.fsm_state(state), .sample_in(sample),
.output_valid(out_valid),   .result_out(result));

endmodule
```

</td><td>

```
/****fir_filter.h file****/
#include <systemc.h>
#include "fir_fsm.h"
#include "fir_calculate.h"
SC_MODULE(fir_filter) {
    sc_in<bool>          clock;
    sc_in<bool>          reset;
    sc_in<bool>          load_enable;
    sc_in<sc_int<17> >   sample;
    sc_out<bool>         out_valid;
    sc_out<sc_int<17> > result;
    sc_signal<sc_uint<3> > state_out;
    fir_fsm  *fir_fsm1; fir_calculate *fir_cal1;
    SC_CTOR(fir_filter) {
        fir_fsm1 = new fir_fsm("FirFSM");
        fir_fsm1-> clock(clock);
        fir_fsm1->reset(reset);
        fir_fsm1->sample_load_enable(load_enable);
        fir_fsm1->fsm_state(state_out);
        fir_cal1 = new fir_calculate("FirCAL");
        fir_cal1 -> reset(reset);
        fir_cal1 -> fsm_state(state_out);
        fir_cal1 -> sample_in(sample);
        fir_cal1 -> result_out(result);
        fir_cal1 -> output_valid(out_valid);
      };
};
```

</td></tr>
</table>

제 6 장

✓Gate Level Simulation

6.1 개요

6.1.1 Gate Level Simulation이란?

Functional 시뮬레이션은 시스템이나 칩 레벨 디자인을 시뮬레이션 하거나 검증하는 것을 의미하고 RTL(Register-transfer level) 코드를 입력으로 사용한다. 문법과 코드의 합성 가능 여부를 확인하기 위해 RTL 코드를 lint checking을 한다. 그리고 이 단계에서는 타이밍 정보가 필요 없으며, 시뮬레이션은 race condition을 피하기 위해 unit-delay 타이밍 모델을 이용하여 수행한다.

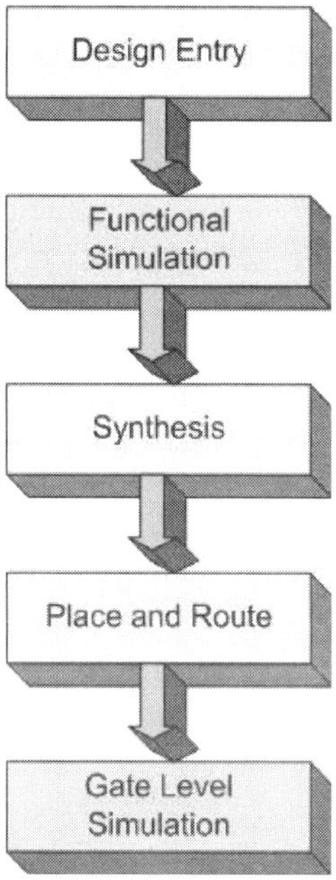

▶그림 6.1 Digital Design Flow

Gate Level 시뮬레이션은 unit-delay타이밍과 full타이밍을 사용하는 2가지 방법이 있다.

Unit-delay 타이밍 모델을 사용하는 Gate-level 시뮬레이션은 합성 이후의 결과를 체크하는 것을 의미한다. 이는 full타이밍 시뮬레이션보다는 빠르지만 RTL시뮬레이션보다는 느리다. Unit-delay Gate Level 시뮬레이션을 통해 다음과 같은 사항을 검증할 수 있다.

- 칩의 올바른 초기화 (reset 검증)
- Gate Level 구현 결과와 RTL description과의 Functional matching 여부.

Full 타이밍 Gate Level 시뮬레이션은 Place and Routing 툴로부터 vack-annotation 되어 생성된 타이밍 정보와 hazard를 사용하여 수행한다. 이 시뮬레이션은 long path를 검사하기 위한 worst-case timing과 minimal path delay 문제를 검사하기 위한 best-case timing으로 수행한다. 이 시뮬레이션은 asynchronous logic의 validation, 내장 asynchronous RAM 인터페이스, single-cycle timing exceptions의 경우에 제한적으로 유용하다.

6.1.2 Event-based 시뮬레이션

Event-based 시뮬레이션은 디지털 회로에서 이벤트를 취해서 시뮬레이션을 하며, 디자인이 어떤 일정한 상태가 될 때까지 시뮬레이션을 한다. 그림 2에서 보듯 input_1과 input_2가 디지털 논리 회로의 입력으로 들어가고 출력을 생성하게 된다. Event-based 시뮬레이션에서 input_1과 input_2의 매 이벤트마다 일정한 상태의 output을 계산하게 된다.

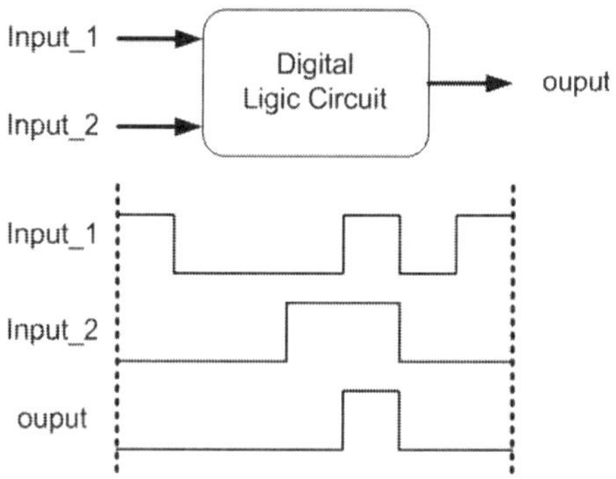

▶그림 6.2 Event-based 시뮬레이션

Event-based 시뮬레이션에서, 디자인 모델은 timing과 functionality를 포함한다. Input 내에서 어떤 변화를 event라고 정의한다. 디자인 element는 아래방향으로 흐르는 디자인 elements로부터의 신호의 피드백과 입력들의 다른 도착시간들 때문에 어떤 한 주기 동안 여러 번에 걸쳐 관측된다. 이러한 방법이 꽤 정확한 시뮬레이션 환경을 제공하는 반면에, 시뮬레이션 실행 시간은 디자인의 크기에 비례하고, 큰 디자인에서 비교적 느려질 수 있다.

6.2 Modelsim 사용 방법

6.2.1 Modelsim 소개

Modelsim은 EDA (Electronic Design Automation) 업체 중 하나인 "Mentor Graphics"사에서 만든 디지털 시뮬레이션 툴이다.

Modelsim의 주요 기능은 다음과 같다.

◎ 문법과 기본적인 functionality를 검증하기 위해 디자인 모델은 시뮬레이션 함.
- RTL (Register Transfer Level)
- 기본적인 functionality와 문법을 검증.
- timing 정보는 사용하지 않음.

◎ functionality post-synthesis를 검증하기 위해 디자인 유닛 모델을 시뮬레이션함.
- 디자인 functionality post-synthesis 검증은 pre-synthesis RTL 디자인과 같음.

◎ 타이밍을 검증하기 위해 디자인 유닛 모델을 시뮬레이션함.
- Gate Level Simulation
- SDF(Standard Delay Format) 내에 있는 timing 정보를 디자인에 적용함.

◎ 디자인 에러의 디버깅을 가능하게 함.

◎ 테스트 프로그램의 생성을 위해 데이터 세트를 만듬.

Modelsim은 FPGA나 ASIC 과정 중에 시뮬레이션을 할 수 있는 3가지 다른 포인트가 존재한다.

첫 번째 포인트는 Modelsim을 가지고 문법과 기본적인 design functionality를 검증하는 것이다. 이는 디자인 과정 중 RTL부분에서 발생하며, timing 정보는 사용되지 않는다. 두 번째 포인트는 functional 시뮬레이션이라 하고, synthesis 후, implementation 전에 발생한다. 세 번째 포인트는 Gate-Level 시뮬레이션이다. 이 단계에서 디자인은 타겟 FPGA나 ASIC으로 implement 된다. SDF 내에 있는 Timing 정보는 Place & Route 툴에 의해 생성되며, Gate-Level 시뮬레이션 동안 디자인에 적용된다.

Modelsim의 시뮬레이션 과정은 다음 그림과 같다.

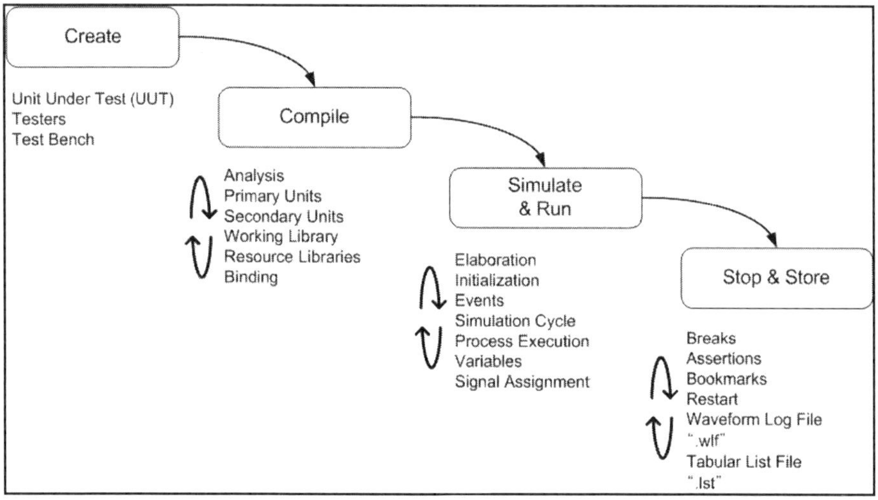

▶그림 6.3 Simulation Process

6.2.2 Modelsim 사용법

Modelsim을 사용하는 방법은 GUI(Graphic User Interface)를 이용하는 방법과 script를 이용하는 방법이 있다. 이 책에서는 GUI를 위주로 사용법을 설명한다.

▣ Modelsim 시작

① 메뉴에서 File -> New -> Project를 클릭한다.

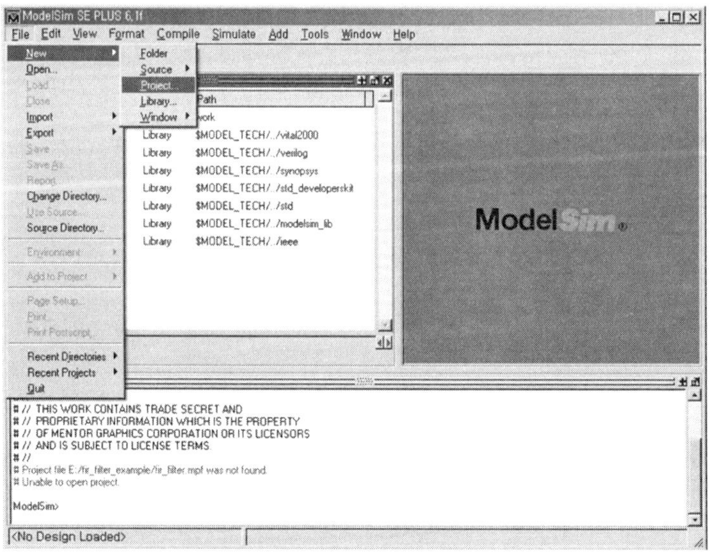

Create Project 창에서 Project Name을 입력한 후, Project Location을 "Browse" 버튼을 클릭하여 지정한다. 그런 다음에 "OK"버튼을 클릭한다.

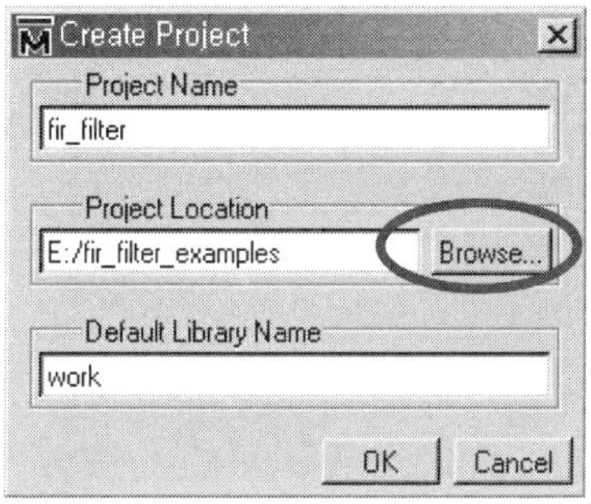

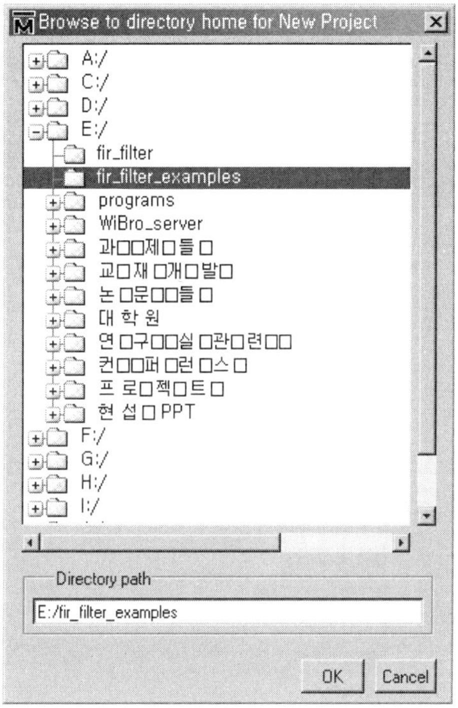

② Add items to the Project 창에서 "Add Existing File"을 클릭하여 소스 파일을 추가한다.

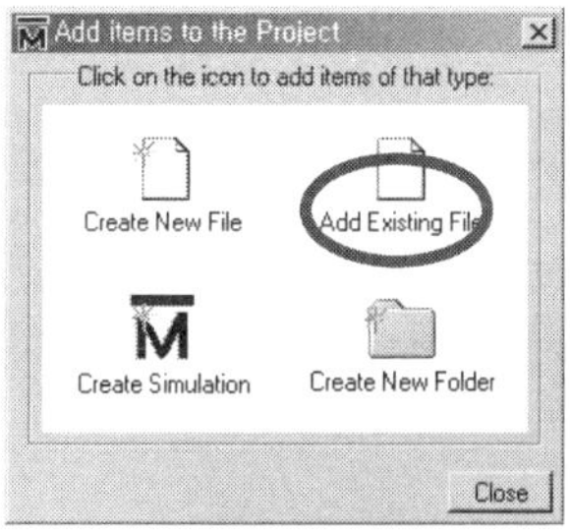

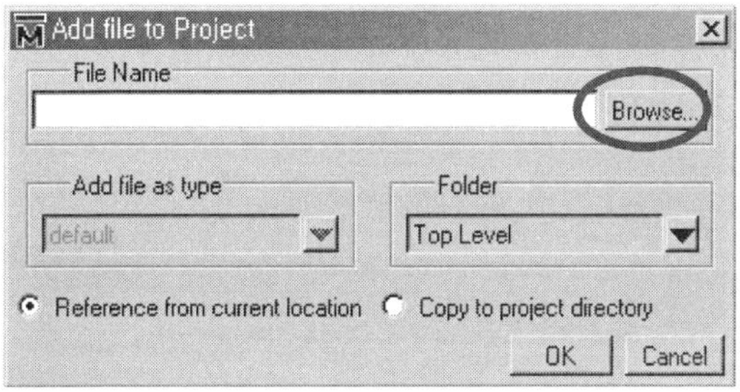

③ 메뉴에서 Compile -> Compile All을 클릭하여 컴파일한다.

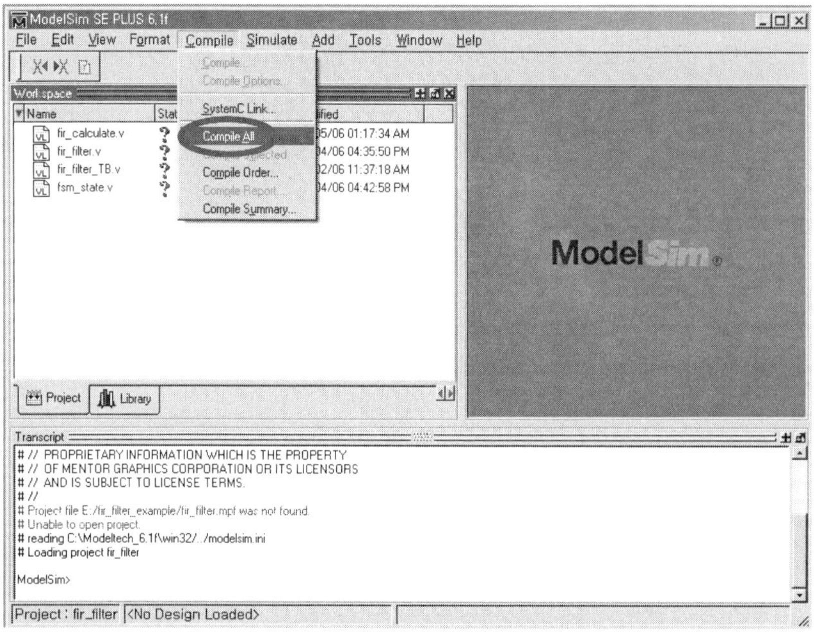

▣ Modelsim 시뮬레이션 시작

① 시뮬레이션 옵션은 메뉴에서 Simulate -> Runtime Options를 클릭하여 바꿀 수 있다.

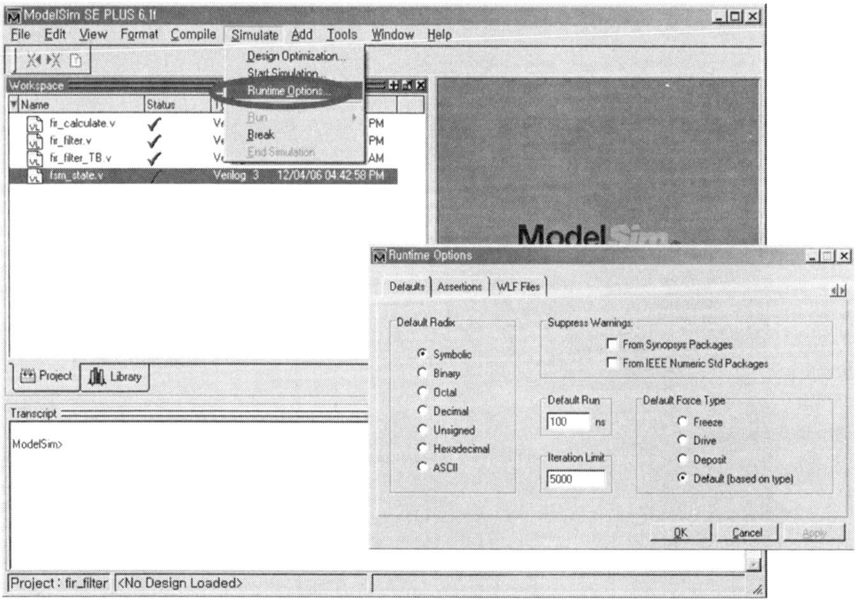

② 시뮬레이션은 메뉴에서 Simulate -> Start Simulation을 클릭한다.
Start Simulation 창이 뜨면, 테스트 벤치 소스를 클릭한 후 "OK"버튼은 클릭한다.

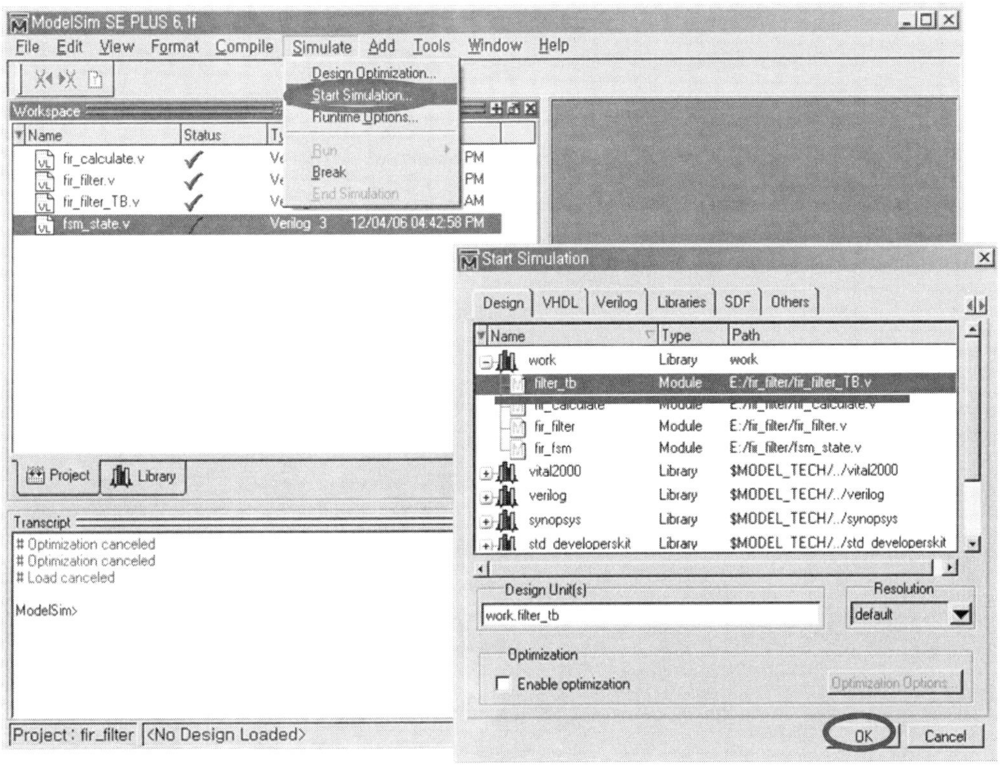

③ 시뮬레이션을 실행하면 “Workspace” 창 아래에 “sim”, “Files”, “Memories”의 3개의 탭이 생긴다. 이 중 “sim” 탭에서 시뮬레이션할 테스트 벤치의 이름을 우클릭하여 “Add”를 보면, “Add to Wave”, “Add to Dataflow”, “Add to List”, “Log”가 있는데 이를 이용하여 시뮬레이션 결과를 관찰할 수 있다.
그 외에 “Workspace” 창의 “Memories” 탭을 이용하여 현재 테스트 벤치가 사용하는 메모리의 내용을 알 수 있다.

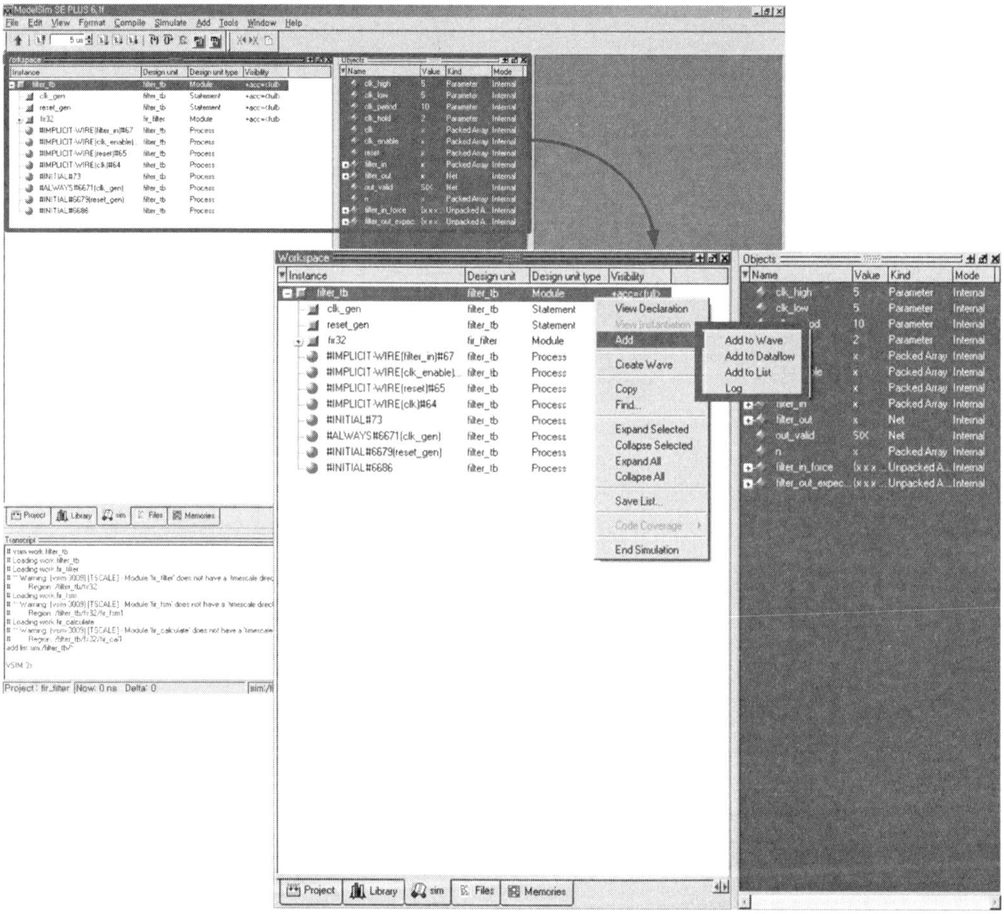

▣ Modelsim 시뮬레이션

① "Add"에서 "Add to Wave"를 클릭하면 "wave"창이 뜬다.

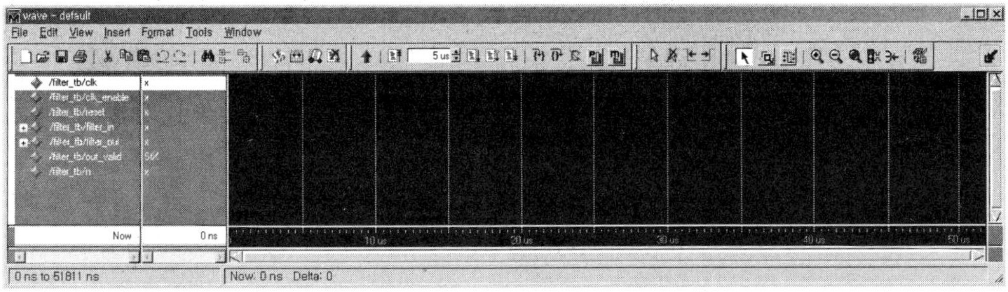

② "Wave" 창에서 주로 사용하는 시뮬레이션에 대한 버튼의 기능은 다음과 같다.

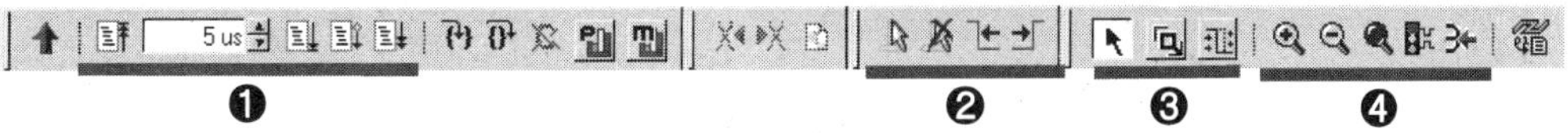

❶ 시뮬레이션 실행 버튼. 시뮬레이션을 초기화, 정해진 시간만큼 시뮬레이션, 그리고 전체 시간에 대한 시뮬레이션 등을 할 수 있다.
❷ 시뮬레이션 창에 커서를 추가하거나 제거할 수 있고, 파형에서 다음 하강 에지나 상승 에지를 찾을 수 있다.
❸ 파형의 선택이나 일정 구간의 줌을 할 수 있다. 또 파형의 편집이 가능하다.
❹ 파형의 줌인, 줌아웃 등을 할 수 있고, 파형을 그리는 것을 정지하거나 데이터 플로우 창을 보여준다. 데이터 플로우에 대해서는 뒤에서 설명한다.

③ 시뮬레이션을 실행하면 다음과 같은 파형을 볼 수 있고 이 중 일부를 편집하여 결과를 볼 수 있다.

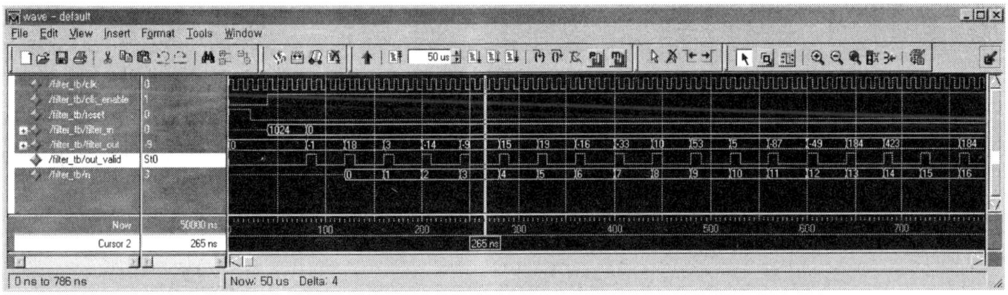

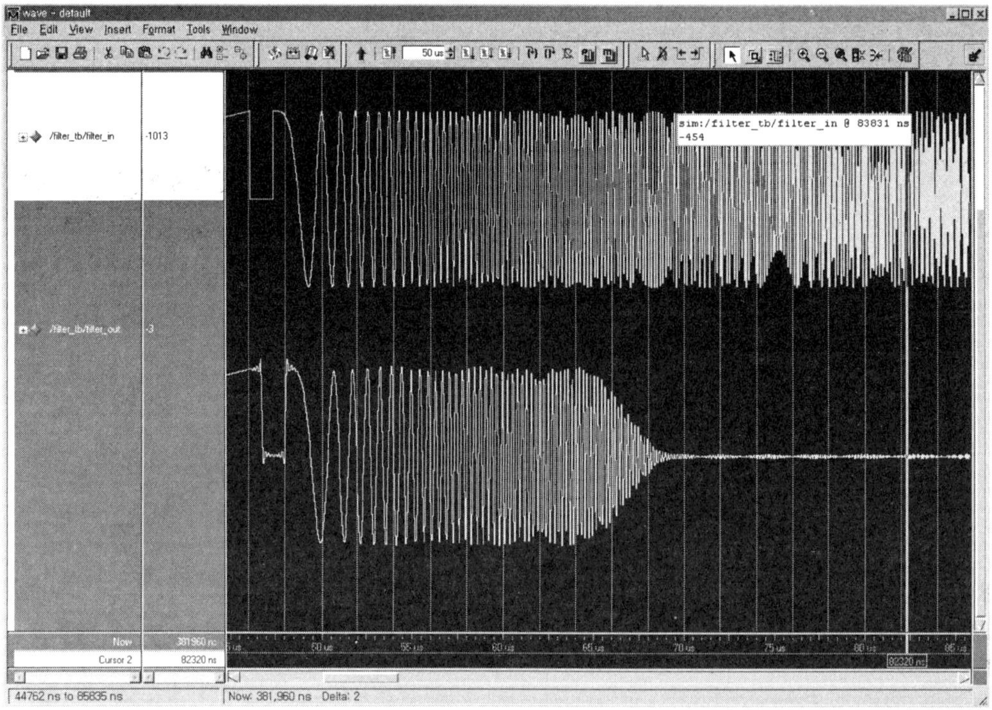

④ "Add"에서 "Add to Dataflow"를 클릭하면 "dataflow"창이 뜬다.

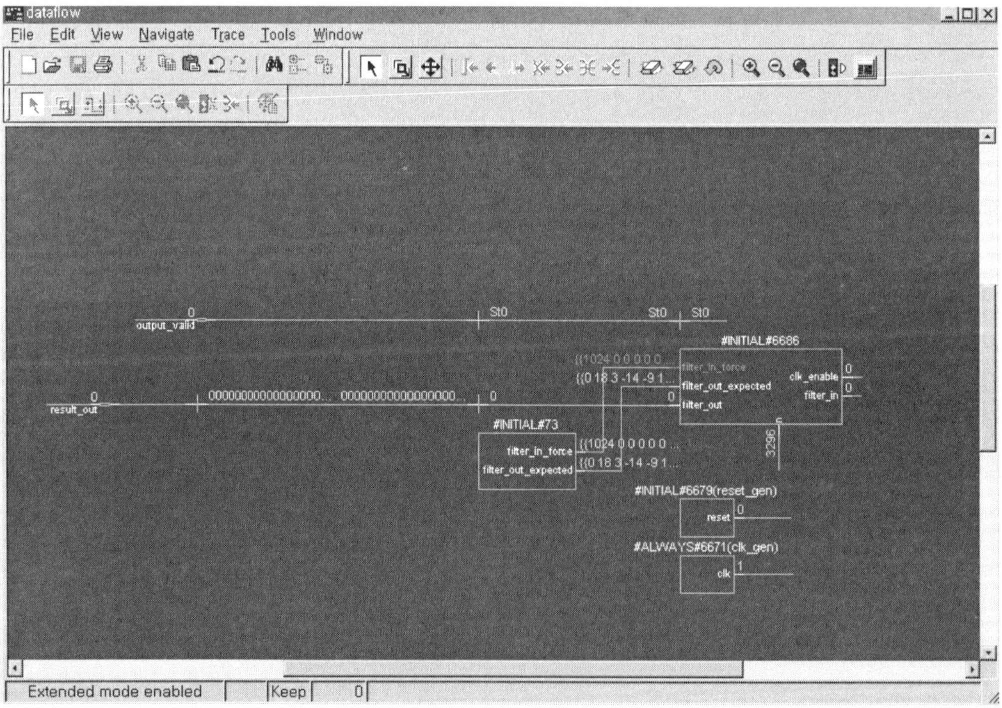

⑤ "dataflow"창에서 "Show Wave" 버튼을 클릭하면 "data flow"창과 함께 "wave"창을 함께 볼 수 있다.
"dataflow"창의 장점은 시스템의 블록 다이어그램과 함께 각 블록의 입출력 및 블록 사이를 연결한 와이어의 값이 어떻게 변하는지를 알 수가 있다. 이를 이용하면 파형만을 가지고 힘든 디버깅을 용이하게 할 수 있다.

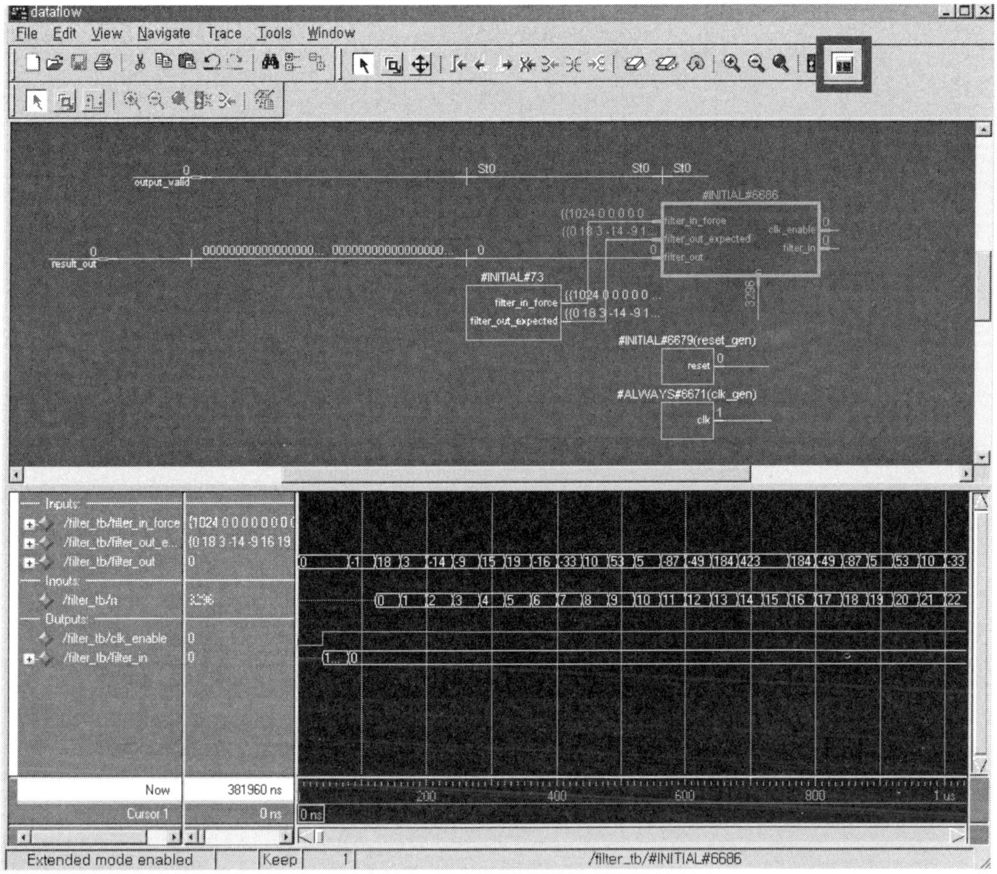

⑥ "Add"에서 "Add to List"를 클릭하면 "list"창이 뜬다. "list"창을 이용하면, 각 시간 마다의 입출력 값의 변화를 살펴 볼 수 있다. "list"창을 이용하면, "dataflow"창과 마찬가지로 파형을 이용할 때보다 더욱 용이하게 디버깅을 할 수 있다.

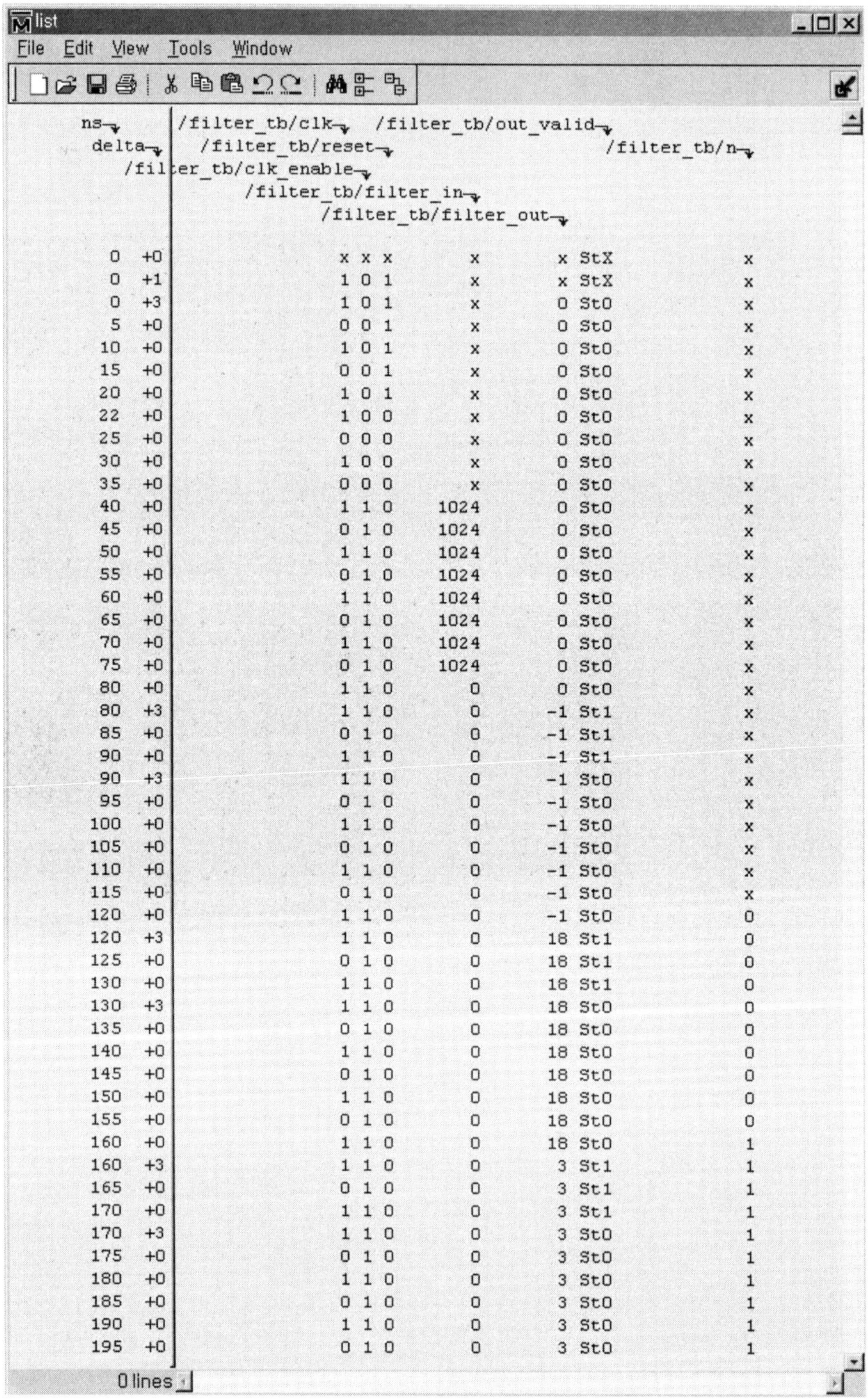

ns	delta	/filter_tb/clk	/filter_tb/reset	/filter_tb/clk_enable	/filter_tb/filter_in	/filter_tb/filter_out	/filter_tb/out_valid	/filter_tb/n
0	+0	x	x	x	x	x	StX	x
0	+1	1	0	1	x	x	StX	x
0	+3	1	0	1	x	0	St0	x
5	+0	0	0	1	x	0	St0	x
10	+0	1	0	1	x	0	St0	x
15	+0	0	0	1	x	0	St0	x
20	+0	1	0	1	x	0	St0	x
22	+0	1	0	0	x	0	St0	x
25	+0	0	0	0	x	0	St0	x
30	+0	1	0	0	x	0	St0	x
35	+0	0	0	0	x	0	St0	x
40	+0	1	1	0	1024	0	St0	x
45	+0	0	1	0	1024	0	St0	x
50	+0	1	1	0	1024	0	St0	x
55	+0	0	1	0	1024	0	St0	x
60	+0	1	1	0	1024	0	St0	x
65	+0	0	1	0	1024	0	St0	x
70	+0	1	1	0	1024	0	St0	x
75	+0	0	1	0	1024	0	St0	x
80	+0	1	1	0	0	0	St0	x
80	+3	1	1	0	0	-1	St1	x
85	+0	0	1	0	0	-1	St1	x
90	+0	1	1	0	0	-1	St1	x
90	+3	1	1	0	0	-1	St0	x
95	+0	0	1	0	0	-1	St0	x
100	+0	1	1	0	0	-1	St0	x
105	+0	0	1	0	0	-1	St0	x
110	+0	1	1	0	0	-1	St0	x
115	+0	0	1	0	0	-1	St0	x
120	+0	1	1	0	0	-1	St0	0
120	+3	1	1	0	0	18	St1	0
125	+0	0	1	0	0	18	St1	0
130	+0	1	1	0	0	18	St1	0
130	+3	1	1	0	0	18	St0	0
135	+0	0	1	0	0	18	St0	0
140	+0	1	1	0	0	18	St0	0
145	+0	0	1	0	0	18	St0	0
150	+0	1	1	0	0	18	St0	0
155	+0	0	1	0	0	18	St0	0
160	+0	1	1	0	0	18	St0	1
160	+3	1	1	0	0	3	St1	1
165	+0	0	1	0	0	3	St1	1
170	+0	1	1	0	0	3	St1	1
170	+3	1	1	0	0	3	St0	1
175	+0	0	1	0	0	3	St0	1
180	+0	1	1	0	0	3	St0	1
185	+0	0	1	0	0	3	St0	1
190	+0	1	1	0	0	3	St0	1
195	+0	0	1	0	0	3	St0	1

▣ Modelsim의 그 밖의 기능

① 이 밖에 메모리 내의 내용을 볼 수 있는 기능도 있다. "Workspace" 창의 "Memories"탭에서 보고자 하는 메모리의 이름을 우클릭한 후 "View Contents"를 클릭하면 "memory"창이 생성된다. 그럼 다음 그림과 같이 각 메모리에 할당되어 있는 값들을 볼 수 있다.

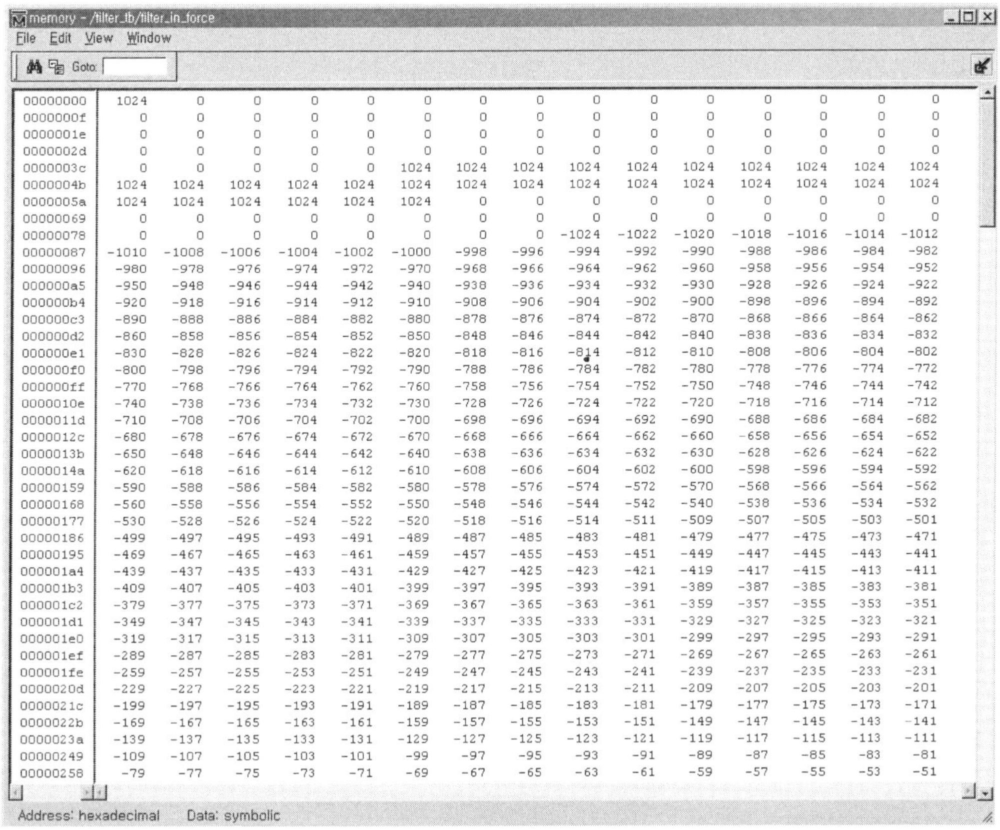

00000000	1024	0	0	0	0	0	0	0	0	0	0	0	0	0	0
0000000f	0	0	0	0	0	0	0	0	0	0	0	0	0	0	0
0000001e	0	0	0	0	0	0	0	0	0	0	0	0	0	0	0
0000002d	0	0	0	0	0	0	0	0	0	0	0	0	0	0	0
0000003c	0	0	0	0	0	1024	1024	1024	1024	1024	1024	1024	1024	1024	1024
0000004b	1024	1024	1024	1024	1024	1024	1024	1024	1024	1024	1024	1024	1024	1024	1024
0000005a	1024	1024	1024	1024	1024	1024	0	0	0	0	0	0	0	0	0
00000069	0	0	0	0	0	0	0	0	0	0	0	0	0	0	0
00000078	0	0	0	0	0	0	0	0	-1024	-1022	-1020	-1018	-1016	-1014	-1012
00000087	-1010	-1008	-1006	-1004	-1002	-1000	-998	-996	-994	-992	-990	-988	-986	-984	-982
00000096	-980	-978	-976	-974	-972	-970	-968	-966	-964	-962	-960	-958	-956	-954	-952
000000a5	-950	-948	-946	-944	-942	-940	-938	-936	-934	-932	-930	-928	-926	-924	-922
000000b4	-920	-918	-916	-914	-912	-910	-908	-906	-904	-902	-900	-898	-896	-894	-892
000000c3	-890	-888	-886	-884	-882	-880	-878	-876	-874	-872	-870	-868	-866	-864	-862
000000d2	-860	-858	-856	-854	-852	-850	-848	-846	-844	-842	-840	-838	-836	-834	-832
000000e1	-830	-828	-826	-824	-822	-820	-818	-816	-814	-812	-810	-808	-806	-804	-802
000000f0	-800	-798	-796	-794	-792	-790	-788	-786	-784	-782	-780	-778	-776	-774	-772
000000ff	-770	-768	-766	-764	-762	-760	-758	-756	-754	-752	-750	-748	-746	-744	-742
0000010e	-740	-738	-736	-734	-732	-730	-728	-726	-724	-722	-720	-718	-716	-714	-712
0000011d	-710	-708	-706	-704	-702	-700	-698	-696	-694	-692	-690	-688	-686	-684	-682
0000012c	-680	-678	-676	-674	-672	-670	-668	-666	-664	-662	-660	-658	-656	-654	-652
0000013b	-650	-648	-646	-644	-642	-640	-638	-636	-634	-632	-630	-628	-626	-624	-622
0000014a	-620	-618	-616	-614	-612	-610	-608	-606	-604	-602	-600	-598	-596	-594	-592
00000159	-590	-588	-586	-584	-582	-580	-578	-576	-574	-572	-570	-568	-566	-564	-562
00000168	-560	-558	-556	-554	-552	-550	-548	-546	-544	-542	-540	-538	-536	-534	-532
00000177	-530	-528	-526	-524	-522	-520	-518	-516	-514	-511	-509	-507	-505	-503	-501
00000186	-499	-497	-495	-493	-491	-489	-487	-485	-483	-481	-479	-477	-475	-473	-471
00000195	-469	-467	-465	-463	-461	-459	-457	-455	-453	-451	-449	-447	-445	-443	-441
000001a4	-439	-437	-435	-433	-431	-429	-427	-425	-423	-421	-419	-417	-415	-413	-411
000001b3	-409	-407	-405	-403	-401	-399	-397	-395	-393	-391	-389	-387	-385	-383	-381
000001c2	-379	-377	-375	-373	-371	-369	-367	-365	-363	-361	-359	-357	-355	-353	-351
000001d1	-349	-347	-345	-343	-341	-339	-337	-335	-333	-331	-329	-327	-325	-323	-321
000001e0	-319	-317	-315	-313	-311	-309	-307	-305	-303	-301	-299	-297	-295	-293	-291
000001ef	-289	-287	-285	-283	-281	-279	-277	-275	-273	-271	-269	-267	-265	-263	-261
000001fe	-259	-257	-255	-253	-251	-249	-247	-245	-243	-241	-239	-237	-235	-233	-231
0000020d	-229	-227	-225	-223	-221	-219	-217	-215	-213	-211	-209	-207	-205	-203	-201
0000021c	-199	-197	-195	-193	-191	-189	-187	-185	-183	-181	-179	-177	-175	-173	-171
0000022b	-169	-167	-165	-163	-161	-159	-157	-155	-153	-151	-149	-147	-145	-143	-141
0000023a	-139	-137	-135	-133	-131	-129	-127	-125	-123	-121	-119	-117	-115	-113	-111
00000249	-109	-107	-105	-103	-101	-99	-97	-95	-93	-91	-89	-87	-85	-83	-81
00000258	-79	-77	-75	-73	-71	-69	-67	-65	-63	-61	-59	-57	-55	-53	-51

② 이 밖에 GUI를 이용하지 않고 "script"를 이용하여 시뮬레이션하는 방법이 있다. GUI를 이용할 때는 일단 사용하기 쉽고, 파형을 보기가 쉽다는 장점이 있지만, 사용자가 일일이 버튼을 클릭해주고 시뮬레이션을 할 때 PC 옆에 있어야만 한다는 단점이 있다.

"script"를 이용할 때는, "script"로 "do"파일을 만들고 "do"파일 하나만을 Modelsim의 입력으로 넣어줌으로써 위에서 다뤘던 모든 것을 한 번에 할 수 있다는 장점이 있다.

제 7 장

✓DE II 보드를 이용한 FPGA 구현 및 검증

7.1 개요

SOC설계는 여러 가지 복잡한 연산기가 존재할 뿐만 아니라 많은 기능들이 소프트웨어로 구동된다. 따라서 SOC설계가 올바로 되었는지 검증하기 위한 많은 노력이 요구된다. 하지만 기존의 시뮬레이션을 통한 검증은 한계가 있다. 시뮬레이션으로 각각의 연산 블록에 대한 검증은 가능하지만 전체 칩을 시뮬레이션으로 검증한다면 시간이 너무 오래 걸리기 때문에 반도체 중 시장 상황에 가장 민감한 SOC설계에는 치명적일 수 있다.

이와 더불어 SOC칩은 그 용도에 맞는 시스템 보드에 설치되게 된다. 가장 효율적인 시스템 (상품)을 구성하려면 설계단계에 SOC칩과 보드가 서로 정보를 교환하며 제품이 완성되어야 한다. 이 경우 시스템 보드를 구성하는 설계자들은 SOC칩이 존재한다는 가정 하에 주변 시스템을 구성하여 테스트해 보고 추가적으로 필요하거나 필요 없는 기능에 대해 SOC설계자들에게 요구할 수 있다. 반대로 SOC설계자들은 시스템 설계자들이 구현하고 있는 시스템을 분석하여 문제를 해결할 수 있게 된다. 만약 SOC 칩의 견본 (prototype)이 소프트웨어 시뮬레이션으로만 제공 된다면 위에 언급한 정보 교류가 불가능하게 되고 종속관계가 되어 효율 (경쟁력)이 떨어지게 된다.

가장 확실한 방법은 견본 칩을 제작하여 테스트해 나아가는 방법이지만 칩 제작하는 시간 (1~2개월)이 길 뿐만 아니라 제작비용을 감당할 수 없게 된다. 이 두 요소를 해결하면서 검증 기간 단축 및 효율적인 시스템 구성을 가능케 하는 것은 HDL언어와 FPGA(Field Programmable Array)칩이다.

본 장에서는 FPGA의 구성요소를 살펴보고 이것을 ALTERA 사의 DE2 보드 상에서 프로그래밍하고 구동시켜 보면서 FPGA를 이용한 빠른 SOC 검증이 가능함을 보여주고 응용 예제를 통하여 실제로 SOC 설계 개발에 응용할 수 있음을 보여준다.

7.2 FPGA 및 DE2 보드 이해

DE2 보드에 FPGA칩을 포함하여 다양한 입출력 인터페이스가 제공되어 FPGA 프로그래밍 후 검증을 용이하게 해준다. 물론 실제 시스템 개발할 시에는 설계된 시스템 보드에 SOC 칩 대신 FPGA칩을 마운트(mount) 하여 검증하게 된다. 본 장에서는 개발된 시스템 보드를 DE2 보드라고 가정하고 설계 과정을 소개한다.

7.2.1 FPGA 구성

우선 설계 제조 측면으로 보았을 때 상위 레벨 (전체 구조, 레지스터 트랜스퍼 레벨 시뮬레이션, 로직 등)에서는 FPGA도 SOC와 비슷한 과정을 거치게 된다. 이것이 그림 7,1에 나타나 있다.

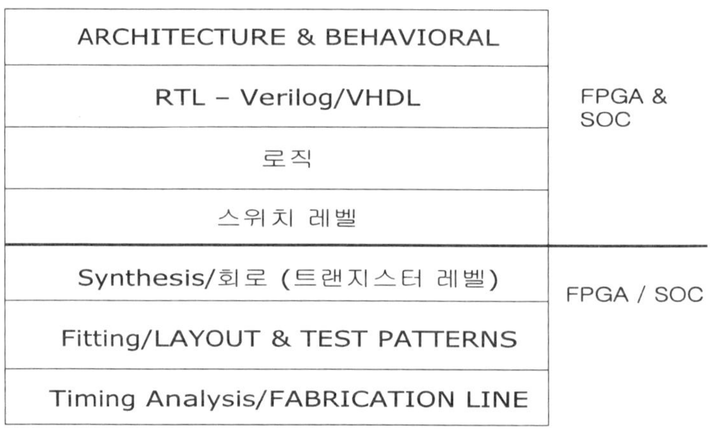

▶그림 7.1 FPGA와 SOC의 설계 단계

그림 7.1과 같이 FPGA에서는 회로 설계/layout/공정 대신 합성/Fitting/Timing analysis를 한다. (SOC에서는 standard cell을 이용하여 합성을 하지만 일부 critical path에 대해서는 회로적인 시뮬레이션을 수행한다.)

그림 7.2는 FPGA를 이용한 설계 방향을 보여준다. 그림과 같이 합성에서는 로직

또는 스위치 레벨의 회로를 NAND게이트 array로 표현할 수 있게 변형하고 Fitting 단계에서는 FPGA의 단위인 Logic Element로 매핑하게 된다. Logic Element란 FPGA에서 다양한 기능을 수행하기 위한 기본 단위의 로직 블록으로써 로직뿐만 아니라 다양한 I/O 인터페이스를 통하여 다른 logic element들과 신호를 주고받을 수 있다.

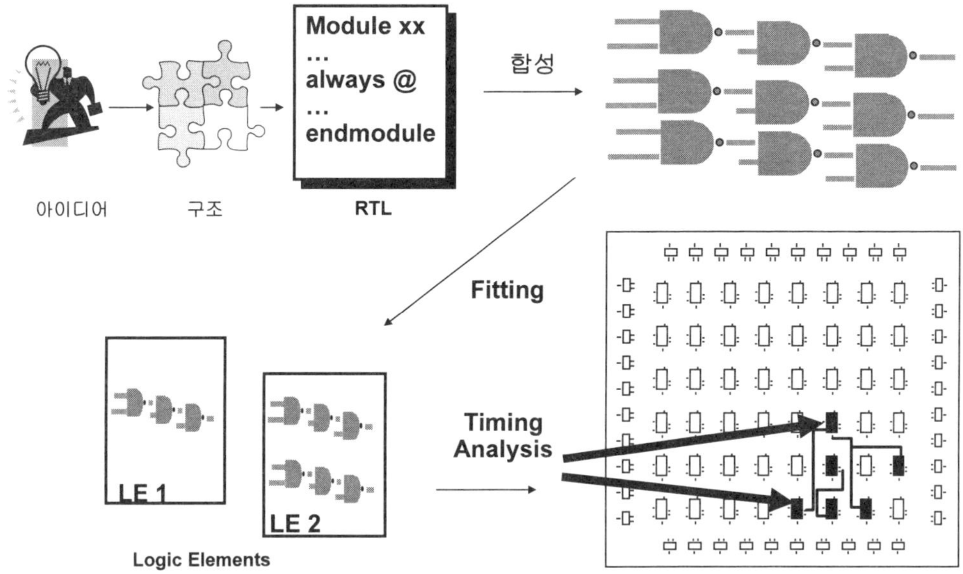

▶그림 7.2 FPGA의 설계 진행 단계

이 매핑 (mapping) 과정에서 설계한 로직이 FPGA chip에서 구현 될 수 있는지 확인하고 구성되며 각 logic element를 최적으로 연결하는 placement & route및 timing analysis가 진행된다. Timing analysis를 통하여 FPGA에서 가능한 최대 성능을 확인 할 수 있고 이 정보를 이용하여 prototype시스템을 구현 할 수 있다.

7.2.2 FPGA 와 SOC의 차이점

위에서 언급하였듯이 FPG는 prototyping에 주로 사용되고 있다. 물론 FPGA도 집적도가 높아지고(65 nm 공정) speed도 빨라져(~400MHz) 실제 제품에 사용되기도 한다. 특히 고집적도의 FPGA는 RISC프로세서도 합성 할 수 있기 때문에 복잡한 시스템을 H/W와 S/W의 적절한 배분을 통하여 구현할 수도 있다.

그렇지만 FPGA를 사용하면 사용되지 않는 logic element block이 있을 뿐만 아니라 사용되는 logic element block도 그 내부 블록 중 일부만 사용하기 때문에 면적을 많이 차지하게 되고 이는 불필요한 파워 소모, speed 저하 및 가격 상승을 의미한다. 따라서 보편적으로 FPGA로 검증된 HDL description을 바탕으로 SOC chip을 제작하게 된다. 그림 7.1에 나타나 있듯이 top level의 설계는 공통적으로 사용될 수 있기 때문에 SOC제작은 적절한 standard cell 최적화를 통하여 Design에 필요한 회로만 합성하는 단계만 거치면 된다. 이는 FPGA를 통한 test 결과를 모두 반영한 설계 임으로 문제점을 조기에 최대한 많이 차단한 제품이 제작될 확률을 높인다.

그림 7.3은 FPGA chip과 SOC chip의 차이점을 요약하였다.

FPGA programmed chip	SOC chip
• Chip 에 나열되어 있는 여러 종류의 gate 및 memory 를 연결한다	• Design에 필요한 회로만 사용하여 만든다 (chip speed, chip power, chip size 에 장점)
• 개발 시간에 짧다. Verilog 프로그램이 완성되면 FPGA 칩은 최소 당일에 완성된다. (개발 시간, Cost)	• Verilog 프로그램이 완성되더라도 cell library가 없으면 이것을 구성해야 하고 반도체 공정(최소 1달)을 거친다.
• 대량 생산을 위한 prototype또는 급변하는 기능에 대처하기 한 제품 (단, speed, power, size에 민감하지 않은 용도)	• 가격 경쟁력 및 대량 생산을 하려면 꼭 필요하다. 하지만 실패에 대한 대가가 크기 때문에 FPGA검증 권장

▶그림 7.3 FPGA 설계와 SOC 설계의 차이점

7.2.3 DE II 보드 구성

DE2 보드는 FPGA의 기능을 시험해 볼 수 있고 다양한 인터페이스와 기능을 통하여 FPGA의 활용성을 강조하기 위해 SOC 설계회사나 학교 교육용으로 제공되고 있다. 따라서 이 보드 또는 FPGA 회사에서 제공하는 이와 같은 evaluation 보드를 이용하여 다양한 멀티미디어 프로세싱을 시험해보고 H/W로 구성했을 때의 성능 개선을 가늠해 볼 수 있게 된다. 그림 7.4는 DE2 보드의 구성물을 나타낸다.

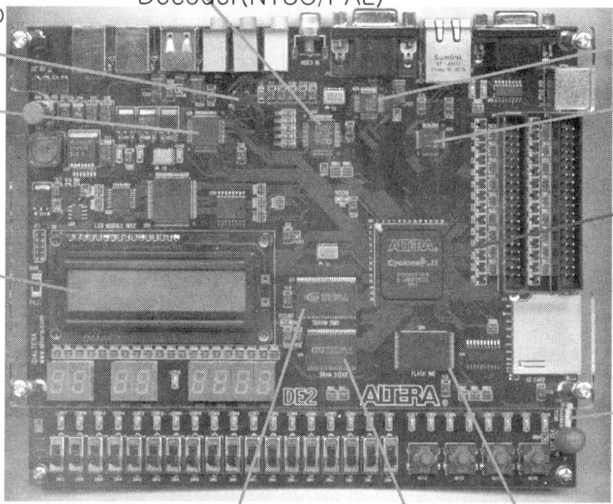

▶그림 7.4 DE2 보드

DE2 보드의 FPGA (Altera 사의 Cyclone II FPGA)를 프로그래밍 하려면 우선 Verilog 또는 VHDL와 같은 HDL로 설계가 되어야 한다. Cadence 의 NC-verilog 등의 HDL tool을 사용하여 검증된 블록을 prototyping을 위해 FPGA로 구성하려면 FPGA 회사 고유의 코드로 변환시켜야 한다. FPGA를 제공하는 회사에서 이러한 변환 S/W를 제공하는데 Altera의 경우 quartus II 와 Nios II IDE라는 두 가지 툴을 제공한다. Quartus II는 H/W 설계, 즉 verilog를 변환할 수 있고 제한 적이지만 직접 verilog simulation도 가능하다. Nios II는 FPGA에서 구현되는 RISC CPU로써 C/C++ 을 이용한 S/W 설계를 지원한다.

7.3 DE2에서의 하드웨어 설계

Quartus II의 verilog HDL을 이용하여 하드웨어 구성에 대해서 설명하겠다. 이해를 도울 수 있는 가장 좋은 방법은 하나의 응용 예를 통하여 접근하는 방법이다. 따라서 하드웨어 설계 와 소프트웨어 설계를 모두 사용한 응용 예를 통하여 설계 방법을 설명하겠다. 그림 7.5는 DE2 보드를 어떻게 활용할 수 있는지 나타내는 블록도이다.

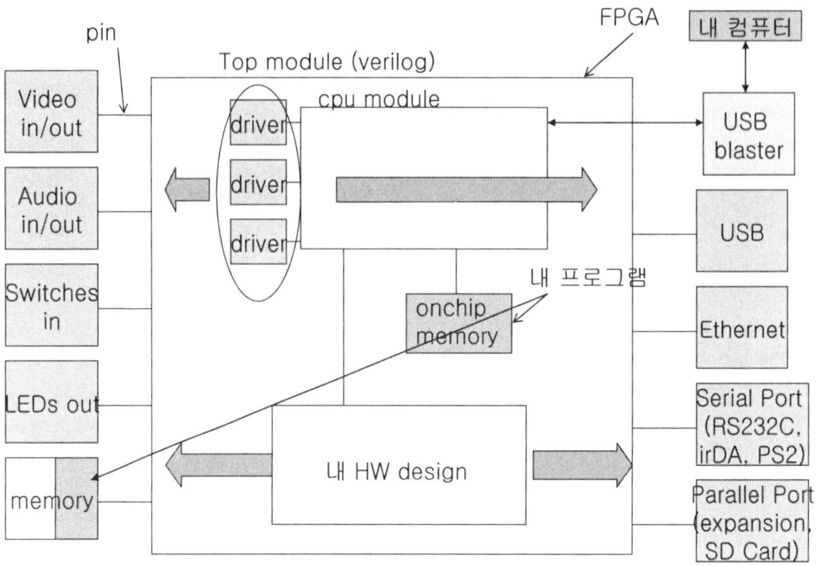

▶그림 7.5 DE2를 이용한 설계

그림 7.5와 같이 verilog로 표현해야 할 것은 FPGA를 표현하는 최상위(top module)이다. 이 모듈은 입출력이 FPGA의 입출력 pin과 mapping이 되고 각 핀은 그림의 여러 입출력 인터페이스와 연결되어 있다. 예를 들어 '0' 또는 '1'을 표시하는 18개의 스위치는 FPGA의 pin과 직접 연결되어 있어 "내 HW design"에서 입력으로 활용할 수 있다. 하지만 비디오 나 오디오의 경우는 DE2 보드에 별도의 코덱이 존재하고 FPGA의 pin은 각각의 코덱과 연결되어 있다. 예를 들어 캠코더의 composite 신호를 받아 영상 처리를 하려면 FPGA를 통해 비디오 디코더를 제어하여 analog입력이 특정 디지털 포멧으로 변환되어 FPGA로 입력되게 한다.

그림 7.5를 보면 cpu module이 있음을 알 수 있다. 이것은 Quartus II에서 합성되게 할 수 있고 만약 cpu module을 불러오게 되면 S/W설계가 가능해 진다. 즉 C 프로그램을 통하여 보드에 있는 다양한 입출력 소자와 통신할 수 있다. (7.4 DE2에서의 S/W 설계 참조)

7.3.1 H/W 설계 예 : VGA 디스플레이

DE2 보드에 VGA 출력을 하기 위한 16pin D-SUB 단자가 있다. VGA 동기화 신호 (디지털 신호)는 모두 FPGA에서 D-SUB pin으로 직접 출력한다. 나머지 색 정보는 10bit DAC를 통하여 FPGA로부터 받은 각각 10bit의 표현이 가능한 Red Green Blue색 정보를 아날로그 신호로 변환한 뒤 D-SUB pin으로 보내지게 된다. 본 예에서는 간단한 이미지를 D-SUB에 연결된 모니터에 나타나게 FPGA H/W를 구성할 것이다 (그림 7.6).

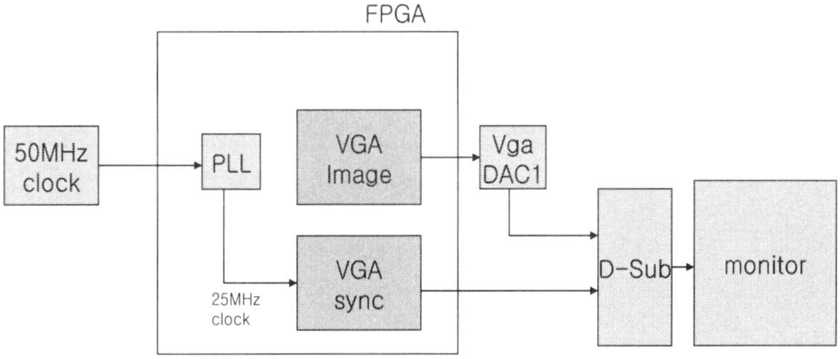

▶그림 7.6 VGA 모니터 구동을 위한 하드웨어 연결 및 구성도

▣ VGA 타이밍 (그림 7.6의 VGA sync 블록)

VGA 하드웨어를 구성하기에 앞서 모니터로 이미지를 출력하는 원리를 알아야 한다. 그림 7.7은 VGA 모니터의 각 행 (수평선)을 표시하기 위해 필요한 타이밍도를 나타낸다.

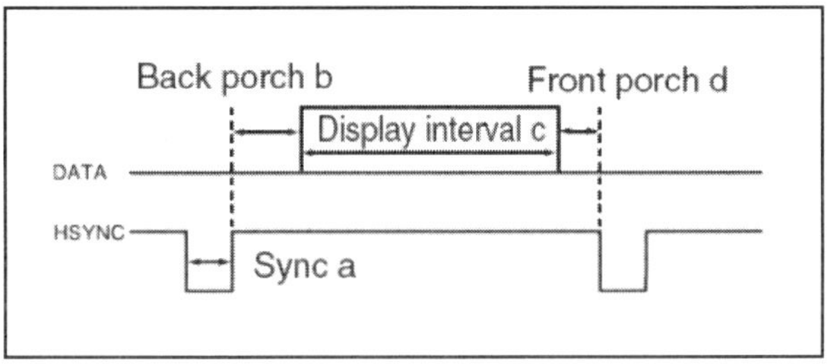

▶그림 7.7 VGA 수평 타이밍

VGA 모니터에 한 행을 보내기 전에 HSYNC_n(active low)라는 a구간 동안 low를 갖는 신호를 보내준다. 이 신호는 이전 위 행이 다 그려졌고 다음 행이 시작할 것이라는 것을 알리는 신호이다. 이후 한 행에 해당하는 아날로그 RGB신호(VGA clk에 동기화된 640 pixel 값)를 Back porch라는 구간 후에 보내주게 된다. 이 Back porch구간에는 아날로그 신호가 모두 0V이어야 하고 이것은 BLANK_n라는 신호로 제어해 줄 수 있다. 즉, display interval c동안만 BLANK_n신호가 high이면 RGB analog 신호를 그 이외의 구간에서는 0V로 만들어 준다. Display interval c 동안

행에 대한 정보를 출력을 하고 그림과 같이 front porch d구간 동안 RGB 신호가 0V로 유지된 후에야 이번 행이 끝났음을 알리고 다음 행을 준비해야 함을 알리는 HSYNC_n을 발생 시킬 수 있다.

마찬가지로 VSYNC_n이라는 신호가 있는데 이 신호는 한 프레임 (640x480 이미지) 이 끝났고 다음 프레임을 준비하라는 신호가 된다. 즉 HSYNC_n 이 480 번씩 수행 될 때마다 VSYNC_n 이 한번 씩 수행되게 된다. 그림 8은 25MHz vga clock 이 입력 되었을 때 행, 열, data valid 신호 (blank_n 을 drive라고도 함), hsync, vsync를 출력한다. 이 값은 VGA, 즉 640x480 프레임을 60Hz로 출력하는 것을 전제로 한다.

자세한 사항은 http://www.epanorama.net/documents/pc/vga_timing.html을 참조한다.

```
module sync(clk, col, row, drive, hsync, vsync);

        input clk;
        output [9:0] col;
        output [9:0] row;
        output drive, hsync, vsync;

        // local registers
        reg [9:0] col;
        reg [9:0] row;
        reg newRow, newFrame;

        reg drive, hsync, vsync;

        // counter updates
        always @(posedge clk) begin
                if (newRow) col <= 10'b0;
                else col <= col + 1;

                if (newFrame) row <= 10'b0;
                else if (newRow) row <= row + 1;
                else row <= row;
        end

        // counter signal updates
        always @(posedge clk) begin
                newRow <= (col == 806);
                newFrame <= (row == 524);
        end

        // sync / drive signal updates
        always @(posedge clk) begin
                // h_sync has negative polarity
                hsync <= ~((col > 663) && (col < 758));
               vsync <= ~((row == 490) || (row == 491));
                drive <= ((col < 640) && (row < 480));
        end

endmodule
```

▶그림 7.8 VGA 신호 생성 코드

코드를 보면 알 수 있듯이 이 모듈을 입력은 25MHz clock 하나이고 나머지 col, row, drive, hsync, vsync는 출력이다. 매 clock마다 col 이 증가됨을 알 수 있다. Row 는 newRow신호가 뜰 때마다 증가하고 col은 0으로 reset된다.

newRow는 col이 806에 도달했을 때 뜬다. hsync는 col 이 663과 758 사이에 있을 때 low로 깔리고 vsync는 row 가 490또는 491일 때 깔린다. RGB 값이 출력되는 구간인 drive는 row가 480보다 작고 col 이 640보다 작을 때 high로 된다.

▣ VGA 이미지

DE II 보드는 FPGA내에 이미지를 저장할 수 있는 메모리를 가지고 있다. 이 메모리에 이미지파일을 FPGA 프로그래밍 할 때 loading 되게 할 수 있다. 이 메모리는 quartus의 Megawizard plug-in manager을 사용해서 만들게 되는데 다음과 같은 순서로 진행된다.

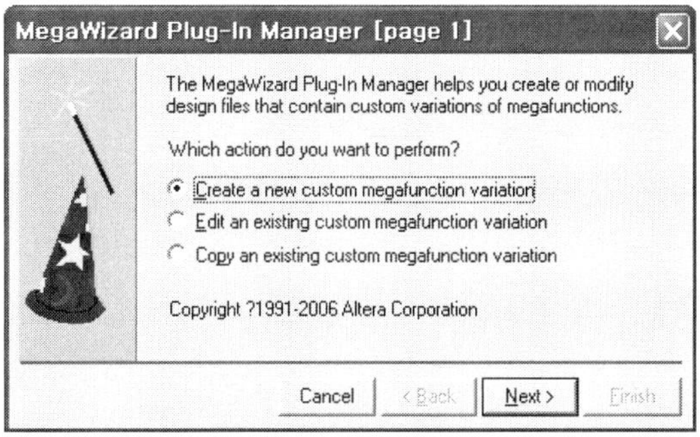

▶그림 7.9 메모리 생성과정 1

Tools-〉 MegaWizard Plug-in manager을 실행시키면 그림 7.9와 같은 창이 뜬다. 새로 만들것이면 위의 "Create a new custom megafunction variation"을 선택하고 기존에 만들어 놓았던 function의 기능을 변경하려면 가운데의 "Edit an existing custom megafunction variation"을 선택하면 된다.

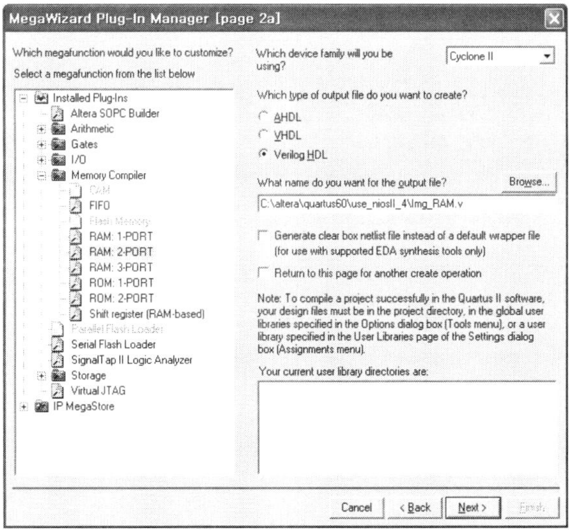

▶그림 7.10 메모리 생성과정 2

다음 창에서는 RAM 2-Port와 Verilog HDL 선택후 출력할 파일이름을 입력한다.

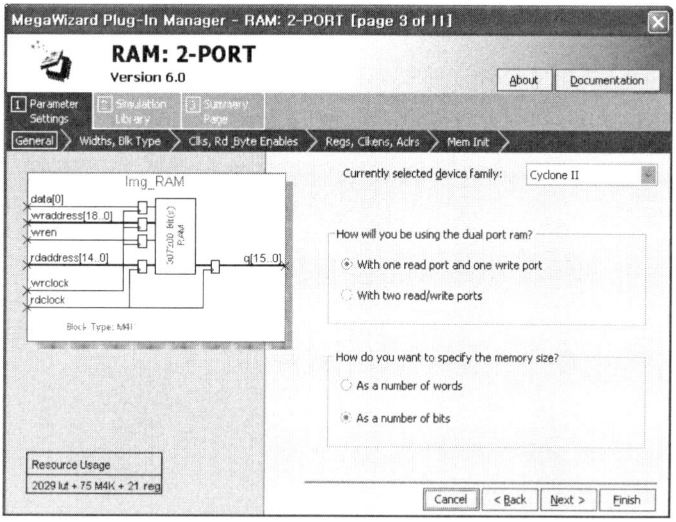

▶그림 7.11 메모리 생성과정 3

Ram: 2-port의 setting을 선택해야 하는데 이미지 저장 및 비디오 display를 위한 프레임 버퍼로 사용하려면 그림 7.11, 7.12, 7.13, 7.14와 같은 순서로 진행하면 된다. 그림 12의 메모리 size는 FPGA 내부의 메모리 영역 크기와 관련이 있는데, 여기서는 307200bit을 사용하였다. 이것을 사용한 이유는 color를 포함한 한 pixel을 16bit로 표현하고 (Green:8bit, Blue:4bit, Red:4bit) 이미지를 160x120으로 결정하였기 때문이다.

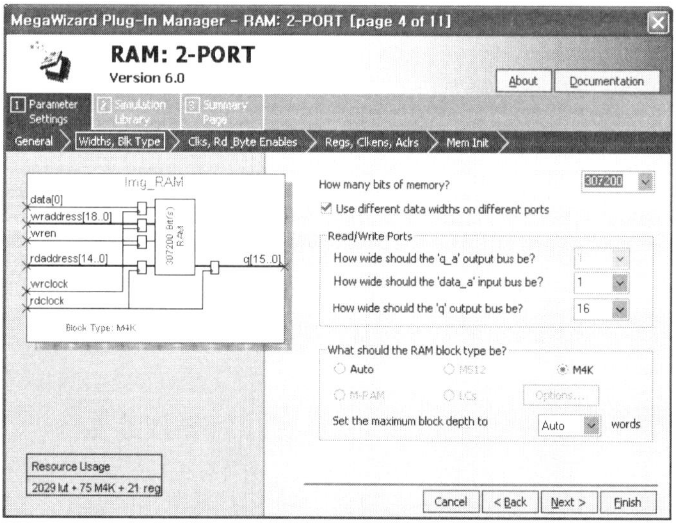

▶그림 7.12 메모리 생성과정 4

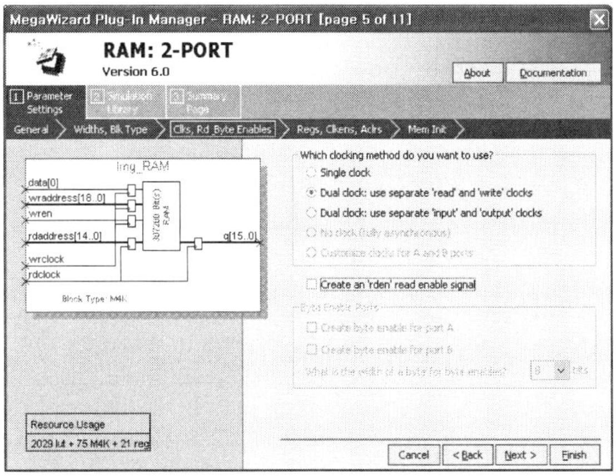

▶그림 7.13 메모리 생성과정 5

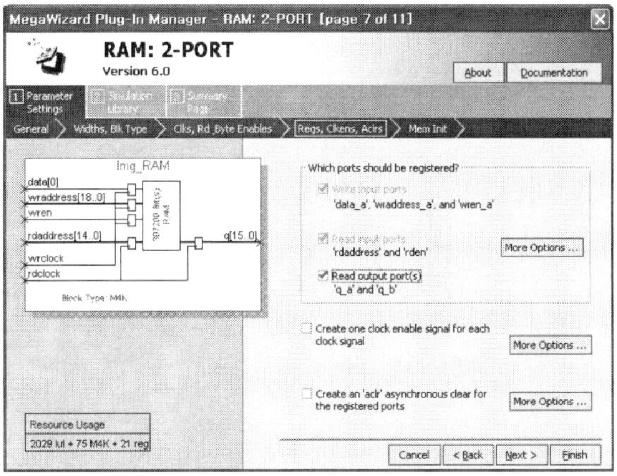

▶그림 7.14 메모리 생성과정 6

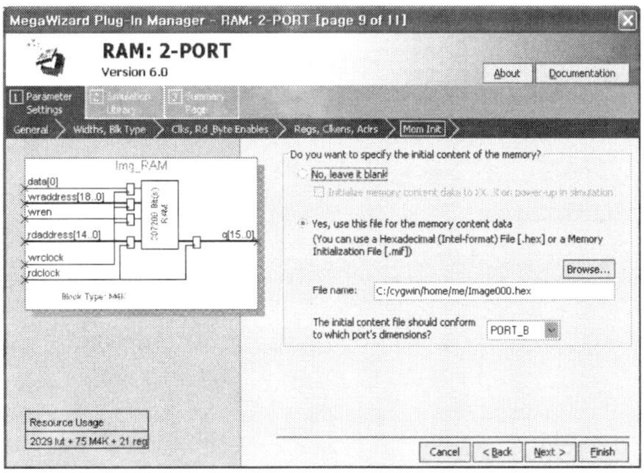

▶그림 7.15 메모리 생성과정 7

마지막으로 그림 7.15의 창에서 초기에 메모리에 데이터를 저장할 수 있는 옵션을 준다. 따라서 Hexadecimal (Intel-format)에 맞추어 생성한 파일이 있으면 그것을 지정해 줄 수 있다.

Hexadecimal 파일 포멧에 대해 간략히 설명하면 그림 7.16와 같이 Hexadecimal 값은 6개의 항목으로 이루어져 있다. 항목이 자세하게 설명되어 있다.

코드 Field		Character 수	내용 (16진수로 표기됨)
1	시작코드	1	코드는 모두 콜론으로 시작한다, ":".
2	바이트 수	2	현재 코드의 Data field에 들어가는 (바이트 수)/2
3	Address	4	Data field가 upload될 2-byte (16bit) memory address.
4	Type	2	00, 01, or 02.
5	Data	0-2n	0 에서 n 바이트의 실행 코드 또는 메모리에 업로드 될 수 있는 데이터. 한 코드에서 n은 32 보다 작게 한다.
6	Checksum	2	시작 코드와 checksum을 제외한 모든 byte의 2's complement sum을 했을때의 least significant byte.

▶그림 7.16 Hexadecimal file 포멧

그림 7.16에서 type은 3가지 중 하나를 고르게 되어있는데 각각의 type에 대한 설명이 그림 7.17에 나타나있다.

00	데이터와 데이터가 들어가야 할 2 바이트 주소가 있는 코드
01	Hex 코드 파일의 종료를 알리는 코드. 파일의 마지막 줄에 있어야 하며 데이터 field가 없다.
02	A segment base address record. (사용되지 않음)

▶그림 7.17 Hexadecimal file의 type field

Hexadecimal file의 예

```
:10010000214601360121470136007EFE09D2190140
:100110002146017EB7C20001FF5F16002148011988
:10012000194E79234623965778239EDA3F01B2CAA7
:100130003F0156702B5E712B722B732146013421C7
:00000001FF
```

이것을 해석해 보자.

우선 첫째 줄을 보면 ':'로 시작한다. 이것은 하나의 코드 시작을 의미한다.

다음은 첫째 줄을 필드별 분석해보자

10 데이터가 16개 바이트, 즉 32개 character로 이루어졌다는 것을 의미한다.

0100 데이터가 upload될 메모리 주소 (데이터가 16 바이트임으로 다음 주소는 0110이어야 한다.)

00 코드 type이 데이터 type임을 나타낸다.

21460136012147013600 7EFE09D21901 는 16바이트(32 character) 데이터이다.

40 현재 코드의 checksum이다.

이제 마지막 줄을 해석해보자

: 코드 시작

00 데이터는 0 바이트이다.

0000 주소도 없다

01 종료 코드임을 나타낸다.

FF 현재 코드의 checksum이다.

이제 VGA 출력을 위한 이미지를 메모리에 저장할 수 있도록 해주면 된다. 본 예제에서는 Matlab이라는 s/w tool을 사용하여 다양한 종류의 이미지 파일 (jpg, gif, tiff, bmp,… 등등)을 raw data파일 (.img)로 변형하고 이것을 c programming을 이용하여 .hex 파일로 최종 변형하는 절차를 보여 줄 것이다.

그림 7.18은 Matlab으로 bmp 파일을 160x120 size의 color raw file, 즉 각 픽셀당 R,G,B의 순서로 출력하게 하였다.

```
% program to convert bmp to raw image


image=imread('C:₩Documents and Settings₩me₩바탕 화면₩Image000.bmp');
image2=imresize(image,[120,160],'bilinear');

file=fopen('C:₩Documents and Settings₩me₩바탕 화면₩Image000.img','w');

for i=1:120
   for j=1:160
      for k=1:3

         fprintf(file,'%d ',image2(i,j,k));
      end
   end
end
fclose(file);
```

▶그림 7.18 임의의.bmp 파일을 160x120 .img 파일로 변환

Matlab를 사용하면 .bmp 파일 뿐만 아니라 여러 가지 이미지 포멧(.jpg, .tiff, .gif, 등)을 Raw 포멧으로 바꿀 수 있다. 그리고 이미지를 resize해 주는 기능이 있는데 이것은 그림 7,18과 같이 bilinear interpolation을 통하여 원하는 size로 확대 축소 할 수 있는 기능이다.

일단 image000.img 파일이 만들어지면 이것을 c programming으로 읽어내어 .hex 파일로 만들어 주면 된다. 이것을 모두 Matlab에서 해주면 좋으나 Matlab에서는 bitwise operation을 허용하지 않기 때문에 프로그래밍하기가 어렵다. 따라서 그림 7.19과 같은 코드로 .img 파일을 .hex 파일로 변환하게 된다.

그림 7.19의 c program은 160x120 raw image 파일이 Matlab으로 만들어졌다는 가정 하에 만들어졌다. 우선 각 코드가 2바이트의 데이터를 표시함을 알 수 있다. 데이터는 녹색 8bit 적색 4bit 파란색 4bit로 구성되게 하였다. 파일 사이즈를 줄이기 위하여 이미지에서 luminance component를 가장 많이 가지고 있는 green의 resolution을 많이 높였다.

```
#include <stdio.h>

main()
{
FILE *infile, *outfile;
int i,j,k;
unsigned char total,total1;
unsigned short int image, red,green,blue, address;
unsigned char term1,term2,term3;

infile = fopen("Image000.img", "r");
outfile=fopen("Image000.hex","w");

for (i=0;i<120;i++)
 for (j=0;j<160;j++)
    {
     address=(i*160+j);
     fscanf(infile,"%d",&image);
     red=image;
     fscanf(infile,"%d",&image);
     green=image;
     fscanf(infile,"%d",&image);
     blue=image;

     term1=address & 0xff;
     term2=address >> 8;
     term3=(red & 0xf0)|((blue >> 4)&0x0f);
     total=2+green+term1+term2+term3;

     total1=~total+1;
     if(address==0)
    {

     printf(":02%04x00%02x%02x%02x\n",address,green,term3,total1);
     printf("green=%d red=%d blue=%d green=%02x term3=%d\n", green,red,blue,green,term3);
    }
     fprintf(outfile,":02%04x00%02x%02x%02x\n",address,green,term3,total1);
    }

fprintf(outfile,":00000001ff\n");
fclose(outfile);
fclose(infile);
}
```

▶그림 7.19 .img 파일에서 .hex 파일로 변환

더욱 좋은 방법은 컬러 엔코딩을 하여 압축 성능을 높이는 것이다. 예를 들어 RGB 를 YCrCb로 변환 시킨 후 Y를 8bit Cr과 Cb를 4bit 씩 할당하면 훨씬 만족스러운 결과를 얻을 수 있다. 하지만 이것을 위해선 저장된 color 정보를 VGA로 보낼 때 다시 YCrCb를 RGB로 decoding하는 과정을 거쳐야 하는 문제가 있다.

▣ Quartus II 를 사용한 FPGA 합성

하드웨어를 합성할 준비가 아직 되지 않았다. 우선 이 장에서 개발한 image 관련 파일 생성 방법과 vga 출력하는 하드웨어 구성을 이용하여 응용 프로그램을 하드웨어 또는 소프트웨어로 설계하여야 한다. 그림 7.20은 하드웨어 응용을 나타내는 verilog 코드이다.

```
module screen_test(clk, rdaddress, q, drive, screen_mode, col, row, red, green, blue);
        input clk;
        output [14:0]rdaddress;
        input [15:0] q;
        input drive;
        input [7:0] screen_mode;

        input [9:0] col;
        input [9:0] row;

        output [9:0] red;
        output [9:0] green;
        output [9:0] blue;

        //assign red = screen_mode & 4'b0001 ? {col[0],8'b0}:0;
        //assign green= screen_mode & 4'b0010 ? {col[0],8'b0}:0;
        //assign blue =screen_mode & 4'b0011 ? {col[0],8'b0}:0;


       reg [9:0] red;
       reg [9:0] blue;
       reg [9:0] green;
       reg [14:0] rdaddress;
       reg [2:0] internal_cnt;
       reg [2:0] internal_cnt1;
       reg [15:0] new_q1;
       reg [15:0] new_q2;
       reg [15:0] new_q3;

            always @ (posedge clk )
            begin

             if ((((screen_mode==8'hf9) || (screen_mode==8'h92))&& (col>=0) && (col < 320) && (row >= 0) && (row < 240)))
              red=1023;
              else
                if ((((screen_mode==8'ha4) || (screen_mode==8'h92))&& (col>=320) && (col < 640) && (row >= 0) && (row < 240)))
              green=1023;
                 else
                  if ((((screen_mode==8'hb0) || (screen_mode==8'h92))&& (col>=0) && (col < 320) && (row >= 240) && (row < 480)))
             blue=1023;
                 else
```

▶그림 7.20(a) 응용프로그램 part 1/3

```
            if ((((screen_mode==8'h99)|| (screen_mode==8'h92))&&(col>=320) && (col<640) && (row>=240)
&& (row<480)))
              begin
              red=1023;
              green=1023;
              blue=1023;
             end
              else
             if (screen_mode==8'h82)
                begin

               if ((row<480) && (col<640))
                 begin
              rdaddress= (row%120)*160+(col%160);    //let's tile this!

               //internal_cnt1=cnt_rdaddress[2:0]-3;  //memory latency
               //internal_cnt=~internal_cnt1;
               new_q3=new_q2;
               new_q2=new_q1;
               new_q1=q;

             if (col/160==0)
               begin
               red[9:6]= new_q3[7:4];
               red[5:0]=6'b111111;
              green[9:2] = 0;
              green[1:0]=0;
              blue[9:6] = 0;
              blue[5:0] = 0;
              end
              else if (col/160==1)
               begin
                 red[9:6]= 0;
               red[5:0]=0;
              green[9:2] = new_q3[15:8];
              green[1:0]=2'b11;
              blue[9:6] = 0;
              blue[5:0] = 0;
              end
```

▶그림 7.20(b) 응용프로그램 part 2/3

```
else if (col/160==2)
                begin
                 red[9:6]= 0;
                 red[5:0]=0;
                green[9:2] = 0;
                green[1:0]=0;
                blue[9:6] = new_q3[3:0];
                blue[5:0] = 6'b111111;
                end
               else
                 begin
                  red[9:6]= new_q3[7:4];
                 red[5:0]=6'b111111;
                green[9:2] = new_q3[15:8];
                green[1:0]=2'b11;
                blue[9:6] = new_q3[3:0];
                blue[5:0] = 6'b111111;
                end




                  end
                 else
                   begin
                        red = 0;
                green= 0;
                blue = 0;
                      end
end


  else
      begin
        red=0;
        green=0;
        blue=0;
      end

end

endmodule
```

▶그림 7.20(c) 응용프로그램 part 3/3

그림 7.20의 verilog 프로그램에 나타나 있듯이 screen_mode 라는 변수의 값에 따라 VGA screen에 표현하는 것이 다르게 된다. 예를 들어 screen_mode='11111001'이면 640x480인 VGA화면을 4등분 하였을 때 2사 분면에 빨간색을 출력하게 된다. R, G, B는 각각 10bit까지 표현할 수 있음으로 이 예에서는 가장 강한 1023을 선택하였다.

screen_mode='10100100' 이면 녹색을 1사 분면에 뿌려주게 되고 screen_mode=

'10110000' 이면 3사 분면에 파란색 screen_mode='10011001' 이면 하얀색을 4사 분면에 뿌려주게 된다.

만약 screen_mode가 '10010010' 이면 위의 모든 screen_mode가 동시에 실행되어 결과적으로 640x480 화면 전체가 빨강, 녹색, 파랑, 흰색으로 나뉘어 나타나게 된다.

마지막으로 screen_mode가 '10000010' 일때는 메모리에 저장 되어있는 160x120 이미지를 640x480 화면에 타일 형식으로 뿌려주는 일을 한다. 즉 4x4 이미지로 나누었으며 각 열의 이미지 출력 형식을 같게 하고 행은 약간의 변화를 주었다. 첫 번째 행은 이미지의 빨간색 부분만 출력하게 하였고 두 번째 행은 이미지의 녹색 부분 세 번째 행은 이미지의 파란색 부분, 네 번째 행은 RGB를 모두 출력하였다. 여기서 주시할 점은 FPGA에서 VGA 출력 칩으로 보내는 RGB가 각각 10bit의 resolution까지 가능하게 되어 있으므로 R 과 B 가 4 bit, G가 8bit 인 저장 이미지를 10bit가 되도록 패딩해 주어야 한다.

그러면 이 여러 가지 모드를 어떻게 구현할 수 있을까? 외부 스위치를 input으로 사용하여 제어도 가능하지만, DE2 보드에서는 소프트웨어 설계가 가능하다. 즉, 소프트웨어를 사용하여 각 screen_mode를 제어 할 수 있다는 말이다.

7.4 H/W 및 S/W를 이용한 FPGA 구현

앞 절에서는 VGA를 출력하기 위한 이미지 저장 하드웨어 구성방법과 VGA를 출력하기위한 하드웨어를 구성하였고 이것을 이용할 간단한 응용하드웨어도 모두 verilog로 구성하였다. 본 절에서는 구성된 하드웨어에 소프트웨어적 설계를 접목시키겠다. 이미 4장에서 DE2 보드를 이용하여 NIOS II cpu를 구성하고 소프트웨어 설계를 사용하는 방법을 설명하였다. 구체적인 Quartus II (Altera 계열의 FPGA를 프로그래밍하는 툴) 와 소프트웨어 설계 실행절차는 3장과 4장을 참조하자.

그림 7.21은 SOPC의 구성요소를 보여준다. 참고로 Switches라는 input을 받을 수 있게 했는데 이 예제에서는 사용하지 않는다. 또한 SDRAM controller을 선택했음을 알 수 있는 데 이것은 onchip memory를 4kb로 최소화하였기 때문이다. CPU가 자리하고 있는 FPGA 내에서 CPU와 연결된 메모리를 축소하고 외부 DRAM으로 보충하게 하였고 FPGA 내의 나머지 메모리를 image 파일을 담을 수 있도록 최대한 할당 하였다. DE2 보드의 SDRAM 설정하는 방법은 Altera에서 제공하는 tutorial을 살

펴보는 것이다.

http://www.altera.com/education/univ/materials/boards/unv-de2-board.html페이지의 아래쪽을 보면 'DE2 System CD v.1.3-ZIP' 을 다운로드 할 수 있게 되어있다.

그 폴더 밑에 DE2_tutorials/tut_DE2_sdram_verilog.pdf 파일을 보면 SDRAM을 CPU가 사용할 수 있도록 setting하는 방법이 상세히 나타나 있다.

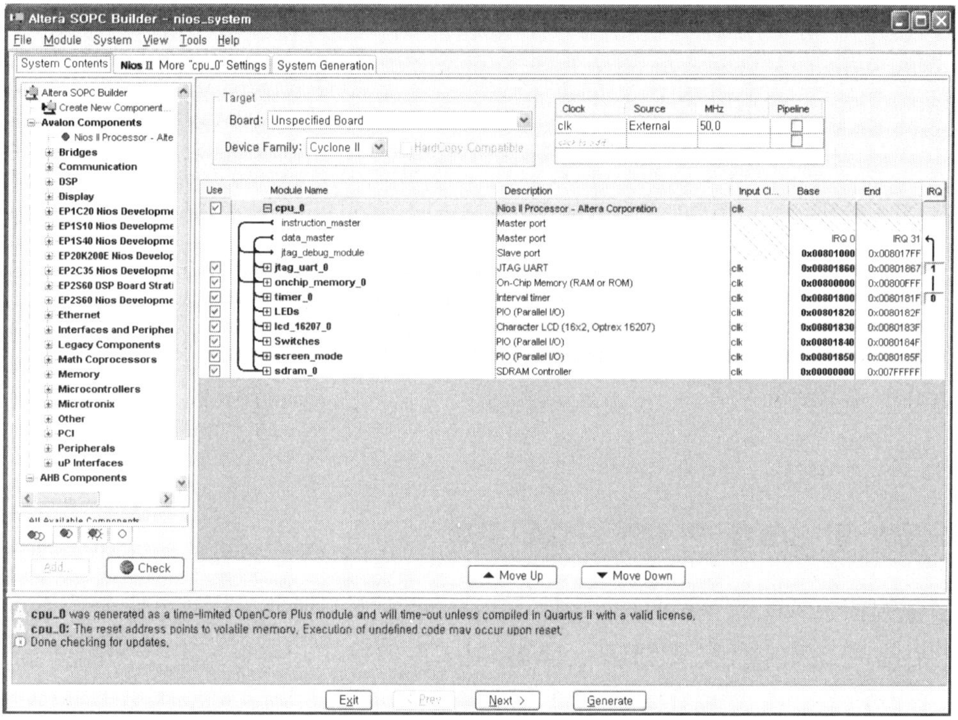

▶그림 7.21 소프트웨어 설계를 위한 CPU와 IO 구축

이제 생성된 NIOS II CPU와 VGA 출력을 위하여 구성한 하드웨어를 FPGA 내에서 통합하여야 한다. 그림 7.22는 통합된 top level verilog module을 나타낸다. 그림 7.22(c) 를 보면 nios_system 이라는 모듈을 instance 했는데 이것은 그림 7.21을 실행하여 만든 module이다. 이 모듈의 입출력을 살펴보면 CPU가 외부와 어떻게 interface되는지 알 수 있다. 예를 들어 LEDs는 cpu에서 pio포트로 나와 FPGA의 외부 출력으로 나가게 했음을 볼 수 있다. 따라서 pin assignment를 통해 FPGA로 나온 출력을 LED에 연결하여 주면 cpu에서 발생된 신호가 외부 LED로 출력될 수 있다. 또한 out_port_from_the_screen_mode라는 것도 cpu에서 출력되게 되는데 이

신호는 그림 7.20의 screen_test module 즉 VGA 하드웨어 응용프로그램의 입력으로 들어가게 된다. 이와 같이 CPU를 FPGA의 외부 디바이스 뿐만 아니라 FPGA내부에서 생성된 하드웨어와도 interface됨을 보여준다.

```
module hello_world (
            // 1) global signals:
             clk,
             reset_n,
            // the_Blue                              VGA data signal,
             out_port_from_the_Blue,
            // the_Green                             CPU와 LED 및
             out_port_from_the_Green,
            // the_LEDs                              switches interface를
             out_port_from_the_LEDs,
            // the_Red                               위한 입출력 포트
             out_port_from_the_Red,
            // the_Switches                          Switches 를 FPGA chip 외부의 스위치들을 사
             in_port_to_the_Switches,                용하여 screen_mode를 바꾸게 할 수 있으나 이
            // the_lcd_16207_0                       응용에서는 CPU를 이용하여 자동적으로
             LCD_E_from_the_lcd_16207_0,             screen_mode를 바꾸게 한다.
             LCD_RS_from_the_lcd_16207_0,
             LCD_RW_from_the_lcd_16207_0,
             LCD_data_to_and_from_the_lcd_16207_0,    CPU와 LCD interface
             LCD_ON_from_lcd_16207_0,
             LCD_BLON_from_lcd_16207_0,
            // vga signals
             vga_clk,
             vga_sync_n,                             VGA control signal
             vga_blank_n,
             vga_hsync,
             vga_vsync,                              CPU로 부터 나온 7 segment display 출
             out_port_from_the_screen_mode,          력 및 응용프로그램의 screen_mode
             // the_sdram_0                          selection
             zs_addr_from_the_sdram_0,
             zs_ba_from_the_sdram_0,
             zs_cas_n_from_the_sdram_0,
             zs_cke_from_the_sdram_0,                 CPU와 SDRAM controller
             zs_cs_n_from_the_sdram_0,
             zs_dq_to_and_from_the_sdram_0,           interface
             zs_dqm_from_the_sdram_0,
             zs_ras_n_from_the_sdram_0,
             zs_we_n_from_the_sdram_0,
             zs_clk_from_the_sdram_0
            );
```

▶그림 7.22(a) CPU를 포함한 전체 하드웨어의 구성 part 1/3

```
output         LCD_E_from_the_lcd_16207_0;
output         LCD_RS_from_the_lcd_16207_0;
output         LCD_RW_from_the_lcd_16207_0;
output         LCD_ON_from_lcd_16207_0;
output         LCD_BLON_from_lcd_16207_0;
inout  [ 7: 0] LCD_data_to_and_from_the_lcd_16207_0;
output [ 9: 0] out_port_from_the_Blue;
output [ 9: 0] out_port_from_the_Green;
output [ 7: 0] out_port_from_the_LEDs;
output [ 9: 0] out_port_from_the_Red;
input          clk;
input  [ 3: 0] in_port_to_the_Switches;
input          reset_n;

output          vga_clk;
output          vga_sync_n;
output          vga_blank_n;
output          vga_hsync;
output          vga_vsync;
output [7:0] out_port_from_the_screen_mode;

output [ 11: 0] zs_addr_from_the_sdram_0;
output [  1: 0] zs_ba_from_the_sdram_0;
output          zs_cas_n_from_the_sdram_0;
output          zs_cke_from_the_sdram_0;
output          zs_cs_n_from_the_sdram_0;
inout  [ 15: 0] zs_dq_to_and_from_the_sdram_0;
output [  1: 0] zs_dqm_from_the_sdram_0;
output          zs_ras_n_from_the_sdram_0;
output          zs_we_n_from_the_sdram_0;
output          zs_clk_from_the_sdram_0;


assign      LCD_ON_from_lcd_16207_0 = 1'b1;
assign      LCD_BLON_from_lcd_16207_0=1'b1;          LCD 를 켜준다.


assign      vga_sync_n = vga_hsync;
wire [9:0] row;
wire [9:0] col;
wire [15:0] q;
wire [14:0] rdaddress;
wire vga_clk_pre;
```

▶그림 7.22(b) CPU를 포함한 전체 하드웨어의 구성 part 2/3

전체 FPGA가 구성되었으면 FPGA에서 입출력 되는 IO를 보드의 디바이스 및 포트로 연결시켜 주어야 한다. 이것은 Quartus II에서 pin assignment를 해주면 된다 (3장 참조).

마지막으로 CPU에서 돌아가는 프로그램을 만들어야 한다. CPU에서 출력되는 신호가 FPGA내부 하드웨어와 DE2 보드를 구동하는 핵심적인 역할을 한다. 그림 7.23은 NIOS II cpu에서 구동될 c program을 나타낸다. 구동을 간단히 정리하면 그림 7.20에 나타난 모든 screen_mode를 차례대로 수 초의 interval을 가지고 반복하

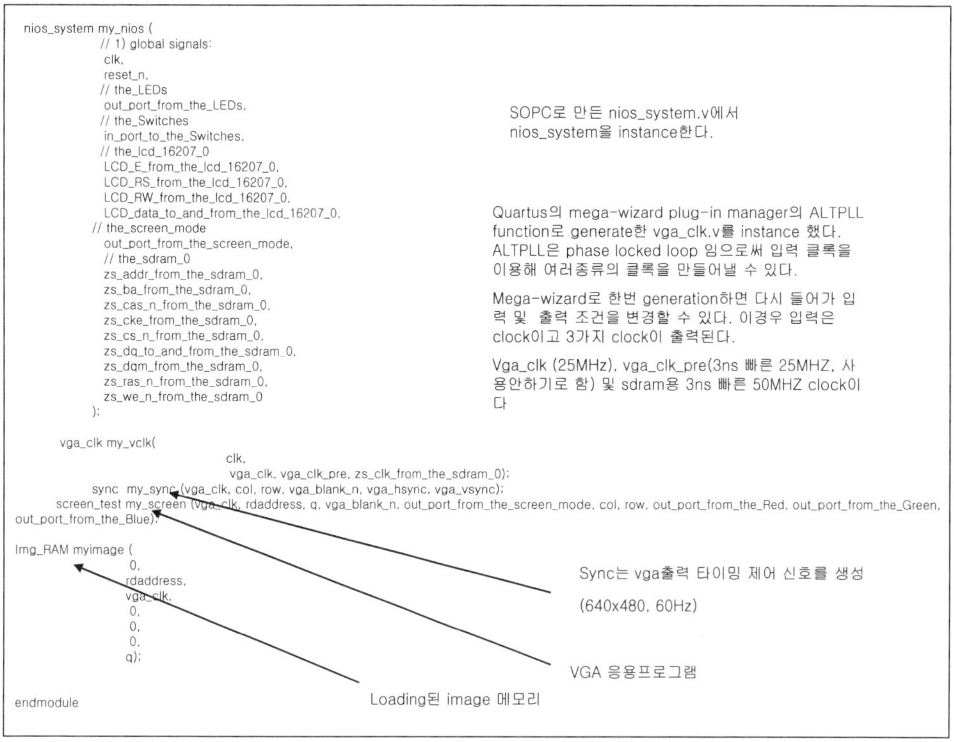

▶그림 7.22(c) CPU를 포함한 전체 하드웨어의 구성 part 3/3

여 보여줌과 동시에 7 segment display는 현재 몇 번째 모드에 있는지를 표시한다. 뿐만 아니라 일정한 간격으로 8개의 led를 이용하여 00000001 과 00000111을 번갈아 가면서 켜주고 이와 동시에 LCD 스크린에 "Hello World! ®It's One¬" 또는 "Hello World! ®It's Seven¬"을 출력한다. 이것을 실행하는 방법은 4장을 참조하면 된다.

본 응용예제를 통하여 소프트웨어와 하드웨어를 공동 설계하였다. 빠른 프로세싱이 필요한 부분 (VGA 부분)을 하드웨어로 구성하였고 이것을 제어하는 것을 소프트웨어로 하였다. 또한 간단한 IO interface도 소프트웨어로 구현할 수 있음을 보여 주었다. 이미 4 장에서 언급하였듯이 소프트웨어의 장점은 복잡한 계산 (loop 및 conditional이 많이 필요한 연산) 을 쉽게 구현할 뿐만 아니라 문제가 생겼을 때 이를 debugging하는 것도 효율적임을 알 수 있었을 것이다 (Quartus II를 사용하여 하드웨어를 recompile 할 필요가 없다).

```
#include <stdio.h>
#include <unistd.h>
#include "altera_avalon_lcd_16207_regs.h"
#include "altera_avalon_pio_regs.h"
//#define ledlight (char *) 0x00008820

#define lcd_base 0x00801830
#define switch_base 0x00801840
#define LED_base 0x00801820
#define screen_mode_base 0x00801850

int main()
{


 volatile char sw;


  while(1)
  {
  //sw = IORD_ALTERA_AVALON_PIO_DATA(switch_base);
  int i;
```

이것은 usleep()란 timer를 사용하기 위함이다. Usleep(1)은 1us 동안 멈추라는 뜻이다.

이것은 lcd 관련 io access function을 사용하기 위함이다.

살펴보면 가능한 모든 function이 나옴

이것은 pio 관련 io access function을 사용하기 위함이다.

살펴보면 가능한 모든 function이 나옴

Volatile란 sw를 compiler가 최적화 하지 말라는 뜻이다. 만약 최적화 하면 sw를 IO access시 update 하지 않는다!

외부 스위치를 사용하여 동작 시킬 수 있지만

While 문으로 looping 하기 위해 막았다.

▶그림 7.23(a) 구동 소프트웨어 part 1/6

```
for (i=1; i<7; i++)
  {
    if (i==1)
      //sw->11111001
      sw=0xf9;  // seven segment (0 active) and red led (1 active)
      else if (i==2)
      //sw->10100100
      sw=0xa4;
      else if (i==3)
      //sw->10110000
      sw=0xb0;
      else if (i==4)
      //sw->10011001
      sw=0x99;

      else if (i==5)
      //sw->10010010
      sw=0x92;
      else if (i==6)
      //sw->10000010
      sw=0x82;
      else
      //sw->00000000
      sw=0x00;

  usleep(500000);
  IOWR_ALTERA_AVALON_PIO_DATA(screen_mode_base,sw);
  }
```

Sw의 MSB는 LEDR[17]에 pin assign 하였고 나머지 7bit은 HEX0에 assign 하였다

다음과 같이 6가지 동작을 0.5초마다 한번씩 수행하게 하였다.

여기서 실제 외부 switch값을 받아 출력한 것이 아니라 software로 seven segment conversion한 것을 verilog로 짠 vga controller로 보낸다.

▶그림 7.23(b) 구동 소프트웨어 part 2/6

```
// clear display and go to 1st line takes little longer
IOWR_ALTERA_AVALON_LCD_16207_COMMAND(lcd_base,0x01);
usleep(1500);

IOWR_ALTERA_AVALON_LCD_16207_DATA(lcd_base,'H');
usleep(100);
IOWR_ALTERA_AVALON_LCD_16207_DATA(lcd_base,'E');
usleep(100);
IOWR_ALTERA_AVALON_LCD_16207_DATA(lcd_base,'L');
usleep(100);
IOWR_ALTERA_AVALON_LCD_16207_DATA(lcd_base,'L');
usleep(100);
IOWR_ALTERA_AVALON_LCD_16207_DATA(lcd_base,'O');
usleep(100);
IOWR_ALTERA_AVALON_LCD_16207_DATA(lcd_base,' ');
usleep(100);
IOWR_ALTERA_AVALON_LCD_16207_DATA(lcd_base,'W');
usleep(100);
IOWR_ALTERA_AVALON_LCD_16207_DATA(lcd_base,'O');
usleep(100);
IOWR_ALTERA_AVALON_LCD_16207_DATA(lcd_base,'R');
usleep(100);
IOWR_ALTERA_AVALON_LCD_16207_DATA(lcd_base,'L');
usleep(100);
IOWR_ALTERA_AVALON_LCD_16207_DATA(lcd_base,'D');
usleep(100);
IOWR_ALTERA_AVALON_LCD_16207_DATA(lcd_base,'!');
usleep(100);
```

처음에 display를 지운다. 시간이 좀 걸림 (각 function에 소요되는 최소 시간은 LCD datasheet에 있다)

보기와 같이 character을 순차적으로 프린트하게 되는데 쓰는데 시간이 걸리므로 기다려 줘야 한다.

▶그림 7.23(c) 구동 소프트웨어 part 3/6

```
//go to the begining address of the 2nd line
IOWR_ALTERA_AVALON_LCD_16207_COMMAND(lcd_base,0xc0);
usleep(100);

IOWR_ALTERA_AVALON_LCD_16207_DATA(lcd_base,0x7e);
usleep(100);
IOWR_ALTERA_AVALON_LCD_16207_DATA(lcd_base,'I');
usleep(100);
IOWR_ALTERA_AVALON_LCD_16207_DATA(lcd_base,'T');
usleep(100);
IOWR_ALTERA_AVALON_LCD_16207_DATA(lcd_base,0x27);
usleep(100);
IOWR_ALTERA_AVALON_LCD_16207_DATA(lcd_base,'S');
usleep(100);
IOWR_ALTERA_AVALON_LCD_16207_DATA(lcd_base,' ');
usleep(100);
IOWR_ALTERA_AVALON_LCD_16207_DATA(lcd_base,'S');
usleep(100);
IOWR_ALTERA_AVALON_LCD_16207_DATA(lcd_base,'E');
usleep(100);
IOWR_ALTERA_AVALON_LCD_16207_DATA(lcd_base,'V');
usleep(100);
IOWR_ALTERA_AVALON_LCD_16207_DATA(lcd_base,'E');
usleep(100);
IOWR_ALTERA_AVALON_LCD_16207_DATA(lcd_base,'N');
usleep(100);
IOWR_ALTERA_AVALON_LCD_16207_DATA(lcd_base,0x7f);
usleep(100);

//  printf("Hello World!₩n");
// printf("It's Seven₩n");

//*ledlight=7;
```

Special character을 사용하기 위한 코드다 (datasheet 참조) "-> It's Seven<-" 과 같이 나온다.

▶그림 7.23(d) 구동 소프트웨어 part 4/6

```
IOWR_ALTERA_AVALON_PIO_DATA(LED_base,7);          ←  LEDG도 7 (111)을 밝히게 한다.

//1 sec interval
usleep(1000000);

// clear display and go to 1st line (takes little longer)
 IOWR_ALTERA_AVALON_LCD_16207_COMMAND(lcd_base,0x01);  ←  이번엔 1이 나온다고 표시하고 LEDG
 usleep(1500);                                            가 1 (001)을 밝히게 한다.

 IOWR_ALTERA_AVALON_LCD_16207_DATA(lcd_base,'H');
 usleep(100);
 IOWR_ALTERA_AVALON_LCD_16207_DATA(lcd_base,'E');
 usleep(100);
 IOWR_ALTERA_AVALON_LCD_16207_DATA(lcd_base,'L');
 usleep(100);
 IOWR_ALTERA_AVALON_LCD_16207_DATA(lcd_base,'L');
 usleep(100);
 IOWR_ALTERA_AVALON_LCD_16207_DATA(lcd_base,'O');
 usleep(100);
 IOWR_ALTERA_AVALON_LCD_16207_DATA(lcd_base,' ');
 usleep(100);
 IOWR_ALTERA_AVALON_LCD_16207_DATA(lcd_base,'W');
 usleep(100);
 IOWR_ALTERA_AVALON_LCD_16207_DATA(lcd_base,'O');
 usleep(100);
 IOWR_ALTERA_AVALON_LCD_16207_DATA(lcd_base,'R');
 usleep(100);
 IOWR_ALTERA_AVALON_LCD_16207_DATA(lcd_base,'L');
 usleep(100);
 IOWR_ALTERA_AVALON_LCD_16207_DATA(lcd_base,'D');
 usleep(100);
 IOWR_ALTERA_AVALON_LCD_16207_DATA(lcd_base,'!');
 usleep(100);
```

▶그림 7.23(e) 구동 소프트웨어 part 5/6

```
   //go to the begining address of the 2nd line
  IOWR_ALTERA_AVALON_LCD_16207_COMMAND(lcd_base,0xc0);
  usleep(100);

  IOWR_ALTERA_AVALON_LCD_16207_DATA(lcd_base,0x7e);
  usleep(100);
  IOWR_ALTERA_AVALON_LCD_16207_DATA(lcd_base,'I');
  usleep(100);
  IOWR_ALTERA_AVALON_LCD_16207_DATA(lcd_base,'T');
  usleep(100);
  IOWR_ALTERA_AVALON_LCD_16207_DATA(lcd_base,0x27);
  usleep(100);
  IOWR_ALTERA_AVALON_LCD_16207_DATA(lcd_base,'S');
  usleep(100);
  IOWR_ALTERA_AVALON_LCD_16207_DATA(lcd_base,' ');
  usleep(100);
  IOWR_ALTERA_AVALON_LCD_16207_DATA(lcd_base,'O');
  usleep(100);
  IOWR_ALTERA_AVALON_LCD_16207_DATA(lcd_base,'N');
  usleep(100);
  IOWR_ALTERA_AVALON_LCD_16207_DATA(lcd_base,'E');
  usleep(100);
  IOWR_ALTERA_AVALON_LCD_16207_DATA(lcd_base,0x7f);
  usleep(100);

// printf("Hello World!₩n");
// printf("It's One₩n");

//*ledlight=1;

IOWR_ALTERA_AVALON_PIO_DATA(LED_base,1);

usleep(1000000);
  }
 return 0;
}
```

▶그림 7.23(f) 구동 소프트웨어 part 6/6

제 8 장

✓Gate Level을 트랜지스터 Level로 변환

8.1 개요

이번 장에서는 Cadence의 Schematic capture 툴인 composer를 사용하여 인버터 및 NAND, NOR 게이트의 트랜지스터 레벨 스키메틱 라이브러리 작성법과 작성한 스키메틱의 심볼 라이브러리를 제작하는 방법을 배운다. 또한 계층적인 설계 방법의 이해를 위해 AND, OR, XOR 게이트의 게이트 레벨 라이브러리를 제작하고 이것들을 사용하여 4bit 전가산기의 설계 과정을 살펴볼 것이다. 마지막으로 생성된 4bit 전가산기의 시뮬레이션을 위한 Netlist 추출 방법에 대해서도 알아보자.

8.2 Cadence의 composer 사용법

8.2.1 실행하기

composer를 실행하기 위해 명령 창에 다음을 입력한다. `> soruce .bashrc_vts`로 bash 설정 파일을 로드 한다. `> cd ~/work`명령어를 통해 환경이 setup된 directory로 이동한 후 `> csh`명령어를 통하여 Cshell 환경으로 바꿔준다. 그 다음 `>source cadence`명령어로 cadence 구동에 필요한 환경을 로드시키고 `> icfb &` 명령어를 실행시켜 cadence 통합환경 프로그램인 icfb를 background로 돌린다. 프로그램이 시작하면 그림 8.1의 Main 윈도우 창과 그림 8.2의 Library Manager창이 뜨는데 Main 윈도우 창에서는 원활한 Layout작업과 schematic작성을 위해서 library path의 설정이 가능하다.

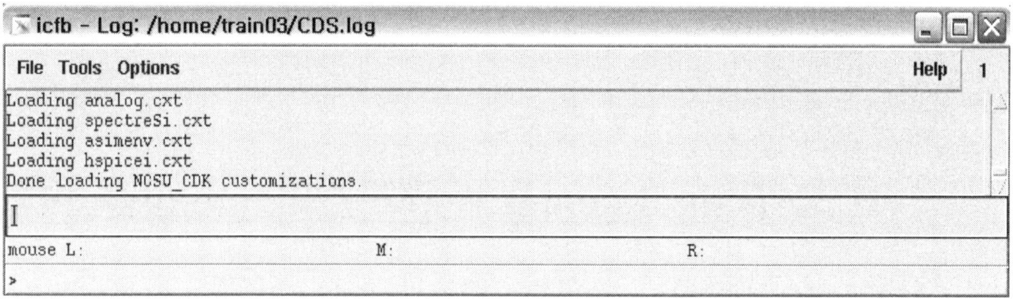

▶그림 8.1 Main 윈도우 (CIW : common interface window)

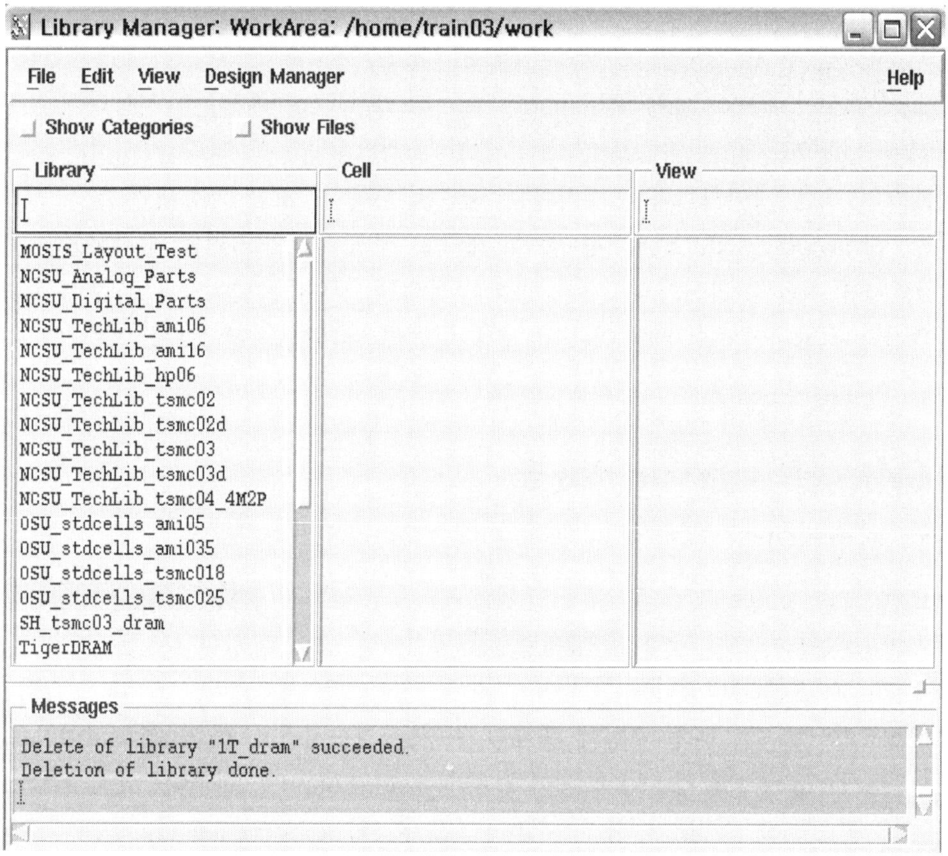

▶그림 8.2 Library Manager

그림 8.2의 Labrary Manager 창을 살펴보면 여기 있는 트랜지스터, 게이트, 회로 등을 가지고 새로운 회로를 구성할 수 있다. 이 창에서 라이브러리, 셀 및 뷰의 생성 및 삭제가 가능하다. 여기서 라이브러리라고 하면 자신이 작업하고자 하는 혹은 작업

한 모든 것들이 모여 있는 하나의 디렉토리로 볼 수 있다. 또한 셀은 스키메틱과 심볼, 레이아웃 등에 대한 정보를 지니며 뷰는 각각의 스키메틱과 심볼 레이아웃을 나타낸다.

우리 교재에서의 사용을 위해 setup된 library는 여러 공정 (ex. 대만의 TSMC 공정)을 지원하는데 NCSU로 시작 하는 것들이 기본 base이다. OSU로 시작되는 것은 NCSU를 base로 만든 standard cell을 나타낸다.

8.2.2 인버터 설계하기

우리는 간단하게 inverter를 작성해 볼 것이다. 이를 위해 cadence 툴의 Labrary Manager 창에서 라이브러리를 새로 생성하여야 한다. File 메뉴의 New -> Library를 선택하면 그림 8.3과 같이 나타난다.

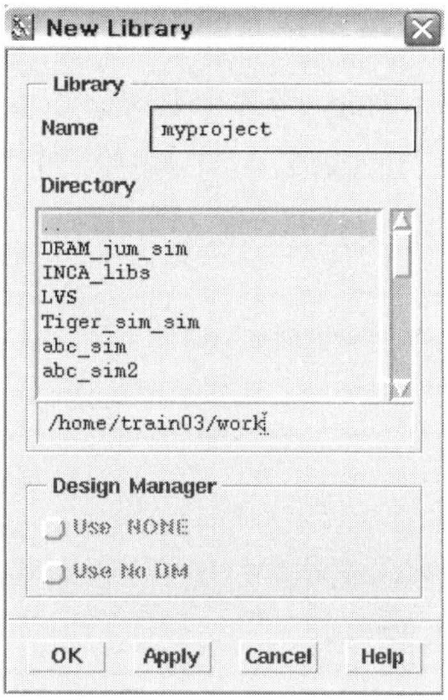

▶그림 8.3 새 라이브러리 만들기

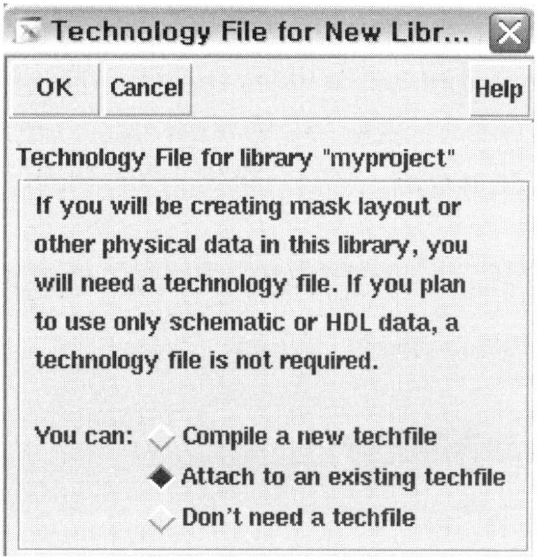

▶그림 8.4 공정 파일 설정

New Library 창이 뜨면 Name 항목에 만들고자 하는 라이브러리 이름을 쓰고 (여기에서는 myproject로 정했다) OK버튼을 누르면 그림 8.4와 같은 창이 나타나는데 새로 만들 Library가 어떤 공정을 사용할 지 선택할 수 있으며 Compile a new techfile 을 선택할 경우는 설계자가 직접 공정 선택이 가능하며 OK 버튼을 누르면 그림 8.5와 같은 Load Technology File 창이 나타난다.

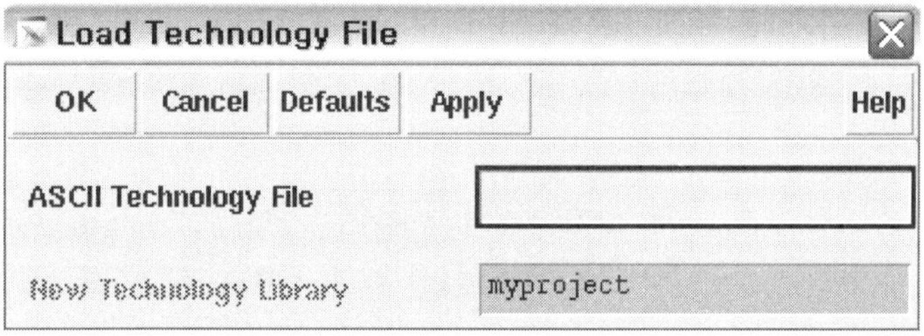

▶그림 8.5 Load Technology File

ASCII Technology File 항목에 공정 파운더리가 제공한 technology 파일(~.tf)명을 입력한다. 이 때 technology 파일은 자신의 작업 디렉토리에 들어 있어야 한다.

하지만 우리는 이와 같은 작업 대신에 기존에 setup된 기본 base 공정을 사용할 것이다. 그림 8.4의 공정선택에서 Compile a new techfile대신 Attach to an existing techfile을 선택하면 기존에 setup된 여러 공정의 library를 사용할 수 있는데 NCSU로 시작하는 기본 base 공정의 선택 및 OSU로 시작되는 NCSU를 base로 만든 standard cell의 선택이 가능하다. Technology Library 항목에서 해당하는 공정을 선택하고 OK를 누르면 8.6과 같은 공정파일 선택창이 나타나는데 여기서는 TSMC의 0.25um 공정을 사용하기 위해 NCSU_TechLib_tsmc03을 선택한다.

▶그림 8.6 공정 선택

이제 자신이 작업하고자 하는 라이브러리 환경을 만들었다.

8.2.3 셀과 뷰 만들기

하나의 칩을 생성하기 위해서는 보통 그 칩의 이름을 라이브러리명으로 하고 그 안에 들어가는 하위 회로를 각각의 셀로 만들어 배선한다. 셀을 생성하기 위해서는 File에서 New→CellVeiw를 선택한다. 그림 8.7과 같이 셀을 생성하고자 하는 라이브

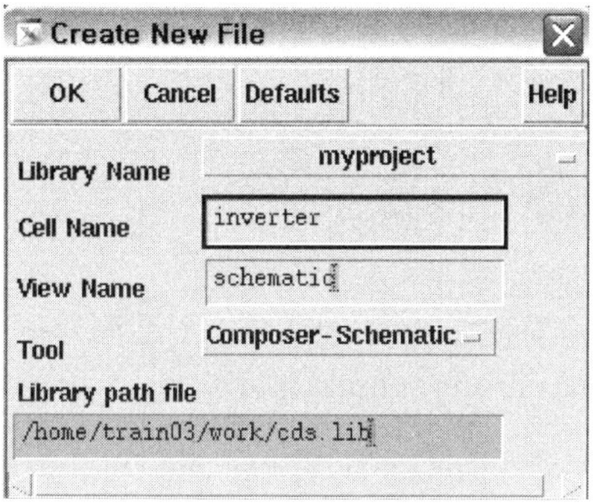

▶그림 8.7 셀과 뷰 만들기

▶그림 8.8 Composer-Schematic Eediting 창 (CSE 창)

러리를 선택하고 새로이 생성할 셀 이름을 입력한다. View Name의 선택 시 스키메틱을 생성하고자 할 때는 Composer-Schematic으로 선택하고, 심볼을 생성하고자 하는 경우는 Composer-Symbol을 선택하며 11장에서 나올 Layout을 생성하고자 하는 경우에는 Virtuoso를 선택한다. OK 버튼을 누르면 각각의 해당하는 작업 창이 나타난다.

우리는 Composer-Schecmatic을 선택한다. 그러면 그림 8.8과 같은 창이 뜨는데 이 창에서 모든 작업의 수행이 가능하다.

8.2.4 스키메틱 편집기 사용법

▣ Add Instance

실제로 스키메틱을 이용하는데 있어 기본적인 심볼은 Cadence 또는 파운더리에서 제공하며 쉽게 불러 쓸 수가 있다. 리이브러리의 각 요소(셀, 전원, 신호원등)를 인스턴스라고 하고 Add 메뉴의 Instance를 열거나 버튼을 클릭하면 그림 8.8과 같은 창이 나타난다. 단축키 i로도 선택이 가능하다.

필요로 하는 심볼을 선택한 후 스키메틱 편집기 상의 원하는 위치에 추가한다. 예를 들어 인버터를 만들기 위해서는 NMOS, PMOS, vdd, gnd가 필요하다. 이 인스턴스들은 NCSU_Analog_Parts 라이브러리에 들어 있다.

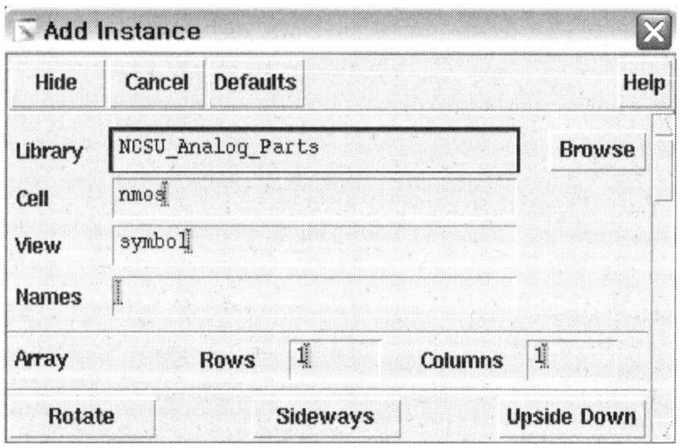

▶그림 8.9 인스턴스 선택

특정 소자에 대한 정보를 알고 싶거나 새롭게 설정하기 위해서는 소자를 선택한 후 Edit 메뉴에서 Properties-Objects를 선택하거나 간단히 단축키 q를 사용하여 그림 8.10과 같은 프로퍼티 창을 열어 트랜지스터의 sizing이나 pin이름 등을 바꿀 수 있다.

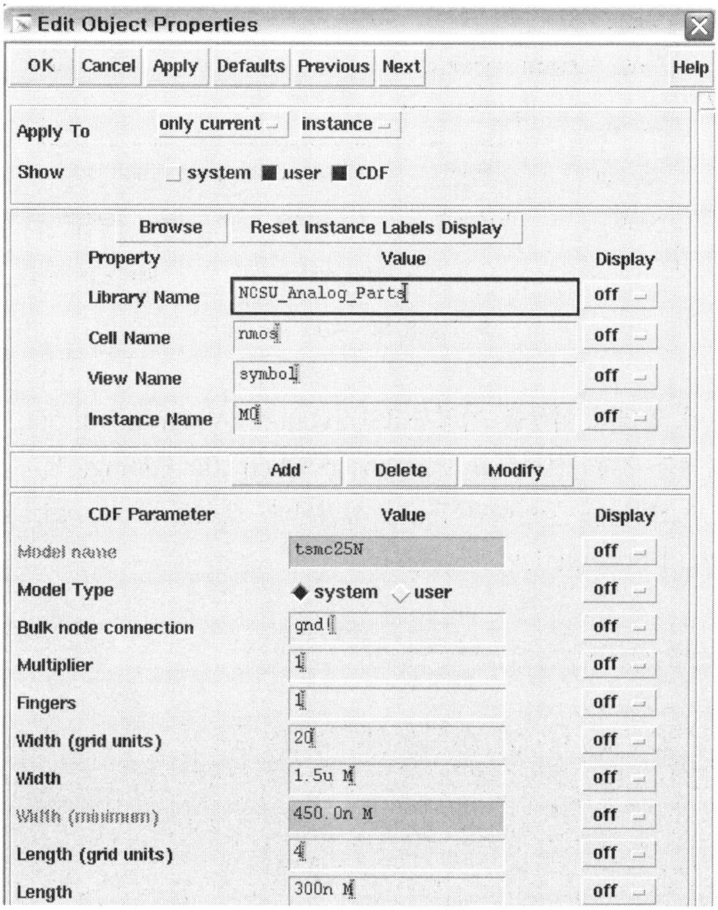

▶그림 8.10 Edit Object Properties

▣ Wire

사용할 component들의 배치가 끝났으면 wire 명령을 이용하여 각 component를 서로 연결해주어야 한다. Add->Wire(narrow)를 선택하거나 버튼을 클릭하면 된다. 단축키 w로도 선택이 가능하다. 선은 한번 클릭할 때마다 꺾을 수 있고 각 component terminal이나 wire 위에서 클릭하면 선이 연결이 된다.

▣ Add Pin

연결이 끝났으면 I/O Pin을 붙여야 한다. 입력과 출력을 지정해주기 위하여 Add 메뉴에서 Pin을 선택하거나 버튼을 클릭하여 그림 8.11과 같은 창을 연다. 단축키 p를 이용하여 간단히 불러올 수도 있다.

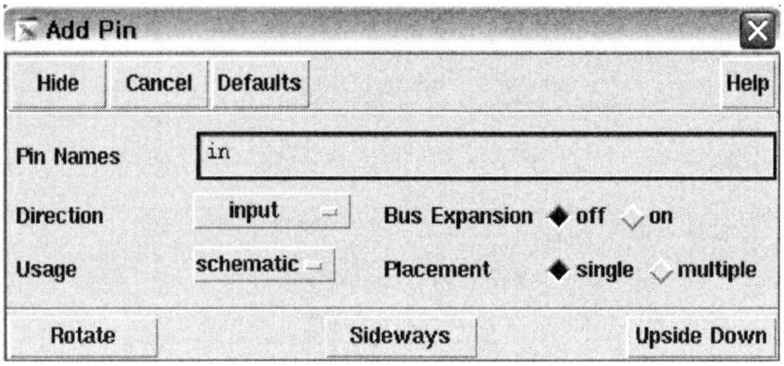

▶그림 8.11 Add Pin 창

Pin Names에 임의의 이름을 기입하고 Direction에서 input, output, inputoutput, switch 중 적당한 것을 선택하고 Composer-Schematic Editing(CSE) 창 적당한 위치에 왼쪽 마우스버튼을 클릭하면 Pin이 생성된다. 생성된 Pin을 wire로 연결해주면 그림 8.12와 같이 Schemetic이 완성된다.

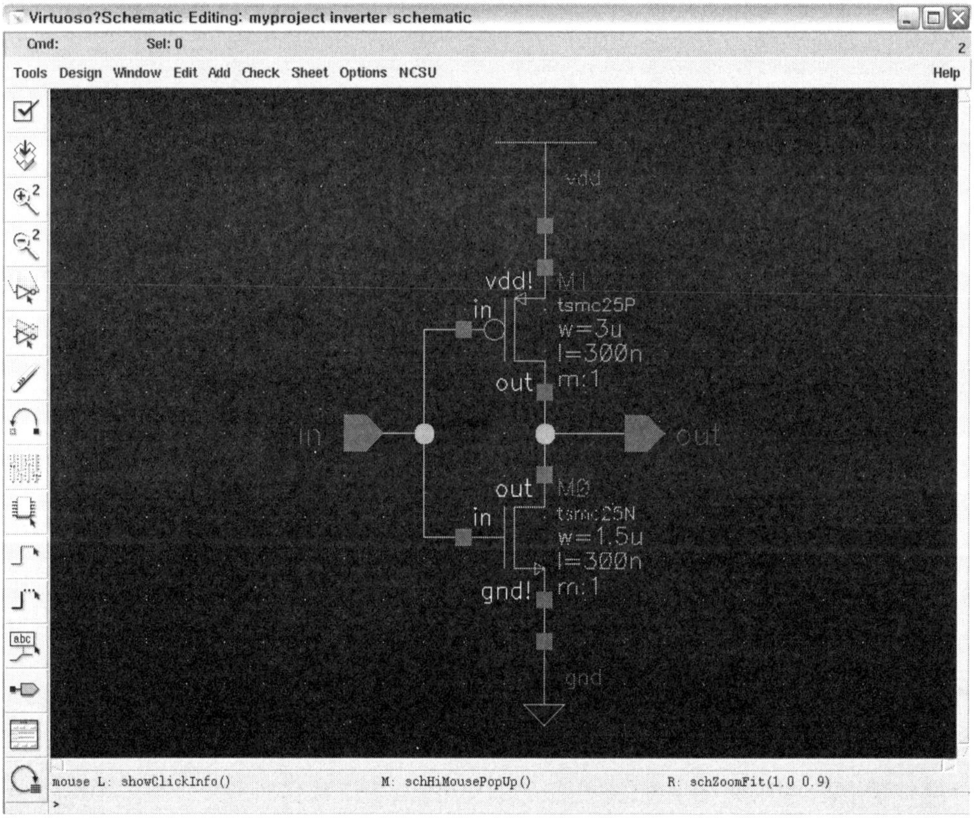

▶그림 8.12 Inverter Schematic 완성

완성된 Schematic에 이상이 없는지 확인하기 위해 Design->Check and Save를 선택하거나 버튼을 클릭하면 현재 디자인의 오류를 찾아준다. Error 또는 Warning이 없을 때까지 반복해준다. 그림 8.13같이 log창에서 Error message를 확인할 수 있다.

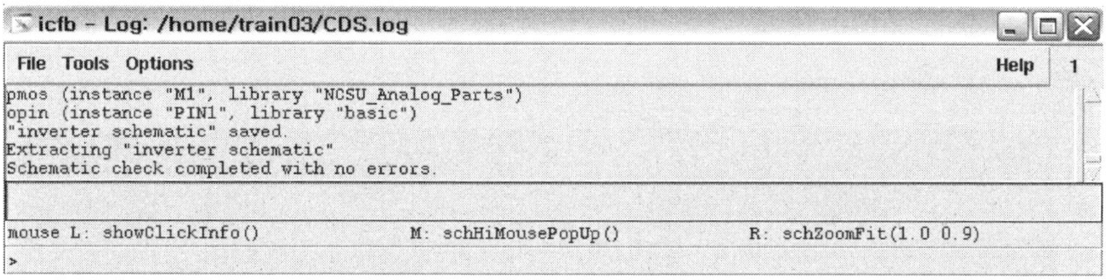

▶그림 8.13 완성된 Schematic의 확인

8.2.5 심볼 편집기 사용법

▣ 심볼 생성

각각의 심볼은 각 셀을 나타내므로 우리가 제작한 inverter를 후에 다시 다른 셀에서 instance로 불러들여 쓰기 위해서는 제작한 셀을 심볼과 대응(link)시켜야 한다. 스키메틱에서 심볼을 instance로 생성하기 위한 작업은 Inverter Schematic이 완성된 Composer-Schematic Editing(CSE) 창의 메뉴에서 Design->Create Cellview->From Cellview를 선택하면 그림 8.14과 같은 창이 나타난다.

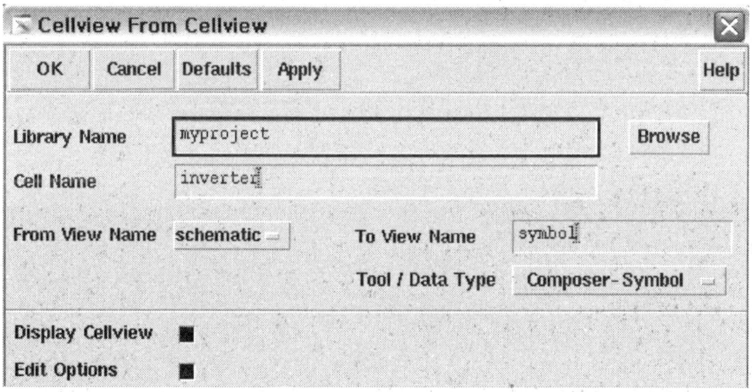

▶그림 8.14 Cellview From Cellview

여기서 From View Name을 연관시키려는 셀의 뷰를 선택하고 To View Name을 symbol로 로 설정하고 OK 버튼을 누른다.

▣ 심볼 편집.

그림 8.14와 같은 Black box 형식으로 된 심볼이 Composer-Symbol Editing(CSE) 창에 나타난다. 이것을 그냥 쓰고 싶으면 Design->Save를 선택하거나 버튼을 클릭하여 저장을 하고 나가면 된다.

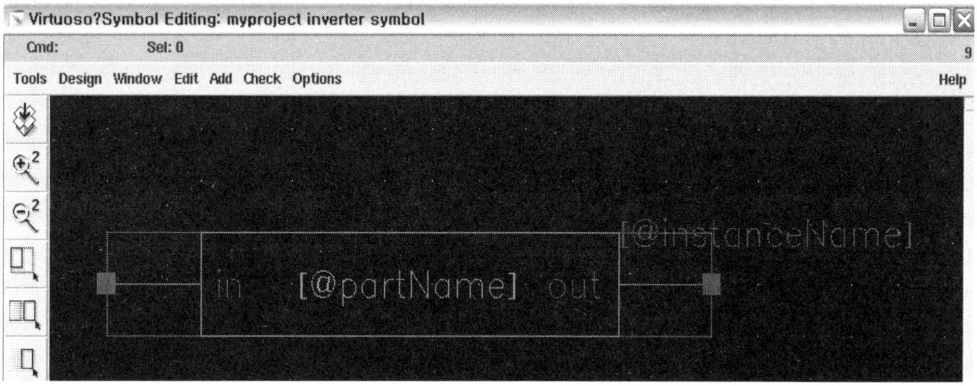

▶그림 8.15 심볼 초기 상태

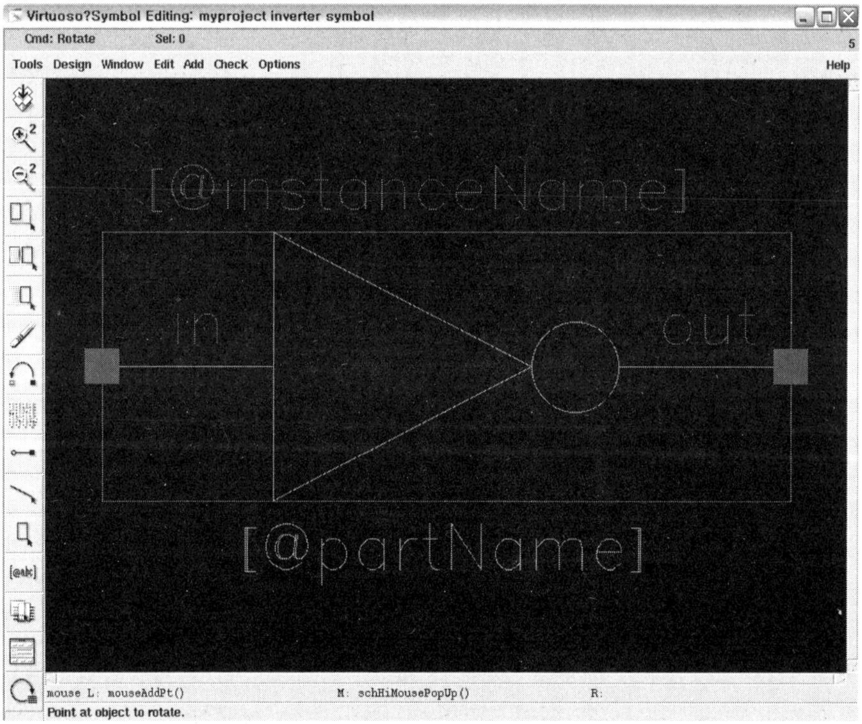

▶그림 8.16 인버터 심볼

모양을 편집하려면 Add->Shape 아래의 여러 명령어 또는 Edit에 관련된 명령들을 참고로 하여 편집한다. 그림 8.16와 같이 인버터 심볼의 모양을 그릴 수 있다.

8.3 hierarchy한 4bit Full Adder의 구성

Inverter와 NAND 및 NOR 게이트를 이용하여 hierarchy하게 4비트 전가산기를 구성해 보자. 먼저 그림 8.17과 같이 1비트 전가산기의 회로를 살펴보자. 이 전가산기는 반가산기 2개와 OR 게이트를 이용하였다. 반가산기에는 XOR 게이트와 AND 게이트가 사용된다.

AND 게이트는 NAND와 NOT 게이트를 연결하고 OR 게이트는 NOR와 NOT게이트를 연결하여 표현이 가능하다.

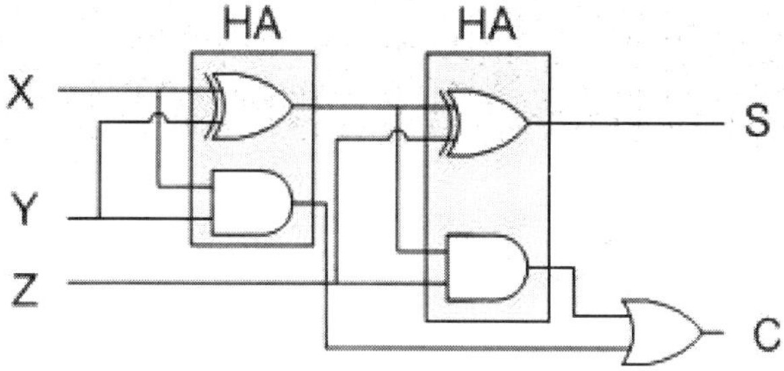

▶그림 8.17 Full Adder

XOR 게이트는 그림 8.19과 같이 표현되는데 2개의 AND 게이트, 2개의 Inverter, 1개의 OR 게이트로 구성할 수 있다.

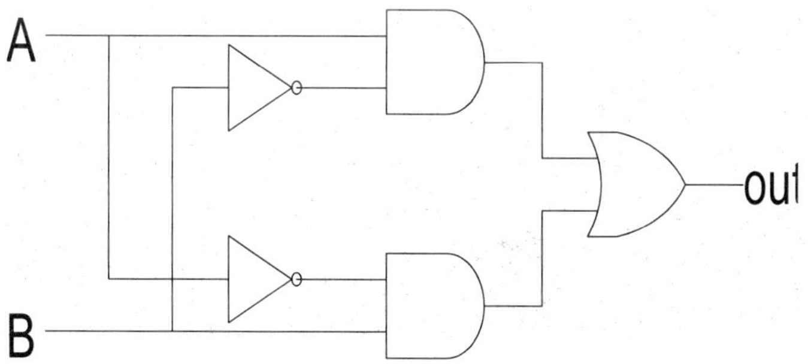

▶그림 8.18 XOR

그림 먼저 그림 8.19 ~ 그림 8.22와 같이 NAND와 NOR 게이트를 inverter의 schematic과 symbol을 만드는 방법을 참고하여 생성한다.

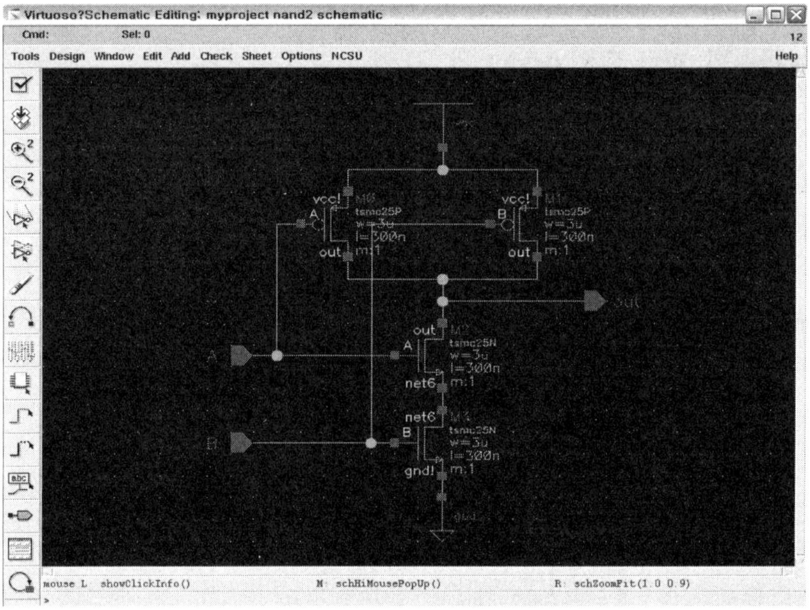

▶그림 8.19 NAND Schematic

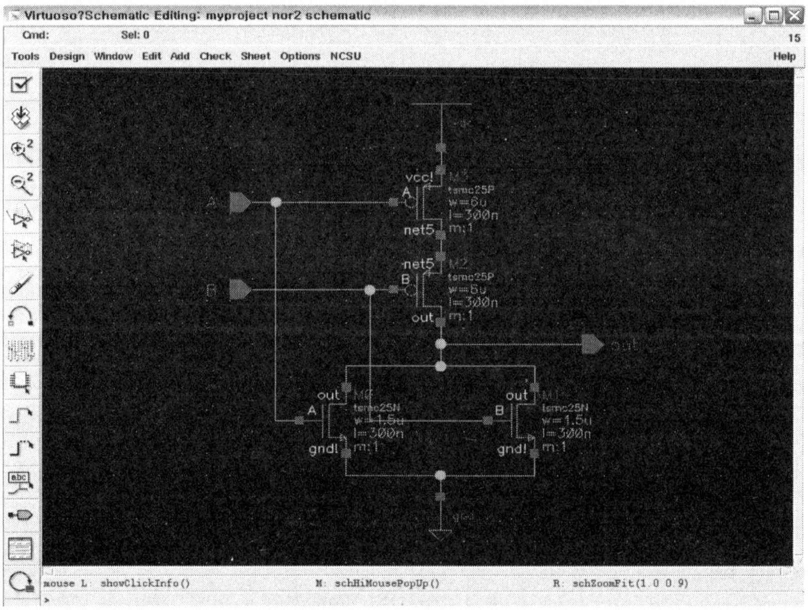

▶그림 8.20 NOR Schematic

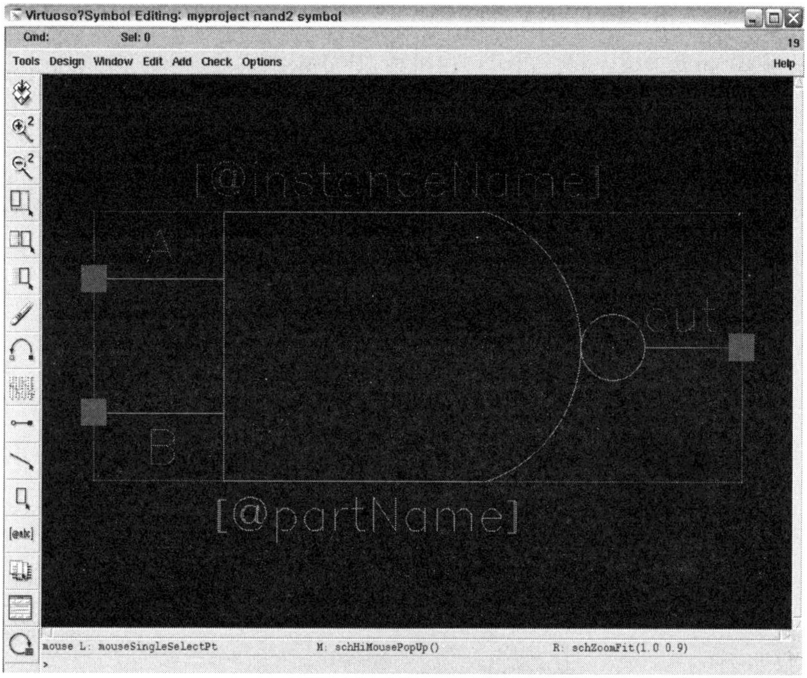

▶그림 8.21 NAND Symbol

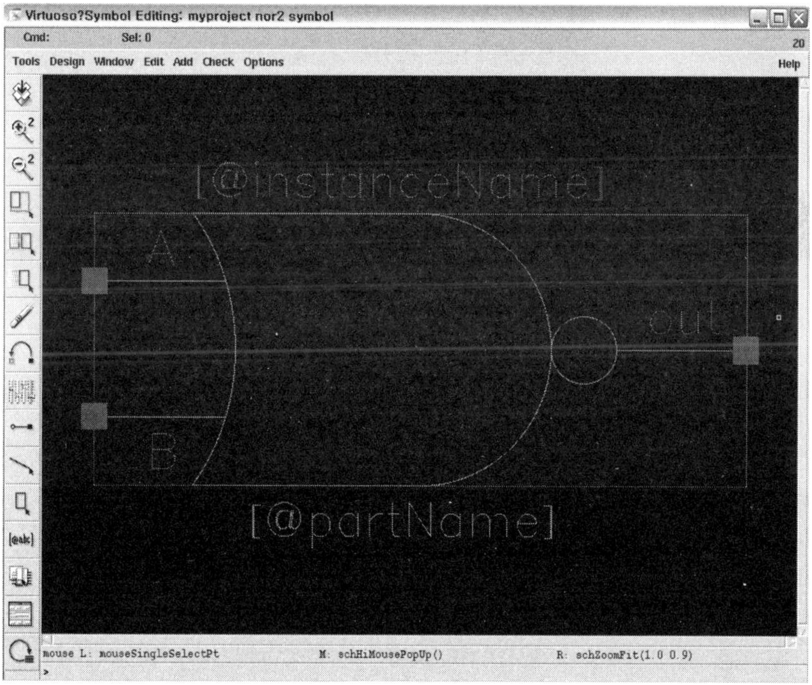

▶그림 8.22 NOR Symbol

우리는 지금까지 Inverter, NAND, NOR 게이트의 트랜지스터 수준의 스키메틱을 작성한 후 이를 이용하여 심볼 라이브러리를 작성하였다. 앞으로 이 3개의 심볼 라이브러리를 이용하여 hierarchy한 설계를 통한 4비트 전가산기를 설계할 것이다.

지금까지 설계한 Inverter, NAND, NOR 게이트를 이용하여 전가산기의 기본게이트인 AND, OR 게이트를 설계하고 이를 이용하여 XOR 게이트를 설계한다. 여기서는 AND 게이트를 설계하는 방법만 살펴볼 것이며 나머지는 스스로 해보길 바란다.

8.3.1 AND 스키메틱 및 심볼 만들기

먼저 그림 8.23과 같이 and라는 이름의 새로운 셀을 생성하기 위해서 Library Manager창 또는 Main 윈도우 창의 File→New→CellView를 선택하고 View Name은 Composer- Schematic으로 선택한 후 OK 버튼을 누른다.

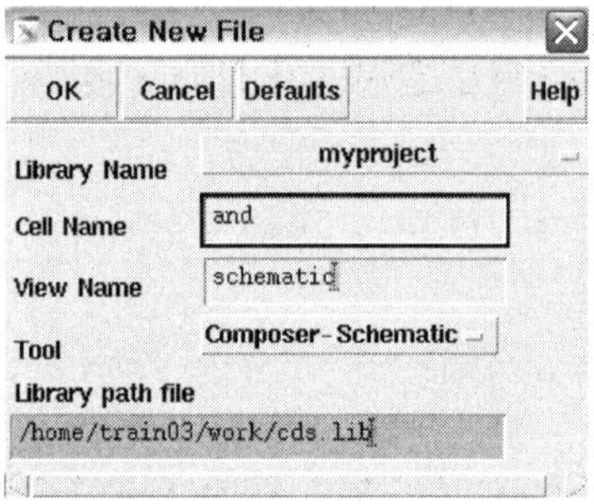

▶그림 8.23 and 셀의 생성

AND 게이트를 만들기 위해 NAND와 Inverter를 인스턴스로 불러들여야 한다. 인스턴스를 불러들이기 위해서는 인스턴스 추가 시 그림 8.24와 같이 먼저 만든 NAND와 Inverter가 속해있는 라이브러리를 선택해야 된다.

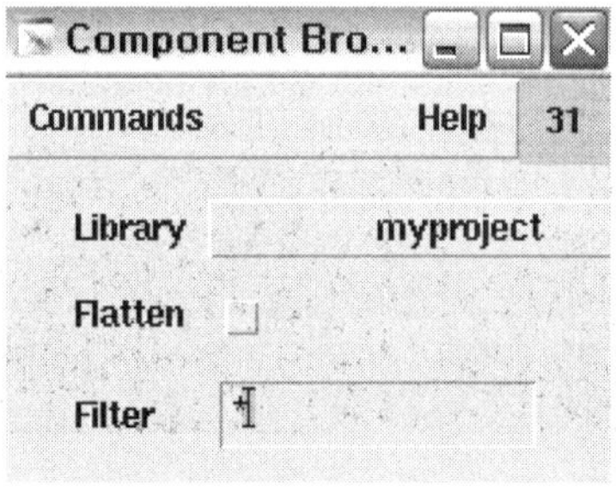

▶그림 8.24 인스턴스 추가를 위한 라이브러리 선택

인스턴스들을 이용하여 그림 8.25와 같이 연결한다.

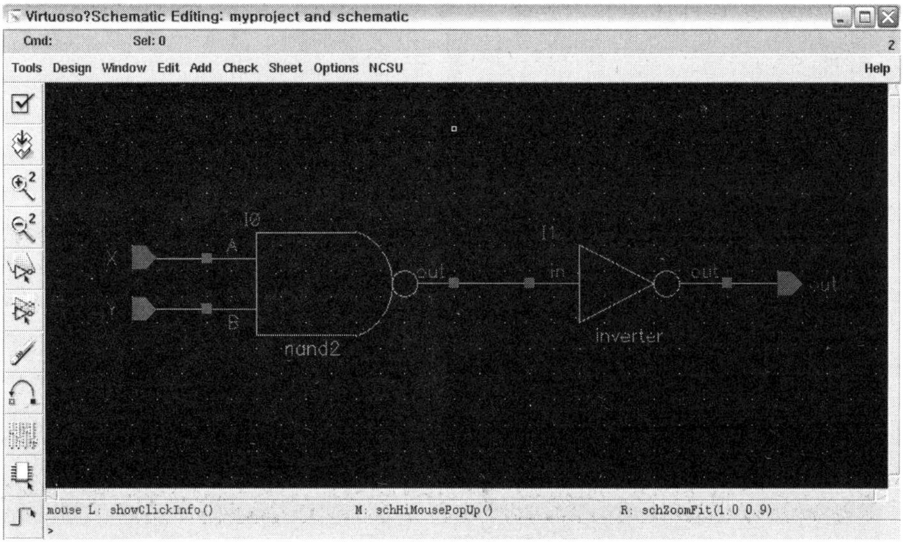

▶그림 8.25 AND Schematic

생성된 AND Schematic의 심볼을 생성하기 위해 Design -> Create Cellview -> From Cellview를 선택하여 그림 8.26과 같은 심볼을 생성한다.

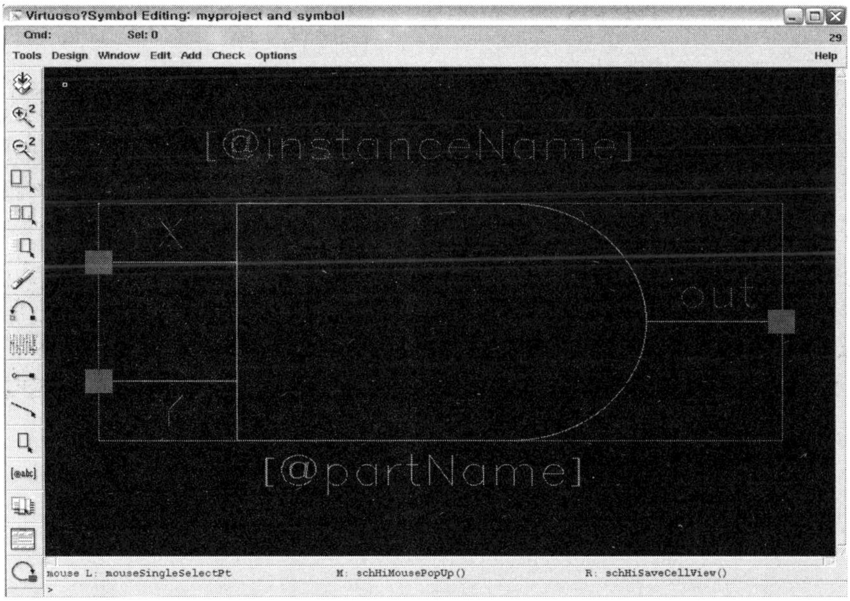

▶그림 8.26 AND Symbol

이러한 방법을 사용하여 OR 게이트의 Schematic과 Symbol 생성이 가능하다. 계속하여 AND, OR, Inverter를 이용해 XOR 게이트를 설계하자. 그 다음 XOR 게이트와 AND 게이트로 반가산기를 설계한 후 생성된 반가산기와 OR 게이트를 사용하여 그림 8.27과 같은 1비트 전가산기를 생성할 수 있을 것이다.

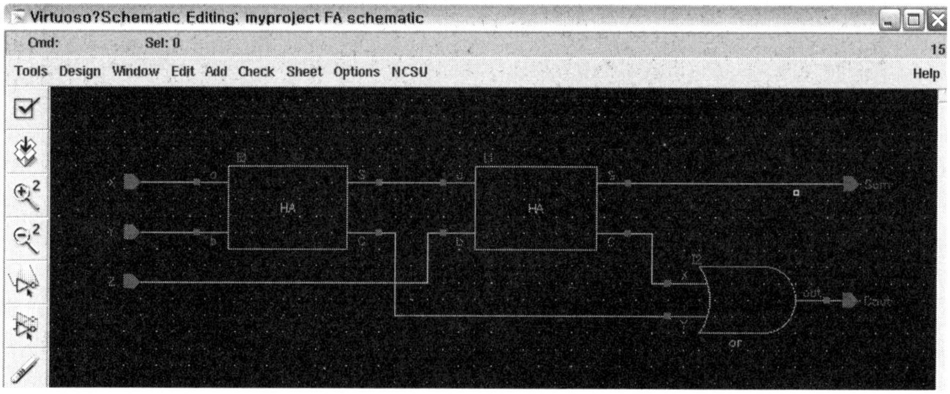

▶그림 8.27 1비트 전가산기의 hierarchy한 설계

1비트 전가산기 Schematic을 이용하여 1비트 전가산기의 심볼을 그림 8.28과 같이 만들고 마지막으로 4비트 Full Adder를 만든다.

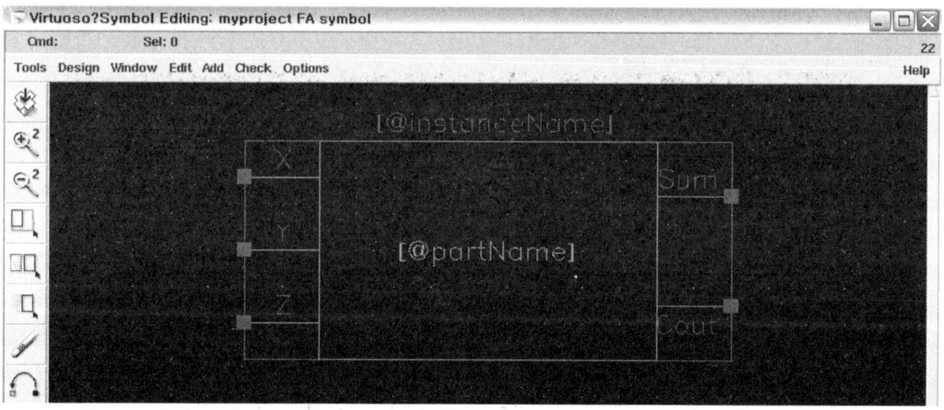

▶그림 8.28 전가산기 심볼

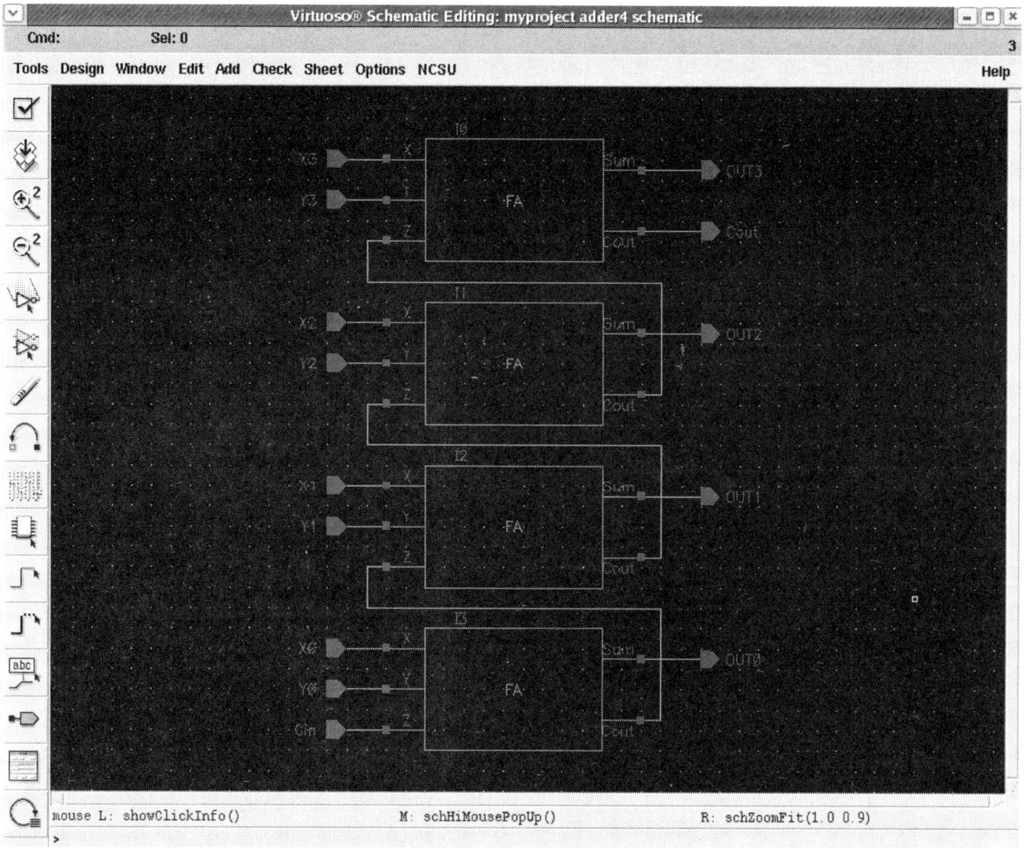

▶그림 8-29 4bit Full Adder

게이트들의 트랜지스터 수준 스키메틱 또는 상위레벨에서 하위레벨의 스키메틱 또는 심볼로 이동하려면 게이트 또는 하위레벨로 이동할 블록을 선택하고 단축키 X를 누르거나 Design->hierarchy->Descend Edit를 선택하면 하위 스키메틱이 나타나고 수정이 가능하다. 하위레벨의 스키메틱 수정은 하지 않고 단지 확인만 할 경우에는 단축키 x를 누르거나 Design->hierarchy->Descend Read를 선택하면 된다.

다시 상위 레벨로 이동하려면 Design->hierarchy->Return을 선택하거나 단축키 b를 눌러서 원래의 회로로 돌아올 수 있다. 하위레벨의 이동은 트랜지스터 수준까지 계속 수행이 가능하며 이때 원래의 회로로 돌아오기 위해 상위 레벨로의 이동을 여러 번 사용하여 돌아올 수도 있고 Design->hierarchy->Return to Top을 선택하거나 단축키 B를 눌러 Top레벨로 바로 돌아갈 수 있다.

간단한 예를 통해 hierarchy한 이동을 살펴보자. 그림 8.29의 4bit 전가산기 Schematic에서 하나의 FA를 선택한 후 단축키 X 또는 메뉴에서 Design ->

hierarchy -> Descend Edit를 선택하면 그림 8.30와 같은 창이 뜬다.

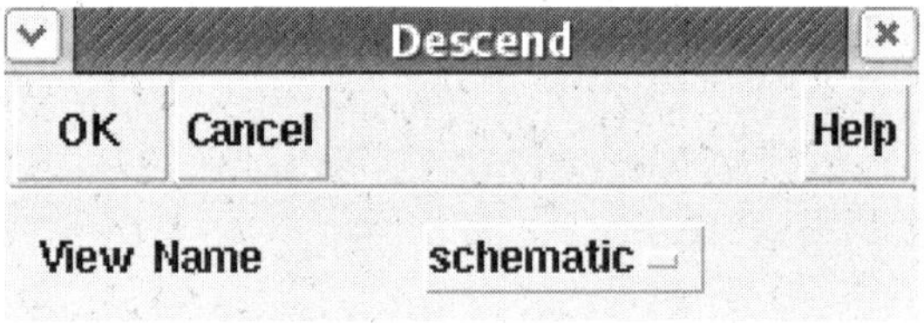

▶그림 8.30 Descend 창

View Name을 Schematic 또는 Symbol을 선택한 후 OK를 누르면 하위레벨(여기서는 그림 8.27과 같은 1비트 전가산기 Schematic 창이 뜬다.)의 확인 및 변경이 가능하다. 하위레벨로의 이동은 트랜지스터 레벨까지 가능하며 상위레벨의 이동과 함께 각자 확인해보자.

8.4 Netlist 추출방법

앞에서 생성한 4비트 전가산기 회로를 시뮬레이션 하기 위해 네트리스트를 생성할 수 있으며 Cadence에서는 NC-Verilog, Spectre, Verilog-XL 또는 HSPICE 등의 시뮬레이터를 위한 네트리스트의 생성이 가능하다. 여기서는 HSPICE를 위한 네트리스트를 생성해보자.

현재 작업하고 있는 SCE (Schematic-Composer Editing) 창에서 Tools->Analog Environment 를 선택하면 그림 8.31의 창이 뜨게 된다. 앞으로 netlist를 추출하고 시뮬레이션작업까지 모두 이 창을 통해 실행한다.

Netlist 추출을 위해 먼저 자신이 사용할 simulator 및 자신이 작업하고자 하는 디렉토리 선택을 해야 한다. 그림 8.31의 창에서 Setup->Simulator/Directory/Host를 클릭하면 그림 8.32와 같은 창이 뜨는데 Simulator 항목에는 hspiceS를 선택한다. 그리고 Project Directory 및 Host Mode 항목은 원래 설정된 대로 놔두고 OK 버튼을 클릭한다.

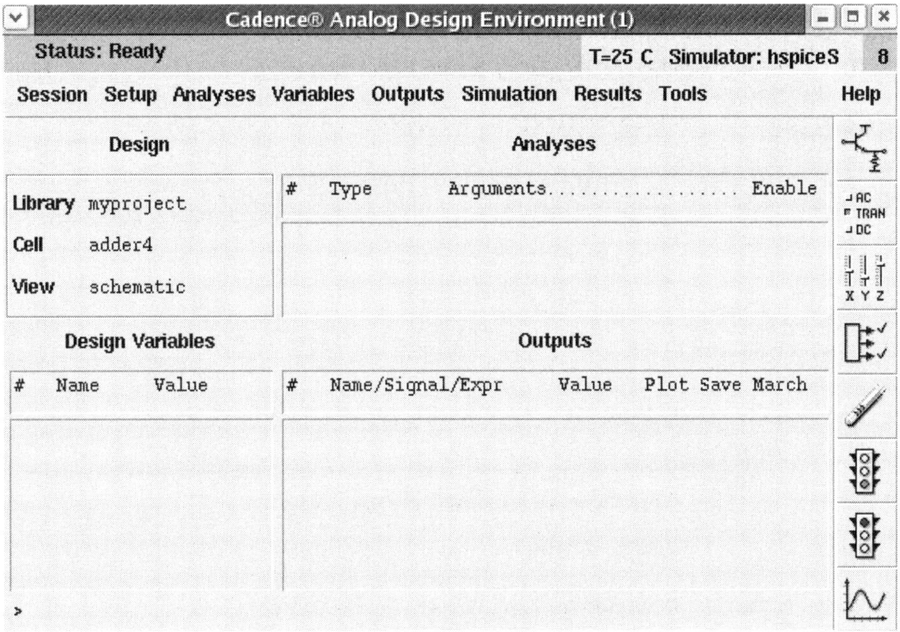

▶그림 8.31 Analog Environment 창

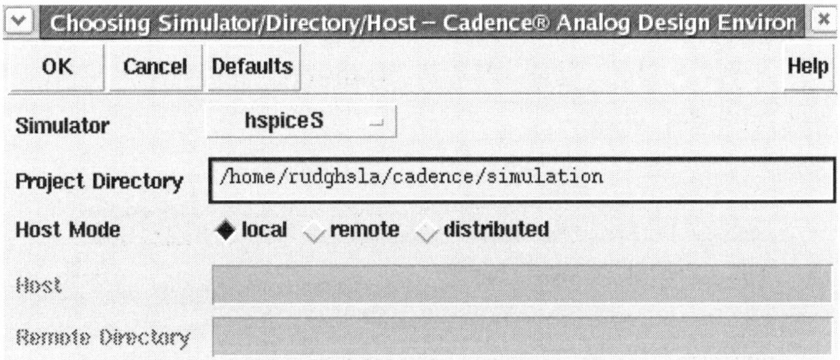

▶그림 8.32 Simulator/Directory/Host 선택 창

다음 현재 사용되는 모델을 제공하는 rule을 선택해야 되는데 그림 8.31의 창에서 Setup-〉 Model Path를 클릭한다. 그러면 그림 8.32와 같은 창이 뜨는데 현재는 기본 설정이 되어있다. 이는 Directory항목에서 확인이 가능하다. 각자 그림 8.33과 같이~environment/ ncsu-cdk-1-5-0/models/hspice/public이 add되었는지 확인해 보자.

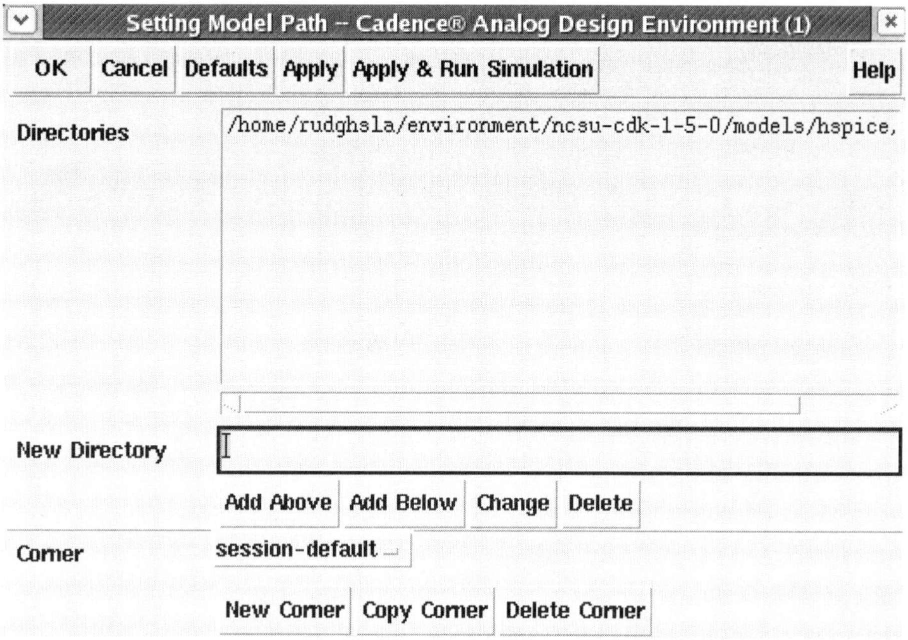

▶그림 8.33 Model Path 설정 창

이러한 기본 설정이 끝나면 Analog Environment 창에서 Analyses->Choose를 선택하여 그림 8.34와 같은 창을 띄우고 Transient analysis의 선택 및 Setup condition등을 설정해야 한다.

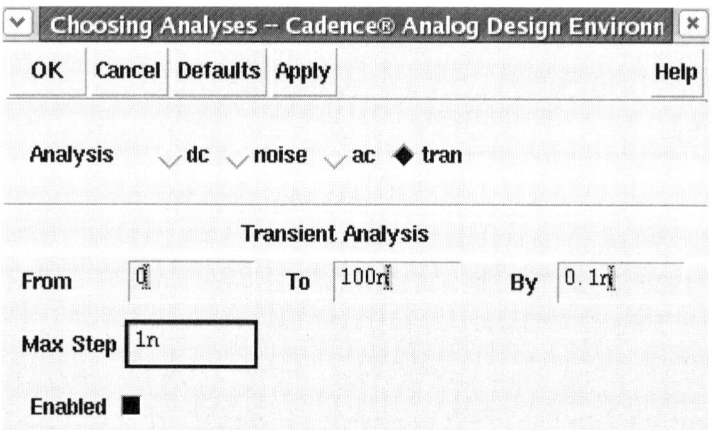

▶그림 8.34 Analyses 선택창

우리는 Transient analysis를 선택하여 시간에 따른 전압변화를 살펴 볼 것이다. Analysis에서 tran을 선택하고 From 항목에는 0, To에는 시뮬레이션 종료 시간을 기입한다. By항목은 시뮬레이션 종료 시간까지 몇 sec단위(step)로 시뮬레이션을 할 것인지 지정한다. OK를 선택하여 설정을 완료하자.

여기까지 완료하면 그림 8.35와 같이 Analog Environment 창에 설정한 Analysis 정보가 나타날 것이다.

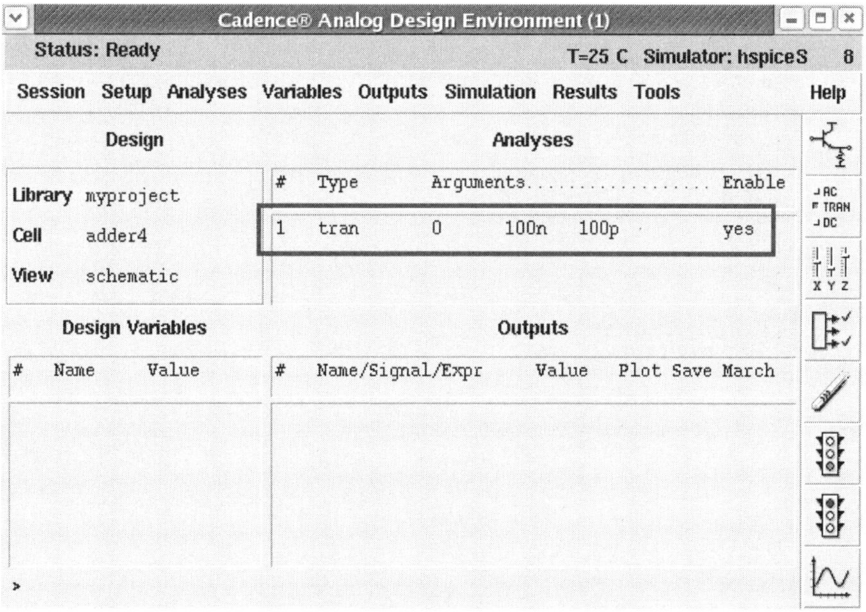

▶그림 8.35 설정된 Analysis 정보

Output->Save All을 선택하면 그림 8.36과 같은 창이 뜨는데 모든 노드를 선택해야 한다. 여기서는 Select all node voltages 항목이 미리 선택되어 있을 것이다. 확인하고 OK버튼을 누른다.

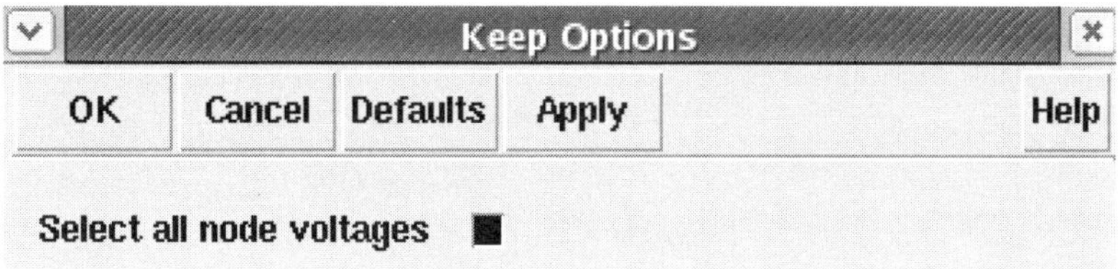

▶그림 8.36 Select all node (voltage)

HSPICE netlist를 추출하기 위해 그림 8.31의 Analog Environment창에서 Simulation -> Netlist -> Create Final을 선택한다. netlist추출이 완료되면 그림 8.37과 같은 창이 뜨는데 netlist정보의 확인이 가능하다.

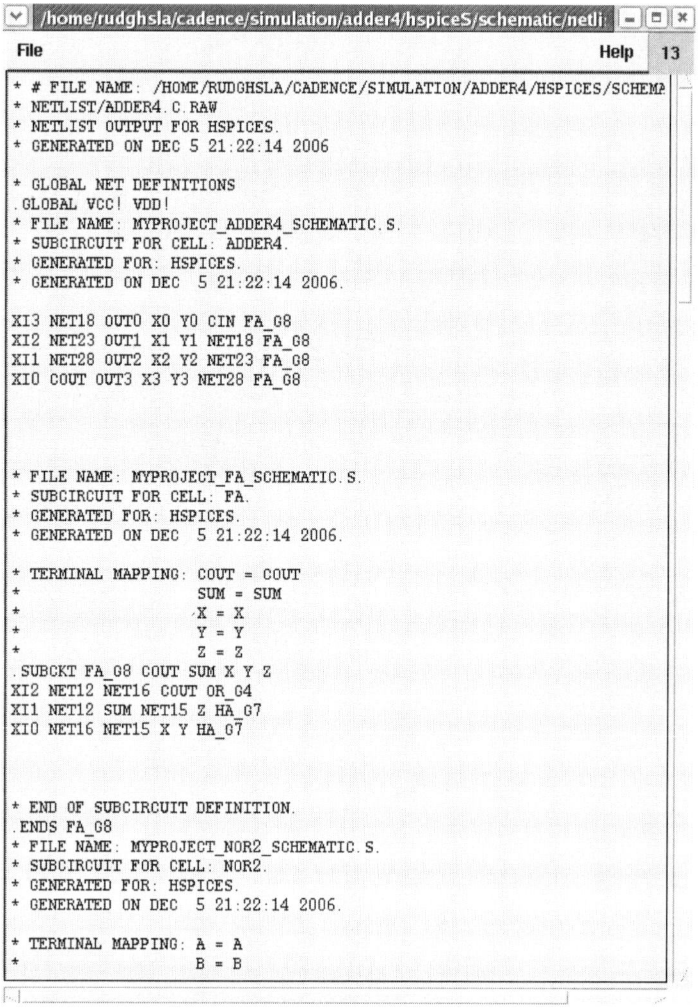

```
/home/rudghsla/cadence/simulation/adder4/hspiceS/schematic/netli
File                                                    Help  13
* # FILE NAME: /HOME/RUDGHSLA/CADENCE/SIMULATION/ADDER4/HSPICES/SCHEMA
* NETLIST/ADDER4.C.RAW
* NETLIST OUTPUT FOR HSPICES.
* GENERATED ON DEC 5 21:22:14 2006

* GLOBAL NET DEFINITIONS
.GLOBAL VCC! VDD!
* FILE NAME: MYPROJECT_ADDER4_SCHEMATIC.S.
* SUBCIRCUIT FOR CELL: ADDER4.
* GENERATED FOR: HSPICES.
* GENERATED ON DEC  5 21:22:14 2006.

XI3 NET18 OUT0 X0 Y0 CIN FA_G8
XI2 NET23 OUT1 X1 Y1 NET18 FA_G8
XI1 NET28 OUT2 X2 Y2 NET23 FA_G8
XI0 COUT OUT3 X3 Y3 NET28 FA_G8



* FILE NAME: MYPROJECT_FA_SCHEMATIC.S.
* SUBCIRCUIT FOR CELL: FA.
* GENERATED FOR: HSPICES.
* GENERATED ON DEC  5 21:22:14 2006.

* TERMINAL MAPPING: COUT = COUT
*                   SUM = SUM
*                   X = X
*                   Y = Y
*                   Z = Z
.SUBCKT FA_G8 COUT SUM X Y Z
XI2 NET12 NET16 COUT OR_G4
XI1 NET12 SUM NET15 Z HA_G7
XI0 NET16 NET15 X Y HA_G7



* END OF SUBCIRCUIT DEFINITION.
.ENDS FA_G8
* FILE NAME: MYPROJECT_NOR2_SCHEMATIC.S.
* SUBCIRCUIT FOR CELL: NOR2.
* GENERATED FOR: HSPICES.
* GENERATED ON DEC  5 21:22:14 2006.

* TERMINAL MAPPING: A = A
*                   B = B
```

▶그림 8.37 추출된 netlist 정보

생성된 netlist의 저장을 위해서 터미널을 이용하여 현재 library가 저장되어 있는 work폴더 안에 새로운 폴더를 생성하자. 여기서는 그림 8.38과 같이 project_sim 이름의 폴더를 생성한다.

▶그림 8.38 Netlist 저장을 위해 새로운 폴더 생성

그림 8.37의 Netlist 출력창에서 File->Save As를 선택하면 그림 8.39의 창이 뜨는데 ~/work/myproject_sim_adder4.sp를 직접 입력하여 저장한다.

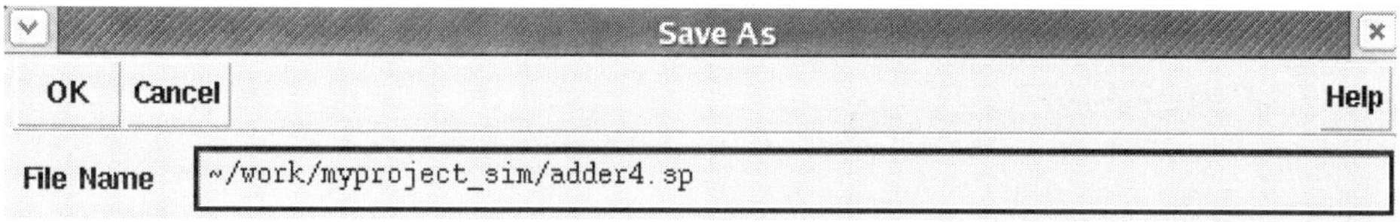

▶그림 8.39 Netlist 저장

터미널로 이동하여 그림 8.40과 같이 command 라인에 emacs adder4.sp &를 입력하거나 vi에디터를 사용하여 adder4.sp 파일이 만들어졌는지 열어본다. 그래픽 인터페이스 환경을 이용하여 직접 adder4.sp 파일을 텍스트 편집기 프로그램으로 열어 볼 수 있다.

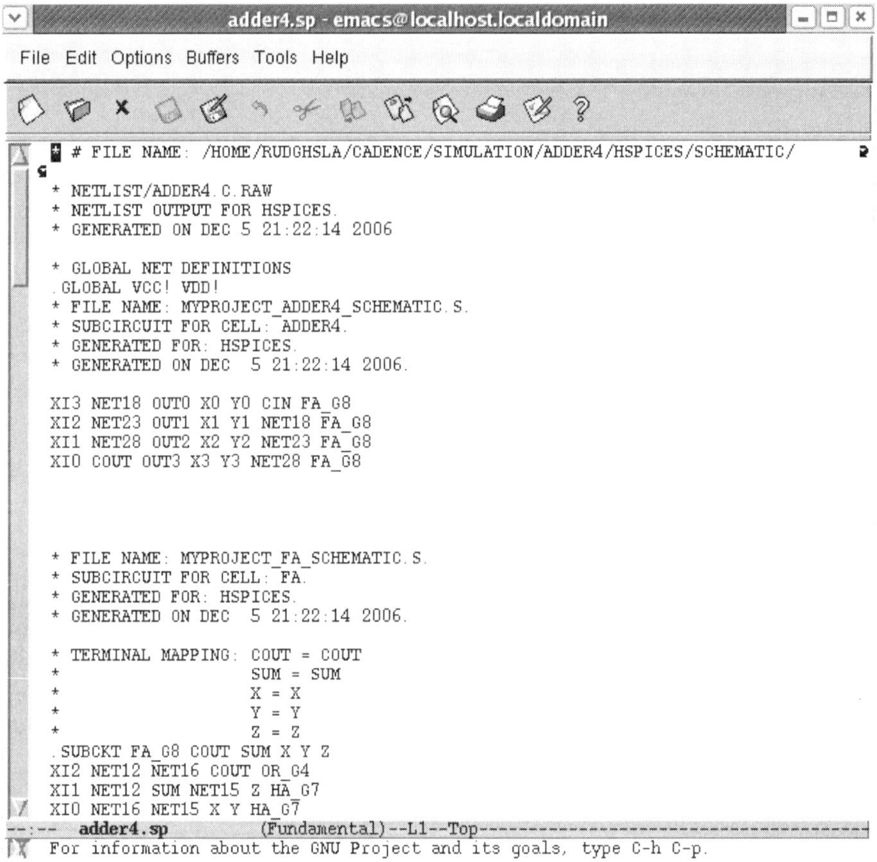

▶그림 8.40 sp파일 확인

제 9 장

✓공정에 최적화된 트랜지스터 Level Simulation

9.1 개요

9.1.1. 트랜지스터 Level Simulation

6장에서 System 레벨이나 RTL레벨로 만든 모델을 Gate level로 합성하고 시뮬레이션을 하는 부분까지 다루었다. 이번 장에서는Gate 레벨의 모델을 트랜지스터 레벨로 변환한 것에 대해 시뮬레이션을 하는 방법을 다루고자 한다.

트랜지스터 레벨의 시뮬레이션의 경우, 디지털 디자인과 아날로그 디자인에 대해 차이가 있다. 그림 9.1에서 보듯이 디지털의 경우 우리의 관심사는 '0'->'1' 또는 '1'->'0' 의 변화이다. 아날로그의 경우는 디지털보다 더 복잡하다. '0'->'1' 또는 '1'->'0'의 변화가 있지만, '0'도 정확한 '0'이 아니고 여러 수준이 존재하며, 또한 '0'->'1'의 변화가 있을 때도 천이에 걸리는 시간이 존재한다.

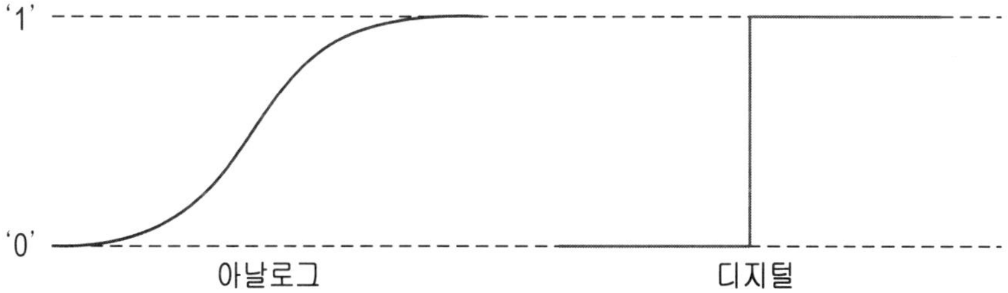

▶그림 9.1 아날로그 파형과 디지털 파형.

물론 디지털 회로라 할지라도 그림 9.1처럼 수직의 파형이 나올 수는 없다. 하지만 '0'에서 '1'로 변화할 때, 그 파형이 수직이라고 가정을 하고 생각을 하는 것이다. 그래서 디지털 회로의 트랜지스터 레벨 시뮬레이션의 경우 Switching 레벨 시뮬레이션이라 하기도 한다. 이번 장에서 다룰 내용은 이런 switching 레벨의 시뮬레이션이 아니고 아날로그 파형의 시뮬레이션이다. 디지털 회로의 관심사가 switching 레벨에 있기는 하지만 그 회로의 레지스터, 커패시터, 인덕터 등의 소자나 그 소자 사이의 연결 사이의 동작을 확인해야 한다든지 트랜지스터의 파라미터를 추출한다든지 할 때 이런 트랜지스터 레벨의 시뮬레이션이 필요하다.

9.1.2 SPICE 소개

SPICE는 Simulation ProgramwithIntegratedCircuitEmphasis의 줄임말로, 1970년대 초반 U.C. Berkeley에서 개발한 전자회로 시뮬레이션 프로그램이다.

SPICE의 역사는 표 9.1과 같다.

▶표 9.1 SPICE의 역사

CANCER	- 1970년대 초반, U.C. Berkeley의 Ron Rohrer가 시뮬레이션 프로그램을 개발하기 시작. - Larry Nagel를 비롯한 여러 학생들이 CANCER (Computer Analysis of Non-Linear Circuits Excluding Radiation)를 개발. - DC, AC, Transient Analysis를 수행. - diode, bipolar transistor를 시뮬레이션함.
SPICE1	- 1972년, Nagel과 Pederson이 SPICE1을 배포. - SPICE가 산업 표준 시뮬레이션 툴이 됨. - JFET와 MOSFET가 추가됨.
SPICE2	- 1975년, 향상된 버전이 배포. - voltage source와 inductor를 시뮬레이션. - 회로의 크기와 복잡도가 높아지는 것을 수용하기 위해 메모리 동적 할당 방식을 사용 - 조절 가능한 time-step 컨트롤로 시뮬레이션 시간 조절. - MOSFET와 bipolar 모델이 더 정교해지고 확장됨. - SPICE2G.6 버전(1983)은 마지막 FORTRAN 버전이며 현재도 사용가능함. - 현재 많은 상업적인 시뮬레이터는 SPICE2G.6 버전을 기반으로 함.
SPICE3	- 1985년에 C 언어로 SPICE 코드가 재작성됨. - 결과를 그래픽 인터페이스로 볼 수 있게 만듬. - polynomial capacitor, inductor, voltage controlled sources를 시뮬레이션함. - 많은 컨버전스 문제를 해결. - MESFET, lossy transmission line, non-ideal switch 모델의 추가. - 향상된 반도체 모델은 더 작은 트랜지스터 구조를 수용함. - SPICE2와 호환성이 없음.
1980년대 이후	- HSPICE, IS_SPICE, MICROCAP 등과 같이 상업적인 버전이 배포. - MicroSim에서 SPICE의 첫 번째 PC 버전인 PSPICE를 배포. - 회사들은 그들만의 layout 패키지와 schematic entry에 맞는 SPICE를 사용.

9.2 트랜지스터 파라미터 추출과 트랜지스터 SPICE 모델

SPICE 내의 파라미터는 숫자상의 값들과 연관된 이름이다. 고정된 실제적인 숫자, 실수 체계의 대수적인 표현, 미리 정의된 함수, 사용자가 정의한 함수, 또는 회로나 모델에 적용되는 수치들이 파라미터이다. 이런 파라미터는 사용자가 직접 정의할 수도 있고, Foundry에서 제공하기도 한다.

표 9,2는 사용자가 이러한 파라미터를 어떻게 사용할 수 있는지 예를 보여주고 있다.

▶표 9,2 파라미터 사용 방법

Simple assignment	.PARAM <SimpleParam> = 1e-12
Algebraic definition	.PARAM <AlgebraicParam> = 'SimpleParam * 8.2'
User-defined function	.PARAM <MyFunc(x, y)> = 'Sqrt(x*x)+(y*y))'
Subcircuit default	.SUBCKT <SubName> <ParamDefName> = + <Value>
Predefined analysis function	.PARAM <mcVar> = Agauss (1,.0, 0.1)
.MEASURE statement	.MEASURE <DC | AC | TRAN> result TRIG + . . . + TARG . . . <GOAL = val> <MINVAL = val> + <WEIGHT = val> <MeasType> + <MeasParam>

이러한 파라미터를 추출하기 위한 방법은 두 가지 방법이 있다. 비싼 측정 장비를 이용하여 특성을 측정한 다음 추출하는 방법이 있고, 또 SPICE를 이용하여 시뮬레이션을 통해 측정한 다음 추출하는 방법이 있다.

여기서 측정하려는 것은 Transfer 특성과 Drain 특성이다. FET의 Transfer 특성은 I_d(drain current)와 V_{gs}(gate-sourcevoltage)사이의 관계를 가지고 정의되며, Drain 특성은 I_d와 V_{ds}(drain-sourcevoltage)사이의 관계를 가지고 정의된다.

위의 측정된 특성들을 이용하여 parasitic resistances, parasitic capacitances와 channel length modulation, body effect 등의 현상을 가지는 FET의 파라미터를 구할 수 있다.

이 중 Transfer 특성을 측정한 것은 9.4.1에서 시뮬레이션할 것이다.

표 9,3은 이렇게 구한 공정 회사에서 제공하는 파라미터의 일부이다.

▶표 9,3 TSMC 공정 파라미터

```
* DATE: Nov  3/03
* LOT:T39Q                  WAF:2009
*   Temperature_parameters=Default
.MODEL nfet NMOS   (                                    LEVEL    = 49
+VERSION =    3.1            TNOM      =   27             TOX       = 7.7E-9
+XJ        =    1E-7          NCH       =   2.2E17         VTH0       = 0.4801325
+K1        =    0.5831231     K2        =  6.106683E-3    K3         = 17.3089633
                                            .
                                            .
                                            .
+CJSWG    = 4.42E-11          PBSWG    =   0.99              MJSWG    = 0.3184301
+CF        =   0              PVTH0    = 4.931123E-3     PRDSW    =    161.0215185
+PK2       = 1.521612E-3      WKETA    = 5.572662E-3     LKETA    =    -3.990938E-4    )
```

9.3 Hspice 시작 및 사용 방법

9.3.1 Hspice 시작

일단 FET나 복잡한 회로 보다 간단한 RLC 회로를 가지고 HSPICE를 시작해보자. 그림 9.2는 DC와 AC 전원을 갖는 간단한 RC 회로이다.

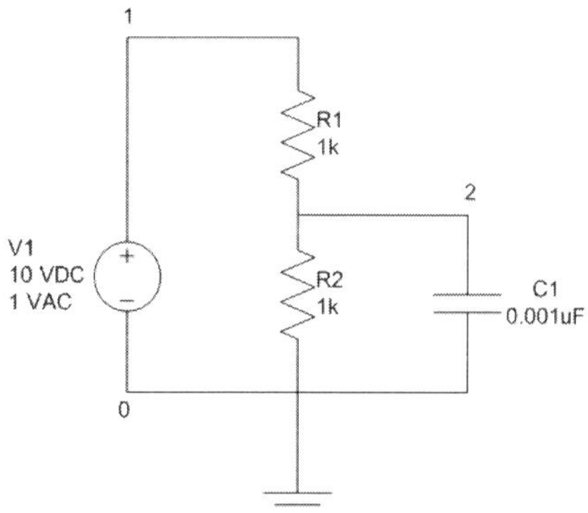

▶그림 9.2 간단한 RC 회로

이 회로는 저항 R1과 R2, 그리고 커패시터 C1, 전원 V1을 갖는다. 노드 1은 전원의 양극과 R1과의 연결이고 노드 2는 R1, R2, C1이 연결되는 점이다. HSPICE의 그라운드는 항상 노드 0이다.

그림 9.2의 net-list는 표 9.4와 같다.

▶표 9.4 net-list

```
A     SIMPLE   AC   RUN
.OP
.AC   DEC   10     1K   1MEG
.PRINT   AC   V(1)     V(2)   I(R2)   I(C1)
V1   1   0     10   AC   1
R1   1   2   1K
R2   2   0   1K
C1   2   0     .001U
.save
.OPTION   INGOLD=2   ARTIST=2   PSF=2   PROBE=0
+   DELMAX=1.00000E-09
.END
```

Hspice를 통해 시뮬레이션을 할 때의 입력은 표 9.4와 같은 net-list를 이용한다. net-list파일명은 "〈my_design〉.sp" 이고, 이 파일을 가지고 Hspice를 통해 시뮬레이션을 하면 표 9.5와 같은 출력파일이 나온다.

▶표 9.5 Hspice 출력 파일.

출력 파일 형태	확장자명
Output listing	.lis
Transient analysis results	.tr#
Transient analysis measurement results	.mt#
DC analysis results	.sw#
DC analysis measurement results	.ms#
AC analysis results	.ac#
AC analysis measurement results	.ma#
Hardcopy graph data (from meta.cfg PRTDEFAULT)	.gr#
Digital output	.a2d
FFT analysis graph data	.fr#
Subcircuit cross-listing	.pa#
Output status	.st#
Operating point node voltage (initial conditions)	.ic

표 9.4의 net-list의 의미는 다음과 같다.

Line(1) : 제목.
Line(2) : .OP statement가 입력 파일에 포함됐을 때, 회로의 DC operation point가 계산된다. 또한 .OP statement를 사용하면, transient analysis 동안 operating point를 만들 수 있다. 오직 한 개의 .OP statement만이 Hspice 시뮬레이션에서 나타난다.

DC analysis나 transient analysis는 9.4에서 다루기로 한다.

만약 operating point가 계산되기를 요구하는 analysis가 사용되고 있다면, .OP statement는 요구되지 않는다. 그리고 operating point 계산은 실행될 것이다. 만약 .OP statement가 특화되고, 키워드 UTC가 .TRAN analysis statement 내에 존재한다면, time = 0 operating point analysis는 생략되고 출력 listing에 warning으로 나타난다.

문법은 다음과 같다.

.OP 〈format〉 〈time〉 〈format〉 〈time〉

〈format〉은 표 9.6에 오는 어떤 키워드도 가능하다. (Default = ALL)

▶표 9.6 operating point <format>

ALL	voltage, currents, conductances, capacitances를 포함한 모든 operating point임. 이 파라미터는 특별한 시간 동안의 voltage/current 출력을 만들어 냄.
BRIEF	각각의 element의 voltage, current, power에 대한 요약을 함. current와 power는 각각 mA, mW로 표현됨.
CURRENT	각 element의 current, power 그리고 간단한 요약을 지닌 voltage table을 만듬.
DEBUG	.nonconvergent simulation의 event 내에서 프로그램에 의해 생성. nonconvergent node에 대해 새로운 voltage, 이전의 voltage, 그리고 tolerance(nonconvergence의 측정치)를 출력함.
NODE	node와 element가 출력되는 것을 막지만, 추가적인 analysis가 수행되게 함.
VOLTAGE	voltage table만 출력.

다음은 DC에서 voltage, current operating point를 계산하고, 또한 10ns에서 current, 17.5ns, 20ns, 25ns에서 voltage를 transient analysis에서 계산하는 예이다.

.OP .5NS CUR 10NS VOL 17.5NS 20NS 25NS
line(3) : .AC는 에서 9.4에서 다루기로 한다.
line(4) : .PRINT는 어떤 값들에 대해 출력을 할 것인지를 나타낸다.

출력에 대한 명령어들은 표 9,7과 같다.

▶표 9.7 출력 명령어

출력 명령어	설명
.PRINT	output listing 파일에 숫자로 분석 결과를 출력함. 만약 .OPTION POST가 사용됐다면 post-processor 데이터를 출력함.
.PLOT	output listing 파일에 낮은 resolution(ASCII)의 plot을 출력함. 만약 .OPTION POST가 사용됐다면 post-processor 데이터를 출력함.
.GRAPH	post-processor를 사용하지 않고, hard copy 출력을 위해 특정 출력기기(프린터 등) 또는 PostScript format에 높은 resolution의 plot을 출력함.
.PROBE	post-processor 출력 파일에 데이터를 출력함. 하지만 output listing에는 출력을 하지 않음. .OPTION PROBE와 함께 출력을 제한하기 위해 사용.
.MEASURE	사용자가 정의한 분석의 결과를 output listing 파일에 출력함. 만약 .OPTION POST가 사용됐다면 post-processor 데이터를 출력함.
.DOUT	출력 신호의 예상되는 마지막 스테이트를 출력함.

.PRINT AC V(1) V(2) I(R2) I(C1)
코드를 보면, V(1)은 node1과 그라운드 사이의 voltage, V(2)는 node2와 그라운드 사이의 voltage, I(R2)는 R2의 current, I(C1)은 C1의 current를 각각 출력하라는 뜻이다.

line(5) : V1을 node1과 node0 사이에 연결하고 voltage를 DC는 10V, AC는 1V를 주라는 뜻이다. 소스의 일반적인 형태는 다음과 같고 각 항에 대한 설명은 표 9.8과 같다.

```
Vxxx  n+  n-  <<DC=>dcval>  <tranfun>  <AC=acmag>  +  <acphase>>
Iyyy  n+  n-  <<DC=>dcval>  <tranfun>  <AC=acmag>  +  <acphase>>  <M=val>
```

▶표 9.8 소스의 일반적인 형태에 대한 설명

Vxxx	독립적인 voltage source 요소 이름. 반드시 'V'로 시작해야 함.
Iyyy	독립적인 current source 요소 이름. 반드시 'I'로 시작해야 함.
n+	Positive node.
n-	Negative node.
DC = dcval	DC source, 단위는 V, Default = 0, 시간축에서 영점에서의 tranfun은 DC값보다 우선임.
tranfun	Transient source function. AM, DC, EXP, PE, PL, PU, PULSE, PWL, SFFM, SIN 등으로 이루어지며, 하나나 그 이상으로 구성.
AC	AC 소신호 분석에서 사용하기 위한 AC source.
acmag	AC source의 Magnitude(RMS), 단위는 V.
acphase	AC source의 위상, 단위는 도, Default = 0.0
M	여러 병렬 current source를 시뮬레이션하기 위해 사용되는 multiplier. source current 값은 M으로 곱해짐. Default = 1.0

표 9.8의 tranfun 중 PULSE, PWL을 살펴보자.

PULSE의 문법은

```
Vxxx  n+  n-  PU<LSE>  <(>v1  v2  <td  <tr  <tf  <pw  +  <per>>>>>  <)>
Iyyy  n+  n-  PU<LSE>  <(>v1  v2  <td  <tr  <tf  <pw  +  <per>>>>>  <)>
```

이고,

```
V1  1  0  PULSE  0  5v  5ns  5ns  5ns  15ns  40ns
```

의 예와 항목의 의미는 그림 9.3과 같다.

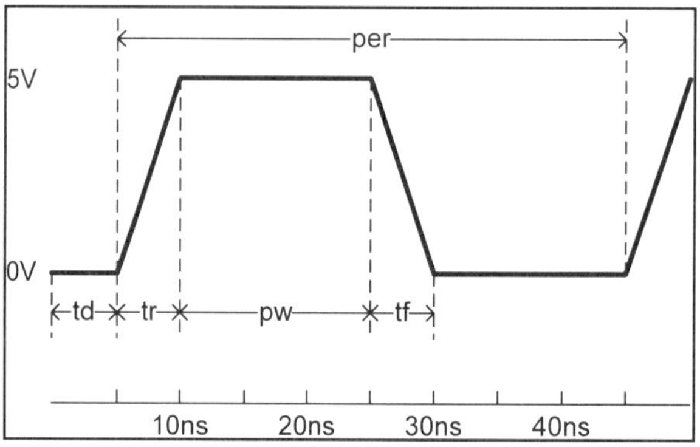

▶그림 9.3 PULSE

PWL의 문법은

Vxxx n+ n- PWL <(> t1 v1 <t2 v2 t3 v3 ...> <R <=repeat>> + <TD=delay> <)>

Iyyy n+ n- PWL <(> t1 v1 <t2 v2 t3 v3 ...> <R <=repeat>> + <TD=delay> <)>

이고,

V1 Vgate 0 PWL +(0 0V 5n 0V 10n +5V 13n 5V 15ns 2.5V 22n 2.5V +25n 0 30ns 0 R)

의 예와 항목의 의미는 그림 9.4와 같다.

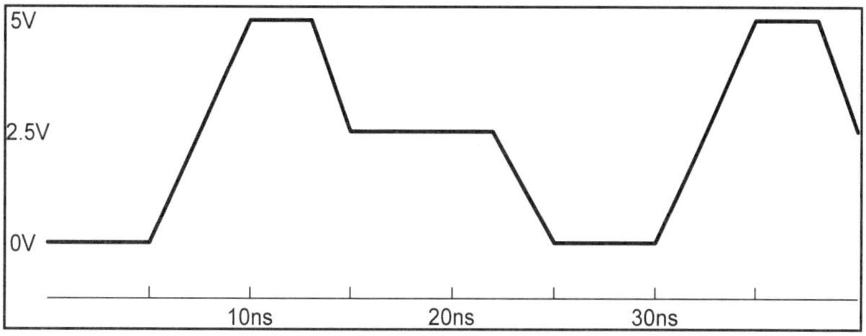

▶그림 9.4 PWL

line(6) ~ line(8) : node간의 net-list와 소자의 연결을 나타낸다. Line(7)에서 저항 R1을 node1과 node2 사이에 연결하고 저항값은 1 kΩ이라는 뜻이다.

line(9) : .SAVE statement 는 회로의 operating point를 user-specified file에 저장한다. 그 후의 시뮬레이션에서 빠른 DC convergence를 얻기 위해 이런 file을 사용할 수 있는데 이 때, .LOAD statement를 사용한다. 만약 .SAVE statement 가 없다면 operating point는 항상 default로 저장된다. Operating point를 저장하지 않기 위해서는 .SAVE LEVEL = NONE 으로 하면 된다. 또한 .IC statement 와 .NODESET statement 를 사용하면 operating point의 저장을 특별히 할 수 있다.

line(10) ~ line(11) : 옵션을 줄 때는 .OPTION 뒤에 statement를 붙인다.

INGOLD는 INGOLD = x의 형태로 쓰며, x값에 따라 출력 데이터 포맷이 달라진다. SPICE에 적합하게 쓰일 때는 INGOLD = 2를 사용한다. INGOLD = 0 은 engineering 포맷으로, 지수가 표 9.9와 같이 하나의 문자로 표현된다.

▶표 9.9 engineering format

1G = 1e9	1X = 1e6	1K = 1e3	1M = 1e-3
1U = 1e-6	1N = 1e-9	1P = 1e-12	1F = 1e-15

INGOLD = 1 일 때는, combined fixed and exponential format(G format)을 사용한다. 0.1~999 사이의 숫자는 fixed format에서, 999보다 크거나 0.1보다 작은 숫자는 exponential format에 사용된다. INGOLD = 2 일 때는, exclusively exponential format(SPICE2G format)을 사용한다. 이 포맷은 post-analysis 툴에 맞는 일정한 숫자 크기를 생성한다.

ARTIST = 2 일 때는, Cadence Analog Artist Interface를 가능하게 해준다.

PSF = x 는 Hspice가 Cadence Analog Artist에서 동작할 때, 출력을 binary로 할 것인지, ASCII로 할 것인지를 결정한다. PSF = 1 일 때는, binary로 출력이 되고, 2 일 때는 ASCII로 출력이 된다.

PROBE는 post-analysis 출력을 .PROBE, .PRINT, .PLOT, .GRAPH 에서 지시된 변수들에 대해 제한한다.

DELMAX = x 는 내부 timestep Delta의 최대값을 설정한다.

이밖에 옵션의 statement는 180개 이상이 있다.

line(12) : net-list의 끝.

9.3.2 Hspice 사용 방법

표 9.4의 net-list를 가지고 Hspice를 실행해 보자.

Hspice를 실행시키기 위해서는 그림 9.5와 같이 터미널 창에서 명령을 준다.

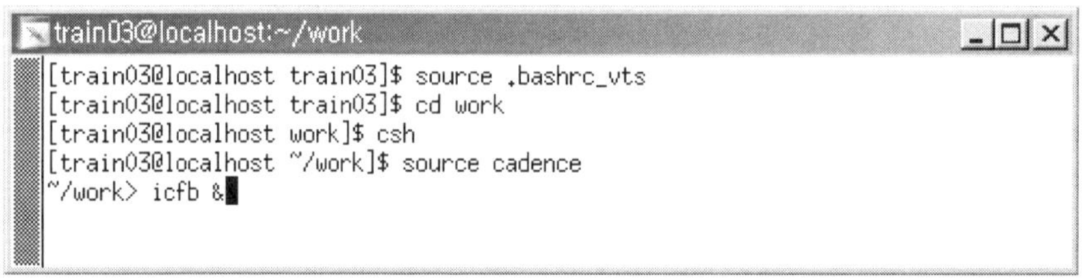

▶그림 9.5

위의 명령어를 시행시키면, 그림 9.6과 같이 log 창과 library manager 창이 뜬다.

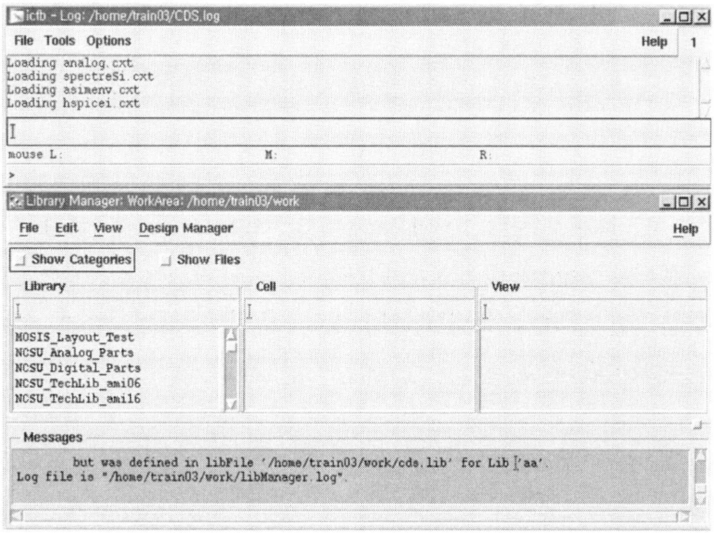

▶그림 9.6

그림 9.6의 log창에서 그림 9.7과 같이 Tools -> Analog Environment -> Results Browser를 클릭한다.

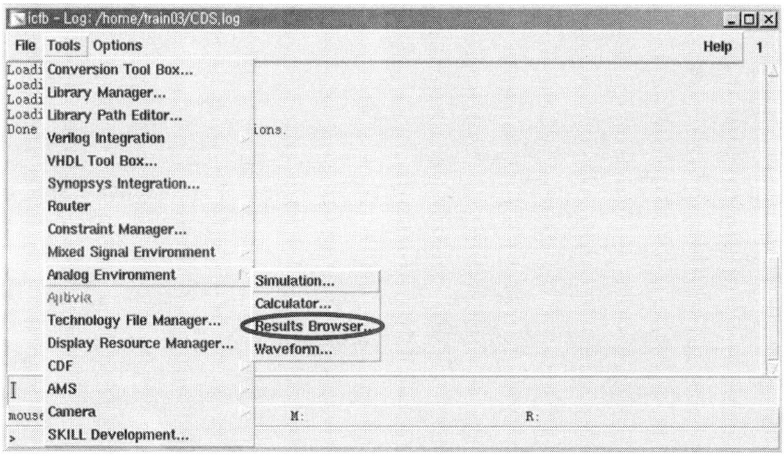

▶그림 9.7

그러면 그림 9.8의 창이 뜨고 OK를 클릭한다.

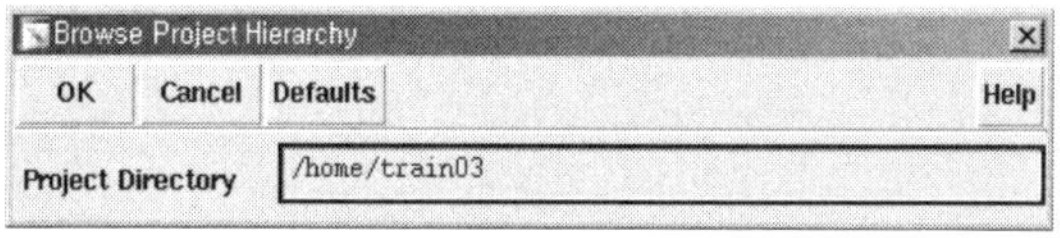

▶그림 9.8

그림 9.9가 뜨면, 현재 작업하고 있는 폴더를 왼쪽 클릭해서 찾아가면 된다. 현재 작업하고 있는 폴더는 chapter9이고, 이전에 RC1.sp 파일을 이 폴더 내에 넣어두어야 한다. 그 다음, 현재 작업 폴더를 가운데 클릭(휠 클릭)을 하면 메뉴 창이 뜨고, Create ROF를 선택하면 된다.

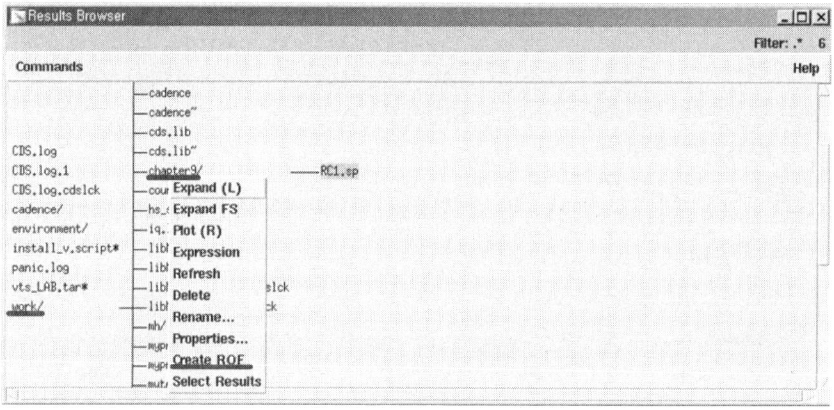

▶그림 9.9

그림 9.9까지의 과정을 마치고 나서, 그림 9.10과 같이 터미널 창에서 “hspice RC1.sp” 명령어를 입력한다.

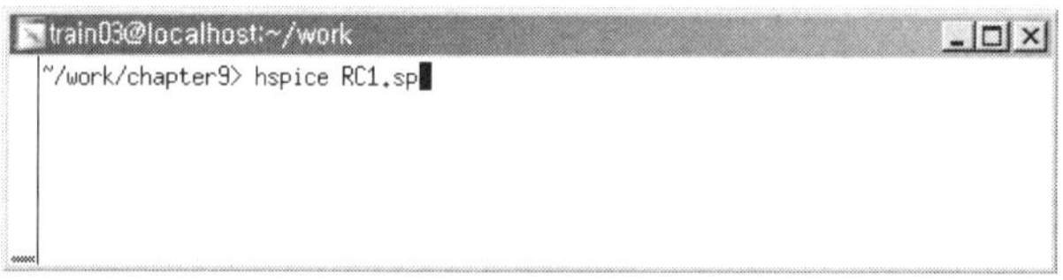

▶그림 9.10

Hspice를 실행시키고, Results Browser에서 현재 작업 폴더를 다시 왼쪽 클릭하면

그림 9.11과 같은 항목들이 더 생긴다. 여기서 우리가 현재 시뮬레이션하고 있는 부분은 Frequency Sweep이며, net-list에서 .PRINT 명령했던 노드들을 뜨는 것을 알 수 있다. 이 중에 노드 0을 왼쪽 클릭하면 그림 9.12와 같은 창이 뜬다.

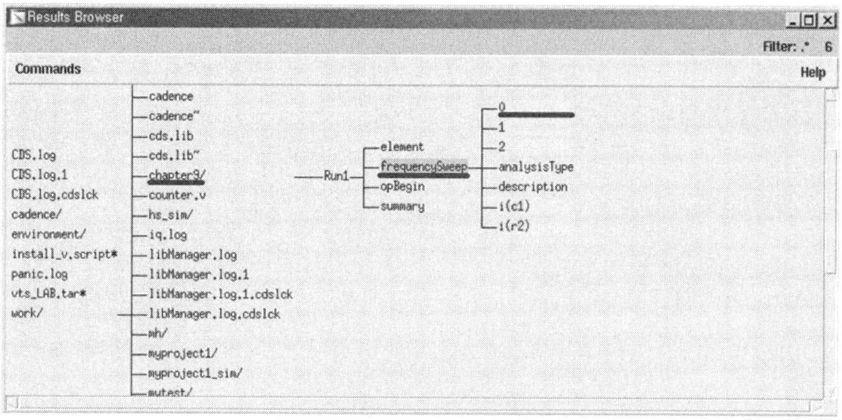

▶그림 9.11

그림 9.12와 같이 Calculator 창에서 plot를 클릭하면 그래프로 노드 0에 대한 결과 파형을 그려준다.

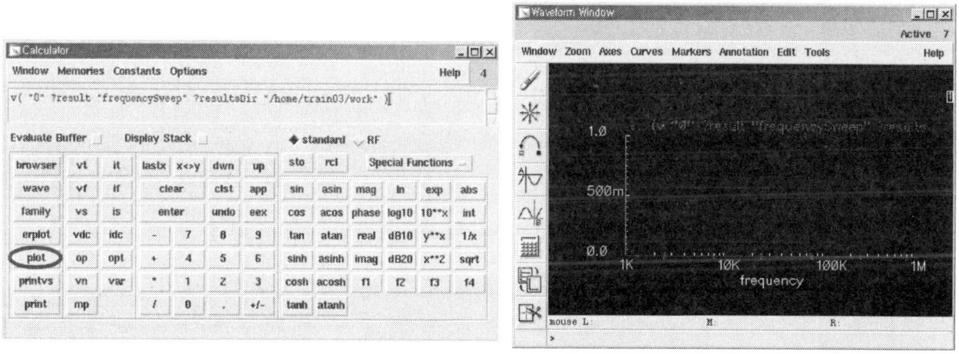

▶그림 9.12

9.4 Analysis Type

Analysis Type은 크게 DC Bias Point and DC Sweep analysis, Transient Bias Point and Transient Sweep analysis, AC Bias Point and AC Frequency Sweep analysis의 세 가지가 있다. 그리고 이 세 가지를 수행하기에 앞서 모든 노드와 소스의 DC Operating Point를 맞추어야 한다. 이 절에서는 DC Operating Point와 이 세 가지 분석 타입에 대해 알아본다.

9.4.1 DC Operating Point Analysis and DC Analysis

9.4에서 언급했듯이 Analysis에 앞서 DC Operating Point를 맞추어야 한다. 이에 대한 설명은 9.3의 line(3)에서 다루었다.

또 DC Operating Point Analysis에서 .IC Initial Condition Statement 와 .NODESET Statement 의 2가지 statement가 있다.

.IC statement 는 transient initial 조건을 맞추는데 사용된다. 초기화하는 방법은 UIC parameter가 .TRAN analysis statement내에 포함됐는지의 여부에 따라 다르다. 만약 UIC parameter가 .TRAN statement내에 있다면, DC operating point는 계산되지 않는다. 이 경우, transient analysis로 직접 들어간다. Transient analysis는 .IC 초기화 값을 시간축 위의 영점에서의 solution으로 사용한다. .IC statement는 각 요소마다 IC parameter를 정해주는 것과 같지만, 더욱 편리하다. 직접 IC parameter를 사용할 수 있지만 .IC statement를 사용하는 것보다 앞서서는 안 된다. .IC statement의 문법은 다음과 같다.

```
.IC  V(node1)  =  val1  V(node2)  =  val2  …
```

.NODESET 은 DC Operating Point analysis에서 특정 노드의 전압을 초기화한다. .NODESET statement 는 DC analysis에서 convergence 문제를 정정하는데 쓰인다. 회로 내의 노드에 실제적인 DC operating point solution에 가까운 값을 정하는 것은 시뮬레이션의 convergence를 높인다. 시뮬레이터는 NODESET voltage를 첫 번째 iteration에만 사용한다. .NODESET statement 의 문법은 다음과 같다.

```
.NODESET  V(node1)  =  val1  <V(node2)  =  VAL2  …>
.NODESET  node1  val1  <node2  val2>
```

그리고 그밖에 DC Analysis에서 쓰이는 Analysis statement들은 표 9.10과 같이 5가지가 있다.

▶표 9.10 DC Analysis statements

.DC	Sweep any parameter value Sweep any source value Sweep temperature range DC Monte Carlo analysis를 수행. (random analysis) DC circuit optimization를 수행. DC model characterization를 수행.
.OP	9.3.에서 다룸.
.PZ	pole/zero analysis를 수행. (.OP는 필요없음.)
.SENS	회로의 파라미터에 관련된 특정 출력 변수들에 대한 DC small-signal sensitivity들을 포함. (.OP는 필요없음.)
.TF	Transfer function의 DC small-signal 값을 계산. (.OP는 필요없음.)

여기서 .DC statement 만 다루기로 한다. .DC statement의 문법은 표 9.11과 같다.

▶표 9.11 .DC statement

Sweep/ Parameterized sweep	.DC var1 START = start1 STOP = stop1 STEP = incr1 .DC var1 START = <param_expr1> + STOP = <param_expr2> STEP = <param_expr3> .DC var1 start1 stop1 incr1 <var2 start2 stop2 incr2>
Data driven sweep	.DC var1 type np start1 stop1 + <SWEEP DATA = datanm> .DC DATA = datanm<SWEEP var2 start2 stop2 incr2> .DC DATA = datanm
Monte Carlo	.DC var1 type np start1 stop1 <SWEEP MONTE = val> .DC MONTE = val
Optimization	.DC DATA = datanm OPTIMIZE = opt_par_fun + RESULTS = measnames MODEL = optmod .DC var1 start1 stop1 SWEEP OPTIMIZE = OPTxxx + RESULTS = measname MODEL = optmode

.DC statement 의 keyword와 parameter는 다음 표 9.12와 같다.

▶표 9.12 .DC statement 의 keyword와 parameter

DATA = datanm	datanm은 .DATA statement 의 reference name임.
incr1 ...	Voltage, current, element, model parameters, temperature increment value.
MODEL	optimization analysis 내에서 사용되는 .MODEL OPT statement 내에서 사용되는 optimization reference name.
MONTE = val	Gaussian, Uniform, Random Limit로부터 파라미터를 선택해 사용하여 임의로 생성된 값을 val로 이용.
np	10진수나 8진수당 포인트의 개수 또는 현재 사용하는 keyword에 근거한 포인트의 개수.
OPTIMIZE	.PARAM statement 내의 optimization을 위해 사용되는 parameter reference name.
RESULTS	.MEASURE statement 내의 optimization을 위해 사용되는 measure name.
start1 ...	시작 voltage, current, element, model parameter, temperature 값. Parameter 값의 목록인 POI가 사용된다면, "start stop"이 대신사용.
stop1 ...	끝 voltage, current, element, model parameter, temperature 값.
SWEEP	두 번째 sweep을 가리키는 keyword는 다른 형태의 variation을 가짐.(DEC, OCT, LIN, POI, DATA statement, or MONTE = val)
TEMP	Temperature sweep을 가리키는 keyword.
type	DEC - decade variation OCT - octave variation LIN - linear variation POI - list of points
var1 ...	독립된 voltage 또는 current source, 어떤 element 또는 parameter, 또는 TEMP의 이름.

.DC statement 를 사용하는 예는 다음 표 9.13과 같다.

▶표 9.13 .DC statement의 예

.DC VIN 0.25 5.0 0.25 Voltage source VIN의 값을 0.25V에서 5V까지 0.25V 단위로 증가시킴.
.DC VDS 0 10 0.5 VGS 0 5 1 drain-to-source voltage VDS를 VGS가 각각 0V, 1V, 2V, 3V, 4V, 5V 일 때, 0V에서 10V까지 0.5V 단위로 증가시킴.
.DC TEMP -55 125 10 회로의 DC analysis를 위해 온도를 $-55^{\circ}C$ 에서 $125^{\circ}C$ 까지 $10^{\circ}C$ 단위로 증가시킴.
.DC TEMP POI 5 0 30 50 100 125 DC analysis를 5개의 온도($0^{\circ}C, 30^{\circ}C, 50^{\circ}C, 100^{\circ}C, 125^{\circ}C$)에서 수행.
.DC xval 1k 10k .5k SWEEP TEMP LIN 5 25 125 DC analysis를 $25^{\circ}C$ 에서 $125^{\circ}C$ 까지 5개의 온도로 나눠 수행하고, resistor xval을 1k에서 10k까지 0.5k 단위로 증가시켜 수행함.
.DC DATA = datanm SWEEP par1 DEC 10 1k 100k 1k에서 100k까지 10진으로 10단위로 par1의 값을 sweep함.
.DC par1 DEC 10 1k 100k SWEEP DATA = datanm Datanm에 의해 참고되는 .DATA statement 내의 특정 파라미터에서 DC analysis를 요구함. 마찬가지로 1k에서 100k까지 10진으로 10 단위로 par1의 값을 sweep함.
.DC par1 DEC 10 1k 100k SWEEP MONTE = 30 Monte Carlo 값을 30으로 임의로 생성하여 1k에서 100k까지 10진으로 10 단위로 par1의 값을 sweep함.

9.4.2 Transient Analysis

Transient analysis는 시간과 관련이 있기 때문에, 다른 analysis 알고리즘을 사용하고, 다른 convergence와 관련된 issue를 가지고 option을 조절하고, DC analysis와는 다른 초기 parameter를 사용한다. 하지만, transient analysis는 DC operating point analysis를 먼저 해야 하기 때문에, transient analysis를 하기 위해서 DC analysis의 알고리즘, control option, initialization, convergence issue를 대부분 사용한다.

오실레이터나 feed-back이 있는 회로 등과 같은 회로는 stable operating point를 가지고 있지 않는다. 이런 회로들에서 DC operating point가 계산되거나 시뮬레이션 입력에 초기 조건들을 주기 위해서 feed-back loop는 깨져야 한다. 만약 UIC parameter가 .TRAN statement 내에 포함되어 있다면, DC operating point analysis는 무시된다. 만약 UIC가 .TRAN statement내에 포함되어 있다면, transient analysis .IC statement 내에 정해진 노드 voltage를 사용하여 시작된다. 예는 다음과 같다.

```
.TRAN 1ns 100ns UIC
.OP 20ns
```

위의 예의 .TRAN statement UIC parameter는 초기 DC operating point analysis를 무시한다. .OP statement는 transient analysis 동안 20ns에서 transient operating point를 계산한다.

.TRAN statement 의 문법은 다음 표 9.14와 같다.

▶표 9.14 .TRAN statement

Single-point Analysis	.TRAN var1 START = start1 STOP = stop1 + STEP = incr1 .TRAN var1 START = <param_expr1> + STOP = <param_expr2> STEP = <param_expr3>
Double-point Analysis	.TRAN var1 START = start1 STOP = stop1 + STEP = incr1 <SWEEP var2 type np start2 stop2> .TRAN tincr1 tstop1 <tincr2 tstop2 ... tincrN tstopN> + <START = val> <UIC> + <SWEEP var pstart pstop pincr>
Parameterized Sweep	.TRAN tincr1 tstop1 < tincr2 tstop2 ... tincrN tstopN> + <START = val> <UIC>
Data driven Sweep	.TRAN DATA = datanm .TRAN var1 START = start1 STOP = stop1 + STEP = incr1 <SWEEP DATA = datanm> .TRAN DATA = datanm<SWEEP var pstart pstop pincr>
Monte Carlo	.TRAN tincr1 tstop1 <tincr2 tstop2 ... tincrN tstopN> + <START = val> <UIC> <SWEEP MONTE = val>
Optimization	.TRAN DATA = datanm OPTIMIZATE = opt_par_fun + RESULTS = measname MODEL = optmod

.TRAN statement 의 keyword와 parameter는 다음 표 9.15와 같다. .DC statement 와 중복되는 부분은 생략하였다.

▶표 9.15 .Tran statement 의 keyword와 parameter

param_expr ...	사용자가 정의한 표현.
pincr	Voltage, current, element, model parameter temperature increment value. 만약 "type" variation을 사용한다면, "pincr" 대신 "np"를 사용해야 함.
pstart	시작 voltage, current, element, model parameter, temperature 값. 만약 POI variation을 사용한다면 "pstart pstop" 대신 parameter 목록을 사용해야 함.
pstop	끝 voltage, current, element, model parameter, temperature 값.
tincr1 ...	프린터 출력을 위한 printing 또는 plotting increment.
tstop1 ...	incr1에 의해 transient analysis가 incrementing을 정지시키는 시간. 만약 다른 tincr-tstop이 온다면 analysis는 새로운 increment를 가지고 계속함.
UIC	Star-Hspice가 정지하고 있는 operating point를 해결하는 것보다 초기 transient 조건을 계산하기 위해 .IC statement 내에 정의된 노드 voltage를 가용하도록 함.

.TRAN statement를 사용하는 예는 다음 표 9.16과 같다.

▶표 9.16 .TRAN statement 의 예

.TRAN 1NS 100NS 100ns 동안 매 1ns 마다 transient analysis를 수행하고 출력함.
.TRAN .1NS 25NS 1NS 40NS START = 10NS 처음 25ns까지 매 0.1ns 마다, 40ns 까지 매 1ns 마다 계산을 수행하고, 10ns 에서 출력하고 그래프로 그림.
.TRAN 10NS 1US UIC 1us 동안 매 10ns 마다 계산을 수행함. initial DC operating point 계산은 무시되고, .IC statement(또는 element statements 내의 IC 파라미터)에 의한 nodal voltage가 initial 조건을 계산하기 위해 사용됨.
.TRAN 10NS 1US UIC SWEEP TEMP -55 75 10 $-55^{\circ}C$ 에서 $75^{\circ}C$ 까지 $10^{\circ}C$ 단위로 온도를 증가시키고 매 온도마다 transient analysis를 수행함.
.TRAN 10NS 1US SWEEP load POI 3 1pf 5pf 10pf 1pf, 5pf, 10pf 에서 각 load 파라미터의 analysis를 수행함.
.TRAN data = dataname data driven time sweep의 예. data file이 sweep 입력으로 사용됨. 만약 data statement 내의 파라미터가 controlling sources로 사용된다면, 파라미터들은 piecewise linear specification에 의해 참고 되야 함.

9.4.3 AC Sweep and Small Signal Analysis

AC small signal analysis는 AC output variable을 주파수 함수로써 계산한다. Hspice는 회로 내의 모든 nonlinear device에 대해 선형화하고, small-signal model로 만들기 위해 사용되는 DC operating point 조건을 먼저 해결한다.

.AC statement 의 문법은 다음 표 9.17과 같다.

▶표 9.17 .AC statement

Signal/ Double Sweep	.AC type np fstart fstop .AC type np fstart fstop <SWEEP var start stop incr> .AC type np fstart fstop + <SWEEP var type np start stop> .AC var1 START = <param_expr1> + STOP = <param_expr2> STEP = <param_expr3> .AC var1 START = start1 STOP = stop1 STEP = incr1
Parameterized Sweep	.AC type np fstart fstop <SWEEP DATA = datanm> .AC DATA = datanm
optimization	.AC DATA = datanm OPTIMIZATION = opt_par_fun + RESULTS = measnames MODEL = optmod
Random/ Monte Carlo	.AC type np fstart fstop <SWEEP MONTE = val>

.AC statement 의 keyword와 parameter는 다음 표-(18)과 같다. .DC statement, .AC statement 와 중복되는 부분은 생략하였다.

▶표 9.18 .AC statement 의 keyword와 parameter

fstart	시작 주파수. 만약 POI variation을 사용한다면 “fstart fstop” 대신 주파수 값의 목록을 사용해야 함
fstop	끝 주파수.
SWEEP	.AC statement 내에서 정의된 두 번째 sweep을 가리키는 keyword.

.AC statement 를 사용하는 예는 다음 표 9.19와 같다.

▶표 9.19 .AC statement의 예

.AC DEC 10 1K 100MEG 1kHz에서 100MHz까지 10진으로 10 단위로 frequency sweep을 수행함.
.AC LIN 100 1 100HZ 1Hz에서 100Hz까지 100포인트 동안 frequency sweep을 수행함.
.AC DEC 10 1 10K SWEEP cload LIN 20 1pf 10pf 1pf에서 10pf까지 20포인트로 linear sweep의 결과로 각각의 cload값에 대해 AC analysis를 수행함. 1Hz에서 10kHz까지 10진으로 10포인트 단위로 frequency sweep을 수행함.
.AC DEC 10 1 10K SWEEP rx n POI 2 5k 15k 5k와 15k의 두 값에서 각각의 rx의 값에 대해 AC analysis를 수행함. 1Hz에서 10kHz까지 10진으로 10포인트 단위로 frequency sweep을 수행함.
.AC DEC 10 1 10K SWEEP DATA = datanm AC analysis를 수행하기 위해 하나 이상의 파라미터를 수정하면서 DATA statement를 사용함. 파라미터는 datanm file 내에 포함됨.
.AC DEC 10 1 10K SWEEP MONTE = 30 Monte Carlo 값을 30으로 임의로 생성한 것을 따라 frequency sweep을 수행함.

제 10 장

✓Automatic Placement & Route (Synopsys tools)

10.1 개요

본 장에서는 앞에서 HDL로 작성한 하드웨어를 실제 반도체로 제작하기 위하여 합성하고 Place & Route 하는 과정을 배우게 된다. 실제 반도체 칩을 설계하는 방법은 크게 2가지로 구분이 되는데, Full Custom 방식과 Semi Custom 방식이 그것이다. Full Custom 방식인 경우 설계자가 모든 걸 다 설계 …..

Semi Custom 방식은 실제 반도체 IC를 제작하는 vendor에서 제공하는 Cell library라는 게이트 라이브러리를 이용하여 제작하는 방식으로 본 장에서는 이런 Semi-Custom 방식의 칩 설계를 목표로 한다.

우선 그림 10.1의 ASIC 설계 플로우를 살펴보자. 설계하고자 하는 칩의 Idea를 내

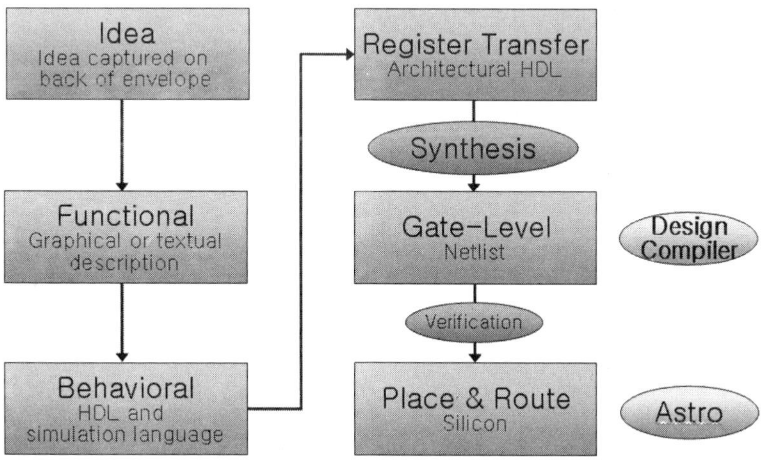

▶그림 10.1 ASIC 설계 flow

고, 설계 사양(functional specification)을 엄밀히 정한 후 HDL언어로 칩을 기술 하였을 것이다. 이렇게 기술된 HDL소스를 가지고 실제 디지털 gate들로 변환하고 게이트간의 연결을 해주는 작업을 합성이라 한다. 우리는 Synopsys의 Design Compiler를 가지고 합성하고, 이렇게 합성한 Netlist를 가지고 Astro를 이용하여 Place 와 Route작업을 통하여 반도체 칩을 제작하기위한 Mask를 만들게 된다. 이제 Design Compiler와 Astro에 대해 알아보도록 하자.

10.2 Synthesis with Synopsys Design Compiler

10.2.1 합성이란?

Synopsys Design Compiler에서 합성(Synthesis)은 HDL 로 작성한 Design을 Read 단계에서 GTECH이라 불리는 일반적인 2 input logic gate로 변환하는 과정을 거친 후, Compiler이라는 명령을 통하여 logic들의 input 크기를 변환하거나 통합하여 logic gate간을 이어주는 mapping 과정을 하게 된다. 이때 각 반도체 제조 벤더에 맞는 공정 라이브러리(process library)를 이용하게 된다. 그리고 실제 칩으로 제조 되었을 때를 가정하여, 입력과 출력에 적당한 delay를 입력하는 등 제한사항(Constraints)을 주는 작업을 필히 거쳐 최대한 실제 칩과 유사한 환경을 만들어 합성하여 평가하게 된다.

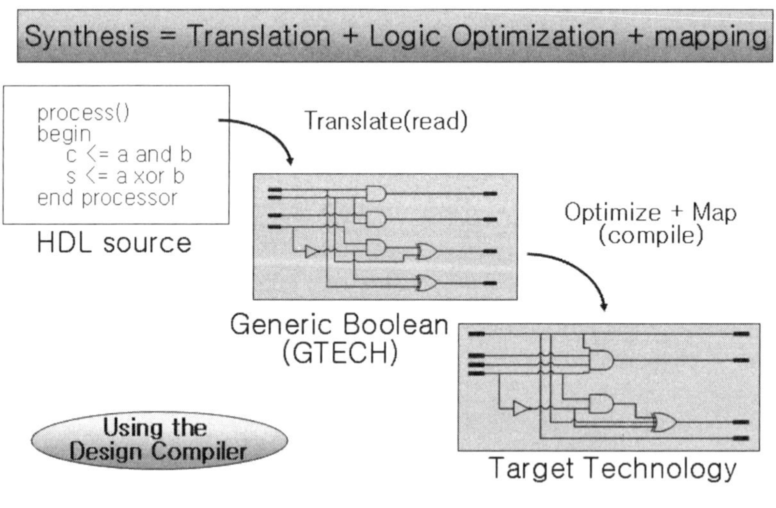

▶그림 10.2 합성의 과정

합성 단계에서 ASIC 설계사양을 벗어나는 결과가 나온다면 합성할 때 Constraints를 다시 주거나, HDL source를 다시 작성하여야 한다. 그럼 library를 어떻게 설정하고, Constraints에는 어떠한 것이 있는지에 대해 알아보자.

10.2.2 Target library 설정

실제 반도체 칩을 제조하는 vendor들은 ASIC설계를 위한 tools에 맞는 library를 공정에 맞춰 제공하고 있다. 이런 library는 각 논리 게이트의 이름, 기능, 입력과 출력의 delay 및 면적 등 각종 정보를 보유하고 있으며, 이 정보들을 기반으로 전체 칩을 구성하고, 딜레이 및 면적 파워소비량 등을 계산하게 된다.

Design Compiler에서 설정해야 할 library는 Target library 와 Link library, Symbol library등이 있다. 먼저 Target library는 현재 내가 어떤 vendor의 어떤 공정을 가지고 ASIC을 할 것인가 정의해 주는 것이다. Link library는 과거에 'A' vendor로 합성한 design을 가지고 'B' vendor로 새로 합성을 하고자 할 때, target library는 'B' vendor의 공정을 정의하고, link library는 과거의 'A' vendor의 공정을 정의하여, 기존의 합성된 정보에서 올바른 logic gate를 참조하여 보다 빠르게 'B' 공정으로 합성하기 위해 사용한다. Symbol library는 각 logic의 symbol을 정의한 library이다. 특별히 지정하지 않는다면, Synopsys Design Compiler에서 제공하는 기본 symbol 모양을 사용하게 된다. library를 세팅하는 명령은 set target_library library_name.db 와 같은 형식으로 설정한다. link library경우에는 set link_library "* library_name.db"와 같은 형식으로 조금 틀리다. 이때 '*'는 Design Compiler(DC)의 메모리를 의미한다. 즉 DC 메모리에 link library를 상주시켜 작업 시 참조하겠다는 의미이다. Symbol library는 set symbol_library library_name.db로 Target library와 같은 방식으로 설정한다.

▶표 10.1 DC의 library setup 명령 요약

Target Library	set target_library library_name.db
Link Library	set link_library "* library_name.db"
Symbol Library	Set symbol_library library_name.db

10.2.3 Design Object

앞장에서와 같이 공정 라이브러리를 설정하여 합성을 위한 기본적이 준비는 갖추어졌다. 그럼 실제 합성하는 과정만이 남았다. 실제 칩을 제작하였을 때와 유사한 환경

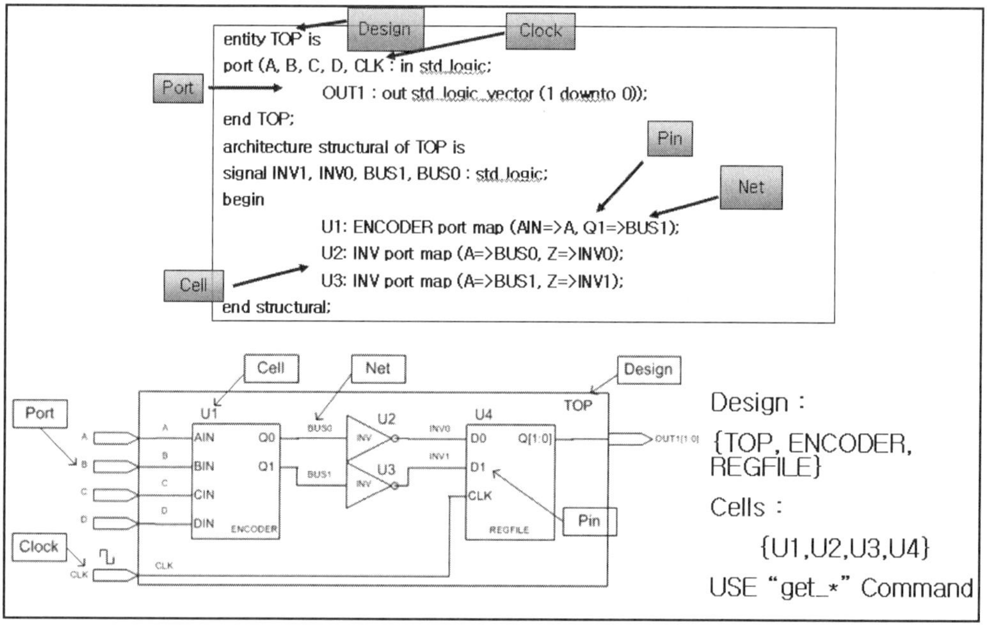

▶그림 10.3 Design Object의 정의

을 제공하기 위해 각종 Constraint라는 것을 주게 된다. 면적이나 파워소비제한, 입력의 delay와 출력의 delay, clock정보등 각종 정보가 Constraint에 포함된다. 이러한 Constraints를 주기 위하여 DC에서는 6가지의 Design Object를 정의한다. 그림에 Design Object에 대한 개념을 표시하였다.

첫째, Design : 현재 합성하고자 하는 block에서 VHDL에서 entity로 선언한 부분, Verilog에서 module로 선언한 design

둘째, Port : Design의 입력과 출력

셋째, Clock : Clock이라 정의한 Port를 정의한 이후부터 Clock object라 함

넷째, Cell : 현재 합성하고자 하는 Design에서 사용된 component나 instance를 의미

다섯째, Pin : Cell의 입력과 출력

여섯째, Net : Pin과 Pin을 연결하는 net을 의미

그림 10.4는 현재 합성하고자 하는 block과 타 block들 간의 Partitioning에 관한 그림으로 전체 Design을 어떻게 나누어 design하느냐에 따라 효율적인 합성 결과를 얻을 수 있음을 나타낸다.

Bad Partitioning의 경우 A와 B와 C 가 combination logic으로 연결되어 있다.

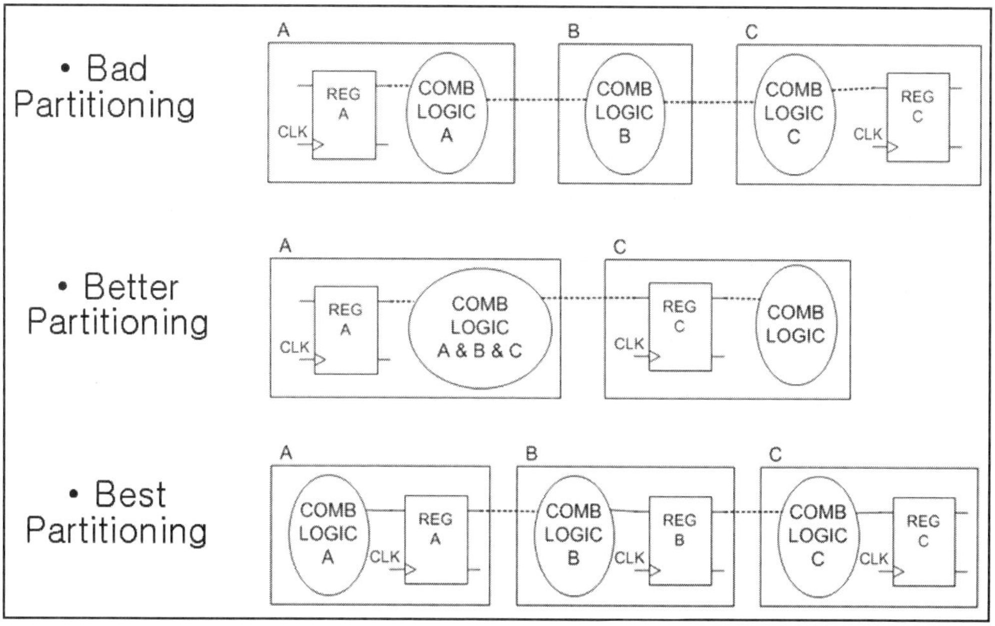

▶그림 10.4 Partitioning의 예

이 경우 합성할 때 좀더 optimize 시킬 수 있지만, partitioning이 나눠져 있기 때문에 그 경계를 넘어 최적화 할 수 없는 단점이 있다.

좀 더 나은 Better의 경우 A block에 combination logic을 몰아 좀 더 최적화 할 수 있다. 하지만, C block을 합성할 경우 Register A에서 나온 출력이 Combination logic A&B&C를 거칠 때 어느 정도의 delay를 가지고 오는지 C block에서는 정확히 알 수 없게 되며, C block의 time을 빼앗기게 되므로 좋다고 할 수 없다. 그러므로 최선은 방법은 block을 나눠 design할 경우, 각 block의 마지막 단에 Register를 삽입하여, Path를 끊어주는 것이 현재 합성하고자 하는 Block의 input delay와 output delay를 최소화 하여 최적의 합성 결과를 얻을 수 있는 방법이므로 ASIC 칩 설계 시 참고하도록 하자.

10.2.4 Timing Constraints

Constraints에는 크게 면적과, timing 그리고 공정에 따른 환경 변수 설정이 있다. 하지만 DC는 timing을 맞추는 것을 최우선으로하며, 그 후 면적을 최소화 하려고 노력하기 때문에, '0'으로 설정된 기본값으로 충분한 효과를 얻을 수 있을 것이다.

가장 중요한 timing constraints에 대해 자세히 알아보자.

Timing을 위한 Constrain로는 먼저 Clock을 정의하고, Clock의 uncertainty를 정

의한다. 그리고 현재 clock의 latency를 모델링하며, 입력과 출력 delay를 정의함으로 timing에 대한 Constrains는 대부분 정의가 된다.

1) creat_clcok : clock을 설정

2) set_clock_uncertainty : DC에서 Clock Tree Synthesis(Astro에서 다룸)를 사용하지 않기 때문에, Clock skew를 가상으로 설정하여, timing에 여유를 주는 목적

3) set_clock_latency : layout 전에 합성하고자 하는 design의 clock source가 외부의 원천 source로부터 전해지는 propagation time을 임의로 잡아줌

4) set_input_delay : 현재 합성하고자 하는 design의 입력이 clock 대비 어느 정도 delay를 가지고 오는지 설정해줌

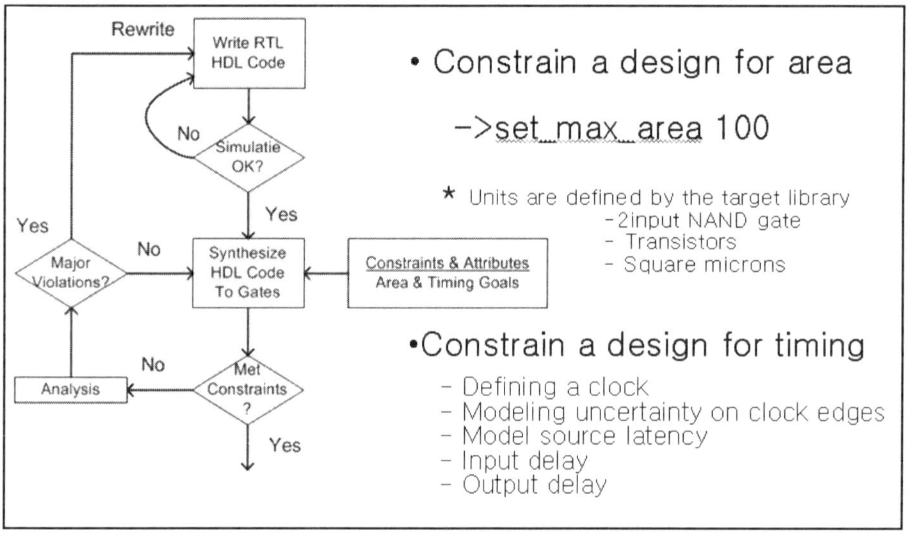

▶그림 10.5 Area와 timing constrains

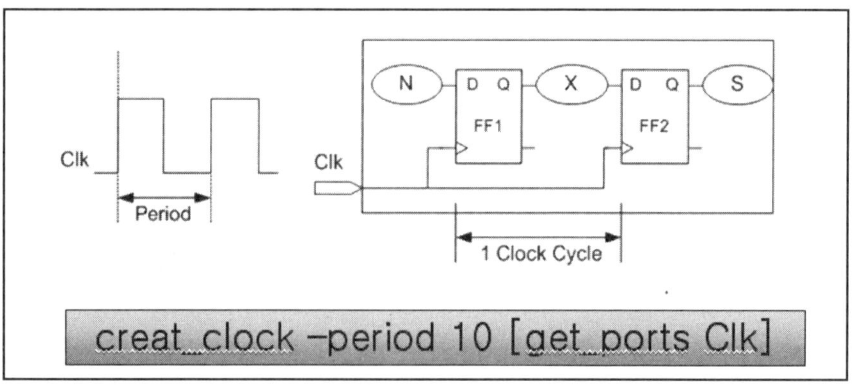

▶그림 10.6 Clock의 정의

5) set_output_delay : 현재 합성하고자하는 design의 출력이 외부 block의 combination logic과 연결 되어있을 때, 어느 정도 delay를 가지고 외부 block의 F/F의 입력으로 들어가는지에 대해 설정해줌.

10.2.5 Environmental Attributes

앞장에서 합성하고자 하는 내부 로직과 입력, 출력에 대한 constraints를 살펴보았다. 하지만 보다 정확한 delay를 계산하기 위하여, 외부적인 조건도 명시하여야 한다. 동작조건이나, 구동 cell의 지정, 최대 capacitance, load 능력 및 wire load에 대한 모델링이 환경적인 constraints 이다.

1) set_load : DC에서 보다 실제적인 출력단의 timing을 계산하기 위해 출력 port들의 capacitive load를 알아야 한다. 기본으로 '0'으로 설정되어있지만, 임의의 값이나, 특정 cell의 몇 배에 해당하는 값을 입력하기도 한다.

2) set_driving_cell : DC에서 실제적인 입력단의 timing을 계산하기 위해 입력 port에 신호가 도달하는 transition time을 알아야 한다. 이또한 기본적으로 '0'으로 설정되어 있고, 임의의 값이나, F/F이나 inverter, buffer등 driving ability가 약한 cell의 출력으로 설정함

3) set_operating_conditions : chip 동작 환경을 정의한 조건들이 vendor가 제공하는 library에 몇 가지 존재 한다. 사용자가 설계 사양에 맞는 알맞은 조건을 선택하여 정의해 준다. 이때 온도, 전압, 공정과 같은 파라미터들이 조건에 해당한다.

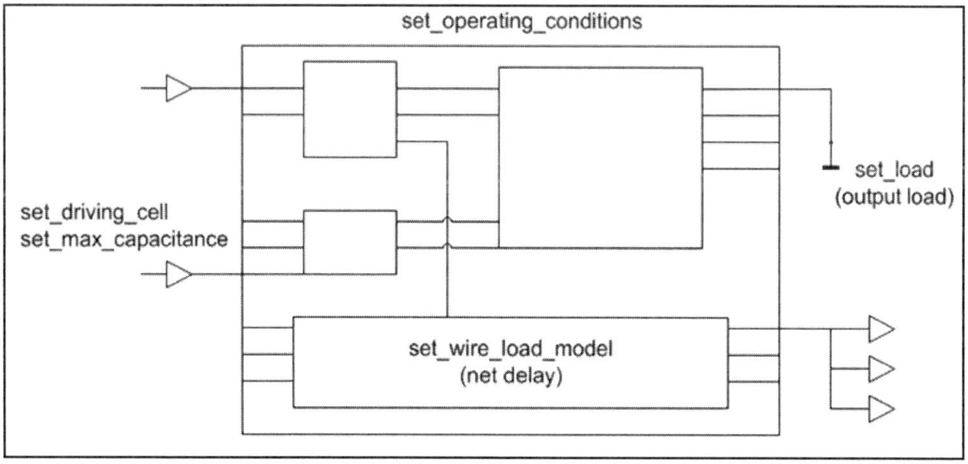

▶그림 10.7 환경 변수들

4) set_wire_load_model : DC는 실제 wire가 route된 상태가 아니기 때문에 가상으로 모델링하여 wire delay를 예측한다. 따라서 합성 면적을 고려하여 적절한 wire load model을 library로부터 설정해 주어야 한다.

5) set_max_capacitance : 최대 capacitance를 특정 값이나, 특정 cell의 배수로 설정함

10.2.6 Setup time and Hold time

timing 정보를 살펴보면 항상 setup time과 hold time이란 문제가 제기 된다 그럼 setup time은 어떠한 관점에서의 timing을 얘기하고, hold time이란 무엇인지에 대해 살펴보자.

1) setup time

setup time은 F/F에 값을 입력하기 위해 일정시간 전에 새로운 값이 도달해야 한다. 이때 필요한 최소의 시간을 setup time이라 한다.

input delay 관점에서 현재 block의 입력의 최대 delay가 얼마인지 알고 현재 block의 입력 path의 최대 소비가능한 시간을 계산한다.

output delay 관점에서는 현재 block의 출력에 연결된 외부 path의 최대 소비시간을 예상하여, 현재 block의 출력 path가 소비할 수 있는 최대 시간을 계산한다. 따라서 Register에 연결된 출력은 output delay의 violation이 일어날 가능성이 적다.

2) hold time

hold time은 F/F에서 새로운 값을 입력하기 위해 최소한의 시간 동안 특정 값이 유지되어야 하는 시간을 의미한다.

input delay 관점에서 현재 block의 입력의 최소 delay를 고려하여, 현재 block의 입력 path가 최소한 소비해야 할 시간을 계산한다.

output delay 관점에서 현재 block의 출력 path가 최소한 소비해야 할 시간을 계산한다.

setup time violation은 critical path를 줄이기 애쓰지만, hold time violation은 최소한 소비해야 할 시간을 의미하므로 부족한 소비량을 채우기 위해 buffer를 삽입하는 등 delay를 증가시키므로, 실제 place후에 잡아주는 것이 좋다.

10.2.7 Timing Analysis

Compile 수행 후에 합성된 결과를 분석하기 위해 몇 가지 report를 뽑아볼 수 있다. 대표적으로 report_area와 report_timing이 있다.

report_area의 경우 합성 block이 몇 개의 셀을 이용하고, 전체의 면적 중 combinational logic과 non-combinational logic으로 나눠 면적을 산출하고, 이면적의 단위는 공정 library와 vendor마다 다르므로 문의를 통해 확인 할 필요가 있다. 대체로 nand gate를 기준으로 하거나, 실제 면적 혹은 transistor 수를 의미한다.

하지만, 아직 place와 route과정을 거치지 않았기 때문에 실제 chip면적과는 차이가 있을 수 있지만, 실제 면적을 추정하기에는 무리가 없다.

report_timing의 경우 가장 중요하게 여겨지며, 아래 그림 에 하나의 예가 나와 있다.

여기서 critical path는 합성한 디자인의 가장 delay가 큰 경로를 의미하며, 경로의 시작과 중간 net에 대한 정보와 최종 도착점의 정보가 표시된다. 시간 뒤의 r 혹은 f는 logic gate의 rising delay와 falling delay가 틀리므로, 가장 큰 delay의 경우를 표기한다. slack이 +인 경우 현재 설정한 clock에 여유 있게 만족한다는 의미이고, slack이 -인 경우 현재 설정한 clock이 너무 짧게 설정하여 보다 violation이 난 경우다. 이 경우 clock 주기를 늘려줄 필요가 있다. 기능 상세에 명시된 clock보다 느리다면, constraints를 수정하여 맞출 수 있지만, 너무 부족하다면, 공정을 바꾸거나, HDL source 작성부터 다시 검토해 보아야 한다.

각종 report를 통하여 이상 유무를 확인한 다음 구현하고자 하는 기능 상세에 적합하다면 합성된 결과인 netlist를 저장하여 다음 Place & Route 단계인 Astro에서 이용하도록 하자.

10.2.8 Design Compiler Lab

① Design Vision 실행

Design Compiler의 GUI 형태가 Design Vision이라 보면 된다.

>> design_vision-xg

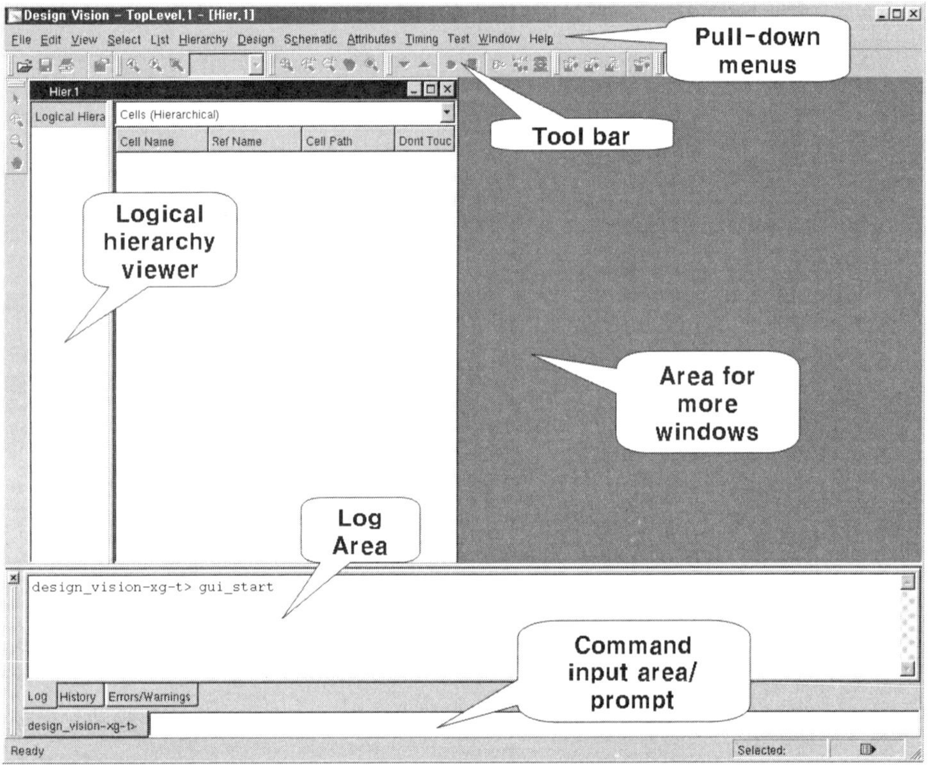

② Setup Design

File à Setup...

Link library, Target library, Symbol library 설정

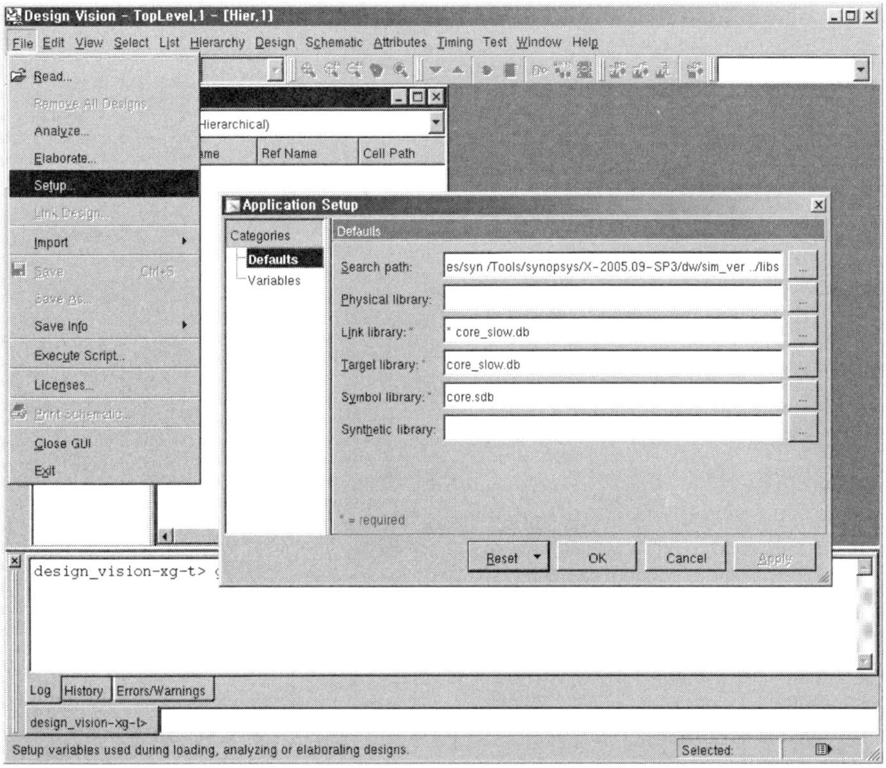

③ Analyze Design

현재 합성하고자 하는 design의 Top파일을 비롯한 모든 block파일까지 File-> Analyze 메뉴에서 Add… 버튼을 통하여 HDL file을 선택하고, 맨 아래 Create new library if it does not exist를 체크한 후에 OK를 누른다.

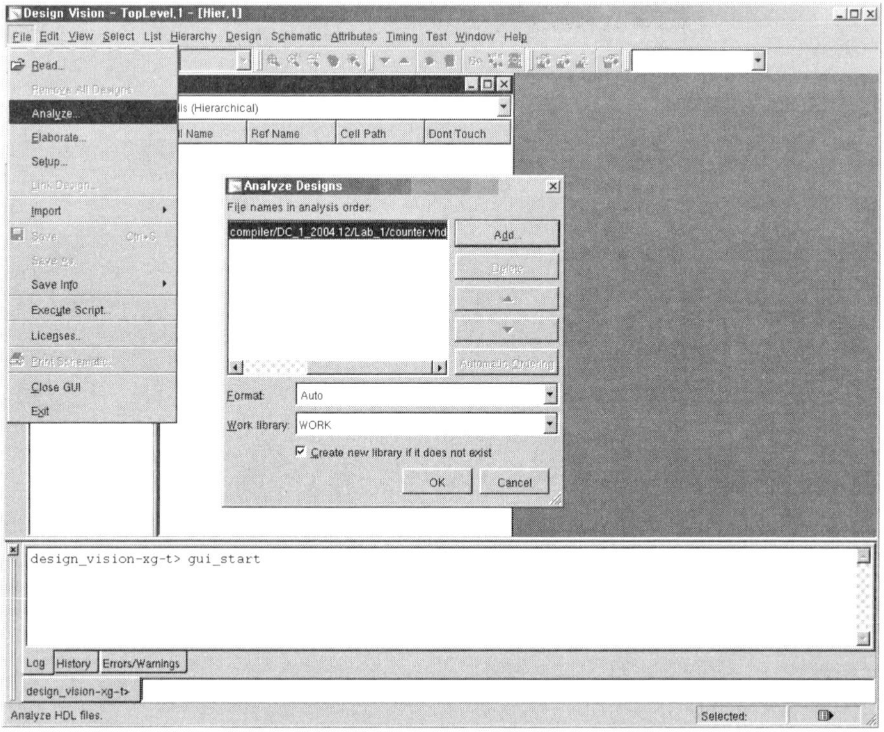

④ Read Design
File à Read
합성하고자 하는 파일들을 선택하여 Open을 누름

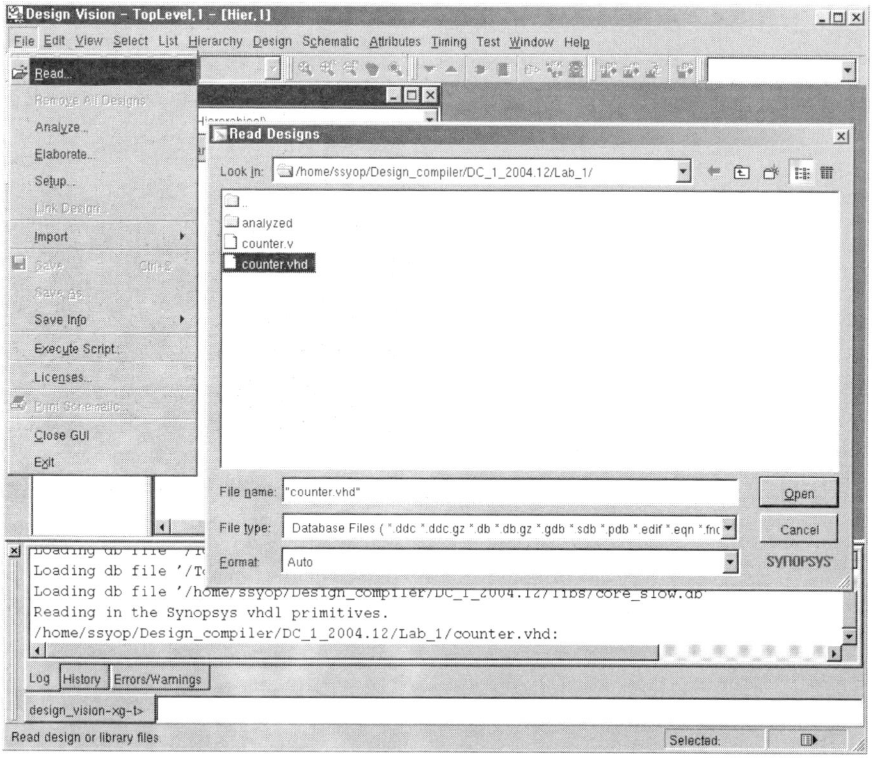

⑤ Hierarchy viewer에 COUNTER가 GTECH level로 변환되어있음
노란색의 Create Symbol view 아이콘을 클릭하여 Symbol을 볼 수 있다.

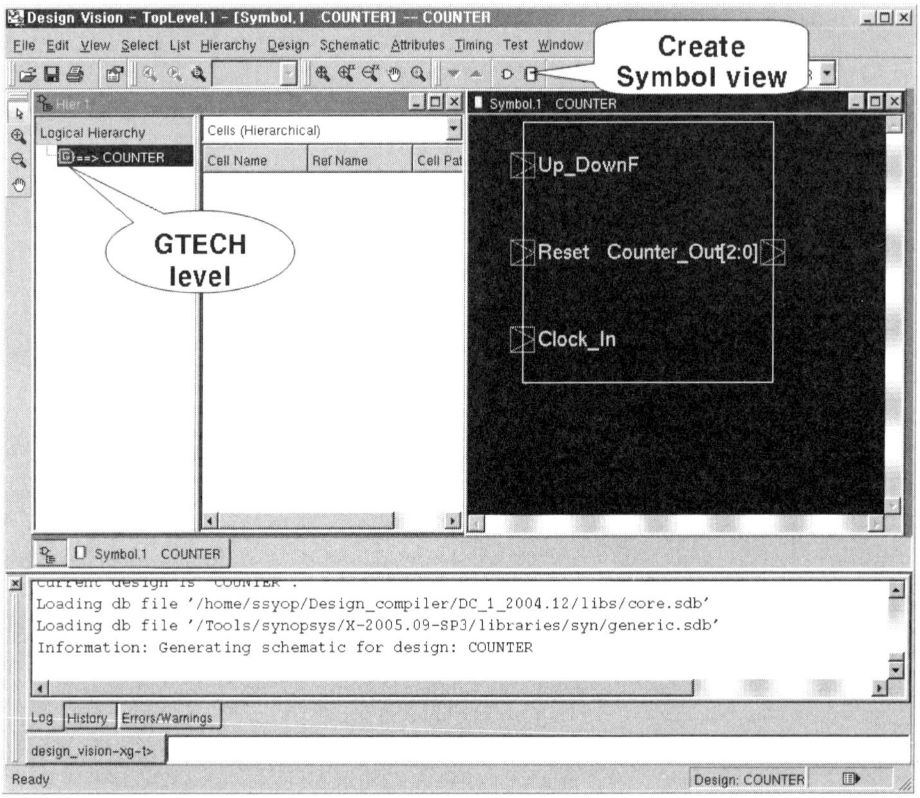

⑥ Schematic → New design schematic view 혹은 노란색의 AND gate아이콘을 클릭하여 GTECH library로 이루어진 Schematic을 볼 수 있다.

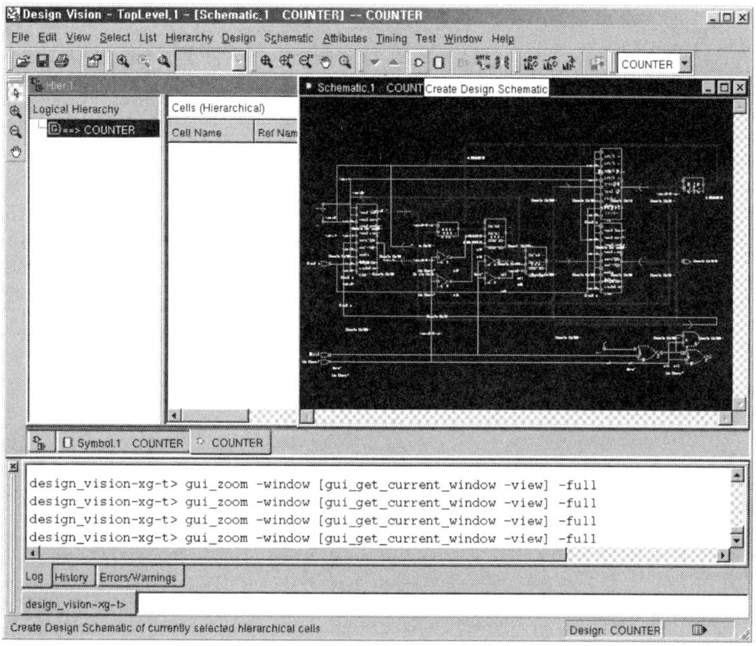

⑦ >> link 명령어 입력해서 library를 design과 연결시킴

```
design_vision-xg-t> link


  Linking design 'COUNTER'
  Using the following designs and libraries:
  --------------------------------------------------------------------------
  COUNTER                    /home/ssyop/Design_compiler/DC_1_2004.12/Lab_1/COUNTER.db
  ssc_core_slow (library)    /home/ssyop/Design_compiler/DC_1_2004.12/libs/core_slow.db
```

⑧ >> list_lib 명령어 입력해서 library 이름 확인

```
design_vision-xg-t> list_lib
Logical Libraries:
-------------------------------------------------------------------------
Library         File                Path
-------         ----                ----
standard.sldb   standard.sldb       /Tools/synopsys/X-2005.09-SP3/libraries/syn
gtech           gtech.db            /Tools/synopsys/X-2005.09-SP3/libraries/syn
ssc_core_slow   core_slow.db        /home/ssyop/Design_compiler/DC_1_2004.12/libs
```

symbol library는 standard.sldb를 사용하고, gtech library가 기본으로 이용되며, ssc_core_slow library name을 가지는 core_slow.db file이 target library임을 확인 할 수 있다.

⑨ >> report_lib ssc_core_slow 로 library report를 살펴봄

Parameter unit, operation condition, wire loading model, gate name 등이 나타나있다.

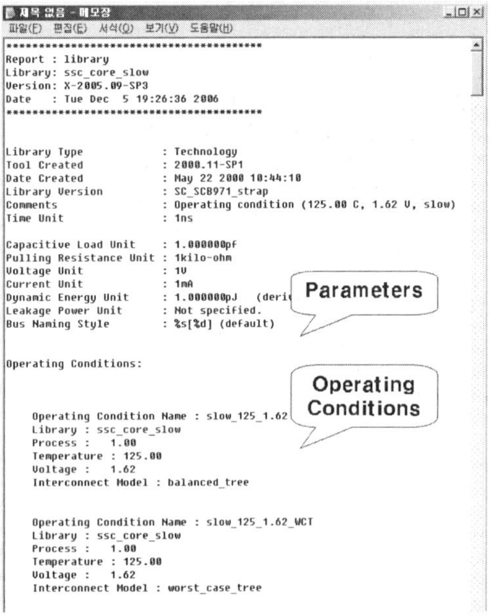

```
제목 없음 - 메모장
파일(F) 편집(E) 서식(O) 보기(V) 도움말(H)
****************************************
Report : library
Library: ssc_core_slow
Version: X-2005.09-SP3
Date   : Tue Dec  5 19:26:36 2006
****************************************

Library Type           : Technology
Tool Created           : 2000.11-SP1
Date Created           : May 22 2000 10:44:10
Library Version        : SC_SCB971_strap
Comments               : Operating condition (125.00 C, 1.62 V, slow)
Time Unit              : 1ns

Capacitive Load Unit   : 1.000000pF
Pulling Resistance Unit : 1kilo-ohm
Voltage Unit           : 1V
Current Unit           : 1mA
Dynamic Energy Unit    : 1.000000pJ  (deri
Leakage Power Unit     : Not specified.
Bus Naming Style       : %s[%d] (default)

Operating Conditions:

    Operating Condition Name : slow_125_1.62
    Library : ssc_core_slow
    Process :    1.00
    Temperature : 125.00
    Voltage :    1.62
    Interconnect Model : balanced_tree

    Operating Condition Name : slow_125_1.62_WCT
    Library : ssc_core_slow
    Process :    1.00
    Temperature : 125.00
    Voltage :    1.62
    Interconnect Model : worst_case_tree
```


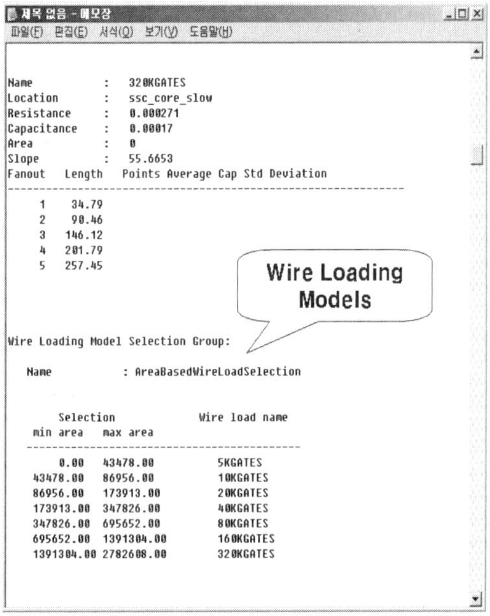

```
제목 없음 - 메모장
파일(F) 편집(E) 서식(O) 보기(V) 도움말(H)

Name          :  320KGATES
Location      :  ssc_core_slow
Resistance    :  0.000271
Capacitance   :  0.00017
Area          :  0
Slope         :  55.6653
Fanout   Length   Points Average Cap Std Deviation
--------------------------------------------------------------
     1    34.79
     2    90.46
     3   146.12
     4   201.79
     5   257.45

Wire Loading Model Selection Group:

   Name            : AreaBasedWireLoadSelection

        Selection               Wire load name
    min area    max area
   -------------------------------------------
        0.00    43478.00            5KGATES
    43478.00    86956.00            10KGATES
    86956.00   173913.00            20KGATES
   173913.00   347826.00            40KGATES
   347826.00   695652.00            80KGATES
   695652.00  1391304.00            160KGATES
  1391304.00  2782608.00            320KGATES
```


⑩ Set Constraints

Clock Frequency	250 MHz(4 ns) 50% duty cycle
Clock Skew	0.25 ns
Input Ports (worst case input delay)	T_{clk-q}=1ns
Output Ports (worst case output delay)	All output ports are registered
Area Goal	None
Voltage and Temperature Variation	1.8V +/- 0.18V, 0℃ to 125℃
Default Register Driving input ports (except for Clk port)	Cell "fdef1a1", pin "Q"
Wire Load Model	5KGATES
Wire Load Mode	enclosed
Max Capacitance Allowed on an input ports: (except for Clk port)	5 "and2a1" cells, pin "A"
Number of blocks each output port must be able to drive	3
Assumed load on output ports	5 x 3 "and2a1" cells, pin "A"
Max Transition driving input ports: (except for Clk port)	0.25 ns
Input Ports (best case input delay)	T_{clk-q}=0.2ns
Output Ports (best case output delay)	FF hold requirement = 0.5 ns External logic delay T_n=0.2ns

위와 같이 주어진 Design Specifications을 보고 constraint들을 아래와 같이 하나의 scripts로 만든다. 이때 확장자는 크게 상관없다.

constraints.tcl - 메모장

파일(F) 편집(E) 서식(O) 보기(V) 도움말(H)

```
create_clock -period 4 -name my_clk [get_ports Clk]

set_clock_uncertainty 0.25 [all_clocks]

set_input_delay -max 1 -clock my_clk [all_inputs]

remove_input_delay [get_ports Clk]

set_output_delay -max 3 -clock my_clk [all_outputs]


set_driving_cell -lib_cell fdef1a1 -pin Q [all_inputs]

remove_driving_cell [get_ports Clk]

set_max_capacitance [expr [load_of ssc_core_slow/and2a1/A] * 5] [all_inputs]

remove_max_capacitance [get_ports Clk]

set_load [expr [load_of ssc_core_slow/and2a1/A] * 15] [all_outputs]


set ALL_INS_EX_CLK [remove_from_collection [all_inputs] [get_ports Clk]]

set_max_transition 0.25 $ALL_INS_EX_CLK

set_input_delay  -min 0.2 -clock my_clk $ALL_INS_EX_CLK

set_output_delay -min -0.3 -clock my_clk [all_outputs]
```

⑪ File à Execute Script... 로 constraint를 나열한 script file을 실행한다.
Echo commands를 체크하면, 실행한 scripts를 보여준다.
하나의 명령어씩 직접 입력해도 무방함.

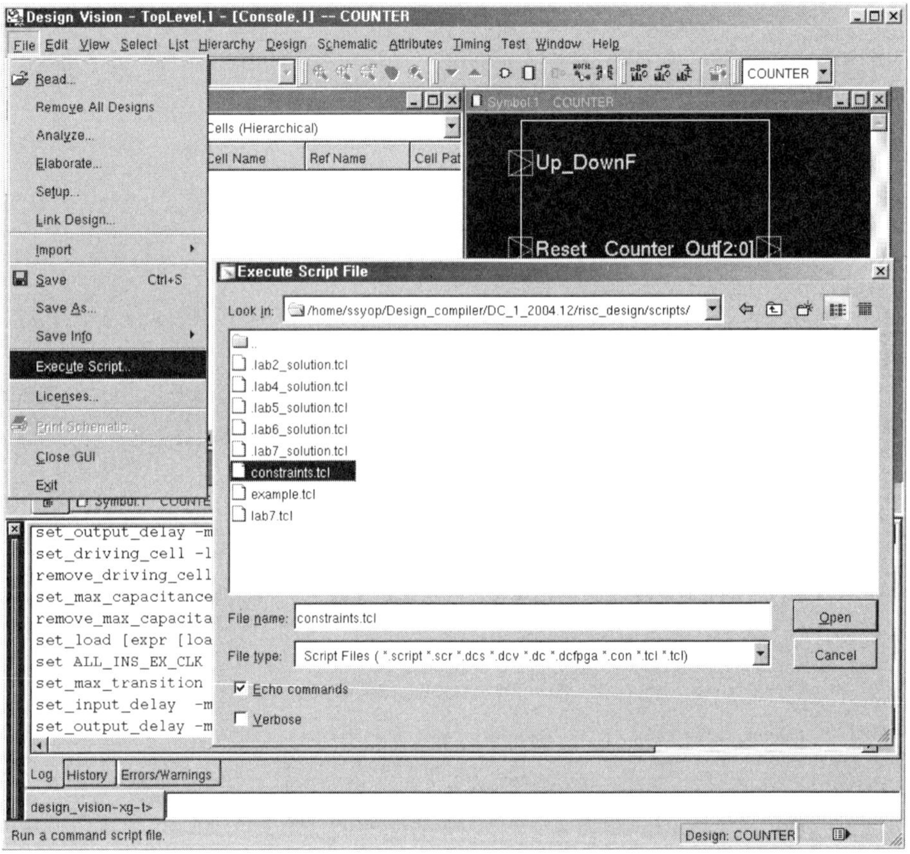

⑫ >> compile -scan 으로 Compile 실행
왼쪽 logical hierarchy viewer에 COUNTER의 아이콘이 GTECH 에서 AND 모양으로 바뀐 것과, Schematic viewer에서 schematic이 달라진 것을 확인 할 수 있다.

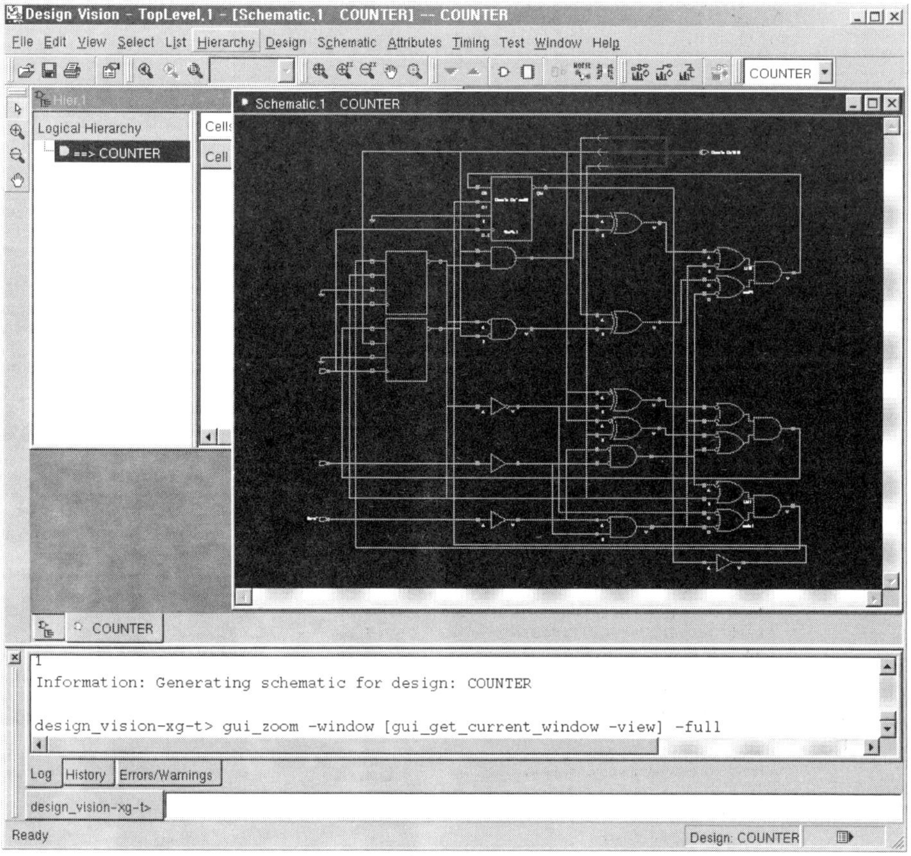

⑬ >> report_timing 혹은 Timing à Report Timing...
Critical path의 시작점과 끝점의 경로와 소요시간, clock 주기와 각종 timing constrains를 고려하여 slack을 계산함. (+) slack은 timing이 주어진 constrains를 만족함을 의미.

제목 없음 - 메모장

파일(F) 편집(E) 서식(O) 보기(V) 도움말(H)

```
****************************************
Report : timing
        -path full
        -delay max
        -max_paths 1
        -sort_by group
Design : COUNTER
Version: X-2005.09-SP3
Date   : Tue Dec  5 21:20:58 2006
****************************************

Operating Conditions: slow_125_1.62   Library: ssc_core_slow
Wire Load Model Mode: enclosed

  Startpoint: Counter_Out_reg[1]
              (rising edge-triggered flip-flop clocked by my_clk)
  Endpoint: Counter_Out[1]
            (output port clocked by my_clk)
  Path Group: my_clk
  Path Type: max

  Des/Clust/Port     Wire Load Model       Library
  ------------------------------------------------
  COUNTER            5KGATES               ssc_core_slow

  Point                                    Incr       Path
  -----------------------------------------------------------
  clock my_clk (rise edge)                 0.00       0.00
  clock network delay (ideal)              0.00       0.00
  Counter_Out_reg[1]/CLK (fdmf1c6)         0.00       0.00 r
  Counter_Out_reg[1]/QN (fdmf1c6)          0.68       0.68 r
  Counter_Out[1] (out)                     0.00       0.68 r
  data arrival time                                   0.68

  clock my_clk (rise edge)                 4.00       4.00
  clock network delay (ideal)              0.00       4.00
  clock uncertainty                       -0.25       3.75
  output external delay                   -3.00       0.75
  data required time                                  0.75
  -----------------------------------------------------------
  data required time                                  0.75
  data arrival time                                  -0.68
  -----------------------------------------------------------
  slack (MET)                                         0.07
```

⑭ >> report_area 혹은 Desing à Report Area
현재 합성된 Design의 Combination logic과 non-Combination logic의 면적을 표시함. 면적의 단위는 Vendor의 library마다 다르므로 확인할 필요 있음

제목 없음 - 메모장
파일(F) 편집(E) 서식(O) 보기(V) 도움말(H)

```
****************************************
Report : area
Design : COUNTER
Version: X-2005.09-SP3
Date   : Tue Dec  5 21:28:15 2006
****************************************

Library(s) Used:

    ssc_core_slow (File:
/home/ssyop/Design_compiler/DC_1_2004.12/libs/core_slow.db)

Number of ports:               6
Number of nets:               24
Number of cells:              18
Number of references:         13

Combinational area:       228.320007
Noncombinational area:    190.669983
Net Interconnect area:     undefined  (Wire load has zero net
area)

Total cell area:          418.989990
Total area:                undefined
```

10.3 Placement & Route with Synopsys Astro

10.3.1. Place & Route 란?

앞장에서 HDL source를가지고 합성하는 과정을 거쳤다. 앞에 과정까지를 ASIC에서 Front-end 과정이라 하고, 이후에 Place & Route과정을 거쳐 layout을 하고, 최종 반도체 칩을 만들기까지의 과정을 Back-end과정이라 한다. Back-end 과정의 기본이 되는 place&Route를 자동으로 해 주는 툴이 바로 Astro이다. 규모가 작은 design인 경우 full custom방식으로 직접 logic gate들의 폴리나, 메탈등을 그릴 수 있지만, 10만, 100만, 1000만 gate가 넘는 design들을 사람이 그리기란 불가능 하다. 그러므로, foundry vendor 에서 제공하는 standard cell library를 이용하여 auto place & route하여 layout 정보를 얻게 된다. 그러므로, Place & Route란 standard cell library 를 가지고, gate-level netlist에있는 logic들을 constraints 조건에 만족하게끔 배치(place)하고 연결(route)하는 작업을 의미한다.

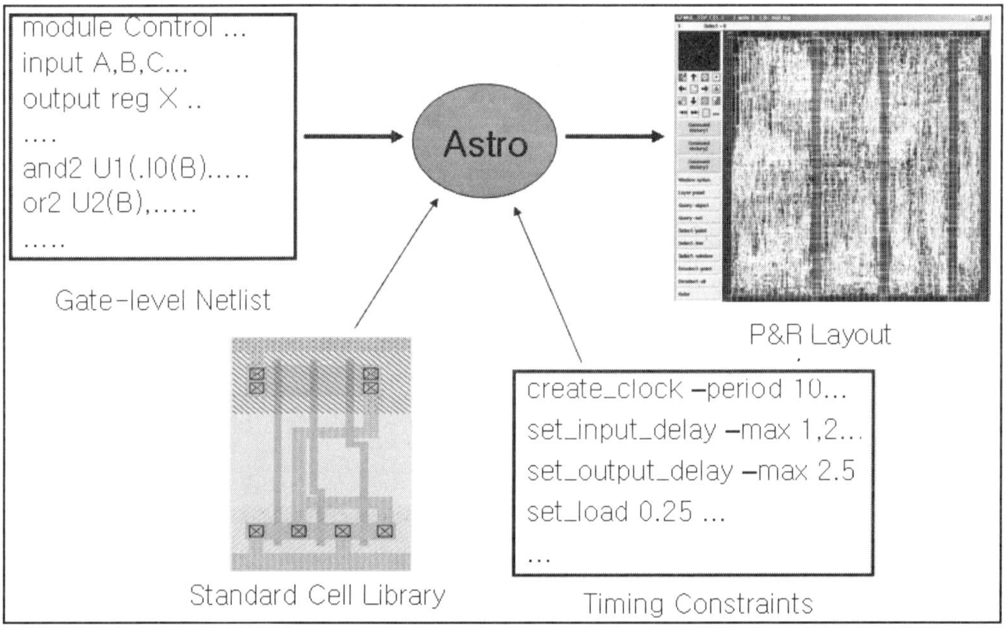

▶그림 10.8 Astro의 목적

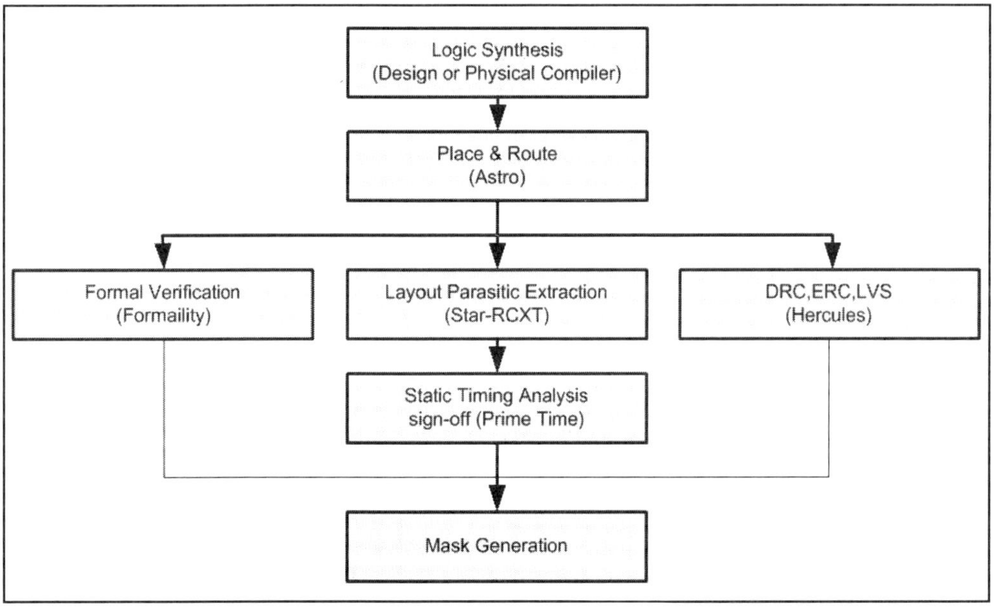

▶그림 10.9 Astro 및 제조까지의 flow

아래의 block도는 합성한 결과를 가지고 실제 웨이퍼 상의 반도체 칩으로 제작하기 전까지의 layout과 검증 단계를 나타낸다. gate level의 netlist를 가지고, Astro에서 Place & Route를 거쳐 layout을 뽑고, 해당 공정의 디자인 규칙(design rule)에 적합한지를 검증하는 DRC(Design Rule Check), 쇼트나 오픈이 없는지 검사하는 ERC(Electrical rules Check), 레이아웃이 구성하는 회로가 실제 구현하고자 하는 netlist와 일치하는지 검증하는 LVS(Layout versus Schemetic), 이와 유사하게, 합성 후 netlist와 Astro를 거친 후의 netlist사이에 문제가 없는지에 대한 Formal Verification, 레이아웃의 형태에 따라 발생하는 기생(parasitic) 성분을 추출한 후 이를 포함한 전체 회로의 시뮬레이션을 수행하는 post-simulation 단계 등을 거쳐, 최종 제조 공정에서 사용할 GDS라는 데이터 파일을 생성하는 과정이 나타나고, 각 단계에서 사용될 synopsys의 tool이 소개되어 있다. 본 교재에서는 Place & Route과정까지만 다루기로 한다.

10.3.2 Design & Timing setup

아래의 흐름도는 Astro를 사용함에 있어서 필요한 단계별 작업에 대한 설명이다. 먼저 Design & Timing setup에 대해 살펴보자. 이는 Design Compiler에서와 마찬가지로, 공정 library와 더불어, Constraints에 대해 설정해 주는 작업이다. 현재 Place & Route하고자 하는 design을 Design Library라 불리는 하나의 가상 작업공간에 두게 되며, 이 library는 공정 technology library, reference library과 gate-level Netlist, Timing constraints를 이용하여 만들어 진다.

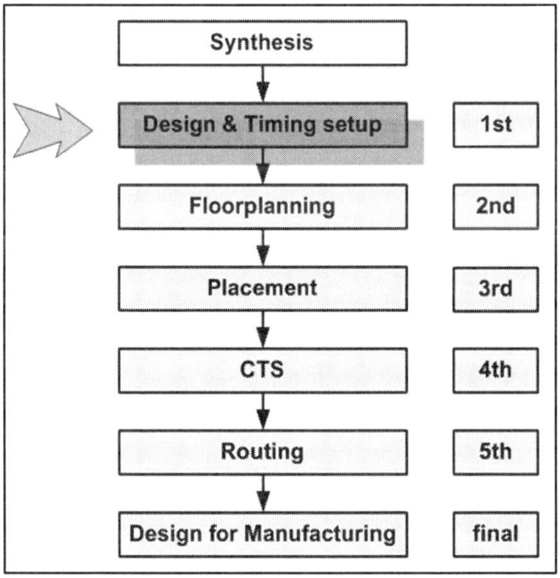

▶그림 10.10 Astro 작업 flow

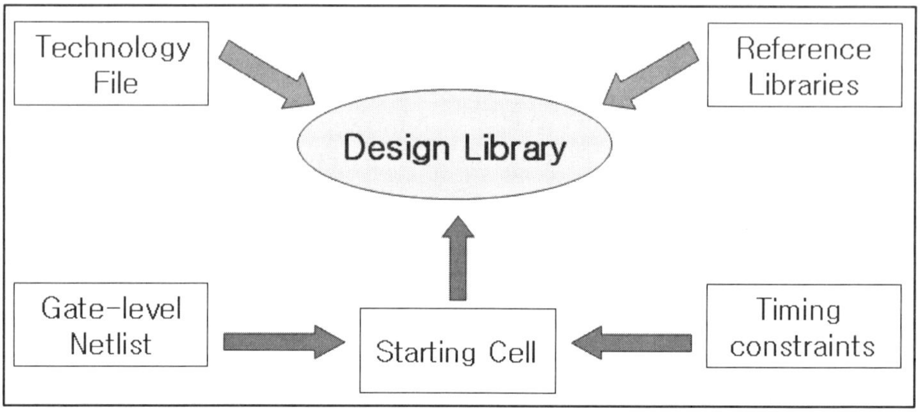

▶그림 10.11 Design library의 구성

이때 사용되는 Astro 명령은 auVerilogToCell 이란 명령어가 사용된다. 이 명령을 통해, Design Library 이름과, Netlist 파일이름, technology file, reference library 등 design setup에 필요한 정보들을 세팅해 준다. Design Library 이름은 내가 작업하고자 하는 가상의 작업공간이므로 적절히 지정해 주면된다. Netlist인 경우 Verilog netlist를 입력하게 된다. VHDL보다 verilog netlist가 auto place&route 성능이 더 우수하기 때문이다. 따라서 HDL source를 VHDL로 작성하였더라도, Design Compiler에서 합성하고 netlist를 뽑을 때, verilog로 netlist를 뽑아 Astro에서 사용시 문제가 없도록 하자. Technology file이라 함은 실제 반도체를 제조하는 vendor에서 제공하는 것으로써, 제조 공정에 대한 특성들, R/C 모델, Design rule, layer/via 에 대한 정의와 같은 정보들이 포함된다. Reference library에는 standard cell, IP, macro cell, I/O port 에 대한 library들이 포함된다.

그럼 Timing constraints는 어디서 얻는가? 라는 질문에 Astro 에서는 ataLoadSDC 라는 명령을 통해 timing 정보를 세팅해준다. SDC는 Synopsys Design Constraints의 약자로 Design Compiler에서 주어진 timing constraints와 같고, Design Compiler에서 SDC라는 파일로 추출하여 ataLoadSDC로 읽어줌으로써, Design setup & timing setup과정은 끝나게 된다.

Astro는 기본적으로 Timing-Driven P&R tool로써, 주어진 path의 timing constraints를 확인하고 이를 만족하기위해 노력한다. 그럼 이런 timing을 맞추기 위해 delay를 계산하는 것은 Cell delay와 Net의 R과 C에 의해 정해진다. Cell에 대한 정보는 cell library에 명시되어 있지만, net에 대한 정보는 그렇지 않다. 그래서 따로 net에 대한 delay를 추정할 수 있도록 Table Look Up(TLU) 모델을 가지고 있다.

Astro에서는 기본 TLU와 TLU+라고 하는 보다 정확한 모델을 사용한다. 이는 vendor에서 제공을 하고, technology file안에 포함된다. TLU 모델은 capacitance look-up table만 가지고 있지만, TLU+ 모델은 C와 R look-up table 모두 가지고 있기 때문에 보다 정확하다.

10.3.3 Floorplanning

Floorplanning은 chip의 Core Area와 Pad Area, I/O pad, macro 배치, Power & Ground 선 배치와 routing blockage 등을 수행한다.

먼저 Core Area는 실제 macro cell과 standard cell이 위치하는 중심 지역이며, Pad Area는 Input/Output pad와 Power pad, Corner pad, pad 간격을 조절하는 Pad filler, Power/Ground ring이 들어가게 된다. 이해 대해 아래 그림에서 잘 보여주고 있다.

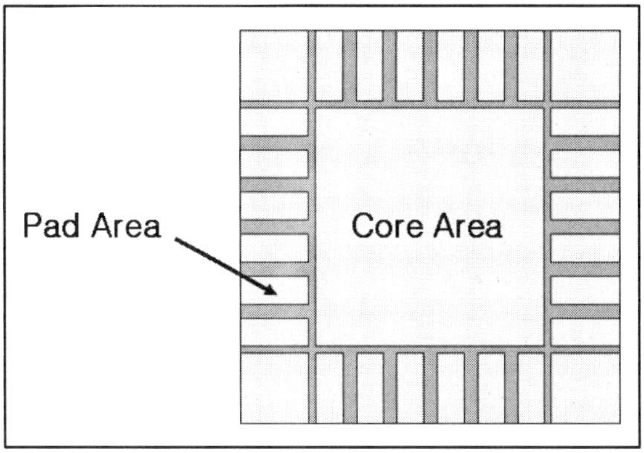

▶그림 10.12 Chip Area 정의

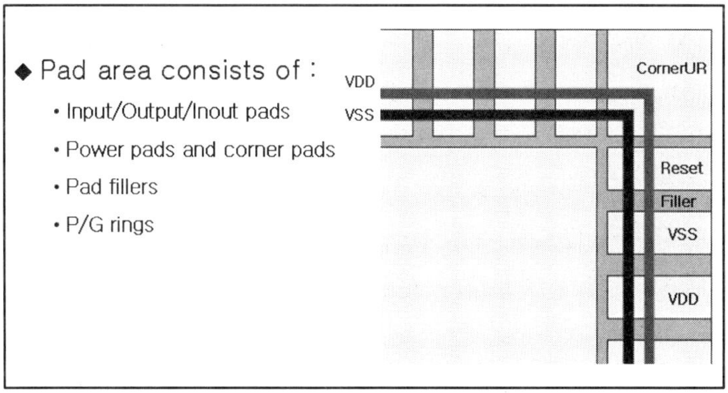

▶그림 10.13 Pad Area 정의

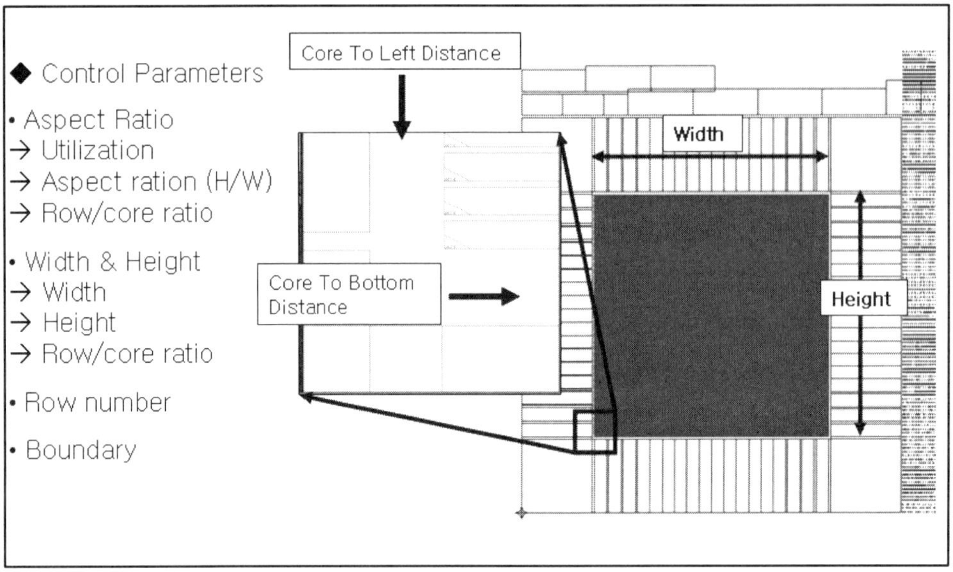

▶그림 10.14 Core Area 정의

Core area를 정의할 때 core에 차지하는 cell의 비로 정의하거나, Height와 Width의 비로 정의하거나, core에 row수 비를 이용하여 정의하는 등 Ratio로 정의하는 방법과, 실제 Width & Height를 입력하여 줄 수도 있다. Standard Cell이 배치될 Row의 수를 직접 입력하는 방법도 있으며, 이 Row를 번갈아 가며 뒤집어서 Row마다 들어갈 VDD와 VSS선의 면적을 줄여 Chip area를 줄이는 방법도 있다.

IP 나 macro 같은 instance와, standard cell은 그림 10.13 에서 Pad area 밖에 위치해 있다. Floor planning에서 밖에 위치한 instance들을 Core area 안에 사용자가 직접 위치하게 한다. 그림10.14는 밖에 위치한 macro cell들을 core area안에 임의로 위치시킨 것이다. 위의 그림 10.14에서 왼쪽에 위치한 standard cell들은 아직 core area 안에 위치하지 않고 있다. 먼저 macro cell을 위치시키면 이 위로 standard cell들이 놓이거나, route 선들이 놓이면 Congestion error라고 하는 문제가 발생한다. Congestion이란 것은 cell과 route들이 뭉친 정도라고 할 수 있는데, 과도하게 뭉쳐있다면, 실제 반도체 공정에서 올바로 making이 되지 않아 오동작을 할 수 있기 때문에 적절하게 분포시킬 필요가 있다. 따라서 macro cell이 배치된 곳 주변에 cell이 배치되지 않도록 blockage를 설정한다. 그것이 Routing Blockage 이며 그림 10.15에서 사선이 엇갈리는 사각형으로 macro cell 위에 blockage가 설정된 모습을 볼 수 있다.

이처럼 Blockage에 대한 설정이 끝났으면, Power와 Ground의 사각형 Ring을 만들고 Core area 안에 일정간격을 두고 P/G strap을 두게 된다. macro와 standard cell에 쉽게 공급하기 위해 strap을 많이 넣을 수도 있지만, strap아래에 cell이 위치할 수 없으므로 area도 고려하여 설정 해 줘야 한다. 이렇게 설정한 후에, P/G와 필요한 Pad, macro에 P/G port를 연결하면, floor planning 단계에서 설정할 것은 끝나게 된다.

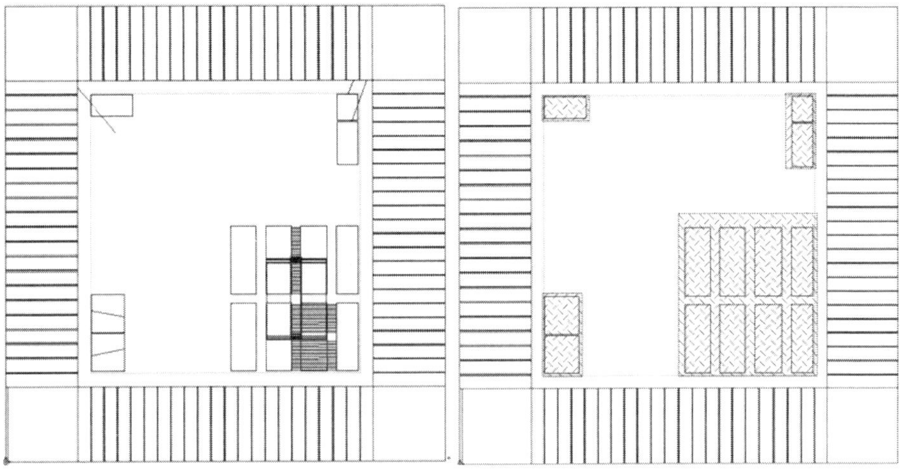

▶그림 10.15 Macro Cell 배치와 Blockage 설정

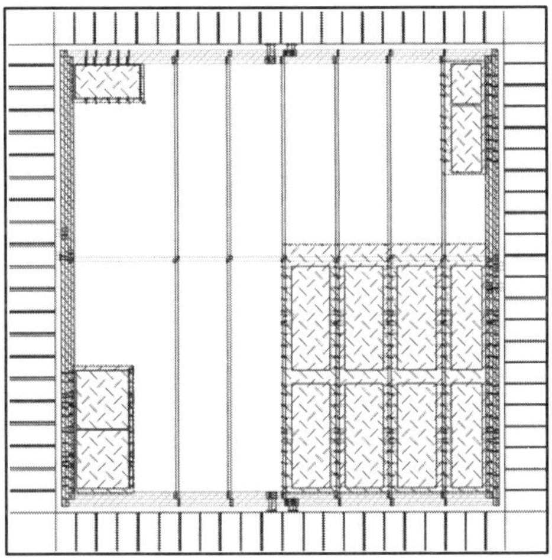

▶그림 10.16 Pad Ring 과 Strap 삽입

10.3.4 Placement

앞에 Floor Planning 단계에서 core와 pad area에 대한 틀을 만들어 주면,

placement단계에서는 아직 core area안으로 들어오지 못한 standard cell을 core area 안으로 위치시키는 작업을 하게 된다. Placement flow가 아래 그림 에 나타나있다. 먼저 floor planning이 끝난 바탕에 Design Compiler에서 설정한 Scan Chian이라는 것을 풀고, Auto place를 시킨 후 Congestion을 확인한다. 이상이 없다면 timing을 확인하고 역시 이상이 없다면 다음 단계인 Clock Tree Synthesis(CTS)단계로 넘어가게 된다.

Scan Chain이란 것은 Design Compiler 합성단계에서 Flip Flop들을 모두 serial 하게 연결한 하나의 줄기를 얘기한다. 목적은 chip을 만든 후에 구간별 combination logic값을 내보내게 하여 문제 발생 시 발생 지점을 찾을 수 있게 하기 위해서다. 이는 Design Compiler에서 netlist를 만들 때 추가로 삽입하는 것이기 때문에, Astro에서 P&R 수행 시에 원치 않는 문제를 발생 할 수 있기 때문에, placement단계에서 우선 제거 한 후에 CTS 단계에서 다시 삽입하게 된다. Auto place를 통해 standard cell들이 Core area 안으로 들어오게 된 그림이 아래의 그림 과 같고, Congestion map을 통해 Core 안에 문제가 되는 부분이 있는지를 검토하게 된다. Congestion 이 '1'이 넘는 값은 붉은 색 막대로 나타나게 되지만, 그림 10.17은 1이하의 값들로 문제가 되지 않는다.

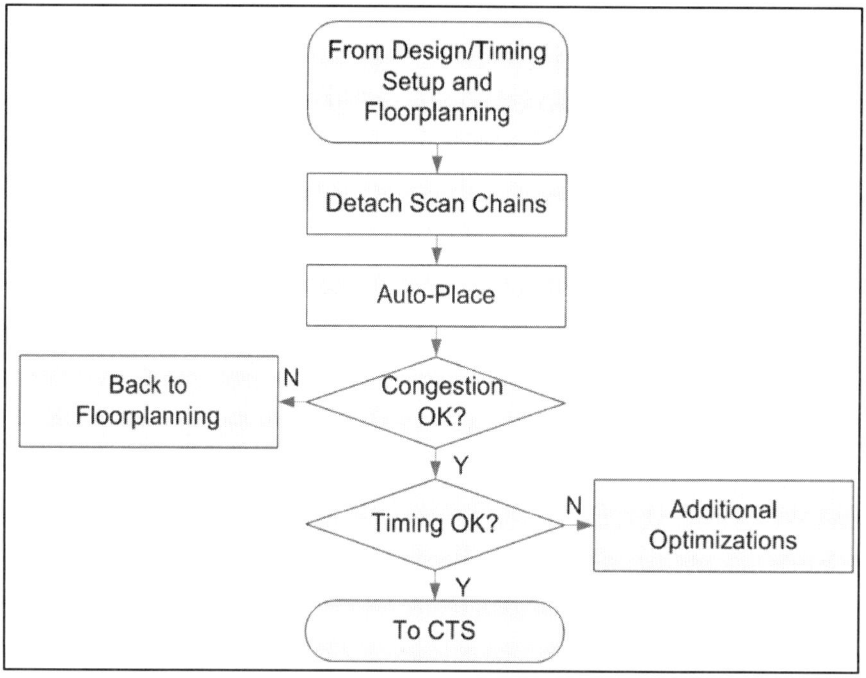

▶그림 10.17 Placement 순서도

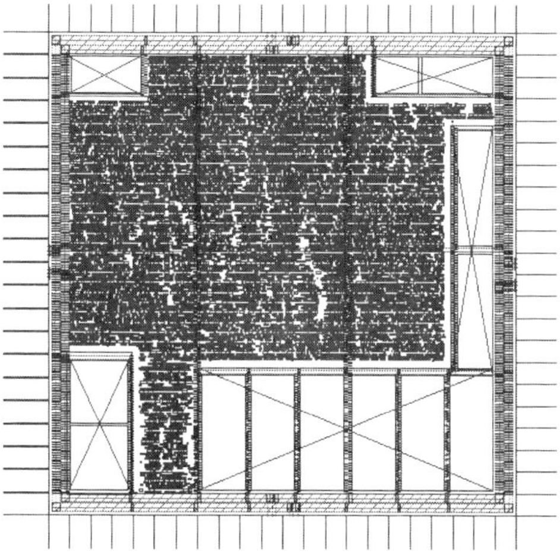

▶그림 10.18 Placement 이후 layout

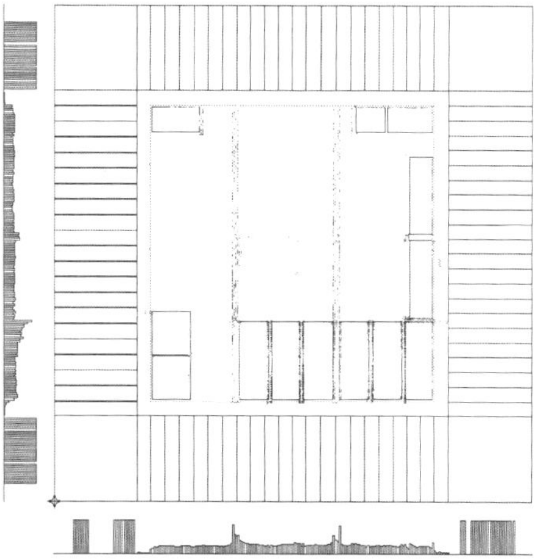

▶그림 10.19 Congestion map

아래의 Report는 placement 후의 Timing report다. Timing report에 Design setup시 주어진 timing constraints와 각 clock에 대한 timing 정보들을 볼 수 있고,

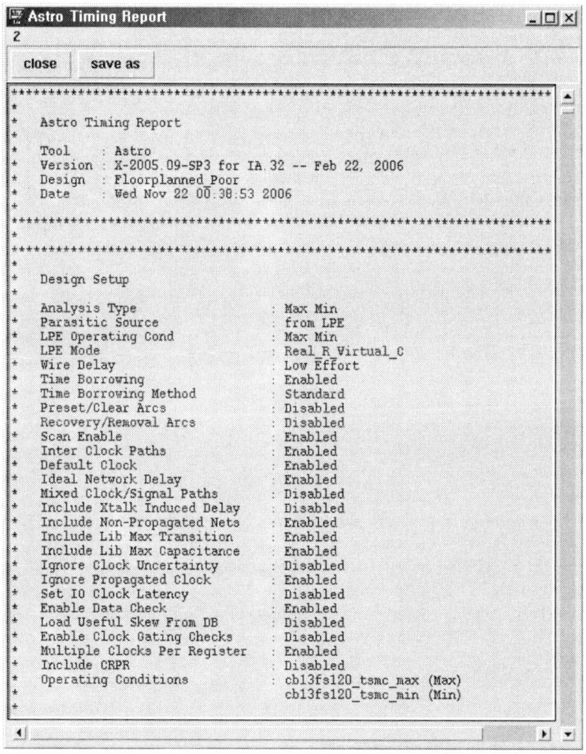

```
Astro Timing Report
close   save as
*****************************************************************************
*
*   Astro Timing Report
*
*   Tool    : Astro
*   Version : X-2005.09-SP3 for IA.32 -- Feb 22, 2006
*   Design  : Floorplanned_Poor
*   Date    : Wed Nov 22 00:38:53 2006
*
*****************************************************************************
*
*****************************************************************************
*
*   Design Setup
*
*   Analysis Type                      : Max Min
*   Parasitic Source                   : from LPE
*   LPE Operating Cond                 : Max Min
*   LPE Mode                           : Real_R Virtual_C
*   Wire Delay                         : Low Effort
*   Time Borrowing                     : Enabled
*   Time Borrowing Method              : Standard
*   Preset/Clear Arcs                  : Disabled
*   Recovery/Removal Arcs              : Disabled
*   Scan Enable                        : Enabled
*   Inter Clock Paths                  : Enabled
*   Default Clock                      : Enabled
*   Ideal Network Delay                : Enabled
*   Mixed Clock/Signal Paths           : Disabled
*   Include Xtalk Induced Delay        : Disabled
*   Include Non-Propagated Nets        : Enabled
*   Include Lib Max Transition         : Enabled
*   Include Lib Max Capacitance        : Enabled
*   Ignore Clock Uncertainty           : Disabled
*   Ignore Propagated Clock            : Enabled
*   Set IO Clock Latency               : Disabled
*   Enable Data Check                  : Enabled
*   Load Useful Skew From DB           : Disabled
*   Enable Clock Gating Checks         : Disabled
*   Multiple Clocks Per Register       : Enabled
*   Include CRPR                       : Disabled
*   Operating Conditions               : cb13fs120_tsmc_max (Max)
*                                        cb13fs120_tsmc_min (Min)
*
```

▶그림 10.20 Timing Report

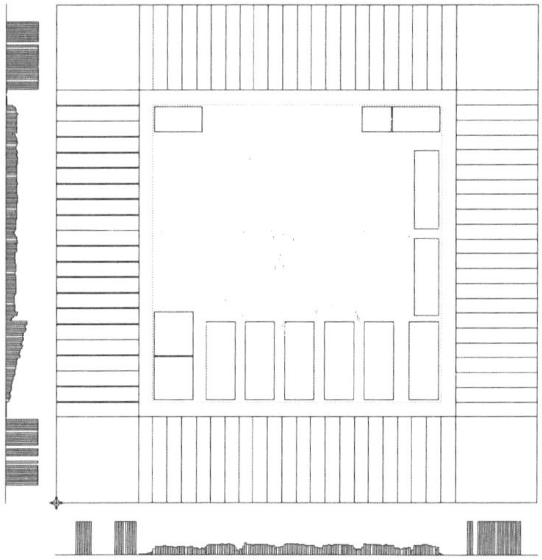

▶그림 10.21 좋은 Floorplanning 의 Congestion map

setup slack, violation's number, hold slack, num. transition, num. max-capacitance에 대한 정보를 알 수 있다. 여기서 심각한 slack violations이 발생한다면, 다시 placement하거나 Floor planning으로 돌아가야 하는 경우가 생기지만, 그리 크지 않은 에러라면, optimize를 통해 복구할 수 있을 것이다.

그림 10.21은 그림 10.21의 floor planning 한 것 보다 좀 더 좋은 floor planning으로 placement 후에 congestion을 본 그림이다. 앞의 그림 보다 congestions가 많이 줄어든 것을 확인 할 수 있다. 따라서 Floor planning에 의해 디자인의 P&R 성능이 달라진다는 것을 알 수 있으며, 이는 다음 단계에서도 계속 영향을 미치는 것을 알 수 있다.

10.3.5 CTS

아래 그림 은 placement 후에 Flip Flop들이 배치되어있는 모습이다.

이때 Clock source가 한곳에 결정되고 아래 그림과 같이 최단 경로들로 Routing이 된다면, Clock source와 인접한 곳의 F/F과 가장 먼 곳의 F/F간에 net delay로 인하여 clock skew가 발생할 것이다. 이로 인해 timing이 흐트러지는 문제가 발생할 수있다. 따라서, 이와 같은 문제를 해결하기 위해 Clock tree를 생성하고, Buffer를 삽입하는 작업을 Clock Tree Synthesis라 한다. Astro는 기본적으로 주어진 timing constrains와 옵션들을 기반으로 자동으로 clock tree를 생성하게 된다. 그림는 CTS후에 clock skew를 최소화 하게 된 clock tree의 layout이다.

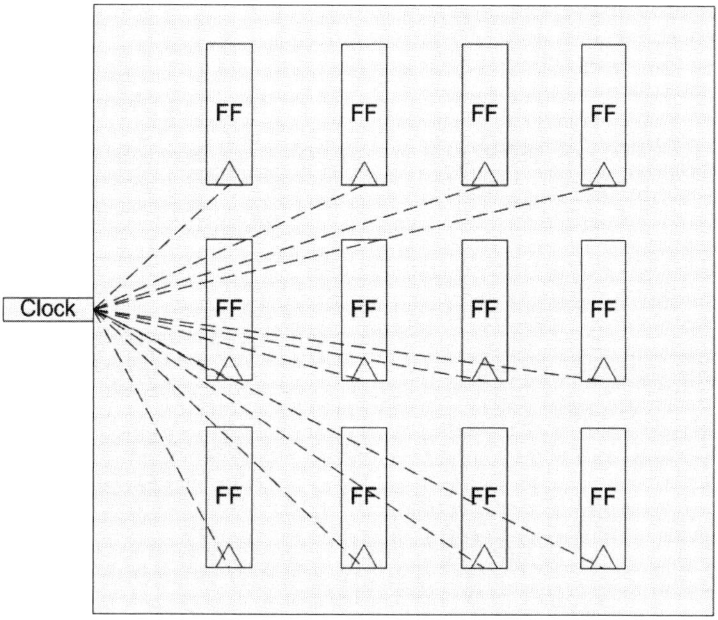

▶그림 10.22 CTS 이전의 clock routing 개념도

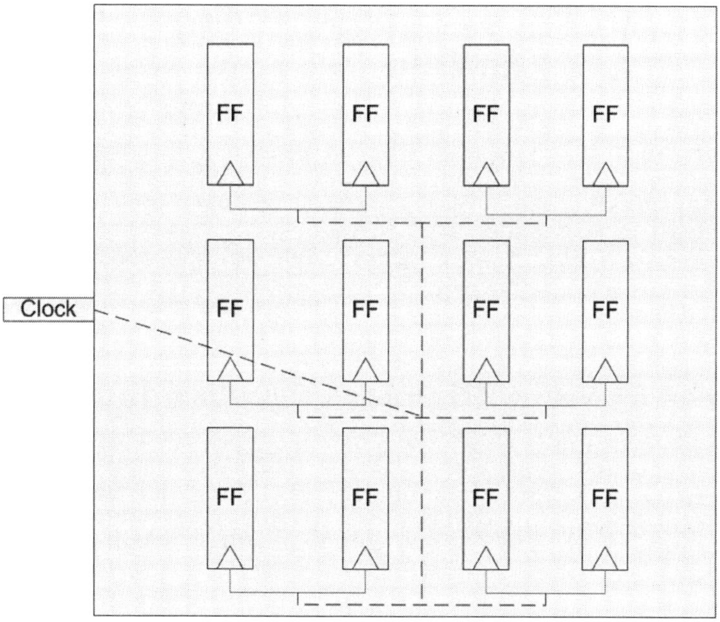

▶그림 10.23 CTS 후의 Clock Tree 생성 개념도

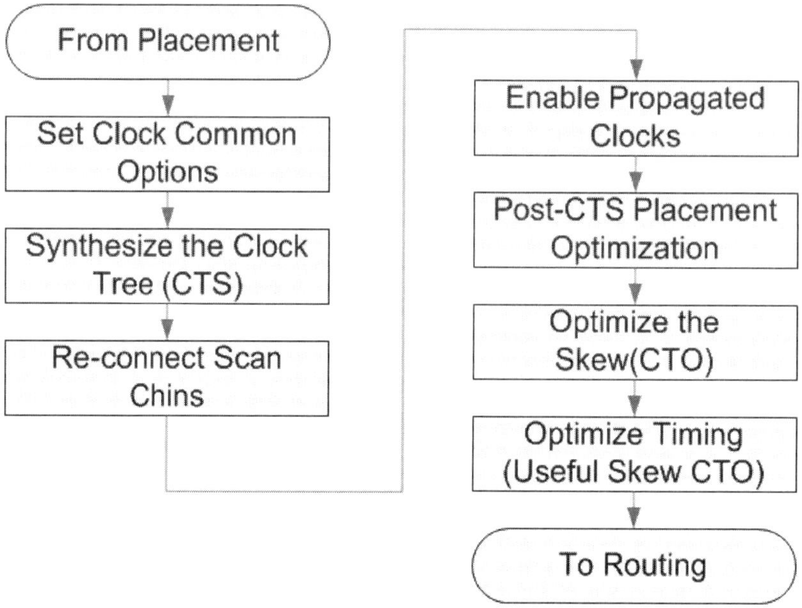

▶그림 10.24 CTS 작업 flow

그림 10.24는 CTS의 작업 flow다. placement후 congestion과 timing이 만족할만한 결과를 얻으면 CTS에 들어가게 된다. 기본 옵션들을 설정하고, CTS를 실시하며, placement단계에서 제거했던 Scan chain을 다시 연결하고, propagated clock를 enable함으로써 Placement단계까지 Ideal 상황에서 timing 정보를 check한 것을 CTS후에 실제와 가까운 timing 정보를 예측 할 수 있게 된다. 이전까지 Hold 문제를 크게 다루지 않았지만, CTS가 끝나고 cell 배치가 고정되어, buffer삽입 등 placement에 추가 변동사항이 적은 이 시점에 Hold문제를 고려하여 placement를 최적화하는 작업을 한다. 이때도 적은 hold문제가 발생하거나, route 전에 clock skew를 개선하고, buffer를 삽입할 필요가 있다면, Clock Tree Optimization(CTO)를 수행한다. 하지만, CTO 후에도 여전히 timing violation이 존재한다면, Useful Skew CTO 작업을 통해 최종적으로 timing violation을 개선하게 된다. 이로써 CTS의 전 과정을 마치게 되고 Cell을 실제 wire로 연결하는 Routing과정만이 남게 되었다.

그림 10.25는 CTS후에 timing report를 통하여, skew와 slack등 timing violation 정보를 살펴 볼 수 있다.

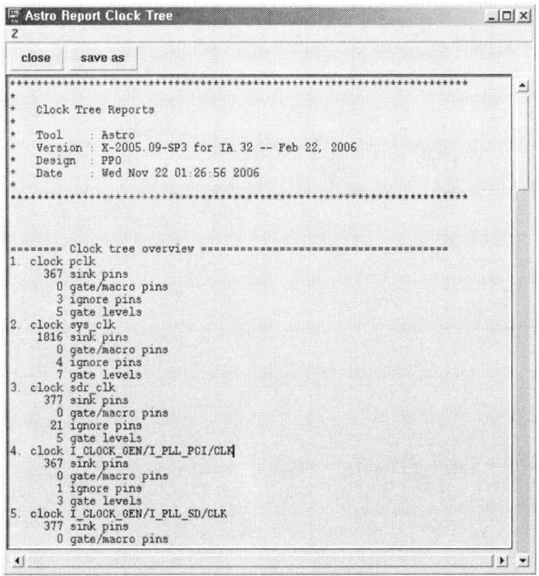

▶그림 10.25 CTS Report

그림 10.26은 CTS전에 하나의 clock source 에 연결된 net의 정보를 보여준다. 그림에서 살펴볼 수 있듯이, 모든 clock source가 하나의 소스로부터 나가게 되어 실 거리차가 확연이 나타난다.

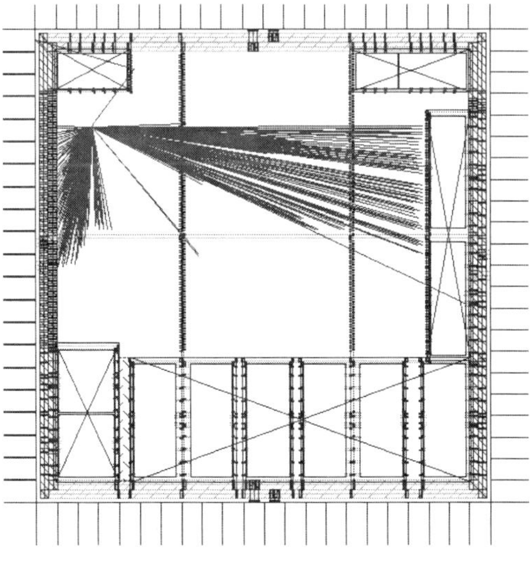

▶그림 10.26 CTS 이전 routing layout

그림 10.27은 CTS후의 모습으로 clock source가 가지를 치며 전체적으로 비슷한 거리를 가짐으로써 clock skew를 줄일 수 있게 된다.

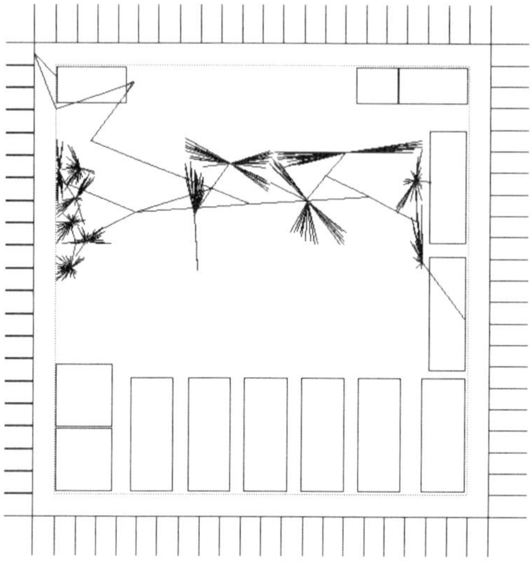

▶그림 10.27 CTS 이후에 routing layout

그림 10.28은 CTO 과정을 통해 placement직후의 그림 보다 core region에 congestion이 줄어있는 것을 확인 할 수 있다.

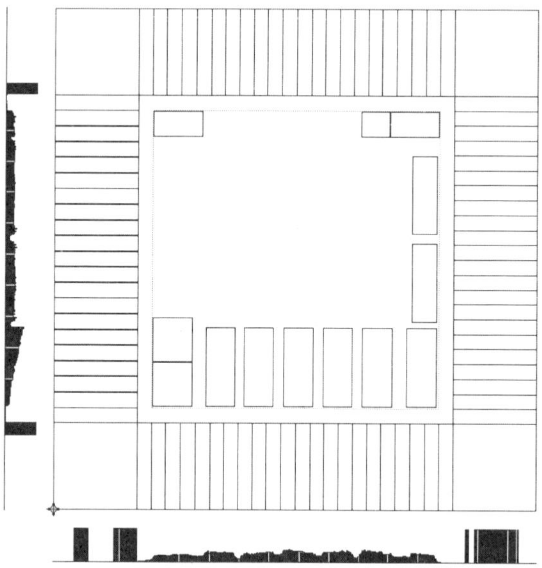

▶그림 10.28 CTO 이후의 congestion map

10.3.6 Routing

Routing은 모든 cell과 buffer들의 배치가 완전히 끝나고, congestion과 timing violation을 모두 만족한 후에 최종적으로, pin을 metal로 물리적으로 연결하는 작업을 의미한다. 이때 공정의 Design Rule를 만족해야 하며, setup과 hold timing 문제가 없어야 하며, clock skew또한 만족해야 한다.

그림 10.29에 Routing flow를 나타냈다. Signal net을 Routing하기 전에 Clock net을 먼저 Routing한다. 이유는, clock net이 먼저 routing되어있을 경우 skew나 insertion delay가 보다 쉽게 목표치에 맞게 되기 때문이다. 다음으로, Signal net을 연결해야 하는데 Global Route는 Signal Routing의 가장 처음 단계로 Virtual Routing이 단순이 연결될 cell을 가상적으로 간단히 연결해 놓은 것에 불과하다면, Global Route는 congestion을 피해 특정 metal layer나 connection 방향을 정해 최초의 방향을 잡는 작업이다. 따라서 VR보다 정확한 delay예측이 가능하다. 하지만 아직까진 실제 메탈이 layout상에 나타나진 않는다.

Track Assign은 실제 metal의 track을 결정하고 metal을 layout상에 위치시킨다. 하지만, 지금은 Design Rule을 고려하여 배치하지는 않는다. 바로, Detail Route단계에서 track assign으로 배치시킨 metal의 Design Rule Check(DRC) violation을 고려한다. Detail Route는 Track Assign과는 달리 core area 전체를 보는 것이 아니라 SBox라 하는 특정 크기의 작은 면적만을 살펴보며, DRC violation을 수정하게 된다. 따라서 Detail Route만으로 chip전체의 DRC violation이 제거되지 않을 수있다. 이때 Search & Repair 작업을 통해 남아있는 DRC violation을 제거하게 된다. Search & Repair 작업의 원리는 SBox의 크기를 점점 늘려가며 DRC violation을 제거하며, 사용자의 요구에 따라 전문적인 DRC tool을 이용하기도 한다. Astro는 Cell을 transistor-level(Cell) view가 아닌 layout에 필요한 최소정보를 나타내는 FRAM view로 layout을 진행하기 때문에, DRC 가 부족할 수 있기 때문에 전용 tool을 사용하기도 한다.

위의 Track assign, Detail Route, Search & Repair과정을 Auto Route라는 하나의 명령을 통해 실행 할 수가 있다. 이후에 수행하는 Optimizing Trace Topology는 wire 길이를 줄이거나, metal을 점프한다거나, 하는 방식으로 optimize를 수행하는데, 이로 인해 새로운 DRC violation이 발생할 수 있다. 그렇기 때문에 작업 시 Search & Repair과정이 수행되어 violation을 잡아주기도 한다. Routing과정이나 Optimize과정에서 발생하는 skew나 timing violation을 수정하기 위해 최종적으로 Post Route CTO작업을 한 번 더 하게 된다.

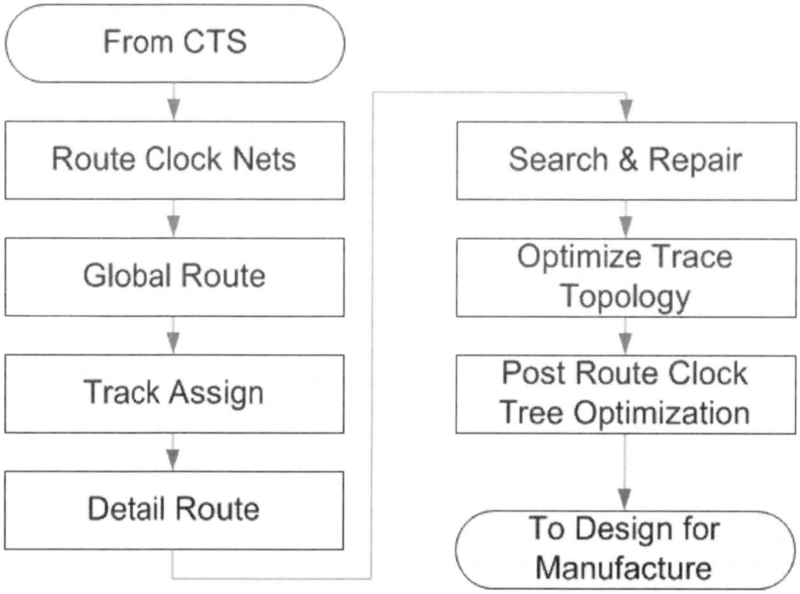

▶그림 10.29 Routing 작업 flow

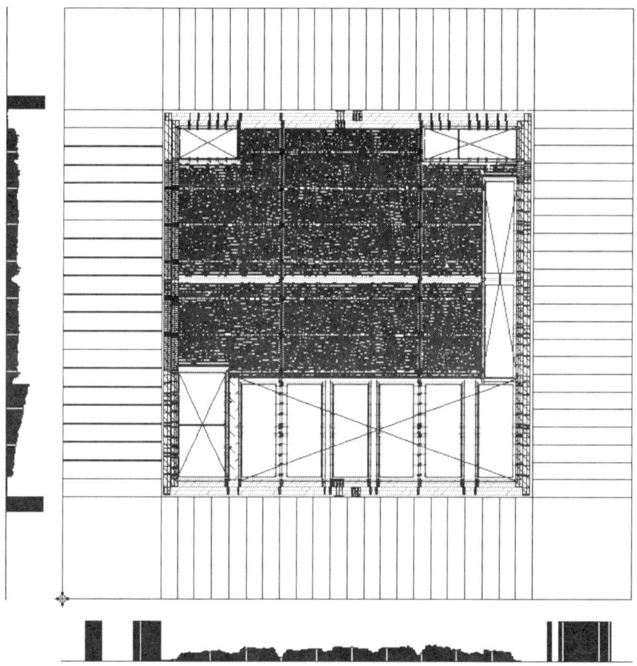

▶그림 10.30 Routing 작업 flow

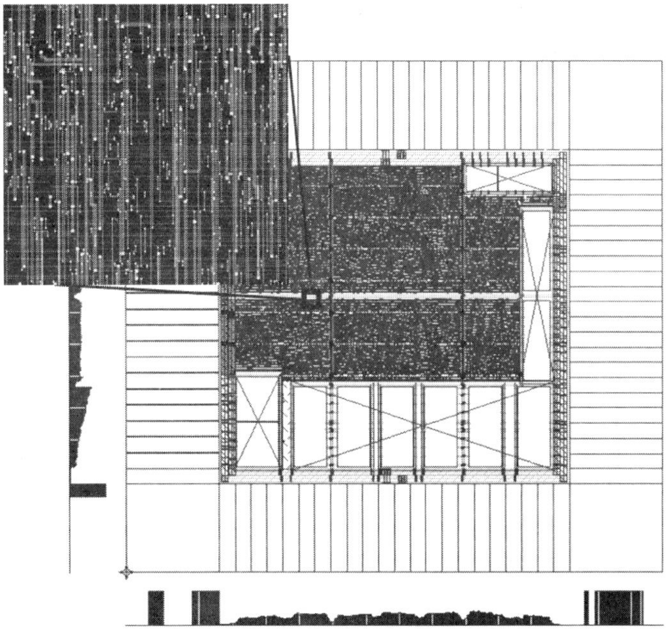

▶그림 10.31 Routing 이후 Cell에 routing 된 layout

10.3.7 Design for Manufacturing

앞 단원에서 다룬 작업들을 통하여 우리는 macro cell과 standard cell을 배치하고, clock tree를 생성했으며, 모든 clock과 signal net을 routing을 하였다. 그 결과 setup, hold time violation도 없고, maximum capacitance 제한도 만족하며, DRC에도 문제가 없음을 확인하였다. 이로서 layout의 모든 과정은 마쳤다고 볼 수 있다. 하지만, 실제 제조할 때 수율을 조금이라도 높이고자, Astro에서 몇 가지 더 고려해 주는 것들이 있다. 아래의 여섯 가지 문제들은 실제 반도체 칩으로 만드는 제조과정에 생길 수 있는 문제들을 나열하였고, 오른쪽에 해결방법을 제시하였다.

1) Gate Oxide integrity à antenna fixing
2) Via resistance and reliability à extra contacts
3) Random Particle defect à Wire spreading
4) Metal erosion à metal slotting
5) Metal liftoff à metal slotting
6) Metal Over-Etching à metal fill

첫째, Gate Oxide integrity는 metal을 etching할 때, 강한 자기장을 걸어 plasma etching 기법을 사용한다. 이때, 강한 자기장내에 위치한 metal들이 안테나와 같은 역할을 하여, 유도전압을 생성하고 이 전압이 metal끝에 연결된 gate를 통해 빠져나갈 것이다. 이때, metal의 길이가 허용치 보다 길어 gate oxide가 파괴되는 문제가 발생 할 수 있다. 이를 방지하기 위해 wire의 길이를 제한하는 Antenna rule이라는 것이 공정마다 존재하게 된다. 이를 수정하기 위해 Astro에서는 길이가 긴 metal의 일부를 잘라 상위 layer로 jumping을 시켜 gate와 단절 시켜 gate oxide가 파괴되는 것을 막아주는 작업을 할 수 있다. 이렇게 해결 되지 않는다면, wire에 diode를 삽입하여, 전류가 흐를 수 있는 branch를 만들어 주는 방법도 있지만, Astro에서는 직접 diode를 만들지는 못하고, place만 시켜준다.

둘째, via를 하나만 사용하는 것이 아니라 특별한 routing없이 여러 개의 via를 사용하는 것이다. 이때 via를 직렬로 연결하면 저항이 커져 IR drop과 같은 문제가 생길 수 있으므로, 병렬로 via를 추가로 사용하여 전체 저항을 낮춰 수율과 timing에서 좋은 결과를 얻을 수 있다. 하지만, 전체 via를 다 double via로 사용하는 것은 DRC violation과 같은 다른 문제를 발생 할 수 있으므로, 적정 비율의 double via를 사용할 것을 권한다.

셋째, particle이라 불리는 제조할 때 공정상에 발생하는 물질로 인해 open이나 short와 같은 심각한 문제가 발생 할 수 있다. 특히 최소의 넓이와 공간으로 wire를 연결한 경우 이런 particle에 취약할 수 있다. 하지만 이런 particle은 예측할 수 없는 확률적인 문제이기 때문에, 조밀하게 밀집한 wire의 배치를 고루 분포시킴으로써 발생할 수 있는 확률을 줄일 수 있다.

넷째, Chemical Mechanical Polishing(CMP) 라고 하는 wafer 평탄화 작업 시 Oxide보다 부드러운 metal이 좀 더 깎이게 된다. 이런 경우 resister값에 변화를 주게 되어 timing에 문제가 생길 수 있다. 특히 metal wire가 너무 wide하면서 density가 높을 경우 너무 심하게 깎여 erosion이라는 문제가 발생하기도 한다. 그래서 공정마다 최소한의 erosion을 위해 각 layer마다 최대 metal density를 정해 놓고 있다. 해결 방법으로는 wide한 wire에 slot을 뚫어 density를 낮추는 방법이 있다.

다섯째, metal과 oxide의 열팽창 계수가 틀리기 때문에 많이 늘어나는 metal이 일부 oxide에서 위로 떠버리는 현상이 발생 할 수 있다. 이때도 erosion문제와 같이 wide한 metal에 slot을 뚫어 뜨는 현상을 줄여 줄 수 있으며, 각 layer마다 slot의 parameter를 설정해 줄 수 있다.

마지막으로, metal erosion과는 반대의 현상으로 metal의 density가 너무 작아 plasma etching시 하단부가 과도하게 etching되는 문제가 발생 할 수 있다. 그러므로 공정마다 최소 metal density를 정해놓았고, dummy metal을 삽입하여 부족한

metal density문제를 해결 한다.

이렇게 공정에서의 문제까지 모두 고려해준다면 보다 완성도 높은 반도체 칩을 설계할 수 있을 것이다. 하지만, 보다 정확한 검증을 위해 실제 제조에 들어가기에 앞서 각종 tool들을 이용하여 여러 가지 측면에서 검증에 검증을 거쳐 최종 foundry업체로 설계된 칩을 넘겨 제조를 맡긴다. 이로써, standard cell을 이용하여 semi-custom ASIC을 제작할 때 필요한 합성과, layout에 대해 Synopsys의 Design Compiler와 Astro를 이용하여 실습을 마쳤다.

10.3.8 Astro Lab

〈Astro 실행 및 Design & Timing Setup〉

① >> Astro & Astro 실행

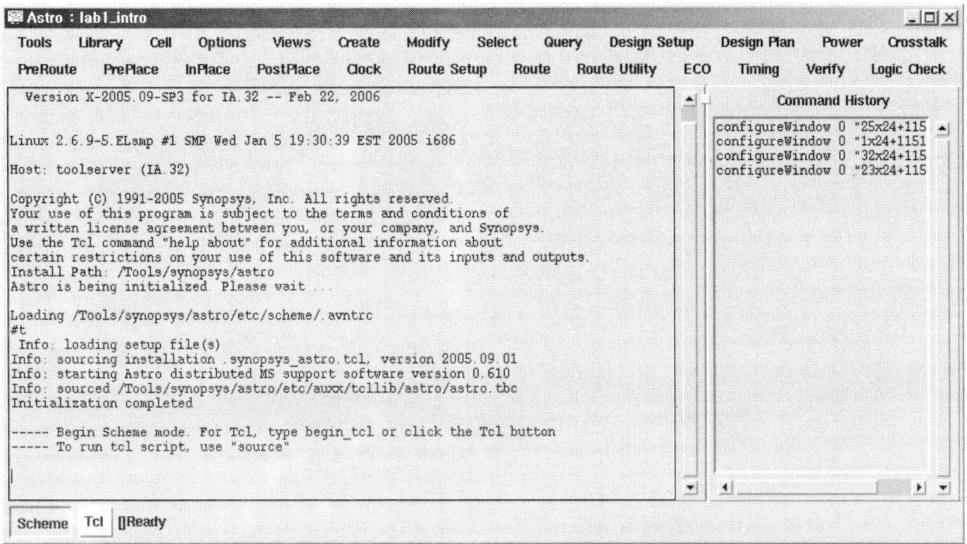

② Setup design

Tools → Data Prep à Netlist In à Verilog In To CEL…혹은

>>auVerilogToCell

Library Name : design_lib_risc

Verilog File Name : RISC_CHIP.v

Output Cell Name : RISC_CHIP

Top Module Name : RISC_CHIP
Tech File Name : cb13_4m.tf

Open Library and Cell When Done 옵션을 체크

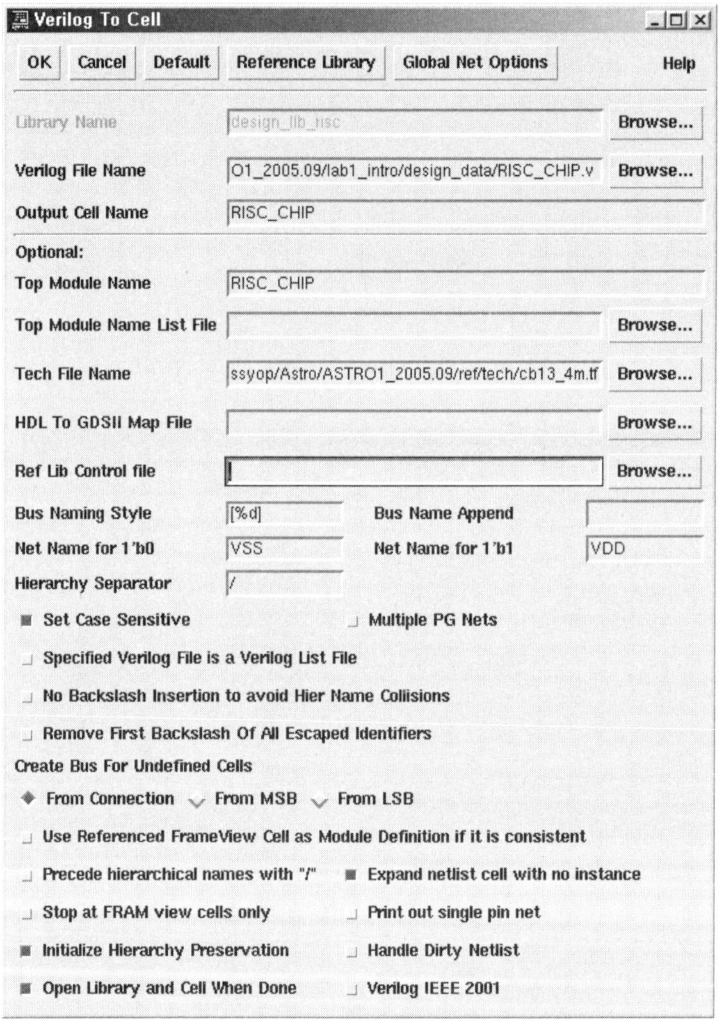

Reference Library
sc (standard cell library), io(I/O PADs), ram16x128(RAM) 각각 선택 후 Add
3개 모두 입력 후 Hide

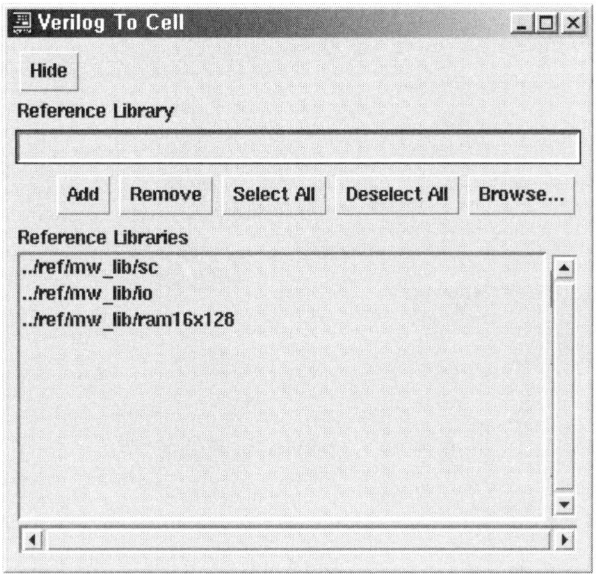

Global Net Options
Net Name / Port pattern : VSS/VSS, VDD/VDD, VSSO/VSSO, VDDO/VDDO
각각 입력 후 Apply 4개 전부 입력 후 Hide

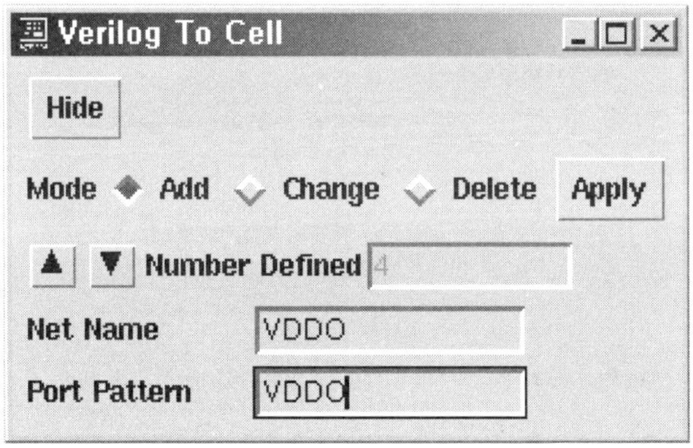

setting 완료 후 OK 눌러줌 RISC_CHIP.CEL이라는 cell viewer 창이 뜬다.

③ Cell → Hierarchy Preservation: Mark Module Instances Preserved …
혹은 >> astMarkHierAsPreserved 입력
Flattened Cell Name : RISC_CHIP 입력 후 OK

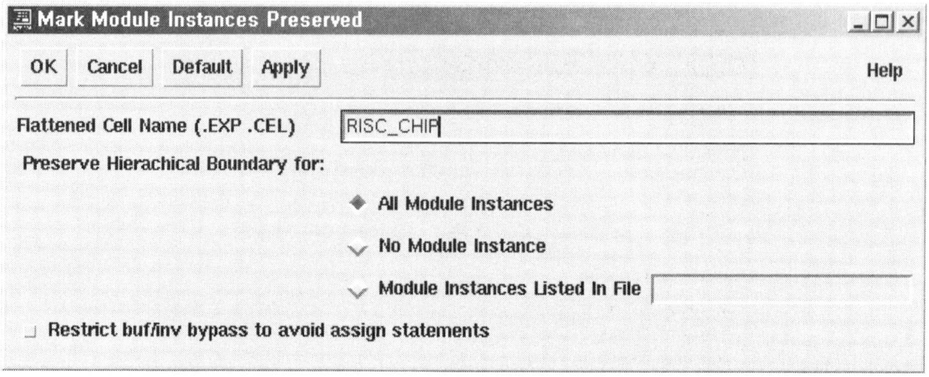

④ TLU 모델 설정
Tceh File à ITF To TLU+ … 혹은 >> cmItfToTLUPlus 입력
Library Name 확인
MIN, MAX 만 선택
Min/Max RCTable File 설정
Star-RCXT Mapping File 설정

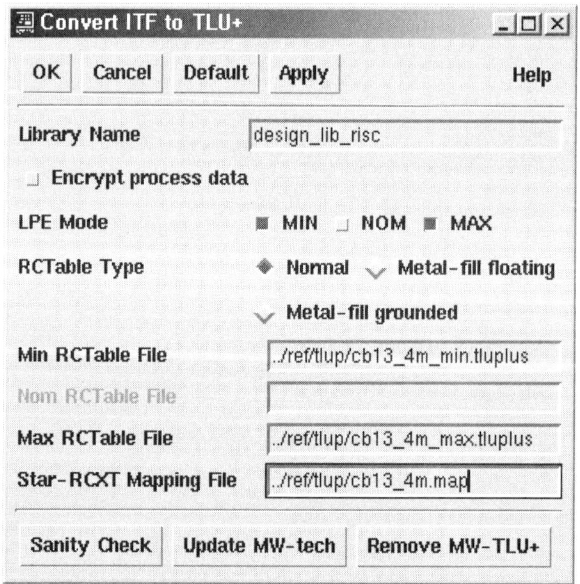

Sanity Check 를 눌러 ITF data가 technology library에 포함되어 있는지 검사 후 OK

⑤ Tools → Astro, Timing à AstroTime: Timing Setup…
Parasitics 탭을 선택 , Max와 Min만 선택하고, TLU +로 설정한 다음 Apply

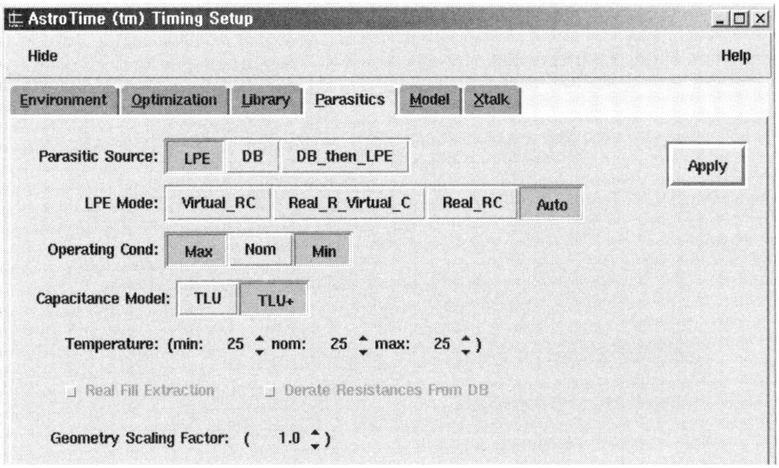

Model 탭을 선택
Net Delay Model을 Low Effort로 선택 후 Apply
그리고 Hide로 빠져나감

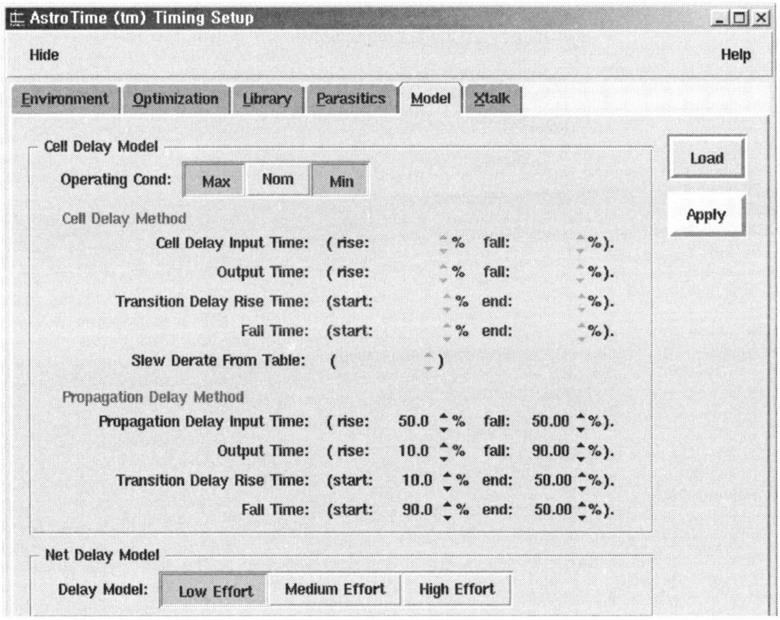

⑥ Constraints file 적용
>> ataRemoveTC 명령으로 SDC(Synopsys Design Constraints) file을 적용하기 전에 기존에 적용된 Constraints를 삭제
Timing à Constraints: Load SDC … 혹은 >> ataLoadSDC 입력
SDC File Name : RISC_CHIP.sdc

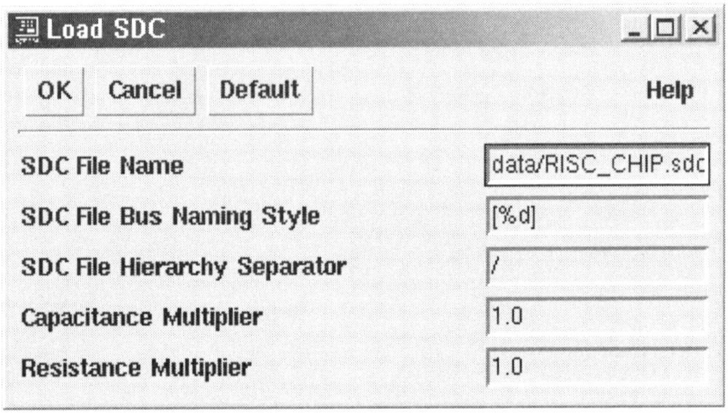

⑦ Timing → Astro Time: Timing Data Check … 혹은
>> astTimingDataCheck 로 constraints가 제대로 적용됐는지 확인
OK누르면 실행됨

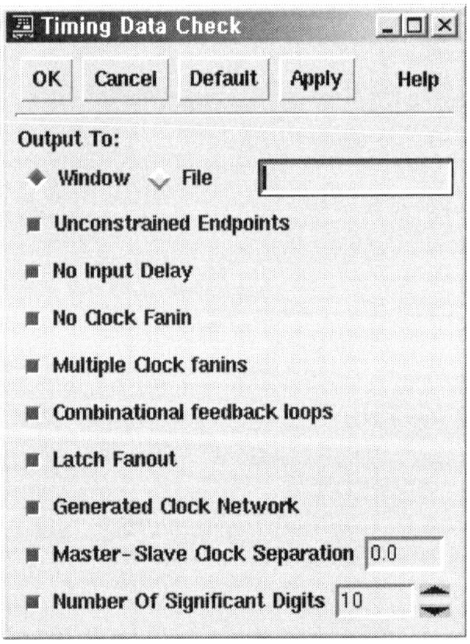

⑧ Timing setup

Timing → Astro Time: Timing Setup

Ignore Interconnect, Ignore Propagated Clock 체크 후 Apply

⑨ Timing → Astro Time: Timing Report 나 >> astReportTiming 입력

OK를 눌러서 Timing Report를 살펴본다.

혹은 >> ataReportSummary 를 통하여 간단한 timing report를 살펴볼 수 있다.

Design과 Timing setup이 끝나면 저장하고, 다음단계로 넘어가자.

〈FloorPlan〉

① Floorplan 초기 set up

Design Setup à TDF: Load TDF … 혹은 >> axgLoadTDF 입력

TDF File Name : RISC_CHIP.tdf 입력하고, Cell 이름은 비워둔 채 OK

*TDF file : Pad에 이름을 정의하고, 순서를 정의한 사용자가 만든 파일

```
ssyop@toolserver:~/Astro/ASTRO1_2005.0...
../../design_data/RISC_CHIP.tdf: □□ □□□□□ □□□□□□ □□
[ssyop@toolserver scripts]$ more ../design_data/RISC_CHIP.tdf
define _cell (geGetEditCell)
; create power pads

; Core power supply
insertPad "VSS" "pv0i" "vss1left" "VSS"
insertPad "VDD" "pvdi" "vdd1left" "VDD"
insertPad "VSS" "pv0i" "vss1right" "VSS"
insertPad "VDD" "pvdi" "vdd1right" "VDD"

; IO power supply
insertPad "VSS" "pv0a" "vss2left" "VSS"
insertPad "VDD" "pvda" "vdd2left" "VDD"
insertPad "VSS" "pv0a" "vss2right" "VSS"
insertPad "VDD" "pvda" "vdd2right" "VDD"

; create corner cells
insertPad "VSS" "pfrelr" "cornerll" "VSS"
insertPad "VSS" "pfrelr" "cornerlr" "VSS"
insertPad "VSS" "pfrelr" "cornerul" "VSS"
insertPad "VSS" "pfrelr" "cornerur" "VSS"



tdfPurgePadConstr

; place the corner cells

pad "cornerll" "bottom"
pad "cornerur" "top"
pad "cornerlr" "right"
pad "cornerul" "left"


; Left side pads
pad "Instrn_iopad_0" "left" 1
pad "vdd1left" "left" 2
pad "vss1left" "left" 3
pad "vdd2left" "left" 4
pad "vss2left" "left" 5
```

```
ssyop@toolserver:~/Astro/ASTRO1_2005.0...
pad "Instrn_iopad_3" "left" 8
pad "PSW_iopad_7" "left" 9
pad "Xecutng_Instrn_iopad_0" "left" 10


; Right side pads
pad "RESULT_DATA_iopad_0" "right" 1
pad "vdd1right" "right" 2
pad "vss1right" "right" 3
pad "vdd2right" "right" 4
pad "vss2right" "right" 5
pad "RESULT_DATA_iopad_1" "right" 6
pad "RESULT_DATA_iopad_2" "right" 7
pad "RESULT_DATA_iopad_3" "right" 8
pad "PSW_iopad_9" "right" 9
pad "Xecutng_Instrn_iopad_2" "right" 10

; Top side pads
pad "PSW_iopad_8" "top" 1
pad "Xecutng_Instrn_iopad_1" "top" 2
pad "PSW_iopad_0" "top" 3
pad "PSW_iopad_2" "top" 4
pad "PSW_iopad_4" "top" 5
pad "PSW_iopad_6" "top" 6
pad "OUT_VALID_iopad" "top" 7
pad "EndOfInstrn_iopad" "top" 8
pad "Test_Mode_iopad" "top" 9
pad "clk_iopad" "top" 10

; Bottom side pads
pad "PSW_iopad_10" "bottom" 1
pad "Xecutng_Instrn_iopad_3" "bottom" 2
pad "PSW_iopad_1" "bottom" 3
pad "PSW_iopad_3" "bottom" 4
pad "PSW_iopad_5" "bottom" 5
pad "STACK_FULL_iopad" "bottom" 6
pad "Rd_Instr_iopad" "bottom" 7
pad "reset_n_iopad" "bottom" 8
pad "Test_Regfile_Clk_iopad" "bottom" 9
pad "scan_en_iopad" "bottom" 10
[ssyop@toolserver scripts]$
```

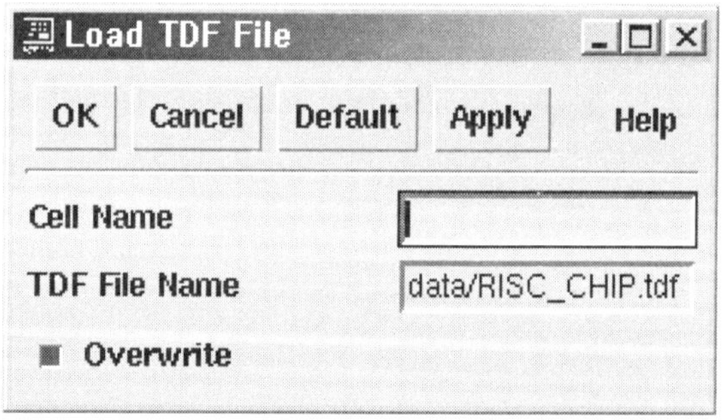

② Design Setup → Floorplan: Set Up Floorplan … 혹은 >> axgPlanner

Control Param : aspect ratio

Core Utilization : 0.75, Row/Core Ratio : 1, Core Aspect Ratio(H/W): 1,

Horizontal Row, Double Back, Start First Row 선택

Core To left, Right, Bottom, Top : 50

입력 후 Set and OK

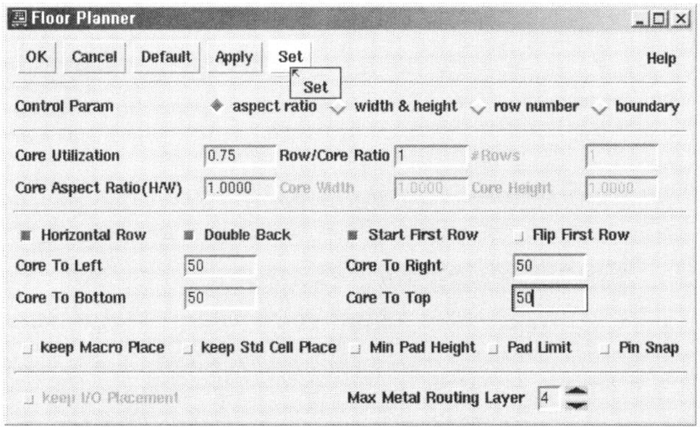

Cell Window를 보면 두 개의 macro cell과 Standard cell들이 외곽에 배치된 것을 확인 할 수 있다.

Options → Window … 나 Window 창의 Window option을 눌러서 Visible Objects : row를 선택하여 Apply를 하고 Redraw를 누르면 row line을 볼 수 있다.

③ P/G pin connection

PreRoute→ Connect Ports to P/G … 혹은 >> aprPGConnect

Default click, Cell Type에 Pad 선택, Update Tie Up/Down 옵션 선택

Net Name, Port Pattern, Net Type : VDD, VDD, Power 입력후 Apply

Net Name, Port Pattern, Net Type : VSS, VSS, Ground 입력후 Apply, OK

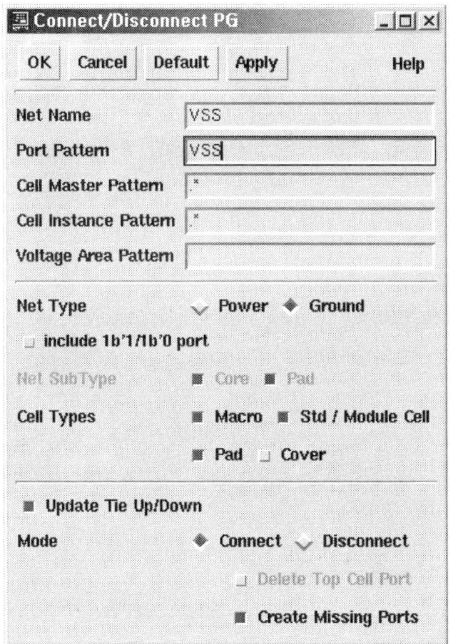

④ PreRoute → Pad Rings … , Default, OK 클릭하여 Pad Ring 과 P/G connection 완성

⑤ Macro cell 배치

Query → Flyline : Show Net Connections … , Ignore Connections To Standard Cells 선택 후 OK

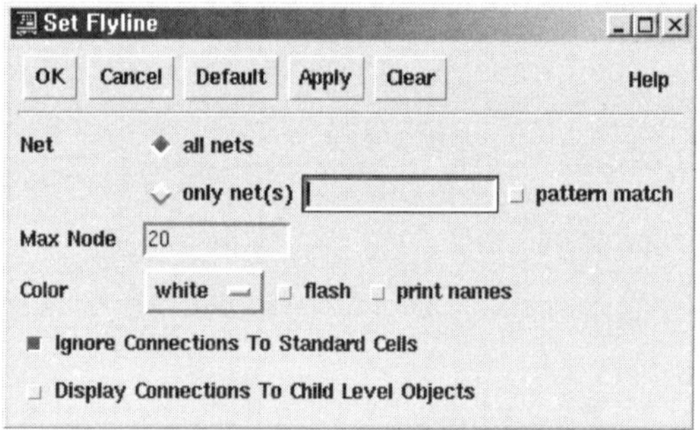

macro cell에 연결된 net이 나타난다.

⑥ Cell window 에서 Select-point 혹은 p 를 눌러서 하나의macro를 선택
m을 누르면 Modify → Move … 창이 뜬다. Snap을 None으로 선택한후 선택된 macro cell을 원하는 위치로 이동시킨다. 이동이 완료되면 cancel 을 누르고, Select à Deselect: Deselect all ! 로 선택된 것을 취소한다.
이런 식으로 원하는 macro cell을 배치하고, Modify → Transform …으로 rotation 할 수 있다.

⑦ Select → Select Insts By Type … 에서 Default, macro 옵션을 선택후 OK를 하면 macro cell만 선택이 된다. 이때 q를 누르거나, Query → Object: Qurey Object를 눌러주면, 현재 선택된 macro의 배치 정보와 placement status가 not set 되었다는 정보를 얻을 수 있다.
Preplace → Constraints: Set Fixed Status … 에 fixed를 선택하여 OK를 누르고 , 다시 q를 눌러보면, Placement Status : FIXED라는 문구를 확인 할 수 있다.
macro cell의 net connection을 다시 감추기 위해 Query → Flyline: Show Net Connections …를 선택하고, Clear 클릭 후 cancel을 눌러주면 된다.

⑧ PrePlace → Placement Blockage: Creat Soft Blockage 를 선택하여 macro cell 이 배치된 곳 주변에 사각형으로 blockage를 설정해준다. 완료되면 ESC key를 눌러 마친다.

⑨ Core에 Power/Ground 구조를 설정
PreRoute → Rectangular Rings … 혹은 >> axgCreateRectangularRings 입력
Around : Core
Net Name : VDD, VSS

모든 Width : 20
L, R-Layer : (26:METAL 4)
B, T-Layer : (22:METAL 3)
입력 후 apply, 에러가 없으면 Cancel로 끝냄.

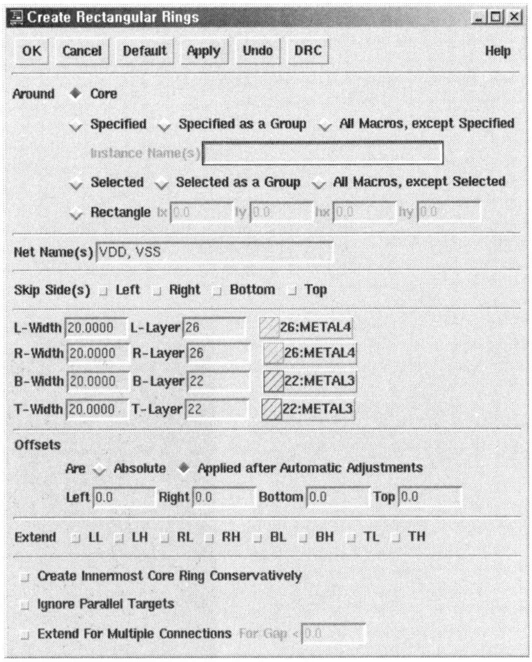

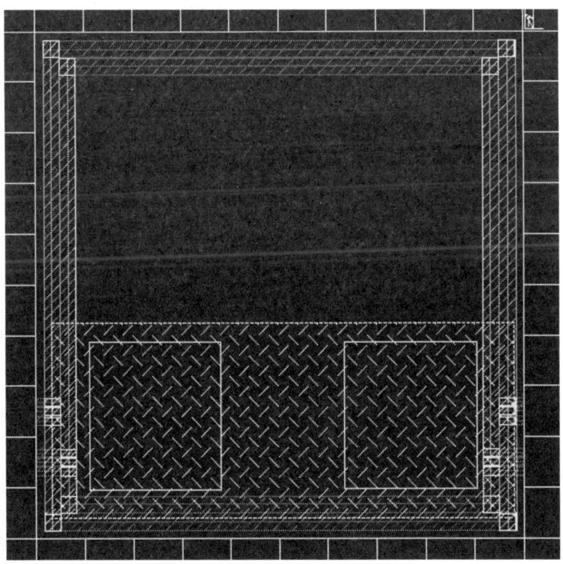

macro cell과 blockage, pad ring이 완성된 상태

⑩ P/G strap 생성

PreRoute → Straps … 혹은 >> axgCreateStraps 선택

Vertical start X : 640

Net Name : VDD, VSS

Width : 20, Layer : (26:METAL4)

Pitch writhin Group : 22

Horizontal start Y : 570

Net Name : VDD, Vss

Width : 20, Layer : (22:METAL3)

Pitch writhin Group : 22

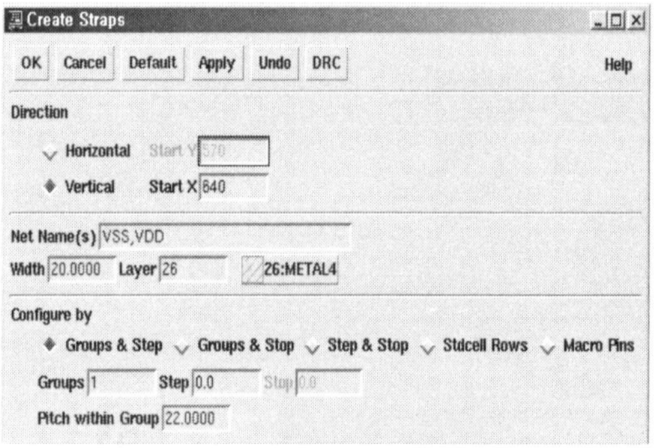

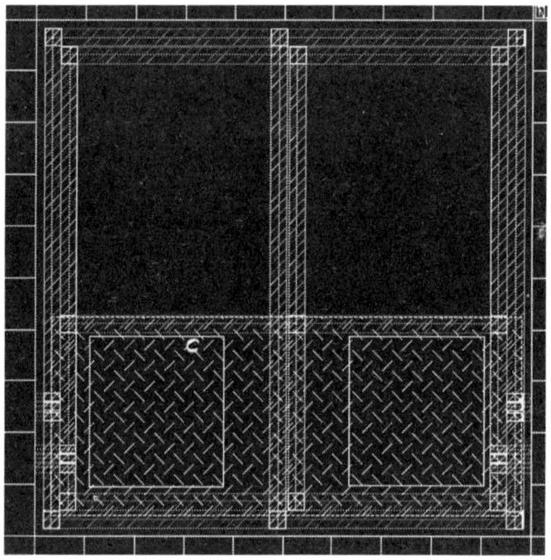

가로, 세로 중심쯤에 strap이 생성된 모습

⑪ PreRoute Pad and macros

PreRoute → Macros/Pads … , Default , OK

⑫ Pre Route standard cell

PreRoute → Standard Cells … , Default, Fill All Empty Rows 옵션 선택 , OK

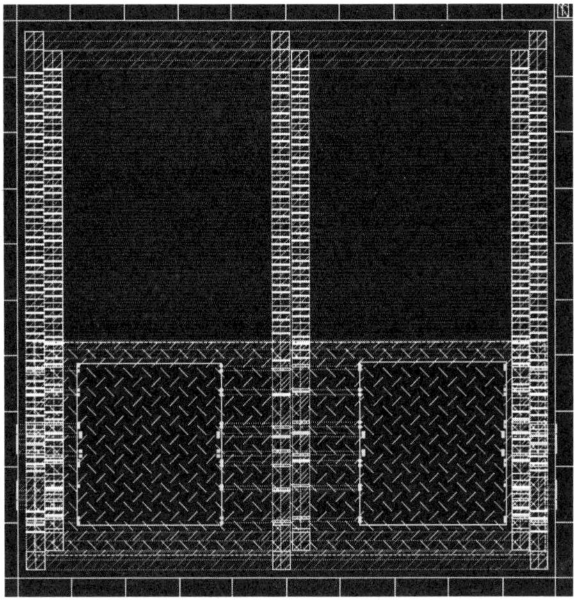

Floorplan을 마친 layout 모습
다른 이름으로 저장하는 것을 잊지 말자.

〈Standard Cell placement and CTS〉

① InPlace → Auto Place …
Default
Effort : Low
Stage : In-Place만 선택
OK

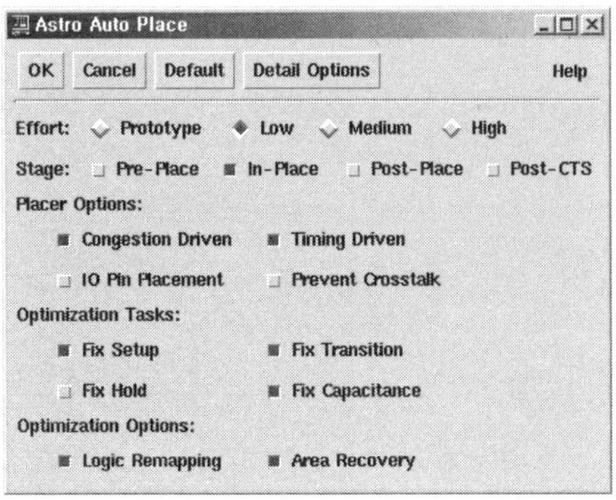

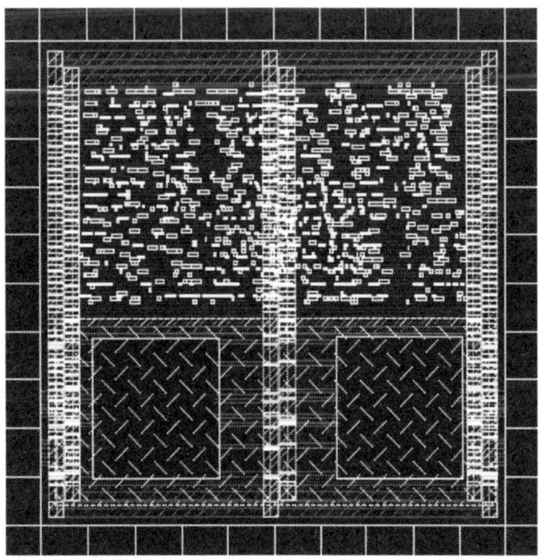

② Clock → Clock Tree Synthesis: Clock Tree Synthesis …
Default
OK

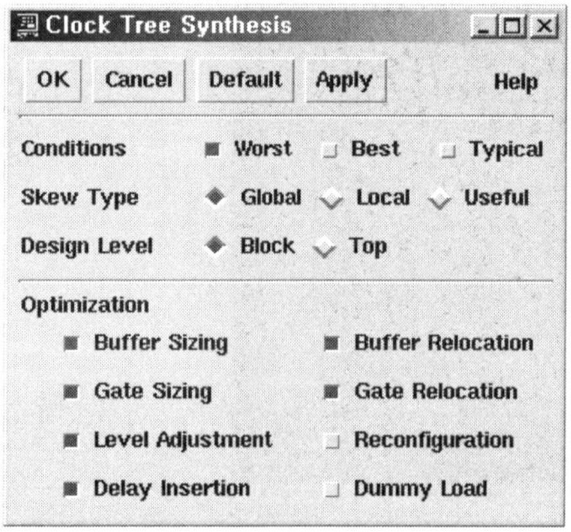

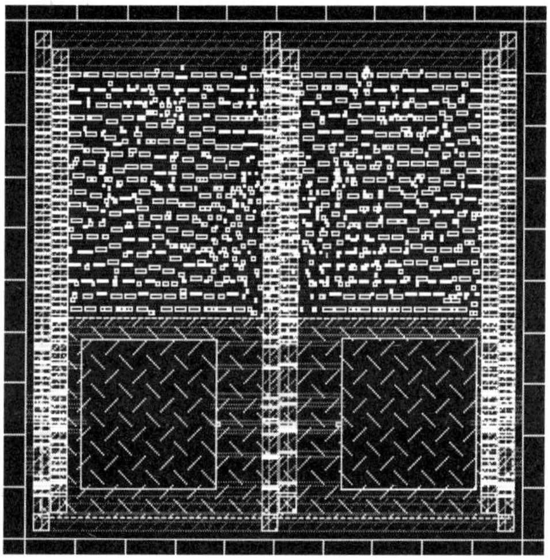

⟨Route⟩

① Route → AutoRoute…
Default
OK

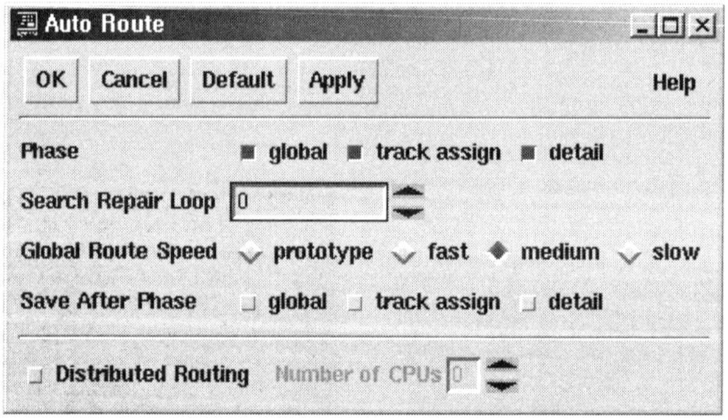

Cell window 에서 Window option → Visible Pin Instances → std/module cell → Apply , Redraw를 누르면, 전 후의 차이를 볼 수 있을 것이다.

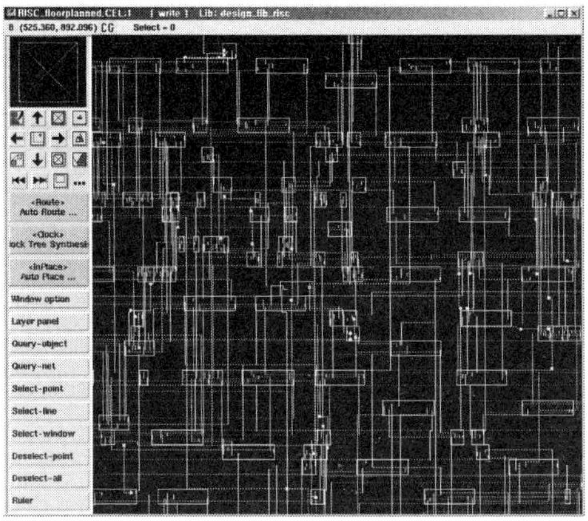

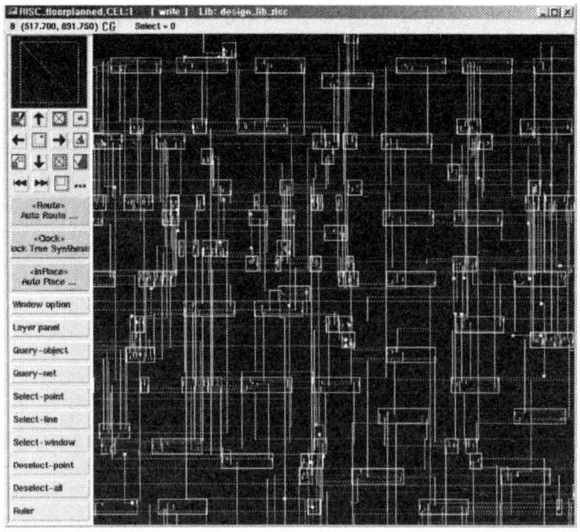

② >> ataReportSummary 를 통하여 최종 timing 정보를 봤을 때,

```
ATASUM:              Setup                          Hold        Num    Num
ATASUM:    Slack     Num      Total       Slack      Num  Trans  MaxCap
ATASUM:    0.563       0        0.0       0.030        0    153       6
```

Setup과 Hold 에서 -slack이 발생 않았음을 확인하여, 디자인에 문제가 없음을 알 수 있다.

제 11 장

✓Full-Custom Layout과 Standard Cell Generation

11.1 개요

ASIC 설계과정에서 프론트 엔드(Front end)과정을 거치면 최종적으로 Netlist가 추출된다. 백엔드 설계(Back end)설계는 다음과 같은 단계로 이루어진다.

1) Layout : Netlist를 사용하여 최로가 웨이퍼 상에서 실제로 어떤 형태로 구현될 것인지를 결정
2) DRC (Design Rule Check) : 해당 공정의 설계 규칙에 적합한지 검증
3) LVS(Layout Versus Schemeatic) : 레이아웃이 구성하는 회로가 실제 추출된 Netlist와 일치하는지를 검증
4) Post Simulation : 레이아웃 형태에 따라 발생하는 기생(parasitic) 성분을 추출하여 전체적으로 시뮬레이션
5) 최종적으로 제조공정에서 사용할 GDS 데이터 파일 생성

현재 ASIC Full custom ASIC 설계 및 검증을 위하여 디지털 회로의 가장 기본적인 게이트 단위 셀을 Full custom Design을 할 수 과정을 실습을 통해 익힌다. 최종적인 Layout의 검증을 위하여 DRC(Design Rule Check), LVS(Layout Versus Schematic) 과정을 수행해본다.

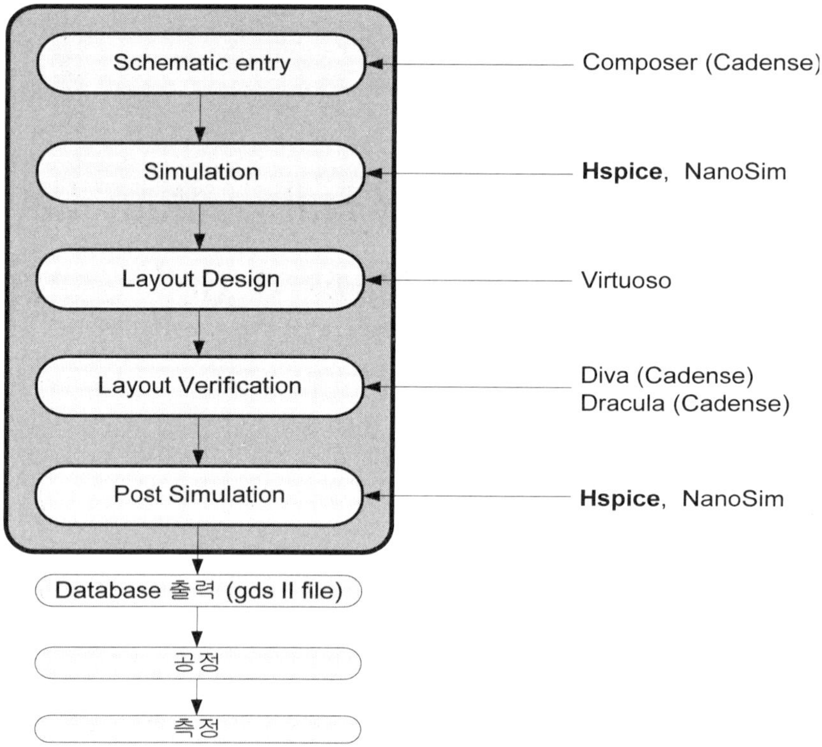

▶그림 11.1 Full custom ASIC 설계 흐름

11.2 이론

11.2.1 MOS 트랜지스터의 구조

그림 11.2는 웨이퍼 위의 NMOS 트랜지스터의 단면을 나타낸 것이다. 전체적인 구조는 소스, 드레인, 게이트, 바디로 구성되어있다. NMOS 는 p-type 기판이 몸체를 이루고 있고, 소스와 드레인은 n타입으로 강하게 도핑 된다. 소스와 드레인 사이는 SiO2(실리콘 다이옥사이드) 층이 놓이고 그 위는 폴리 실리콘 게이트로 구성되어있다.

PMOS는 NMOS와 반대로 구성되어 있다. 일반적으로 동일한 기판(웨이퍼)위에 NMOS와 PMOS는 함께 구성되어 있으므로, p-type 기판 위에 n타입으로 도핑된 웰(well)을 사용한다.

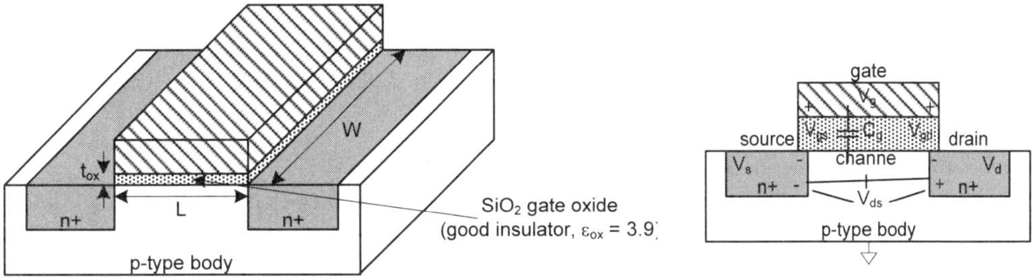

▶그림 11.2 NMOS 트랜지스터 구조

L은 게이트 폴리 실리콘의 길이로서, 채널의 길이를 결정한다. L이 작을수록 더 기생캐패시턴스 성분이 줄어들어 신호의 지연속도를 줄일 수 있다. W는 active의 폭이다. 전류의 구동능력은 W/L로 결정된다.

11.3 실습 : 2-input Nand Gate의 Standard Cell 생성

실습으로 설계할 회로는 Nand 게이트이다. 앞에서 Back end 과정에 Layout 검증을 위해서 LVS(Layout Versus Schematic) 시에 트랜지스터 레벨의 Netlist가 필요하다. (그림 11.3 참고)

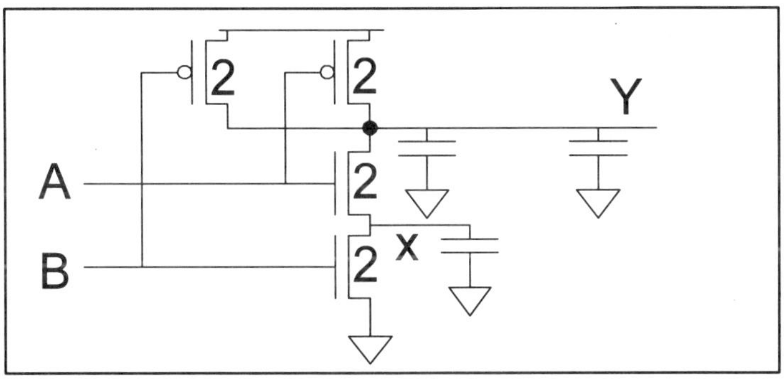

▶그림 11.3 Nand 게이트 회로

그림 11,4는 Nand 게이트의 Stick Diagram 으로 Layout할 디자인을 단순화하여 나타낸 것이다.

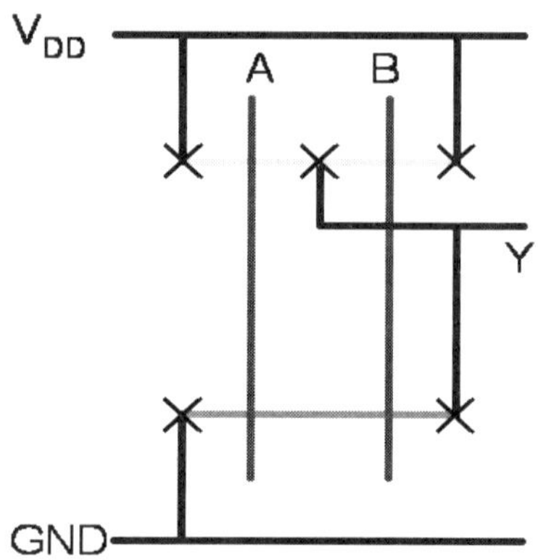

▶그림 11.4 Nand 게이트의 Stick Diagram

11.3.1 Cadence IC5033 실행과 소개

IC5033의 실행은 사용자의 디자인 환경에 따라 다르다. 이번 예제에서는 ~/work 안에 cadence라는 C shell 스크립트 파일을 실행시킨 후 IC5033의 실행 명령 icfb로 프로그램을 구동시킨다. (그림 11.5 참고)

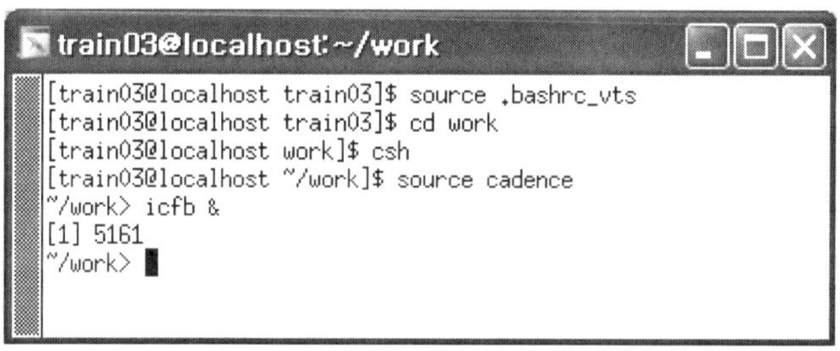

▶그림 11.5 xterm에서 실행

프로그램이 시작하면 Library Manager(그림 11.6 참조)와 icfb 통합 관리 창(그림 11.7 참고)이 동시에 뜬다.

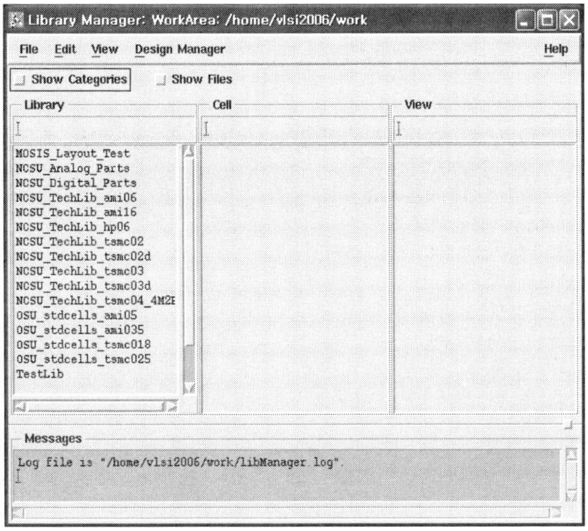

▶그림 11.6 Library Manager

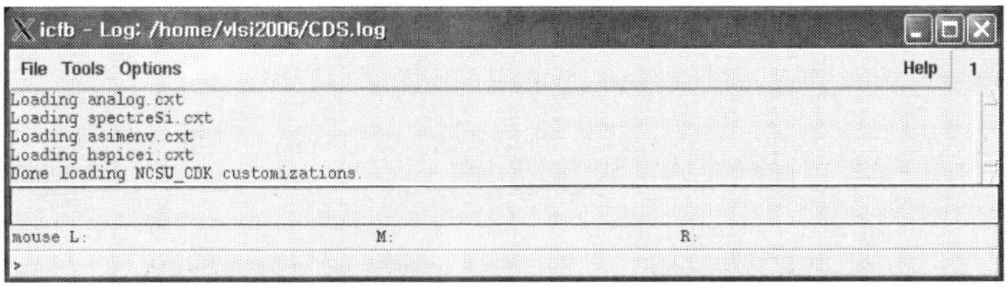

▶그림 11.7 icfb 통합 관리 창

Library Manager는 Library와 Cell을 관리하는 창이다. 설계자는 자신이 설계할 디자인의 필요한 구성단위(트랜지스터, Gate 등)를 사용할 수가 있다. 이 교재에서는 현재 다양한 공정을 지원할 수 있도록 툴 설정이 되어 있다. NCSU~로 시작하는 것이 각 공정들을 나타낸다. OSU_~로 시작되는 것은 NCSU_~ 라이브러리를 사용하여 만든 것이다.

자신의 디자인을 개별적으로 관리하기 위하여 반드시 자신의 Library를 생성해 주어야 한다.

▣ 라이브러리 생성

Library Manger : File → New → Library

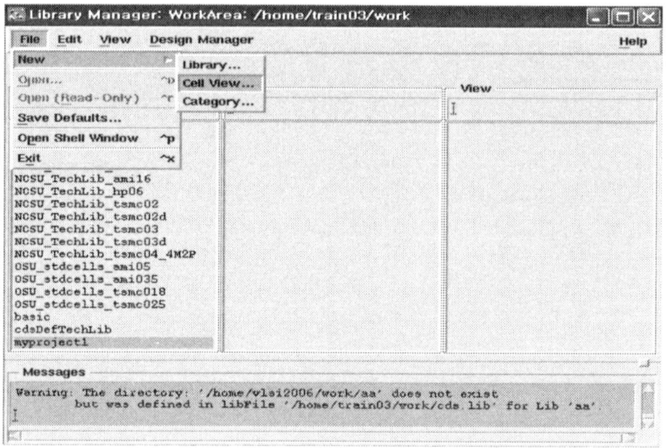

▶그림 11.8 라이브러리 생성

라이브러리를 생성하려고 할 때, 필요한 공정환경을 선택하여야 한다. 이번 예제에서는 TSMC process 0.25um 공정환경에서 진행할 것이다. Attach to and existing techfile 과 NCSU_TechLib_tsmc03을 각 창에서 선택해 준다. (그림 11.9 참고)

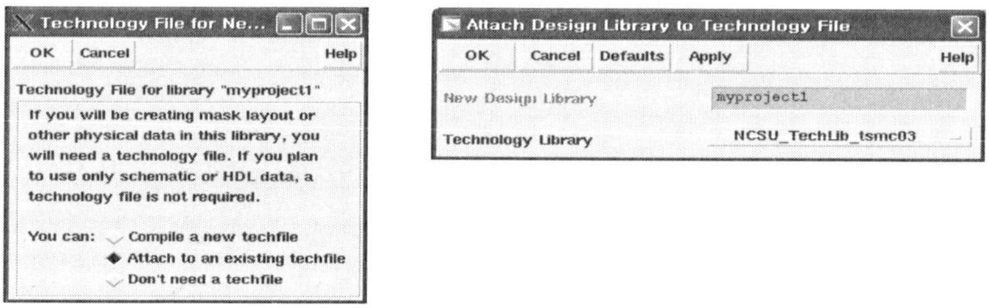

▶그림 11.9 공정의 선택

▣ cell view 생성

Library Manger : File -> New -> cell view

View Name : schematic을 선택한다.(그림 11.10 참고)

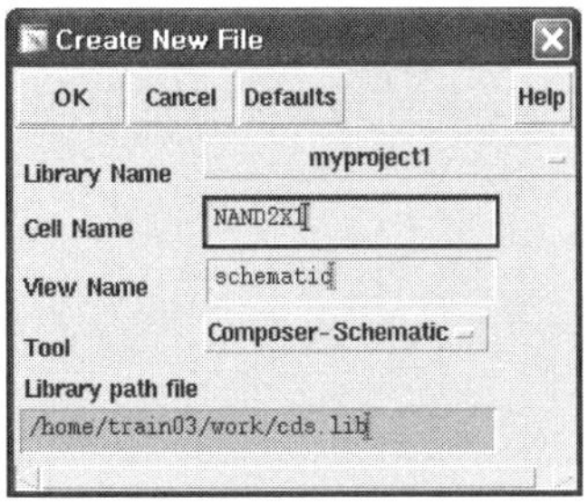

▶그림 11.10 회로 생성

11.3.2 Schematic Entry

Schematic Cell View를 선택하면, 아래와 같은 Schematic Editing 창이 열린다. 자주 쓰는 기능의 버튼의 기능을 아래에 나타내었다.

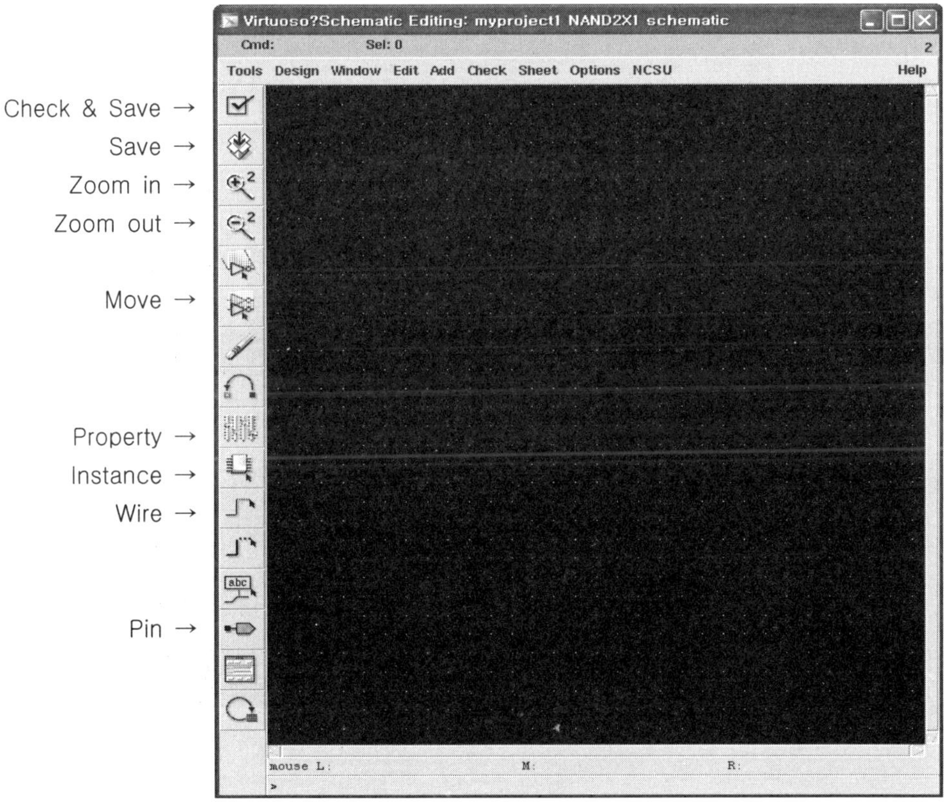

▶그림 11.11 회로 편집창

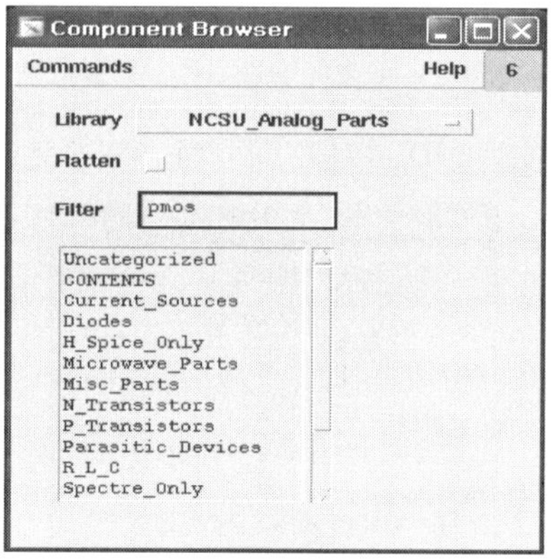

▶그림 11.12 Instance 창(Component Browser)

Instance 버튼을 눌러 Component Browser를 에서 pmos, nmos, vdd, gnd 를 선택하고 wire로 배선을 한다.(그림 11.13 참고)

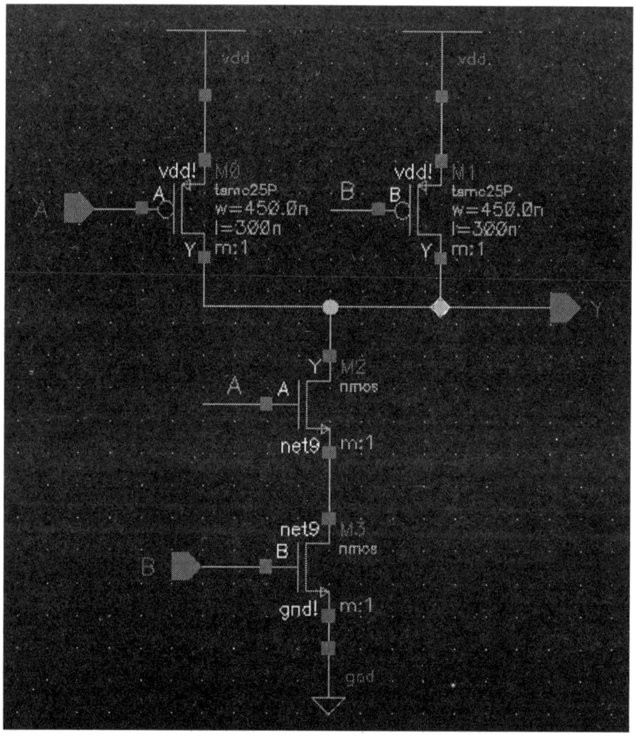

▶그림 11.13 Nand 게이트 회로 완성

회로 작성을 완료하였으면, Save & Check 버튼을 눌러서 회로에 오류가 있는지 확인한다.

오류는 화면상에서 표시가 되므로, 다시 수정하고 오류가 없다면 HSPICE를 이용하여 시뮬레이션을 한다.

11.3.3 HSPICE를 이용한 시뮬레이션

HSPICE 에서 시뮬레이션을 위해서 현재 작성한 회로의 Netlist 정보를 추출해야 한다.

Schematic Editor 창에서 Tools → Analog Environment를 선택한다.(그림 11.14 참고)

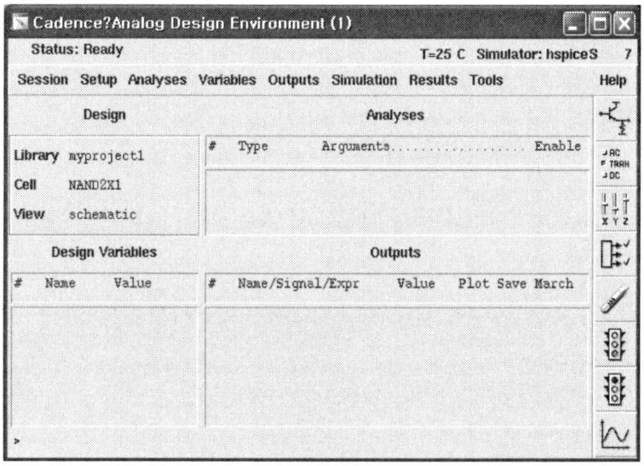

▶그림 11.14 Analog Design Envirment

Setup → Simulator/Director/Host…를 선택하여 Include / Stimulus File Syntax에서 HSPICE를 선택한다.(그림 11.15 참고)

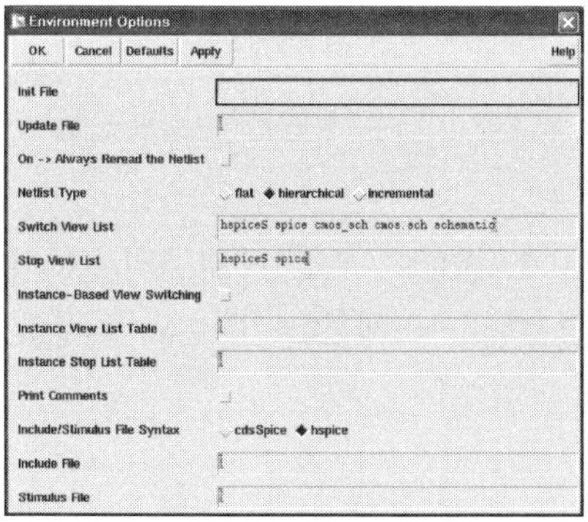

▶그림 11.15 Setup → Simulator/Director/Host...

Analyses → Chooese… 를 선택하여 시뮬레이션 할 시간정보를 입력한다.

이 단계는 생략하고 나중에 Netlist(*.sp)파일에 입력신호 정보를 추가할 때 입력해도 된다.(그림 11.16 참고)

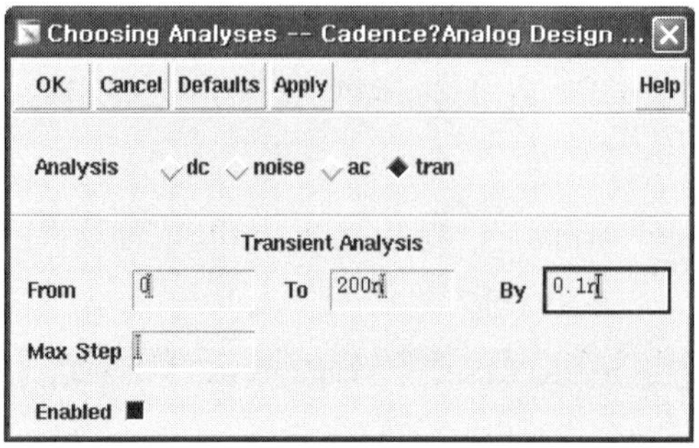

▶그림 11.16 Setup → Simulator/Director/Host…

Simulation → Netlist → Creat Final을 선택하여 HSPICE Netlist를 생성한다.

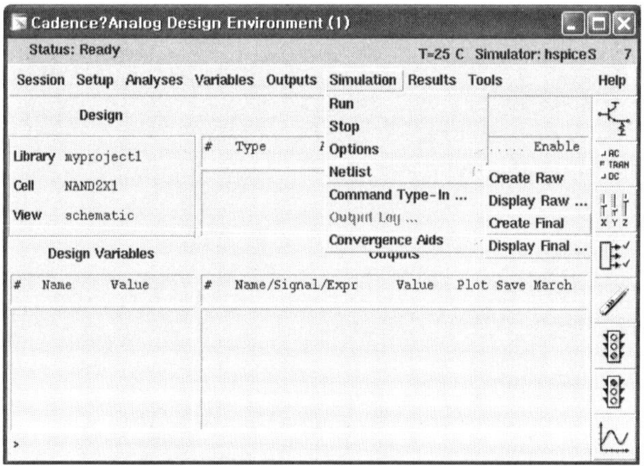

▶그림 11.17 HSPICE Netlist 생성

Netlist 파일은 Schematic Editor로 작성한 회로의 정보를 담고있다. 이 Netlist 파일을 HSPICE로 시뮬레이션 하기 위해서는 새로운 디렉토리를 만들어서 이 파일을 저장해야 한다.

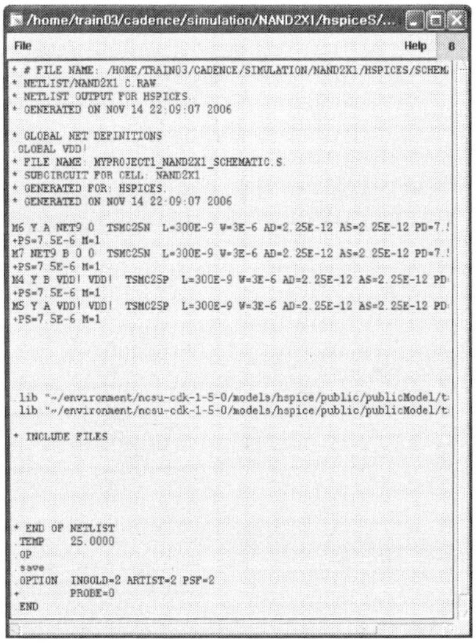

▶그림 11.18 생성된 HSPICE Netlist

~/work 경로에서 myproject_sim 이라는 폴더를 만들고 이 경로에 nand2x1.sp라는 이름으로 저장한다. (그림 11.19 참고)

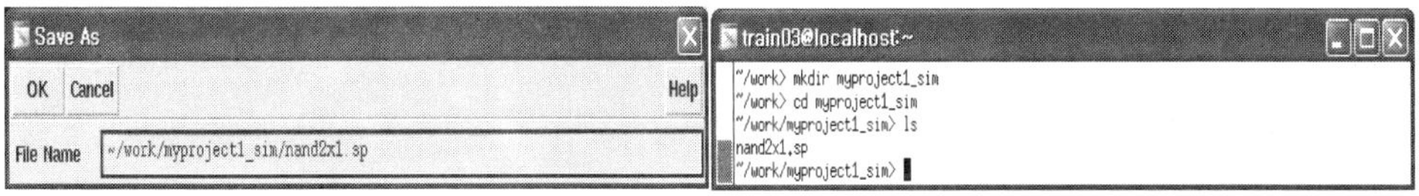

▶그림 11.19 생성된 HSPICE Netlist 파일 저장

생성된 HSPICE 파일(*.sp)은 아래와 같다. 시뮬레이션을 위해서 인가전압 및 입력 파형에 대한 정보를 추가하여 다시 저장한다.

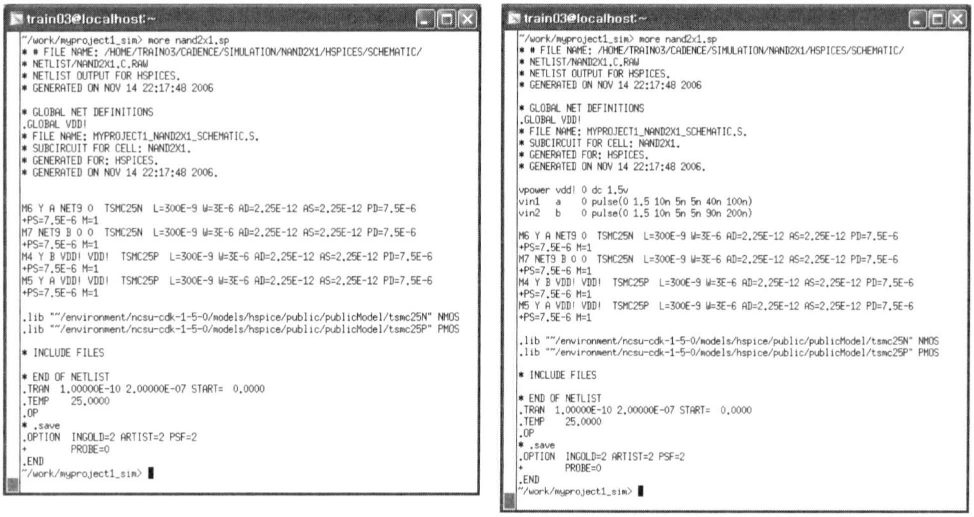

▶그림 11.20 nand2x1.sp 파일 수정

<수정 전> <수정 후>

추가할 내용은 아래와 같다. MOSFET에는 VDD에 1.5V를 인가하고 입력파형은 주기가 a는 100n이고 b는200n인 펄스를 인가하였다. HSPICE에 관련하여 자세한 내용은 이 장에서 다루지 않겠다.

```
vpower vdd! 0 dc 1.5v
vin1 a 0 pulse(0 1,5 10n 5n 5n 40n 100n)
vin2 b 0 pulse(0 1,5 10n 5n 5n 90n 100n)
```

HSPICE 시뮬레이션을 위한 준비가 끝났다. HSPICE는 Synopsis 사의 Tool이고, xterm에서 명령어를 입력을 통해서 이루어진다. HSPICE 결과을 현재 작업환경에서 확인하기 위해서 아래와 같은 절차를 거친다.

Analog Design Envirnment 에서 Tools → Result Browser를 선택하고, 브라우저로 nand2x1.sp 파일이 있는 경로로 이동한다.

현재 nand2x1.sp 이 있는 폴더가 myproject_sim 이므로, 이 폴더를 선택한 후 마우스의 스크롤바를 클릭하고 Create ROF 메뉴를 선택한다. 이 작업은 HSPICE 시뮬레이션 시에 다양한 경로에 대한 접근을 위함이다. 올바르게 실행이 되었다면, runObjFile 라는 정보가 생성된다.(그림 11.21 참고)

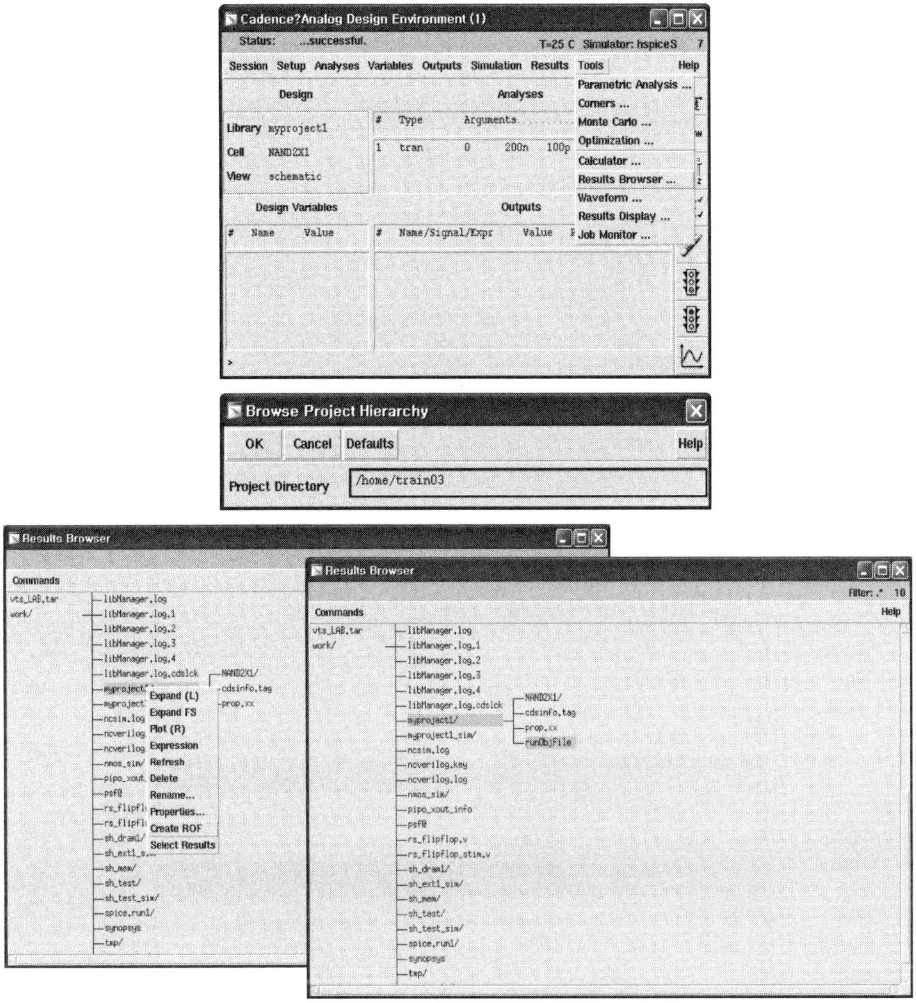

▶그림 11.21 Result Browser 창

HSPICE 실행을 한다. nand2x1.sp 파일은 현재 인가전압 및 입력파형에 대한 정보를 입력한 상태이다. HSPICE 명령은 nand2x1.sp 이 존재하는 myproject1_sim 폴더 경로에서

〉 hspice nand2x1.sp 를 입력시키면 된다.

```
train03@localhost:~
~/work/myproject1_sim> more nand2x1.sp
* # FILE NAME: /HOME/TRAIN03/CADENCE/SIMULATION/NAND2X1/HSPICES/SCHEMATIC/
* NETLIST/NAND2X1.C.RAW
* NETLIST OUTPUT FOR HSPICES.
* GENERATED ON NOV 14 22:17:48 2006

* GLOBAL NET DEFINITIONS
.GLOBAL VDD!
* FILE NAME: MYPROJECT1_NAND2X1_SCHEMATIC.S.
* SUBCIRCUIT FOR CELL: NAND2X1.
* GENERATED FOR: HSPICES.
* GENERATED ON NOV 14 22:17:48 2006.

vpower vdd! 0 dc 1.5v
vin1   a    0 pulse(0 1.5 10n 5n 5n 40n 100n)
vin2   b    0 pulse(0 1.5 10n 5n 5n 90n 200n)

M6 Y A NET9 0  TSMC25N  L=300E-9 W=3E-6 AD=2.25E-12 AS=2.25E-12 PD=7.5E-6
+PS=7.5E-6 M=1
M7 NET9 B 0 0  TSMC25N  L=300E-9 W=3E-6 AD=2.25E-12 AS=2.25E-12 PD=7.5E-6
+PS=7.5E-6 M=1
M4 Y B VDD! VDD!  TSMC25P  L=300E-9 W=3E-6 AD=2.25E-12 AS=2.25E-12 PD=7.5E-6
+PS=7.5E-6 M=1
M5 Y A VDD! VDD!  TSMC25P  L=300E-9 W=3E-6 AD=2.25E-12 AS=2.25E-12 PD=7.5E-6
+PS=7.5E-6 M=1

.lib "~/environment/ncsu-cdk-1-5-0/models/hspice/public/publicModel/tsmc25N" NMOS
.lib "~/environment/ncsu-cdk-1-5-0/models/hspice/public/publicModel/tsmc25P" PMOS

* INCLUDE FILES

* END OF NETLIST
.TRAN  1.00000E-10 2.00000E-07 START=  0.0000
.TEMP    25.0000
.OP
* .save
.OPTION  INGOLD=2 ARTIST=2 PSF=2
+        PROBE=0
.END
~/work/myproject1_sim>
```

```
train03@localhost:~
~/work/myproject1_sim> hspice nand2x1.sp
```

```
train03@localhost:~
******
* # file name: /home/train03/cadence/simulation/nand2x1/hspices/schematic/
 ******  job statistics summary          tnom=  25.000 temp=  25.000
******

         total memory used        171 kbytes

 # nodes =      6 # elements=     7
 # diodes=      0 # bjts     =      0 # jfets    =      0 # mosfets =      4 # va device =
 0

   analysis      time      # points  tot. iter  conv.iter

   op point          0.00         1        24
   transient         0.04      2001       914       441 rev=      7
   readin            0.02
   errchk            0.00
   setup             0.00
   output            0.00
         total cpu time          0.06 seconds
              job started at  22:46:30 11/14/2006
              job ended   at  22:46:31 11/14/2006


>info:          ***** hspice job concluded
 lic: Release hspice token(s)
 lic: Release cdsaawaves token(s)
~/work/myproject1_sim>
```

▶그림 11.22 HSPICE 수행

오류 없이 HSPICE가 수행이 완료되었다면 다음과 같은 메시지가 맨 하단에 출력된다.

정상적인 HSPICE 종료 후 Info : ***** hspice job concluded
오류를 포함한 HSPICE 동작 후 Info : ***** hspice job aborted

HSPICE가 오류 없이 완료되었으면, Results Brower에서 입력, 출력 신호에 대한 신호의 이름을 볼 수가 있다(그림 11.23 참고). 만일 아래와 같이 timeSweep과 그 하부에 파형이름들을 볼 수 있는 카테고리가 생성되지 않는다면 그림 11.21작업을 다시 수행해 본다.

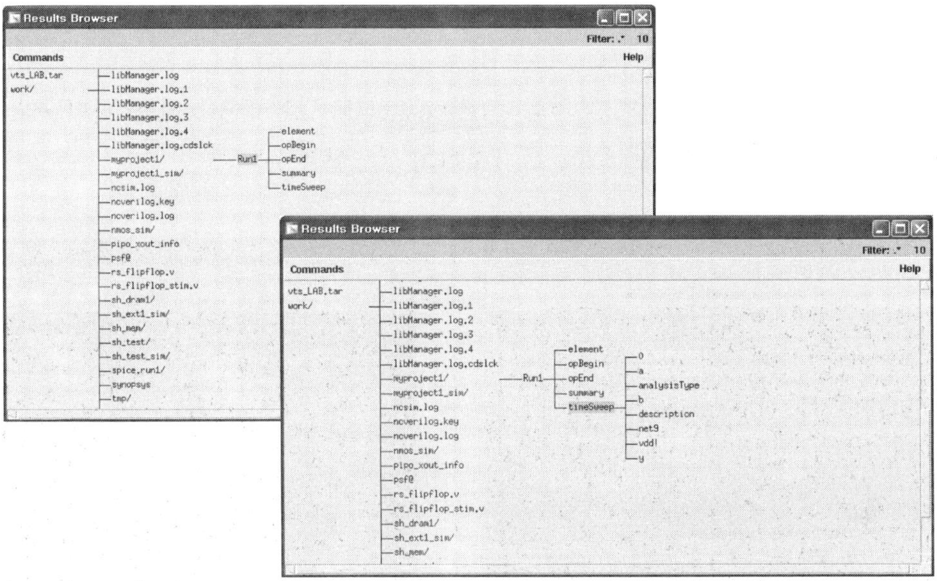

▶그림 11.23 HSPICE 수행 후, 결과 브라우져의 변화

각 신호를 마우스 선택하면(마우스 좌클릭), Calculator 창이 생성되고, 좌측에 plot 이라는 버튼을 누르면 파형이 Waveform window에 추가된다. 확인하고자 하는 신호의 이름을 모두 추가한다. (그림 11.23, 11.24 참고)

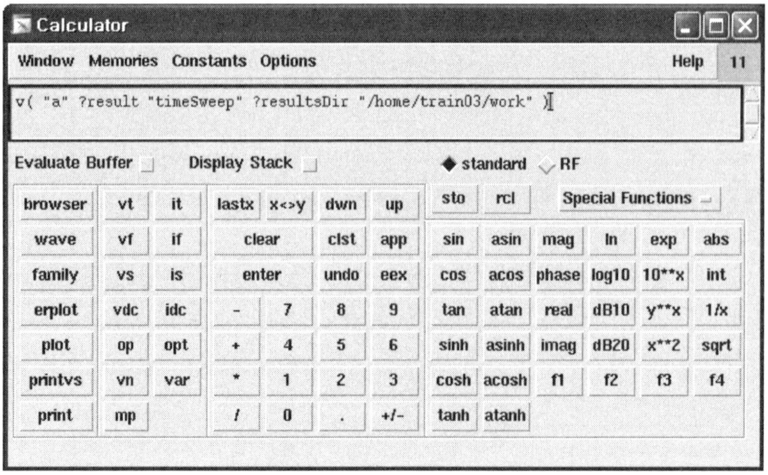

▶그림 11.24 신호 파형의 추가

기본적으로 파형은 그림 11.25처럼 Composite 모드로 중첩되어서 나타난다. 각 파형은 분리해서 보고 싶으면 Axes → To Strip 을 선택하면 된다.

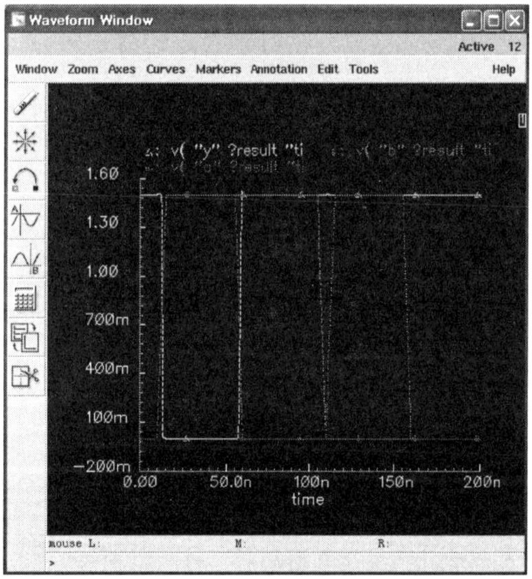

▶그림 11.25 Axes → To Comp

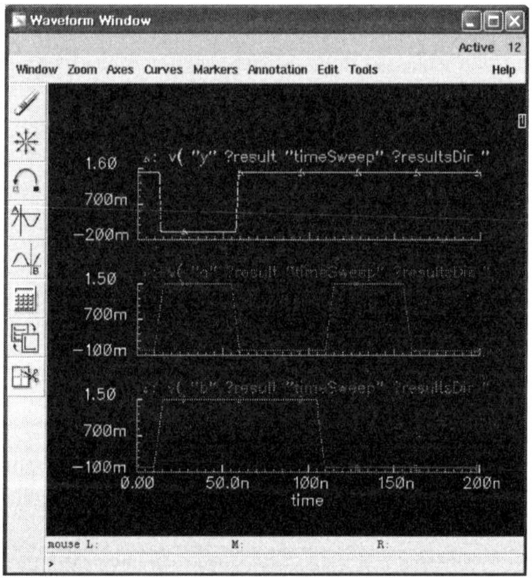

▶그림 11.26 Axes → To Strip

11.3.4 Layout

Layout을 하기 위해서 새로운 Cell view를 만든다. Tool을 Virtuoso로 선택한다.

Library Manager : File → New → Cell view

Layout Cell View를 생성하면 LSW 창과 Layout Editing 창이 생성된다.

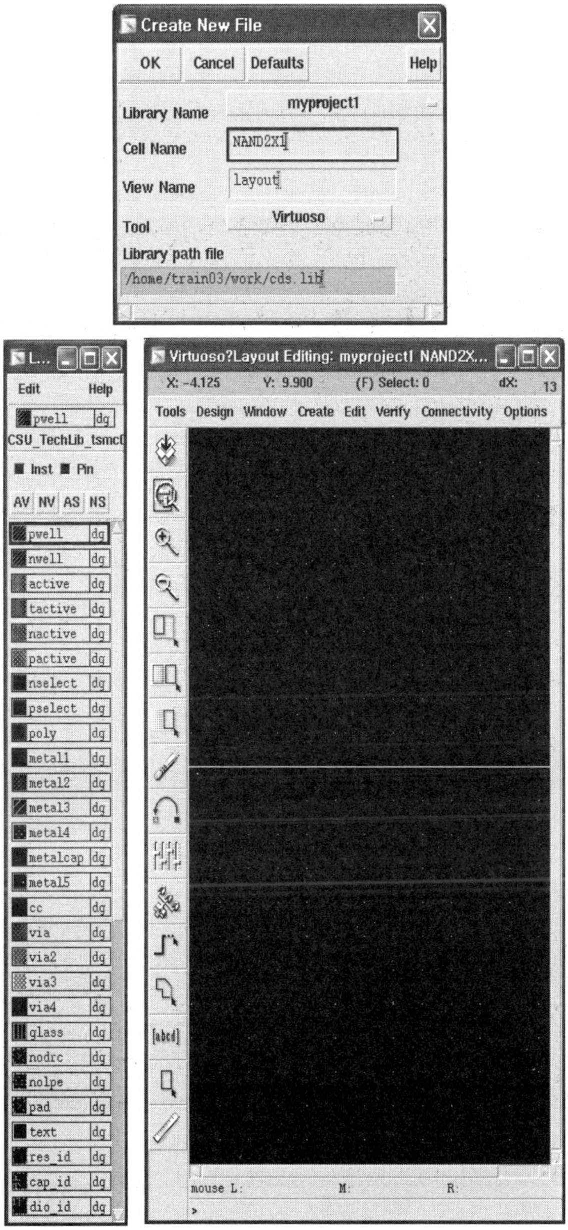

▶그림 11.27 좌측 : LSW 창 우측 : Layout Schematic 창

■ **Layout Editor의 기본적인 기능**

(1) Layer Drawing

LSW 창에서 그리고자 하는 Layer를 선택한 후 Rectangle 버튼(단축키 r)을 선택하여 Layer 그릴 수 있다. Ruler 버튼을 활용하여 길이 정보를 활용할 수도 있다. Ruler 의 단위는 기본적으로 um 이다. Ruler 정보는 Layout 과 관계없는 부가적인 정보이므로 나중에 따로 지워줄 필요는 없다.

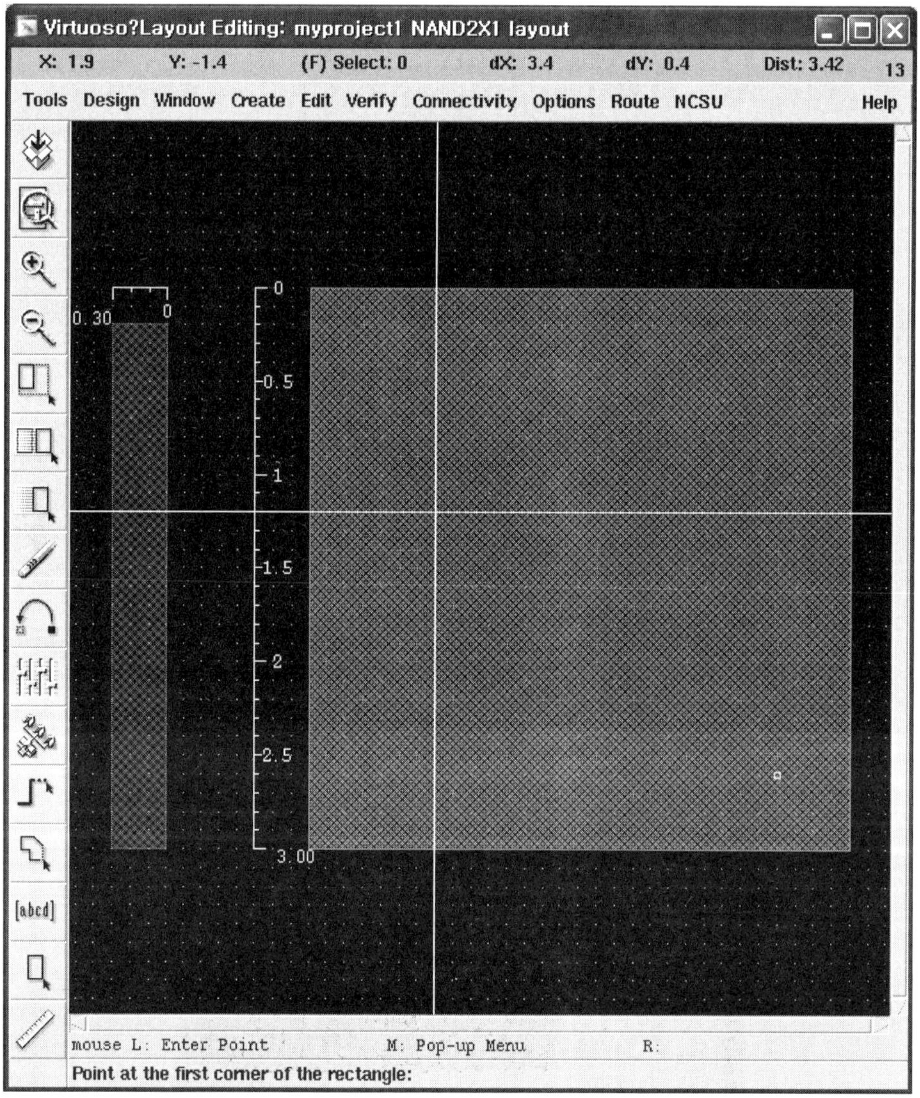

▶그림 11.28 Layout Schematic 에서 Layer 작성

(2) Layer View 선택

LSW 창에서 AV(all view), NV(no view)를 선택하여 원하는 Layer 만 선택해서 볼 수 있다. 예제에서는 active 와 metal1 만 화면에 나타나도록 설정한 것이다. (그림 11.29 참고)

이 기능은 복잡한 레이어들이 겹쳐있을 때, 원하는 레이어만 보고 싶을 때 유용하게 사용할 수 있다.

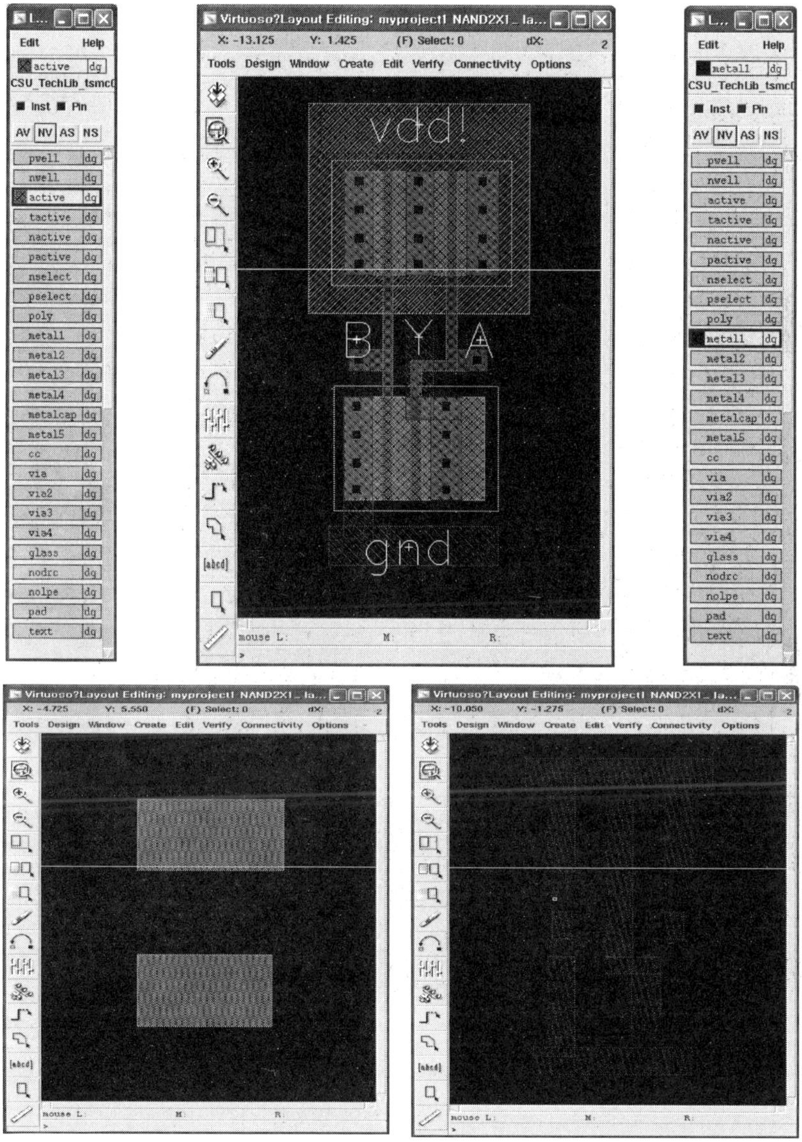

▶그림 11.29 좌측 그림 active만 선택, 우측 그림 메탈만 선택

(3) Layer 활성화 선택

LSW 창에서 AS(all select), NS(no select)를 선택하여 원하는 Layer 만 활성화해서 작업을 할 수 있다. (그림 11.30 참고) 이 기능은 복잡한 레이어들이 겹쳐있을 때, 원하는 레이어만 선택할 때 유용하게 사용된다.

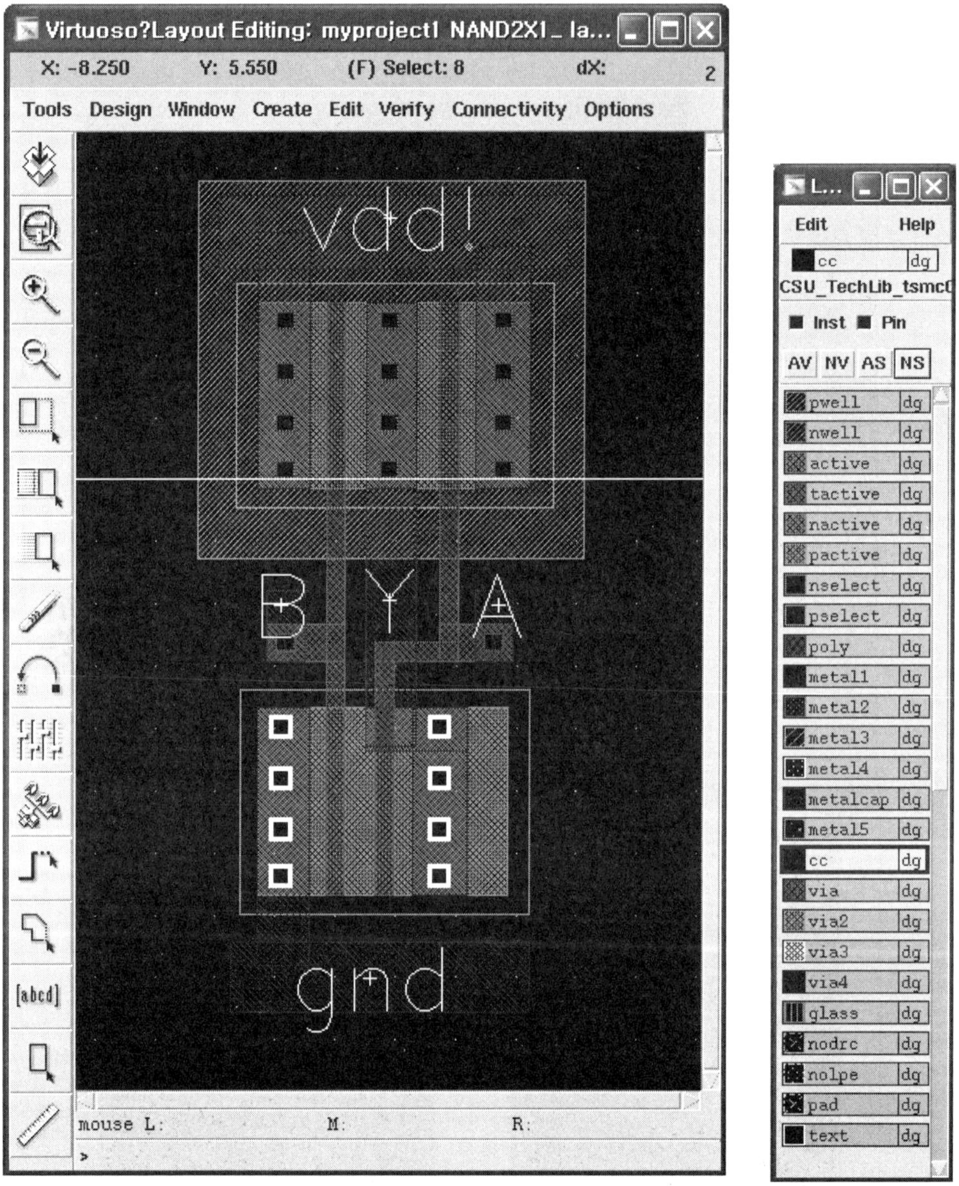

▶그림 11.30 cc(contact)만 활성화 시킨 상태

(4) Label 첨가

Label을 부여하기 위해서 LSW에서 Text 를 선택한 후에 Label 버튼을 을 눌러 생성되는 창에 해당 정보를 입력한 후 사용하면 된다. 만인 Text 레이어를 선택하지 않을 시에는 실제 물리적인 레이어로 분류되어 회로가 오동작할 수 있다.

이 때 Label 의 + 마크를 원하는 Layer 윤곽선 내에 넣어야 한다. 그림 11.31에서 Metal1 중앙에 보이는 + 표시는 “gnd” Label이 해당 메탈에 붙인 것임을 보여준다.

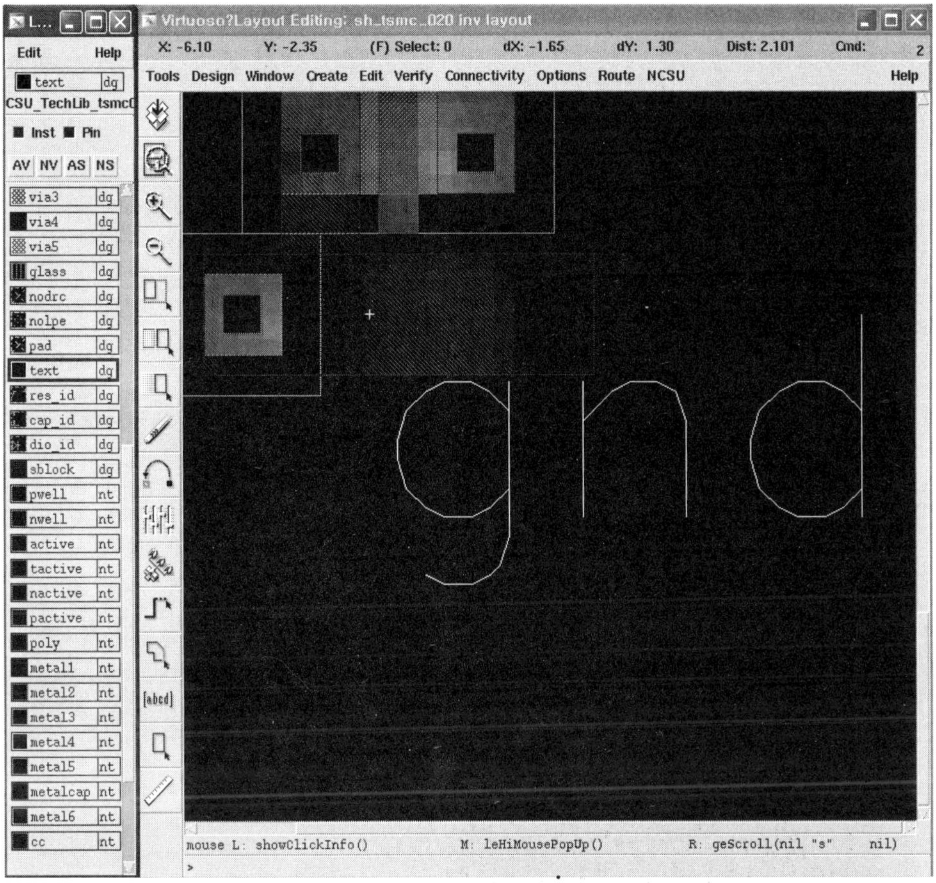

▶그림 11.31 Label 입력

▣ Layout 시 주의할 점

(1) Contact, Via 삽입

Contact(CC)이나 Via를 이용하여 이질의 Layer를 연결시킬 수 있다. LSW 창에서 직접 원하는 버튼을 선택하여 사용할 수 있고, 단축키 "o"를 사용하여 Create Contact 창을 띄운 후에 원하는 정보를 입력하여 사용할 수도 있다.

Contact

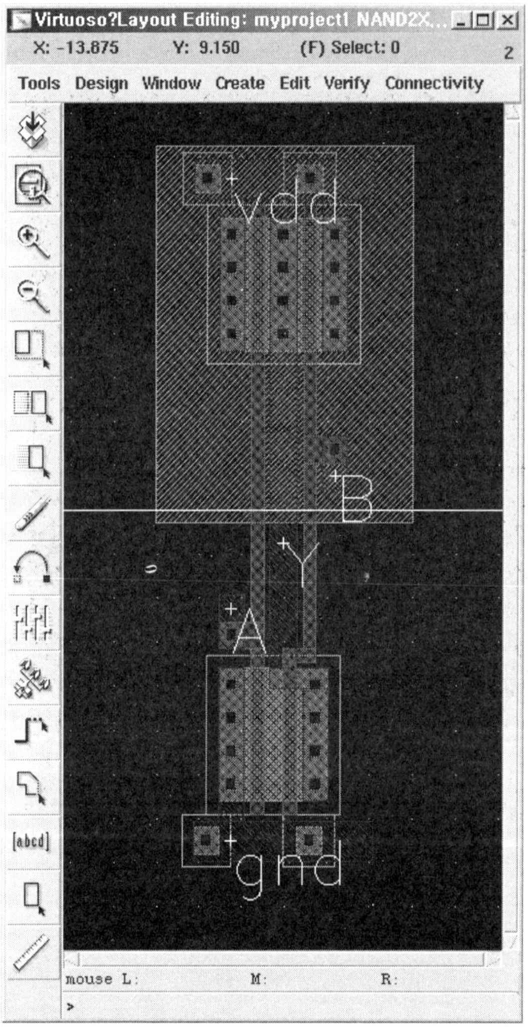

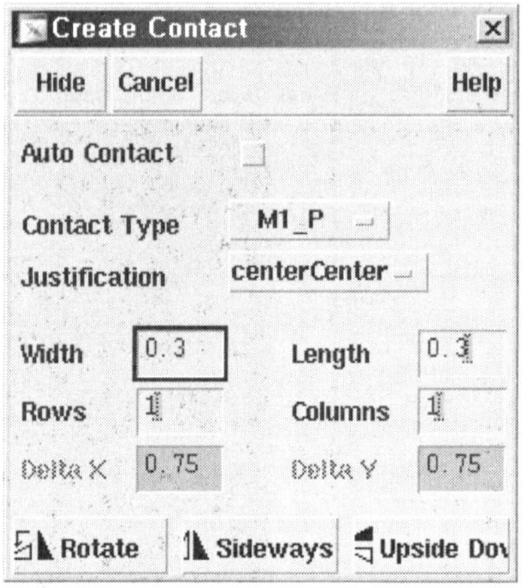

(2) Bulk

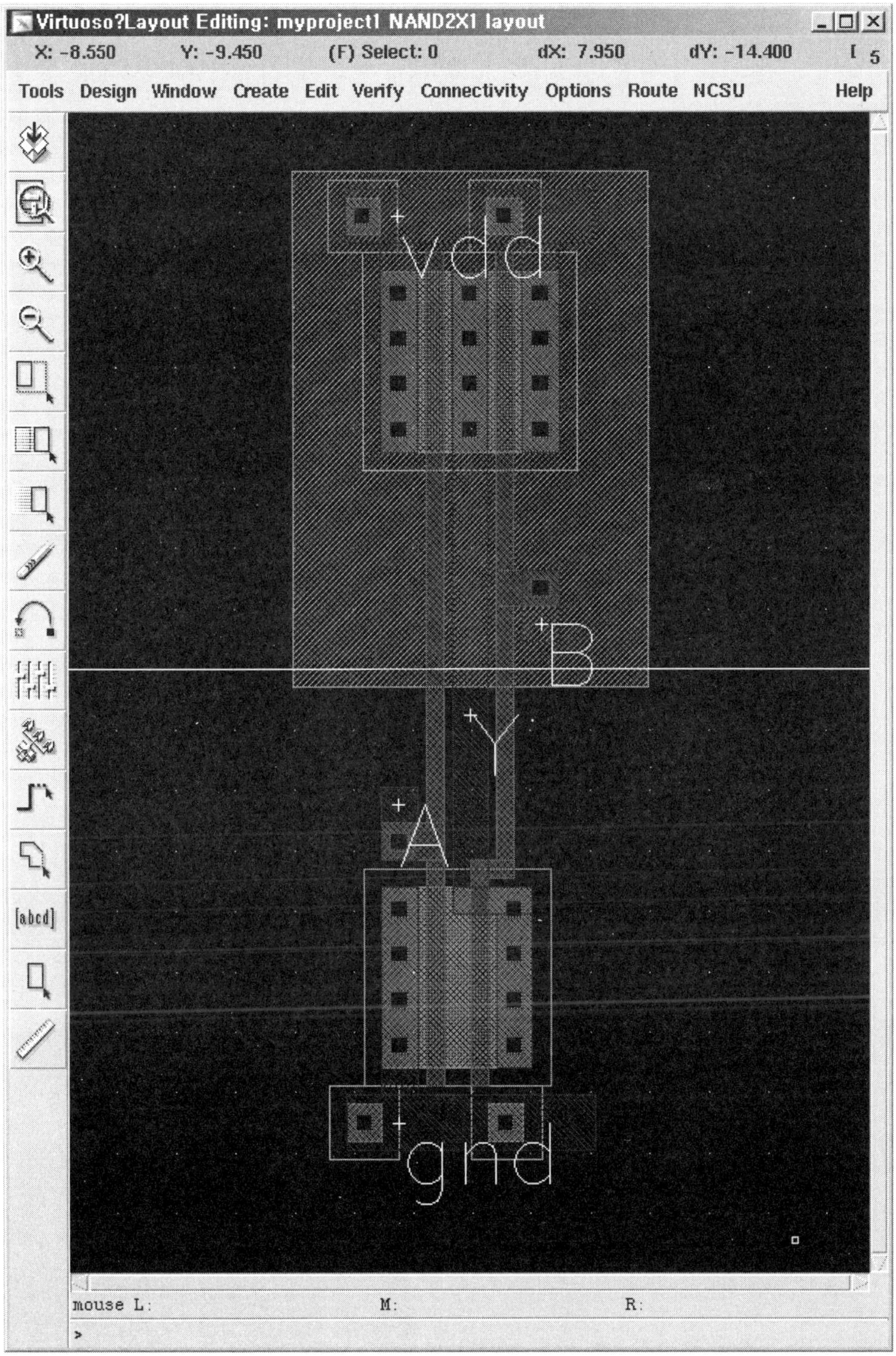
Virtuoso?Layout Editing: myproject1 NAND2X1 layout
X: -8.550 Y: -9.450 (F) Select: 0 dX: 7.950 dY: -14.400
Tools Design Window Create Edit Verify Connectivity Options Route NCSU Help
vdd
B
Y
A
gnd
mouse L: M: R:

▣ Layout 검증

완성된 Layout을 검증하기 위하여 DRC(Design Rule Check)을 실행한다.

Verify → DRC를 선택하여 DRC를 수행하면, 수행결과가 Layout Editing 창에 출력된다.

화면에 하얀색 사각형 혹은 X 표시로 나타난다. (그림 11.32 참고)

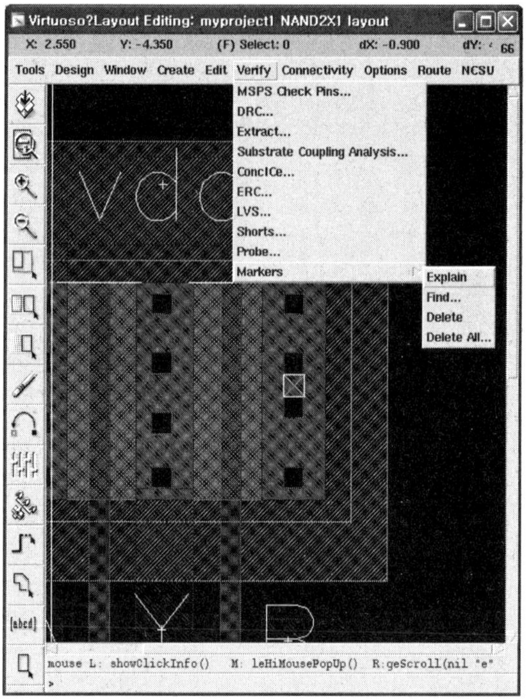

▶그림 11.32 DRC 오류

Verify->Markers->Explain 을 선택 후, DRC 오류 영역을 클릭하면 오류에 대한 설명 창이 뜬다. 공정 룰에 근거하여 오류의 원인을 알려준다. (그림 11.33 참고)

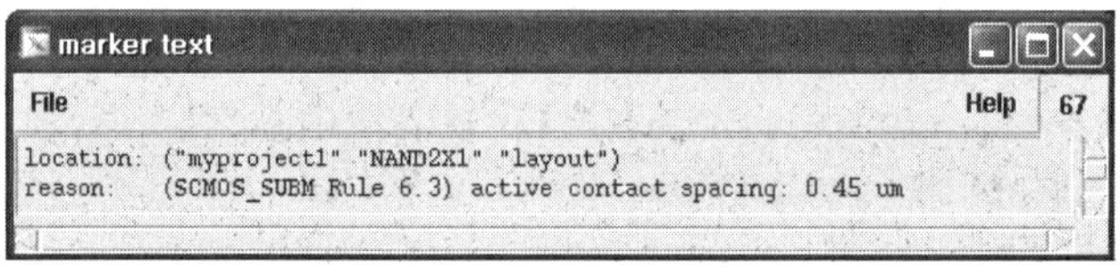

▶그림 11.33 DRC 오류 설명 창

그림 11.33 에서 확인할 수 있는 에러는 그림 11.32 의 Layout에서 Contact 들

사이의 거리가 반드시 0.45um가 되는 이에 만족하지 못했기 때문이다.

Verify → Markers → Explain을 선택 후, DRC 오류 영역을 클릭하면 오류에 대한 설명 창이 뜬다. 공정 룰에 근거하여 오류의 원인을 알려준다. (그림 11.34 참고)

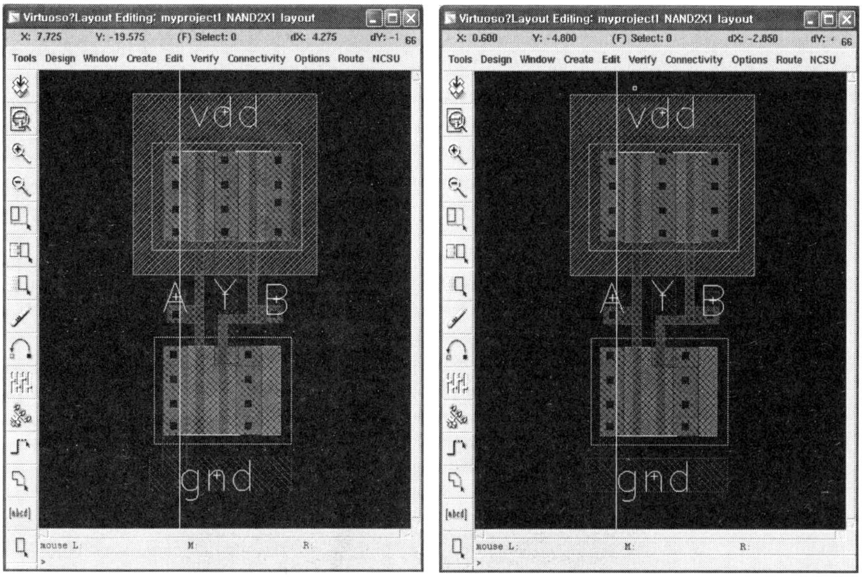

▶그림 11.34 DRC 오류 수정 전(좌) 후(우)

DRC 과정을 완료하면 실질적으로 Layout 정보를 바탕으로 기생캐패시턴스 성분이 포함된 Netlist를 추출하기 위하여 Extractor를 실행한다.

Verify → Extract…선택 후, Switch Names에 Extract_parastic_caps를 선택한다.

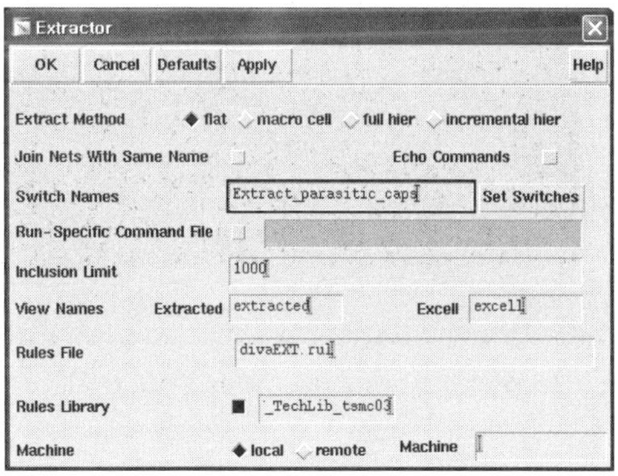

▶그림 11.35 Extractor

성공적으로 Extractor가 실행되었으면, Library Manager의 View 카테고리에서 extracted View가 생긴다. Post Simulation을 위해서 extracted View를 선택하여야 한다. 가장 마지막에 수행할 Post Simulation은 extracted View 에서 Tools → Analog Environment를 선택하여 실행한다.

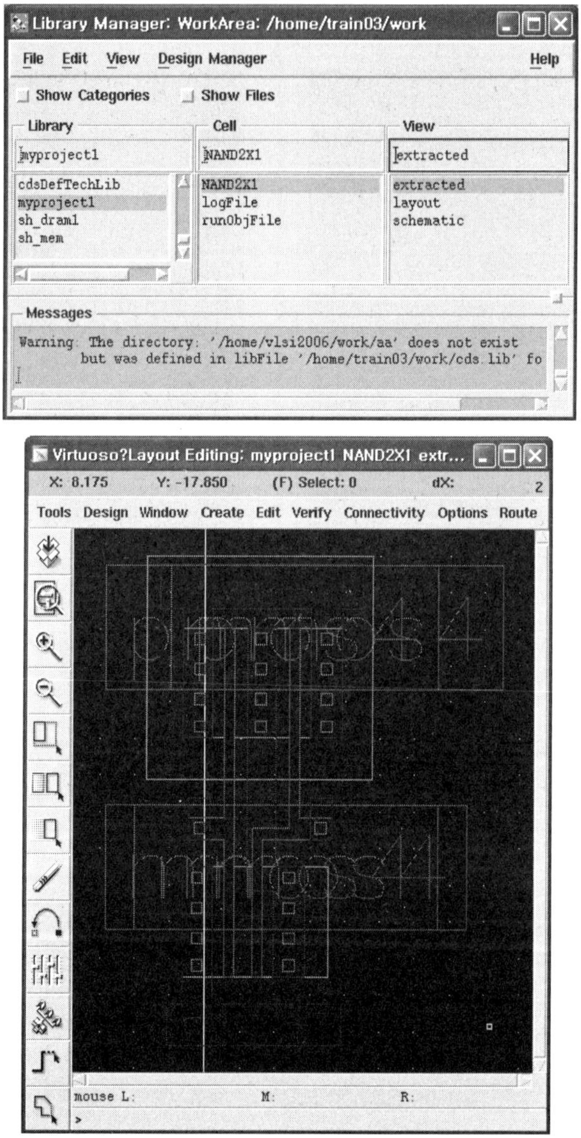

▶그림 11.36 Extracted View

DRC를 성공하면, 이제는 Schematic과 Extracted 의 일치여부를 확인하는 LVS단계가 최종적으로 남아있다. Verify->LVS를 선택하여 비교하고자 하는 schematic과 extracted 파일을 선택해 주고 실행한다.

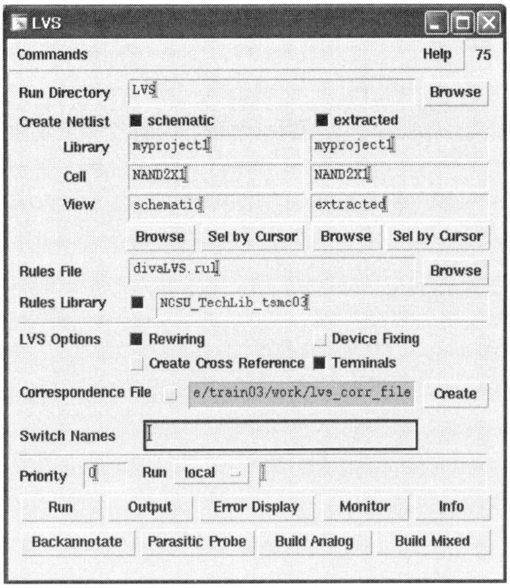

▶그림 11.37 LVS 창

Netlist Matched 라는 메시지가 나오면 schematic과 extracted 파일의 Netlist가 일치하는 것이다. Netlists Matched 메시지가 안 나올 경우 불일치되는 부분을 고쳐간다.

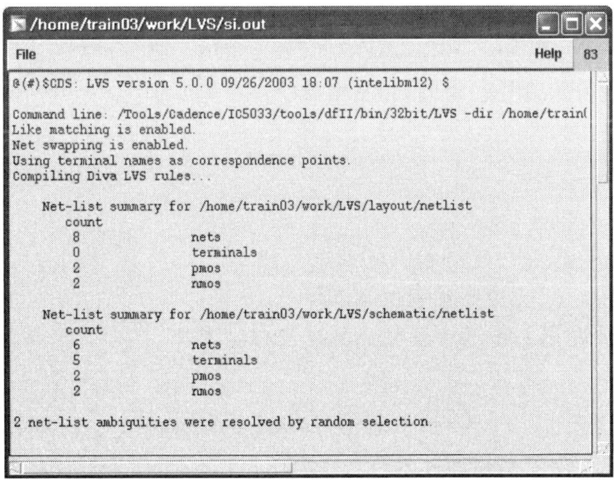

▶그림 11.38 LVS 성공 - Netlists Matched

11.3.6 Post Simulation

Post Simulation은 Extracted된 최종 Layout을 시뮬레이션 하는 것이다. Schematic Simulation과 같은 방법으로 수행하면 된다. Extracted View 선택하고 Analog Design Environment에서 Setup -> Simulator/Director/Host…을 선택하고 Switch View List에서 extracted를 추가한다. (그림 11.39 참고)

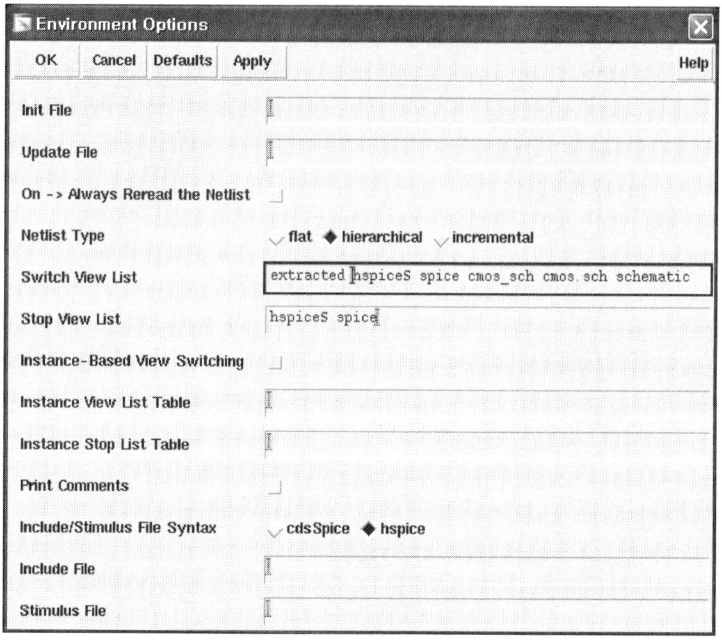

▶그림 11.39 Post Simulation에서 설정

이하의 부분은 Schematic Simulation과 동일하다. 이 후에는 다음 과정을 수행하여 HSPICE에 필요한 Netlist 파일을 생성한다.

1) Analyses -> Chooese…
2) Simulation -> Netlist -> Creat Final
3) *.sp 파일을 새로운 폴더를 만들어서 저장
4) *.sp 에 인가전압 및 입력파형 정보 추가
5) Result Browser로 원하는 파형을 선택하여 파형을 분석

그림 11.40과 그림 11.41은 Schematic Netlist와 Extracted Netlist SPICE 파일이다. Extracted Netlist는 기생캐패시턴스 성분이 Layout에 의하여 실제적으로 결정되

므로 Schematic Netlist 에서 근사화된 기생캐패시턴스 성분과는 다르게 실질적인 값을 갖고 있음을 확인할 수 있다.

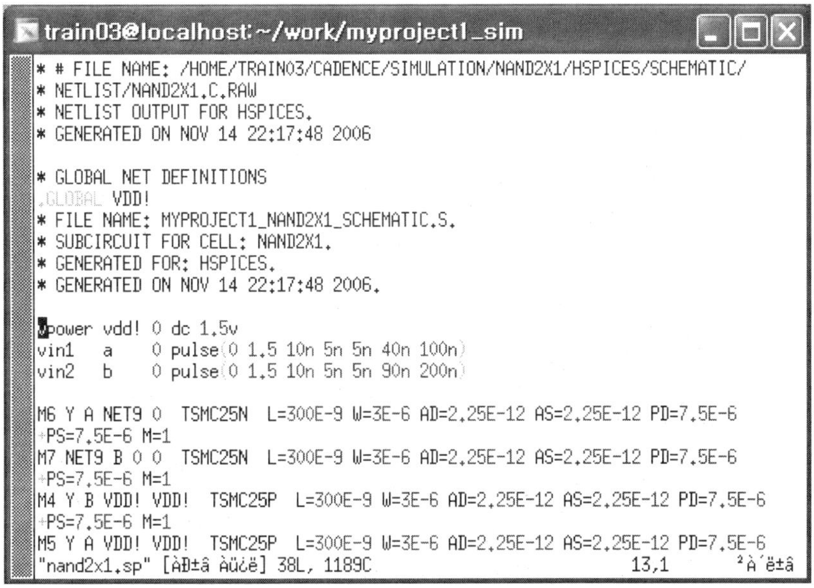

```
train03@localhost:~/work/myproject1_sim
* # FILE NAME: /HOME/TRAIN03/CADENCE/SIMULATION/NAND2X1/HSPICES/SCHEMATIC/
* NETLIST/NAND2X1.C.RAW
* NETLIST OUTPUT FOR HSPICES.
* GENERATED ON NOV 14 22:17:48 2006

* GLOBAL NET DEFINITIONS
.GLOBAL VDD!
* FILE NAME: MYPROJECT1_NAND2X1_SCHEMATIC.S.
* SUBCIRCUIT FOR CELL: NAND2X1.
* GENERATED FOR: HSPICES.
* GENERATED ON NOV 14 22:17:48 2006.

vpower vdd! 0 dc 1.5v
vin1   a    0 pulse(0 1.5 10n 5n 5n 40n 100n)
vin2   b    0 pulse(0 1.5 10n 5n 5n 90n 200n)

M6 Y A NET9 0  TSMC25N  L=300E-9 W=3E-6 AD=2.25E-12 AS=2.25E-12 PD=7.5E-6
+PS=7.5E-6 M=1
M7 NET9 B 0 0  TSMC25N  L=300E-9 W=3E-6 AD=2.25E-12 AS=2.25E-12 PD=7.5E-6
+PS=7.5E-6 M=1
M4 Y B VDD! VDD!  TSMC25P  L=300E-9 W=3E-6 AD=2.25E-12 AS=2.25E-12 PD=7.5E-6
+PS=7.5E-6 M=1
M5 Y A VDD! VDD!  TSMC25P  L=300E-9 W=3E-6 AD=2.25E-12 AS=2.25E-12 PD=7.5E-6
"nand2x1.sp" [ÀÐ±â Àü¿ë] 38L, 1189C                          13,1        ²À´ë±â
```

▶그림 11.40 Schematic Netlist SPICE 파일

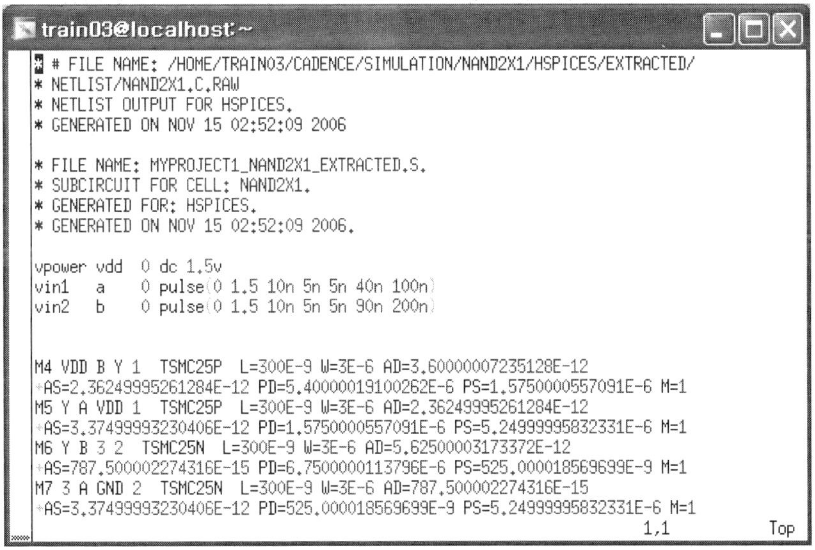

```
train03@localhost:~
* # FILE NAME: /HOME/TRAIN03/CADENCE/SIMULATION/NAND2X1/HSPICES/EXTRACTED/
* NETLIST/NAND2X1.C.RAW
* NETLIST OUTPUT FOR HSPICES.
* GENERATED ON NOV 15 02:52:09 2006

* FILE NAME: MYPROJECT1_NAND2X1_EXTRACTED.S.
* SUBCIRCUIT FOR CELL: NAND2X1.
* GENERATED FOR: HSPICES.
* GENERATED ON NOV 15 02:52:09 2006.

vpower vdd  0 dc 1.5v
vin1   a    0 pulse(0 1.5 10n 5n 5n 40n 100n)
vin2   b    0 pulse(0 1.5 10n 5n 5n 90n 200n)


M4 VDD B Y 1  TSMC25P  L=300E-9 W=3E-6 AD=3.60000007235128E-12
+AS=2.36249995261284E-12 PD=5.40000019100262E-6 PS=1.5750000557091E-6 M=1
M5 Y A VDD 1  TSMC25P  L=300E-9 W=3E-6 AD=2.36249995261284E-12
+AS=3.37499993230406E-12 PD=1.5750000557091E-6 PS=5.24999995832331E-6 M=1
M6 Y B 3 2  TSMC25N  L=300E-9 W=3E-6 AD=5.62500003173372E-12
+AS=787.500002274316E-15 PD=6.7500000113796E-6 PS=525.000018569699E-9 M=1
M7 3 A GND 2  TSMC25N  L=300E-9 W=3E-6 AD=787.500002274316E-15
+AS=3.37499993230406E-12 PD=525.000018569699E-9 PS=5.24999995832331E-6 M=1
                                                              1,1        Top
```

▶그림 11.41 Extracted Netlist SPICE 파일

Post Simulation 결과 2 입력 Nand 게이트의 특성이 제대로 나옴을 확인할 수 있었다.

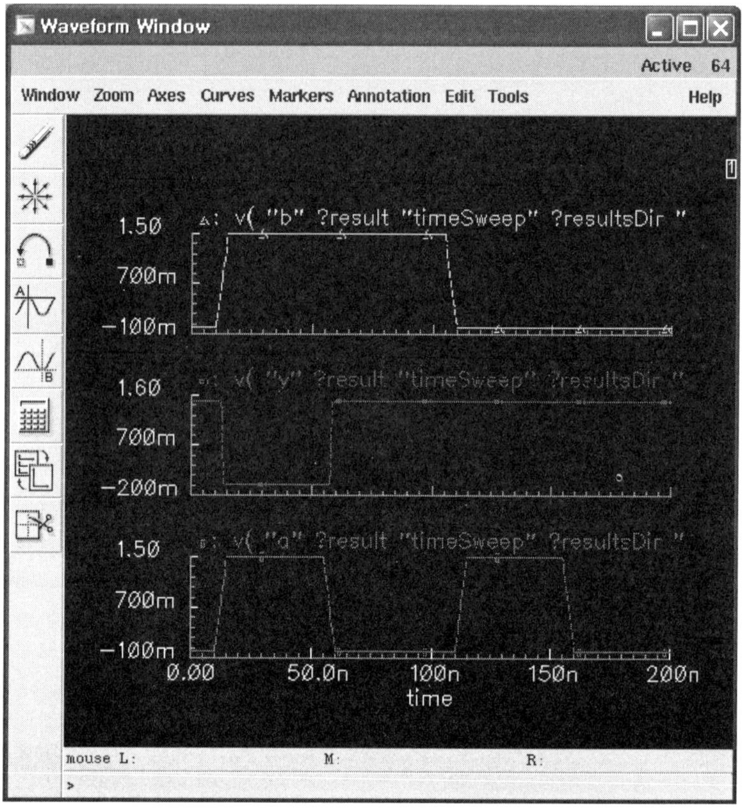

▶그림 11-42. Extracted Netlist SPICE 파일

찾아보기

본 교재는 2006년부터 2009년까지 수행된 NEXT 사업(경희대학교 전자공학 자유트랙)의 지원으로 집필되었습니다.

SoC 설계 응용 및 실습

2009년 12월 1일 초판 인쇄
2009년 12월 5일 인쇄 발행

저　　자　**김진상, 홍상훈**
발 행 인　송기수
발 행 처　**GS 인터비전**
편 집 처　**GS 인터비전**
인 쇄 처　삼성문화사
등록번호　제 2008 - 27호
I S B N　978-89-93668-35-3 (92560)

주　소　서울시 중랑구 묵동 신도브래뉴1차 102동 1301호
전　화　02-976-7898, 070-7720-7898
팩　스　02-6468-7898
E-mail　gsinter@chol.com

정　가　**15,000원**